Corporate Anti-Monopoly Practice Guide

企业反垄断实务指南

韩亮　黄菁　沈悦志　著

法律出版社 LAW PRESS·CHINA
北京

图书在版编目（CIP）数据

企业反垄断实务指南 / 韩亮，黄菁，沈悦志著.
北京：法律出版社，2025. -- ISBN 978 - 7 - 5244 - 0026 - 4
Ⅰ. D922.294.4
中国国家版本馆 CIP 数据核字第 2025HB9856 号

企业反垄断实务指南
QIYE FANLONGDUAN SHIWU ZHINAN

韩 亮 黄 菁 沈悦志 著

策划编辑 薛 晗 赵明霞
责任编辑 赵明霞 陈玥蓉
封面设计 马 帅
内文设计 鲍龙卉

出版发行 法律出版社
编辑统筹 法商出版分社
责任校对 张翼羽
责任印制 胡晓雅
经　　销 新华书店

开本 710 毫米 ×1000 毫米 1/16
印张 27 **字数** 396 千
版本 2025 年 9 月第 1 版
印次 2025 年 9 月第 1 次印刷
印刷 固安华明印业有限公司

地址：北京市丰台区莲花池西里 7 号(100073)
网址：www.lawpress.com.cn
投稿邮箱：info@lawpress.com.cn
举报盗版邮箱：jbwq@lawpress.com.cn

销售电话：010 - 83938349
客服电话：010 - 83938350
咨询电话：010 - 63939796

书号：ISBN 978 - 7 - 5244 - 0026 - 4
定价：118.00 元
凡购买本社图书，如有印装错误，我社负责退换。电话：010 - 83938349

作者简介

韩　亮

韩亮律师是方达律师事务所反垄断业务主管合伙人。韩亮律师在反垄断业务领域已有二十年的从业经验。能为客户提供全方位的中国竞争法法律服务，其服务涉及行业范围广阔，包括互联网、化工、消费品和零售、能源和自然资源、金融机构、医疗、基础设施和运输以及私募股权。

自2009年开始，韩律师在《钱伯斯亚洲》年度评选中一直位列中国“第一阶梯”竞争法律师之列。韩律师也被《全球竞争法评论》的“国际竞争法律师名录”以及“PLC律师名录”评选为中国领先的反垄断执业律师。

黄　菁

黄菁律师是方达律师事务所北京办公室的反垄断业务合伙人。黄菁律师从2008年《反垄断法》实施时起，一直从事反垄断法业务。在经营者集中申报、反垄断合规、反垄断行政调查等领域有丰富的经验。

黄菁律师2014年8月加入方达律师事务所北京办公室，此前曾就职于一家大型内资律师事务所，并且曾在一家大型国际律所的纽约办公室工作。黄菁律师为《钱伯斯亚洲》竞争法与反垄断法的推荐律师，并且被Legal 500评为中国反垄断业务的“下一代合伙人”。

沈悦志

现任职务：

现任德国汉高集团全球法律合规执行委员会委员、北亚区（大中华区、韩国及日本）总法律顾问暨德国汉高集团大中华区管理委员会委员

社会兼职：

北京大学法学院法律硕士研究生导师

北京大学法学院“首席合规官”高级研修班特聘专家导师

复旦大学法律硕士专业学位实务导师

海南国际仲裁院仲裁员

东北亚国际仲裁院仲裁员

厦门仲裁委员会仲裁员

欧盟商会合规与商业委员会副主席

上海市杨浦区政治协商会议第十四届委员会委员（2017年-2021年）、常务委员会委员（2022-2026年）

上海市杨浦区人民代表大会第十三届委员会委员（2012年-2016年）

上海市杨浦区人民检察院特约监督员（2012年-2016年）

专业与社会公益工作：

拥有逾二十五年的跨国公司法律与合规事务管理经验，曾先后任职于某香港红筹移动通信集团公司、某跨国化妆品企业集团、某世界一流零售集团，任职德国汉高集团至今已逾十九年，积累了丰富深厚的多行业商业智识、商业敏锐度及法律实务经验。2015年被Thomson Reuters集团亚洲法律杂志（*Asia Legal Business*）评选为首届中国最佳总法律顾问之一；2016年-2019年期间连续入选Legal 500 GC Powerlist；2018年与2019年连续被英国Chambers and Partners评为中国最具影响力的总法律顾问之一；2024年分别获英国Chambers and Partners企业社会责任冠军奖、中国香港《商法》法总终身成就奖、英国Legal 500 年度最佳法总。

沈总于工作上具有强有力的领导力，为公司建立并带领了一支高专业度的法律和知识产权队伍。基于其兼顾全面与深度的法律业务能力，沈总率领其团队为公司众多重大收购、重组剥离、绿地与基础设施投资、资产交易与日常法律实务、合规、知识产权事务提供专业、全面且富于商业可行性的法律意见与服务，且在此过程中坚持不懈地组建并强化法律和知识产权团队在汉高北亚区（大中华区、韩国及日本）“公司卫士”与“业务合作伙伴和促成者”的形象。这些成就令他获得公司全球与亚太区管理层的高度认可。

沈总同时应邀参与上海市人大、商务委员会相关外资立法工作，曾就《上海市外商投资条例》《上海市优化营商环境条例》等诸多涉外法规提高修改与立法咨询服务，并就涉外法治完善作为外商投资企业代表向全国政协领导建言献策。在分别履职上海市杨浦区人大代表与上海市杨浦区政协委员期间，为杨浦区政府、杨浦区商务委员会就外商投资与经济发展、社会综合管理与慈善管理改进与加强等方面的问题建言献策。沈总还曾被聘为杨浦区人民检察院第五届特约检察员兼廉政监督员，定期对区检察院的工作、年度报告等参与审阅，并提供建议；积极为相关立法机关与政府工作建言献策，参与并积极推动上海市杨浦区科技创新与招商引资的立法调研与法律实施监督工作。

个人爱好：

阅读（尤爱英文原版）、码字、健身（以控制肚腩）、军事、顶级体育赛事、电子音乐、好食材与好餐馆、美酒、雪茄

方达律师事务所

于水天

于水天律师是方达律师事务所北京办公室的反垄断业务合伙人。

伦敦大学学院法学硕士学位、伦敦大学亚非学院法学学士学位，拥有中华人民共和国执业律师资格、美国纽约州律师资格。她为客户提供全方位的中国竞争法与反垄断法律服务，为各行业的企业识别并评估反垄断合规风险并提供法律意见。

张　也

张也律师是方达律师事务所北京办公室的反垄断业务资深律师。

对外经济贸易大学法律硕士学位、安徽财经大学法学学士学位，拥有中华人民共和国和美国加利佛尼亚州律师执业资格。张也律师的主要执业领域为反垄断与反不正当竞争，包括经营者集中申报、反垄断行政调查、反垄断合规等领域。同时，张也律师还提供有关欧盟外国补贴审查制度相关的法律服务。

干潇露

干潇露律师是方达律师事务所上海办公室的反垄断业务资深律师。

华东政法大学经济法学院法学硕士学位及法学学士学位，拥有中华人民共和国执业律师资格。干潇露律师的执业领域为竞争法与反垄断法，包括经营者集中申报、反垄断行政调查、反垄断合规等领域。

王恺仁

王恺仁律师是方达律师事务所香港办公室的反垄断业务资深律师。

牛津大学文学硕士学位、BPP法学院　（英国）　法学研究生文凭、香港城市大学法学专业证书，拥有香港特别行政区及澳大利亚（新南威尔士洲）律师资格。王恺仁律师的专业为中国内地和香港特别行政区的反垄断法和竞争法。她的业务领域涵盖反垄断法合规、调查以及经营者集中申报。她拥有协调多法域并购审查的丰富经验，能够为反垄断调查提供专业建议，并协助企业建立和完善反垄断合规体系。

卫凌波

卫凌波律师是方达律师事务所北京办公室的反垄断业务资深律师。

北京大学法律硕士学位、上海对外经贸大学管理学和贸易学学士学位，拥有中华人民共和国律师执业资格。卫凌波律师的主要执业领域为反垄断与竞争法，包括经营者集中申报、反垄断行政调查、反垄断合规咨询、反垄断诉讼等领域。

毛乙竹

毛乙竹律师是方达律师事务所北京办公室的反垄断业务资深律师。

中国政法大学法学硕士学位、辽宁大学法学学士学位，拥有中华人民共和国律师执业资格。毛乙竹律师的主要执业领域为反垄断与竞争法，包括经营者集中申报、反垄断调查和反垄断合规咨询等领域。

刘利柯

方达律师事务所合规及政府监管业务组资深律师。

北京大学法学院法学学士和经济学学士，拥有中国执业律师资格。

专长于分析和解决跨境投资交易中的反垄断和国家安全问题，以及协助客户处理反垄断相关的政府调查和民事诉讼（包括专利滥用纠纷）。

吴怡芳

吴怡芳律师是方达律师事务所上海办公室的反垄断业务律师。

美国西北大学法学硕士、华东政法大学法学硕士、华东政法大学文学学士。拥有中华人民共和国执业律师资格、美国纽约州律师执业资格。吴怡芳律师的主要执业领域为反垄断与竞争法，包括经营者集中申报、反垄断行政调查、反垄断合规咨询、反垄断诉讼等领域。

刘静涵

刘静涵律师是方达律师事务所北京办公室的反垄断业务律师。

美国宾夕法尼亚大学法学硕士学位、北京大学法学学士学位，拥有中华人民共和国律师执业资格。刘静涵律师的主要执业领域为反垄断与竞争法，包括经营者集中申报、反垄断合规、反垄断调查等领域。

汪　敏

汪敏律师是方达律师事务所上海办公室的反垄断业务律师。

北京大学法学学士学位、北京大学法律硕士学位，拥有中华人民共和国执业律师资格。汪敏律师的主要执业领域为反垄断与竞争法，包括经营者集中申报、反垄断行政调查、反垄断合规咨询、反垄断诉讼等领域。

安　邦

安邦律师是方达律师事务所北京办公室的反垄断业务律师。

北京大学法律硕士学位、北京大学理学硕士学位，拥有中华人民共和国执业律师资格。安邦律师的主要执业领域为反垄断与竞争法，包括经营者集中申报、反垄断行政调查、反垄断合规咨询、反垄断诉讼等领域。

张　榆

张榆律师是方达律师事务所深圳办公室的反垄断业务律师。

中国政法大学法学硕士学位、法学学士学位，拥有中华人民共和国律师执业资格。张榆律师的主要执业领域为反垄断与竞争法，包括经营者集中申报、反垄断行政调查、反垄断合规咨询、反垄断诉讼等领域。

张旭贝

张旭贝律师曾任方达律师事务所北京办公室的反垄断业务律师。

美国弗吉尼亚大学法学硕士学位、中国政法大学法学学士学位，拥有中华人民共和国律师资格、美国纽约州律师资格。

梁笑冬

梁笑冬律师曾任方达律师事务所北京办公室的反垄断业务律师。

中国政法大学经济法学硕士（竞争法方向）学位、中国政法大学法学学士学位，拥有中华人民共和国律师执业资格。

马钰婷

马钰婷律师曾任方达律师事务所北京办公室的反垄断业务律师。

新南威尔士大学（UNSW）法学硕士（J.D.）学位、中国政法大学法学学士学位，拥有澳大利亚新南威尔士州律师执业资格。

毛　辰

毛辰律师曾任方达律师事务所上海办公室的反垄断业务律师。

康涅狄格大学法学硕士学位、武汉大学法学学士学位、文学学士学位，拥有中华人民共和国律师执业资格。

汉高北亚区（大中华区、韩国及日本）法律与知识产权部

任己任

德国汉高集团北亚区高级法律顾问、大中华区数据保护官（DPO）

美国印第安纳大学法律博士（J.D.），乔治城大学国际商法硕士(LL.M.)，持有中华人民共和国和美国纽约州律师执业资格。在法律合规领域积累了十余年的专业管理经验，曾先后在知名律师事务所、纳斯达克上市的大数据企业以及德国汉高集团任职，长期担任公司法律顾问，专注于反垄断、数据保护、人工智能等领域的法律合规事务。

任　瑞

德国汉高集团北亚区高级法律顾问

复旦大学法学硕士，拥有中华人民共和国律师执业资格。曾在律师事务所执业，后在德国汉高集团任职，长期专研于商业公司运营法律事务，先后担任消费品事业部与工业品事业部法律顾问，参与公司重大并购、业务剥离项目，专注于劳动人事、进出口管制、反垄断等领域的法律合规事务。

序一

有温度、可操作的“安全驾驶”指引

除了二十多年前为自己博士学位论文写后序感谢若干人之外，这是我平生第一次为一本书写序，也是为了完成本书的另外一位作者汉高集团北亚区总法律顾问沈悦志先生交办的作业。沈总专门邀请我写一篇序，其也已为本书撰写了另一篇序，虽然我觉得自己并不是最合适的作序人选，但盛情难却。

实际上本书之所以能问世，其“始作俑者”也是沈总。两年多前沈总第一次提出与我们团队一起出版一本反垄断合规实务手册的想法时，我们团队内部曾有人提出保留意见。按照沈总的构想，这是一本主要面向公司法务和合规朋友的实务手册，因此涵盖的内容颗粒度需要足够细、足够有温度和实感，要让企业法务看到就能产生共鸣、知道怎么开展反垄断合规工作，要达到“戳骨”的效果。由此，便有团队成员表达了担忧：如果出版这么一本“秘笈”，不就相当于把我们多年的执业经验开诚布公，以后岂不是要“教会别人，饿死自己”？而我本人对写书这个事情也是有所顾虑：市场上已经有不少由知名学者和执法机构工作人员撰写的反垄断著作，我们有没有能力写出新意？如果只是照猫画虎、拼拼凑凑出来一本书，实在是对不起买书的读者朋友们；如果要写一本真正对实务有帮助的书，确实要花费团队成员大量的精力，在日常工作已经非常忙碌的情况下，我们是否有精力接下这么一个极具挑战的任务？

最终我还是被沈总说服，同意由我们团队和沈总带领的汉高法务团队一起编写此书。其中原因有很多，但首先是对沈总个人的信任。说到这里我就不得不提到与沈总的结识和多年的交往。我和沈总初次结识是几年前在一次上海法律圈同仁的小聚会上。虽是初次谋面，但我们却一见如故，我也叹服沈总的酒品。俗话说“酒品见人品”，同是性情中人，可能是为了证明我们各自的人品吧，那晚沈总醉了，我更是拥有了人生为数不多的由于喝酒被送到医院打点滴的经历。后来，我有幸为沈总所在的公司提供法律服务。我惊讶地发现，沈总对于反垄断法的了解和热情，远超出我对于一般客户法务的认知和预期。我后续才了解到，沈总与反垄断法之间的因缘竟始于千禧年前，丝毫不比我这个竞争法律师“上道”晚。在和他打交道的过程中，更让我震惊的是沈总的“卷”，他可能是我见过的最卷的法总之一。他平常的工作日程都是以每半个小时为一个时间段来填满，但百忙之中他仍然笔耕不辍，自己开设了专栏，不时和同行交流最新的法律问题，一不小心还写了一本畅销书。所以，我想如果沈总这样身兼要职的企业高管都能挤出时间创作，我们有什么理由挤不出时间呢？其次更重要的原因是，我也赞同沈总关于和公司法务及律界同仁共同努力打造中国反垄断共同体的理念。针对之前对外分享我们执业经验方面的担心，我认为：

方达的传统就是讲干货，我们的核心竞争力绝不在于守住一本绝不外传的“上古秘笈”，而是能够在这个瞬息万变的环境下，拥有不断应对全新的复杂反垄断法律问题的能力。作为中国最早的反垄断专业团队之一，我们也有责任分享自己多年的经验，为打造中国反垄断共同体尽绵薄之力。

本书经过两年多才从构想到成型，过程如此前预期的一样，着实漫长且痛苦。最初阶段，我们团队与汉高法务团队就这本书的布局、体例、文风反复讨论和斟酌。要讲述什么、怎么让内容有“温度和实感”、怎么直戳企业反垄断合规痛点，想要呈现好这些都非易事。双方团队经过了多轮头脑风暴和反复讨论，才最终敲定全书的框架；在具体编写时，我们多次打磨书稿，甚至推倒重来。同时，适逢中国反垄断制度发展更新的高速期，这两年新修正的《反垄断法》

和配套规章竞相涌现，我们需要一边和截稿时间赛跑，一边让本书的内容跟上这个快速变化的法律环境，挑战极大。

在此，我要感谢沈总带领的汉高法律部的各位同事，包括任瑞、任已任、程晓溪，以极为专业和敬业的态度与我们合作，有见地、有规划、有行动，也随时以企业法务的视角提醒我们在行文时如何能更“接地气”。同时，我要感谢我们团队，在合伙人黄菁律师和于水天律师的领导下，大家在繁忙的工作中牺牲个人的业余时间，贡献集体智慧，完成了这项看起来似乎不可能完成的工作。团队有一大半的同事都参与了这本书的撰写，由于篇幅有限，在此不能一一致谢。我还要特别感谢律商联讯的内容开发经理刘丁香（Donna），不只是感谢 Donna 在我们拖稿和泄气的时候耐心又坚定地催更，使这本书得以完稿，更要感谢她在本书基本结构设计、内容详尽程度把握和出版等关键环节的指导和付出。正是所有参与本书编写的各位同仁的集体努力，两年多后的今天，疫情阴霾消散，天地澄廓，我们也幸不辱命。

反垄断合规工作不是“显学”，通常不能为企业带来立竿见影的销售业绩。它更像是企业的“安全带”，尽管平时感受不到它的存在，但在关键时刻能够保护企业免受严重的伤害。在本书的撰写过程中，我们尽可能减少法条的堆砌和冗长的说教，**确保书中的反垄断案例、合规建议、方法指引都源于我们团队多年来为客户处理过的真实反垄断场景**，结合最新的法律法规和执法趋势，向读者提供我们的理解；同时，我们也从反垄断的基础损害理论等方面，尽量用通俗易懂的语言来解释为什么一个商业上看起来完全合理的行为在反垄断法下有合规的风险，让我们的读者能通过案例举一反三，知其所以然。这种理论结合实践的方法是我们确保这本书有温度、可操作的底气。我相信，这些我们与客户一起“摸爬滚打”出来的实践经验，能够帮助法务工作者更好地理解和应用反垄断法，进而为企业的反垄断“安全驾驶”做好护航工作。

当然，企业从形成反垄断合规意识，到真正建立起适合自身的反垄断合规体系，绝非一朝一夕之功。这当然不可能是本书能够承载的沉重使命，同样不能只依靠外部律师的努力，或只依靠企业法务的单打独斗。“独行快，众行远”，打造一个良好的反垄断法律生态圈，需要企业内部从上到下、企业内部法务及合规同仁和外部律师的良性互动。这可能是未来一段时间相关法律工作者共同努力的方向。借本书编写的契机，我衷心希望这个生态圈能够早日实现。

本书在编写过程中难免存在疏漏和不足之处，恳请各位读者不吝赐教与批评，提出宝贵意见。值得提及的是，沈总不仅是一位对于反垄断法有强烈兴趣的法总，也是一位对于美食有相当追求的美食家，被朋友们称为“行走的米其林专家”，常为同行提供美食咨询建议。我们和汉高法律部联合打造的这本书虽然不敢称为“米其林大餐”，也不求相关人士“案头必备”，但如果可以借本书这份精心制作的 “美食”以飨读者，为广大企业反垄断合规尽绵薄之力，着实是一份慰藉。

书稿难免滞后问题，我们将会通过微信公众号“方达律师事务所”，为感兴趣的读者不断更新中国反垄断立法及实务方面的观察与思考。

是为序。

方达律师事务所　韩亮

2024 年 8 月

序二

从 70 分到 95 分

校对完《企业反垄断实务指南》，有种如释重负的感觉。与反垄断法逾三十载的因缘，终于以由方达反垄断团队与本人所在的汉高集团北亚区法律团队合著的《企业反垄断实务指南》（以下简称本书）画上一个分号。以本书为起点，笃信这支“虚拟”团队（因其各自分属外部律所与公司法律部，谓之“虚拟”）对于反垄断法实务的孜孜以求仍将继续并不时体现于本书的新一版中。

本人对于反垄断法的兴趣，源于 1997 年南京大学法学院硕士生二年级上学期由邵建东博士开设的“竞争法理论”课程，听了邵老师的课，在那个或 publish 或 perish 的求学时代，本人基于听课心得与课后阅读总结，写了一篇《反行政性垄断探析》的课程论文，于国内较早地指出了行政性垄断这一问题，后来被人大复印资料与不少反垄断论文转载和引用。随后，基于这篇课程论文与硕士二年级发表于核心期刊的其他小文，又获得了母校南京大学的笹川良一奖学金一等奖人民币 2500 元的“巨款”。再之后，本人又在母校旁边的书店里买了好多专业书继续读，继续“码字”发表，持续苦学之余，学校食堂顿顿红烧肉与洋鸡腿。那真是非常开心的一段日子，可谓“精神物质双丰收”。

虽然硕士毕业前我已专注于报考北京大学法学院吴志攀先生的国际金融法博士而转向金融法研修（当时已被吴老师拟录取为博士生候选人，但由于公费名额极其有限只能自费攻读，加之彼时本人已被我国香港地区某上市电信公司录用，该公司获知本人可能毁约，遂打电话至研究生院，这使本人可能面临被处分的风险，年少气盛如当年本人，自是谢绝；后来本人硕士研究生阶段的导师孙南申先生应邀由南京大学法学院调至复旦大学法学院任教，本人与孙老师聚餐期间，孙老师提及当年吴老师曾询问本人为何未去就读，对此孙老师顺带一顿怜惜地“责备”；自此本人与法学学术研究的物理纽带正式断裂而心理纽带持续至今），然对于反垄断法的兴趣却一直未减。

投身法律合规实务工作后，由于本人所任职的汉高集团属于交易型公司，持续不断地进行并购与出售交易，于多数情势下会触发经营者集中申报业务，从2007年开始本人即与外部律所共同处理了若干件经营者集中申报项目，多数项目比较平顺，若干项目非常棘手且极其耗时耗力，其间若干“战场”的心得与体会，促使本人在业余时间重新开始专注于反垄断法的实务研修工作。

过去四五年间，由于工作原因，本人与本人所领导的北亚区法律合规团队与方达管理合伙人韩亮所领导的方达反垄断团队合作颇多颇深，双方渐渐萌生了合作著述的想法，并得到了知名全球内容和技术解决方案提供商律商联讯（LexisNexis）中国区刘丁香老师的大力协助，经过方达团队与本人团队艰苦卓绝的撰写与校稿工作，本书得以完成。为使读者更明晰本书立意、干货及其背后诸位优秀“码字”者的调性，我与韩亮先生约定，分别从各自角度撰序一篇，此篇小文便为本人小序。

一、立意

在合作著述之初，方达反垄断团队、本人团队及刘丁香老师便树立了这样的初心：本书应与当下市面上反垄断实务著作调性不同。当下市面上反垄断实务著作并不鲜见，就本人目力所及，大多为执法机构、司法机关、外部律所针对《反垄断法》条文、司法解释、相关案例、反垄断理论与实践的诠释、分析、介绍及推演；但尚未有聚合反垄断领域顶流外部律师和孜孜于反垄断实务的公司法律合规部多年在“反垄断实务战场”获得的专业实务智识与经验的实务指南，本书可以说是填补前述空缺的一种尝试。

上述尝试放在中国反垄断实务视野下，至少具有以下几点价值：

1. **将外部专业反垄断律师关于反垄断法中深奥、复杂原理，分析框架的介绍、分析适用、建议与企业反垄断合规及其他反垄断实践工作相结合**，力图使深奥、复杂的原理及分析框架“**场域化**”和“**具象化**”于企业商业运营场景中，打通“最后一公里”，真正实现理论指导实践而非各自游移。

2. **不仅分析问题，更注重结合实践为企业运营提供解决方案**。外部专业反垄断律师一般熟稔于反垄断问题的专业分析，然而单纯分析无法解决企业于商业运营实践中的实际问题，依据企业的经营理念与实际、具体商业模式、风险偏好度量身定制具有可落地性的解决方案，外部专业反垄断律师与公司法律合规部的团队协作便是必由之途。

3. **不仅分享理论与案例，更注重分享实操经验**。理论、立法与司法解释、案例皆为反垄断实务工作中的基石，然若徒有基石，无在基石基础上的实践操作经验的介绍与分享，其实际价值便大打折扣。由外部专业反垄断律师与公司法律部基于反垄断理论、立法与司法解释、案例，共同总结、梳理实操经验便是高价值工作。

以上初心，使本书在中国反垄断实务中具有了独特价值。

二、干货

开笔之初，经方达反垄断团队、汉高集团北亚区法律合规团队与律商联讯刘丁香老师数次反复商讨，确定了以下体例与分工。虽分工有不同，但相同的是每篇皆干货满满，满满至何种程度，相信诸君读后定有所感。

概述部分：方达反垄断团队基于其全面深刻的反垄断实务智识与经验，对于中国反垄断法的肇始、发展趋势、新近热点及反垄断国际合作作了全面且精准的总结，力图使读者开篇即对反垄断法有一个总体把握。

几个基础性问题总述：反垄断首先是个经济学问题，而后才是法律问题。

尊重前述规律，方达反垄断团队对反垄断法中的若干核心基础性问题与概念，例如经营者、单一经济体、商品与服务、相关市场及其界定、市场份额与市场控制力等，基于中国反垄断立法、司法解释并充分借鉴更为完善的欧盟竞争法理论与实践进行了清晰透彻的分析，并由汉高北亚区法律团队结合企业实践予以丰富充实。

企业反垄断合规体系的构建、运行与评估改进：反垄断合规之难，一难在于体系化，二难在于管控流程化，三难在于细节。汉高北亚区法律合规团队基于自身全球总部扎实丰富的反垄断体系智识与经验、自身于中国反垄断法域落地全球反垄断体系的经验以及基于实务中的经验与教训所作的若干本土化改进，系统梳理、总结、分析了企业反垄断合规体系的构建、实施运作、评估改进，力图使读者对于反垄断合规体系与其他主题合规体系（如反腐败）的异同、核心制度、关键要素、管控流程、奖惩机制、评估改进等方面获得体系框架感的同时获得重要实施细节的"高颗粒度"提醒。最后以批判性思维对于跨国公司在中国反垄断法域合规工作予以检视，力图为跨国公司反垄断合规工作的跃升提供动力。

横向垄断协议：遵循欧盟反垄断实务人士的相关著述惯例，方达反垄断团队首先分析了横向垄断协议的竞争损害理论；其次详尽分析了横向垄断协议的认定标准以及实务解析，并辅之以实用性极强直击实务三点即"痛点"、"难点"与"敏感点"的实务问答；再次逐一梳理分析我国《反垄断法》下横向垄断协议的类型并嵌入高相关度的案例加上实务问答以加深读者理解；最后对于在中国反垄断实务中尚未得到足够重视的竞争性敏感信息交换，基于欧盟丰富的立法体例与实践经验予以引领性介绍与细致分析，补了一个重要缺口。汉高北亚区合规团队也结合自身全球总部反垄断相关制度与流程从企业合规实践角度作了若干补充。

纵向垄断协议：方达反垄断团队首先分析了纵向垄断协议的竞争损害理论，

并结合企业运营实践对公司销售模式中的纵向垄断协议风险给予了精准分析；其次对纵向价格限制进行详尽全面的实务解析及合规建议并辅之以实务问答；再次对纵向非价格限制在实务中的法律风险亦进行了细致梳理并辅之以实务问答，提示了纵向业务合作安排的注意事项，例如排他性合作安排、最惠国待遇条款；最后详细介绍了纵向垄断协议的豁免制度及其实践适用，例如安全港制度、个案豁免机制、汽车行业个案豁免规定及效率抗辩机制等，汉高北亚区法律团队亦针对实务中的若干“梗”与“药”进行了补充。

滥用市场支配地位：方达反垄断团队首先分析了滥用市场支配地位的竞争损害理论；其次分析了滥用市场支配地位中的第一个关键问题，即相关市场界定，既有总体界定分析，亦有特定行业领域界定分析；再次充分论述了如何进行市场力量的评估，依然既有总体界定分析，亦有特定行业领域界定分析；最后对滥用市场地位行为结合典型性案例予以逐一分析，力图说理清楚，案例入心。汉高北亚区法律团队主要针对企业反垄断实践中的相关市场界定，市场力量评估中的数据、资料收集与运用，以及实践中如何避免滥用市场支配地位行为提出若干建议与提醒。

经营者集中：方达反垄断团队先分析了经营者集中审查的底层逻辑——竞争损害理论，分别涉及横向集中、纵向集中及混合集中；其后细致全面分析了如何判断经营者集中是否需要进行申报，并辅以实用性极强的实务问答，内容颗粒度高且针对性极强；接着，对具体如何进行申报结合案例与图示进行了全面且重点突出的分析并辅以实务问答；再后对全球性交易中如何协调中国法域申报与其他法域申报进行了针对性分析；此后分别对交易磋商过程中如何妥善处理协调经营者集中申报问题提供了极具实务价值的分析与建议；最后结合典型案例与图表对未依法申报的法律风险与预防措施进行了分析与总结。

行政执法的应对：针对企业反垄断实践中最富挑战性的行政执法应对问题，方达反垄断团队首先介绍了中国反垄断执法机关的组成、执法权限、触发行政调查的情形、反垄断执法的形式；其次对企业如何应对反垄断调查给予了充分且富有可操作性的建议，特别是强调了对黎明突袭的有效配合与应对之策，并基于丰富实务经验编制了大量实用的图表以明确企业在事前、事中、事后有效应对的方法，以便企业法律合规部于实践中予以借鉴使用；最后对反垄断行政执法中的救济性程序，即承诺制度及宽大制度的选择和考量因素结合案例与实务经验进行了细致全面的分析，具有非常高的实务价值。

当前反垄断合规的热点领域及话题：为确保本书既全面又重点突出，方达反垄断团队对作为热点领域的互联网行业、汽车行业、医药行业、知识产权领域及金融行业极具针对性地分析了相关特别问题，就横向垄断协议、纵向垄断协议、滥用市场支配地位及经营者集中在前述各特定行业与领域的表现、风险分析与风险预防，结合中国、欧盟与美国相关法域的案例进行了精准到位的分析，许多智识与经验乃“坊间独有”，例如有关知识产权的章节与金融行业的章节，具有开拓性意义与价值。

整部指南最终由方达反垄断团队与汉高北亚区法律团队共同修改、润色并定稿。

三、“码字”者

著述已就，最后来叨叙下为本书进行了艰苦卓绝的撰著工作的团队成员。他们是：

方达：韩亮、黄菁、干潇露、卫凌波、于水天、张也、王恺仁、毛乙竹、张旭贝、刘利柯、吴怡芳、梁笑冬、刘静涵、汪敏、安邦、马钰婷、张榆、毛辰（其中马钰婷、毛辰同学已离职）；

汉高：任瑞、任已任。

这支“虚拟”团队在整个撰著过程中的才华、功力、坚韧着实给本人以极大鞭策，必须对他们致以最由衷的感谢！

特别需要感谢以下各位：

首先是方达律师事务所管理合伙人与反垄断“顶流”合伙人韩亮律师。韩律师博士毕业于中国国际法重镇——武汉大学法学院，此后先在中国商务部履职，再到哈佛大学法学院深造，于富而德与方达的多年实务工作，已然成为中国反垄断实务领域的“金字招牌”。与深厚的反垄断实务造诣相映成趣的是，韩律师也有好酒品。每每项目完毕，觥筹交错之间，聊及我们这一代国际经济法学徒当年的全球化法律服务情怀，甚是投缘。吾等皆为读武汉大学国际经济法著作与其他国际经济法学者著作长大的虔诚学徒，当年本人每每在书店看到武汉大学国际经济法老师们撰著的国际经济法书籍时，狂喜程度不亚于《射雕英雄传》中郭靖发现九阴真经，一边吃饭一边整本书一遍又一遍地“啃”。是时，没有互联网，没有智能手机，没有AI，纸质书籍却帮吾等打下法律基础，直到今日还能记得准，用得上，迥异于当下微信公众号等媒体的点滴式学习。研学的物质条件越简陋，学得反而越全面、越扎实，倒也是对每日追逐捷径、“尖货”或“爆款”的当下的一种莫大讽刺！毋庸置疑，本书的基础之一便是韩律师与其领导的方达反垄断团队这么多年扎实全面的反垄断智识与经验的积累，相信读者读完本书定能感受到韩律师与其团队全面深厚的反垄断功力。

汉高北亚区法律部资深法律顾问任瑞（Ray）——Ray成为我的同事前，是我的师妹（虽然Ray毕业于复旦大学法学院，但与我同为孙南申老师门下）。早些年我们曾共同办理的一起案值九位数的海关缉私案件，其间Ray的勤勉与踏实让人始终相信她能够托付，加入本人团队后也是在专业领域（劳动法与反垄断法）与领导力上成长迅速。

汉高北亚区法律部法律顾问任已任（Ivan）——加入本人团队前，Ivan在美国取得JD与LLM学位，入职后即展现出其扎实的专业功底与能力，目前已成为本人团队里的数据与隐私法、反垄断法方面的一位专才，未来可期。

行序至此，蓦然想起本人若干年前的自我认知，即把全球总部相关反垄断制度落地于北亚区，反垄断实务工作已然不错；结合本人近年来的反垄断工作实践与本人参与撰著本书期间的心得与思考，方知自己前述认知乃井底之蛙，自己反垄断实务工作原来只是七十分。如何达到九十五分，本书及其后续更新版可为指引，以照亮前方未尽之路，谨以此与各位读者共勉，欢迎微信交流，作者微信号：shenyuezhi001。

沈悦志

2024 年 7 月 13 日于魔都小舍

2024 年 7 月 17 日再改于办公室

目 录
CONTENTS

第一章 综述和核心基础概念

第一节 中国反垄断法历史沿革与发展趋势概述 001

001 一、中国反垄断法律体系逐渐完善趋于健全

008 二、中国反垄断执法力度不断加大，企业反垄断合规任重道远

010 三、反垄断诉讼热度不断提升，企业风险与机遇并存

011 四、域内外反垄断监管机制的发展以及合作

第二节 反垄断实务中的若干核心概念与分析框架分述 013

013 一、经营者与单一经济体

016 二、商品与服务

017 三、相关市场界定

019 四、市场份额与市场控制力

第三节 公司法律合规部的反垄断合规挑战 020

020 一、未着手基础工作，导致资源浪费和效率低下

021 二、数字化浪潮下新商业模式产生的新反垄断问题层出不穷
022 三、未能充分获取反垄断合规专业指引资源

第二章 反垄断合规体系

第一节 反垄断合规体系的构建 023
023 一、反垄断合规体系的特点
024 二、反垄断合规体系的构成要素
025 三、反垄断合规体系的构建
032 四、反垄断合规体系构建实务考量

第二节 企业反垄断合规系统的实施与运作 033
033 一、公司反垄断政策与管理层承诺
034 二、管控制度、标准及流程有机嵌入公司管理运营系统
035 三、风险与优先级评估
037 四、反垄断合规教育与培训
040 五、反垄断合规的沟通与记录保留
042 六、反垄断合规审计
043 七、反垄断合规风险监控、捕获及内部调查
045 八、反垄断合规外部风险应对
047 九、反垄断合规奖惩机制的创设与实施
047 十、反垄断合规重点领域与重点人群的识别与关注

目　录

第三节　跨国公司反垄断合规检视 048

048 一、跨国公司反垄断合规体系梳理与批判性思维

050 二、跨国公司反垄断合规工作中中国团队与全球团队的分工与合作

052 三、跨国公司反垄断合规工作中中国团队的重点工作与良好实践

第四节　企业内部反垄断合规调查 053

053 一、企业内部反垄断合规制度的法律背景与必要性

054 二、反垄断内部调查的基本流程

059 三、反垄断内部调查的分析和报告

第五节　企业反垄断合规手册的制备与实施 061

061 一、企业反垄断合规手册的构成要素

063 二、企业反垄断合规手册的实体规定之一：与竞争对手相处的基本原则

065 三、企业反垄断合规手册的实体规定之二：与交易相对人（客户、供应商）相处的基本原则

067 四、企业反垄断合规手册的实体规定之三：禁止滥用市场支配地位

068 五、企业反垄断合规手册的实体规定之四：企业参与行业协会活动的基本原则

第六节　企业反垄断合规文化的价值、建立与宣导 070

070 一、文化之壁——企业反垄断合规文化培育的挑战

072 二、企业反垄断合规文化的价值
072 三、企业反垄断合规文化的培育与宣导
073 四、企业反垄断合规文化的践行

第七节 企业反垄断合规团队的组织形式与协作机制 074
075 一、企业反垄断合规团队的“轴辐”组织形式与内部协作机制
076 二、企业反垄断合规团队的外部协作机制——与外部律所与经济学家的“独家合作模式”
077 三、如何遴选比较称职的外部反垄断律所与经济学家

第三章 企业常见反垄断问题之一：横向垄断协议

第一节 横向垄断协议的底层逻辑——竞争损害理论 079

第二节 横向垄断协议的认定标准以及实务解析 080
081 一、竞争关系的认定
085 二、协议、决定或者其他协同行为的认定

第三节 我国《反垄断法》下横向垄断协议的类型 090
090 一、固定或变更商品价格
091 二、限制商品的生产数量或者销售数量
092 三、分割销售市场或者原材料采购市场
093 四、限制购买新技术、新设备或限制开发新技术、新产品

094　五、联合抵制交易
095　六、国务院反垄断执法机构认定的其他垄断协议

第四节　横向垄断协议风险防范建议　096
096　一、事前防范
097　二、事后防范

第五节　竞争性敏感信息交换的风险评估和合规处理　098
099　一、竞争性敏感信息交换与传统横向垄断协议
104　二、不可避免的竞争性敏感信息交换处理
109　三、风险防控与改进措施

第六节　行业协会的横向垄断协议风险　113
113　一、行业协会风险释疑
116　二、防范建议

第七节　其他竞争者间合作安排　117
117　一、轴辐协议
120　二、合营方与合营企业的不竞争安排
121　三、竞争者之间的联合生产
122　四、竞争者之间的联合采购
123　五、竞争者之间的联合销售

第八节　横向垄断协议的豁免　125

第九节　公司法律合规部有关横向垄断协议的合规实践　129
130　一、全面审阅公司现有书面文件，确保书面文件的合法性
131　二、针对横向垄断协议，制备反垄断合规手册，设定与竞争对手相处的原则与流程管理
131　三、深入了解业务模式，识别业务部门的理解误区并及时纠正

第四章　企业常见反垄断问题之二：纵向垄断协议

第一节　纵向垄断协议的底层逻辑——竞争损害理论　134

第二节　转售价格维持行为实务解析及合规建议　137
137　一、转售关系的认定
143　二、转售价格维持中“价格”的含义及行为表现形式
147　三、认定转售价格维持违法是否以证明具有排除、限制竞争效果为前提要件
150　四、针对纵向价格限制的合规建议

第三节　纵向非价格限制在实务中的法律风险及合规建议　154
154　一、常见的纵向非价格限制类型
155　二、我国关于纵向非价格限制的立法及执法实践
159　三、纵向业务合作安排的注意事项

第四节　纵向垄断协议的豁免制度　164

164　一、安全港制度

166　二、个案豁免机制

169　三、《反垄断法》中的效率抗辩机制

第五节　公司法律合规部有关纵向垄断协议的合规实践　171

171　一、评估纵向垄断协议的前提条件

174　二、纵向价格限制的识别和防范

177　三、纵向非价格限制的风险提示

第五章　企业常见反垄断问题之三：经营者集中

第一节　概述　179

第二节　经营者集中审查的底层逻辑——竞争损害理论　180

181　一、横向集中的竞争损害

182　二、纵向集中的竞争损害

183　三、混合集中的竞争损害

第三节　如何判断一项交易是否需要进行经营者集中申报　185

185　一、经营者集中的类型

188　二、经营者集中的控制权标准

195　三、经营者集中的营业额标准

第四节 如何进行一项经营者集中申报 204

204 一、确认申报方
205 二、经营者集中申报材料的准备
206 三、经营者集中申报程序
215 四、经营者集中审查的实质性标准和审查结果

第五节 如何判断并购是否可能触发其他司法辖区的经营者集中申报 218

219 一、何种交易可能在其他司法辖区构成经营者集中？
220 二、其他司法辖区的申报门槛是如何设置的？
221 三、何时以及如何开展其他司法辖区的经营者集中申报分析？

第六节 交易磋商过程中值得注意的问题 222

223 交易文件与经营者集中申报相关的条款设计

第七节 未依法申报的认定和法律风险 227

227 一、未依法申报的法律责任
229 二、“抢跑”
230 三、分步骤交易
231 四、如果企业存在历史未依法申报交易应当进行处理？

第八节 公司法律合规部有关经营者集中的合规实践 232

232 一、首“梗”概述
233 二、经营者集中申报中的两套核心概念 +X 因素：营业额与控制权变更 +X 因素

第六章　企业常见反垄断问题之四：滥用市场支配地位行为

第一节　滥用市场支配地位的底层逻辑——竞争损害理论　236

第二节　相关市场界定　237

237　一、界定相关市场是否必须
240　二、相关市场如何界定
243　三、界定市场时的特殊问题
244　四、特定行业领域的相关市场界定指引

第三节　评估市场力量　251

251　一、如何判断经营者是否具有市场支配地位
255　二、“共同支配地位”的判断方法
256　三、特定领域的市场支配地位认定指引

第四节　滥用市场支配行为分析　262

262　一、不公平的高价销售商品
265　二、以低于成本的价格销售商品
266　三、拒绝与交易相对人进行交易
269　四、限定交易行为
271　五、搭售商品 / 在交易时附加其他不合理的交易条件
274　六、对条件相同的交易相对人在交易条件上实行差别待遇
276　七、其他滥用行为

第五节 公司法律合规部有关滥用市场支配地位的合规实践 278

279 一、滥用市场支配地位行为的简明评估框架

281 二、相关市场的初步研判——判断是否具有市场支配地位

283 三、具体商业行为的合规性分析——判断是否构成滥用市场支配地位行为

284 四、滥用市场支配地位行为的公司合规清单

第七章 企业对行政执法的应对

第一节 行政执法概况简介 288

288 一、反垄断执法机构及其执法权限

292 二、企业如何应对反垄断调查

295 三、黎明突袭

第二节 救济性程序：承诺制度及宽大制度的选择和考量因素 302

302 一、承诺制度及宽大制度的介绍与对比

305 二、衡量和选择承诺制度与宽大制度的考虑因素

第三节 行政处罚的风险评估 307

307 一、行政处罚的类型与罚款额度的影响因素

309 二、行政处罚的其他影响

第四节 公司法律合规部应对行政执法的合规实践 310
310 一、反垄断行政执法应对工作的误区
312 二、反垄断行政执法的应对——制度建设
316 三、反垄断行政执法的应对——针对《应对指引》的培训
316 四、反垄断行政执法的应对——实战演练：模拟突击检查

第八章 特别行业和领域的反垄断重点问题

第一节 互联网行业 319
319 一、概述
319 二、互联网行业的垄断协议问题
322 三、互联网行业的滥用市场支配地位行为
335 四、互联网行业的经营者集中问题

第二节 汽车行业 339
339 一、概述
340 二、转售价格维持
343 三、纵向非价格限制
346 四、单一汽车品牌：汽车售后市场的特殊滥用问题
348 五、代理销售模式：涉及转售价格限制问题

第三节 医药行业 350
350 一、概述
350 二、药品领域滥用市场支配地位问题
357 三、药品领域横向垄断协议问题
362 四、反向支付协议中的横向垄断协议问题
364 五、药品领域的维持转售价格和窜货管理问题

第四节 金融及私募投资领域 368
368 一、概述
368 二、金融领域垄断协议问题
371 三、金融领域滥用市场支配地位问题
378 四、金融领域经营者集中问题

第五节 知识产权领域 385
385 一、关注知识产权领域的反垄断问题的必要性
387 二、知识产权领域反垄断立法与案例概览
389 三、知识产权领域滥用市场支配地位问题
395 四、知识产权领域的垄断协议问题
399 五、与知识产权相关的经营者集中申报问题

实务问答目录

第三章　企业常见反垄断问题之一：横向垄断协议

实务问答（PRACTICE Q&A）3–2–1

1. 委托代工关系是否可能构成竞争关系？　082
2. 关联企业之间是否可能构成竞争关系？　082
3. 潜在竞争关系是否属于竞争关系？　083
4. 产品用于自用而不对外销售，是否会被认定具有“竞争关系”？　084
5. 认定竞争关系时是否需要考虑上游原材料采购市场的竞争？　084

实务问答（PRACTICE Q&A）3–2–2

1. 如何理解“协同行为”？　085
2. 经营者出席竞争者之间讨论价格的会议，是否有反垄断风险？　087
3. 司法实践中“协同行为”的举证责任如何分配？　088

实务问答（PRACTICE Q&A）3–3–1

“分割原材料采购市场”中的“原材料”包括哪些材料？　093

实务问答（PRACTICE Q&A）3–5–1

集团下属合营企业之间的信息交换是否没有风险？　099

实务问答（PRACTICE Q&A）3–5–2

客户可以要求供应商提供产品价格的具体构成要素吗？　109

第四章　企业常见反垄断问题之二：纵向垄断协议

实务问答（PRACTICE Q&A）4–2–1

特许经营能够豁免适用《反垄断法》第 18 条规定吗？　138

实务问答（PRACTICE Q&A）4-2-2

如何判断供应商与交易相对人之间的交易关系是否构成真实的代理关系？ 140

实务问答（PRACTICE Q&A）4-2-3

经营者对经销商的转售价格提出相应的建议价、指导价或者最高价的要求是否存在反垄断法风险？ 146

实务问答（PRACTICE Q&A）4-3-1

具有市场支配地位的企业实施的哪些纵向非价格限制可能构成滥用市场支配地位行为？ 156

实务问答（PRACTICE Q&A）4-3-2

1. 厂商可以要求经销商不将产品销售给厂商的直接客户吗？这会构成纵向非价格限制吗？ 158

2. 企业如何避免纵向非价格限制方面的风险？ 159

第五章　企业常见反垄断问题之三：经营者集中

实务问答（PRACTICE Q&A）5-3-1

1. A 公司拟收购一家在市场上表现良好的初创企业。A 公司目前控制的所有下属子公司都没有从事目标公司同类业务，同时目标公司或 A 公司均不存在任何显著的市场力量或垄断地位。该拟议交易是否需要进行经营者集中申报？ 186

2. 无论交易本身还是交易的某一方，如果涉及协议控制（VIE）架构，交易能否免除申报？ 187

3. 若拟收购一家境外目标公司，是否需要考虑申报？ 187

4. 如果拟收购的目标公司经营亏损、濒临破产，是否需要进行经营者集中申报？ 187

5. 当交易仅导致原有股东的数量减少，而未导致任何新股东取得控制权，在营业额达标的情况下需要进行申报吗？ 187
实务问答（PRACTICE Q&A）5-3-2
收购多少比例的股权能够免予触发控制权标准进而无须进行申报？ 189
实务问答（PRACTICE Q&A）5-3-3
1. 除了董事会外，如果在目标公司中还参与了薪酬委员会、审计委员会、战略委员会等内设决策机构（如有），并拥有席位，是否也存在取得控制权的风险？ 194
2.《反垄断法》下的控制权，与上市公司、会计准则相关规定中的控制权概念是否相同？ 194
实务问答（PRACTICE Q&A）5-3-4
1. 目标公司为初创公司，营业额不高，是否可以认定未达到营业额门槛？ 203
2. 一项经营者集中如果没有达到申报门槛，是否还需要主动申报？ 203
实务问答（PRACTICE Q&A）5-4-1
经营者集中申报的交易协议必须是正式签署的版本吗？ 206
实务问答（PRACTICE Q&A）5-4-2
1. 甲公司和乙公司都在 A 行业活跃，二者拟进行并购交易。甲公司和乙公司认为，其均非 A 行业中的龙头企业，市场份额非常有限，本次申报是否一定可以适用简易程序？ 214
2. 如果在简易程序案件公示期内，国家市场监管总局收到第三方异议会怎么处理？ 215

第七章　企业对行政执法的应对

实务问答（PRACTICE Q&A）7-1-1

1. 企业代表应当如何与行政机关接洽？ 294

2. 在参与行政执法活动的过程中，企业方面有权了解哪些信息？ 294

3. 企业应当如何回应行政机关出具的问题清单？ 294

4. 企业应当如何协助执法机构的调查？ 295

实务问答（PRACTICE Q&A）7-1-2

企业受到黎明突袭等反垄断调查后，员工应当如何对外发声？ 296

第八章　特别行业和领域的反垄断重点问题

实务问答（PRACTICE Q&A）8-3-1

对平台商的价格限制是否构成纵向垄断协议？ 366

实务问答（PRACTICE Q&A）8-5-1

拥有知识产权将如何影响权利人的市场支配地位认定？ 390

实务问答（PRACTICE Q&A）8--5-2

实践中何种行为会有被认定为构成不公平高价的较高风险？ 392

实务问答（PRACTICE Q&A）8-5-3

实践中何种行为会有被认定为构成搭售的较高风险？ 394

案例评述目录

第三章　企业常见反垄断问题之一：横向垄断协议

案例评述 3-2-1　安徽密码器案（2016）　086

案例评述 3-2-2　艾司唑仑片垄断协议案（2016）　087

案例评述 3-2-3　“茂名混凝土企业横向垄断协议”反垄断行政处罚案（2022）　089

案例评述 3-5-1　国家市场监管总局附条件批准 G 机场公司与 H 物流公司新设合营企业案（2022）　107

案例评述 3-7-1　某德国汽车企业涉嫌垄断协议案（2015）　119

案例评述 3-8-1　机动车交易市场横向垄断协议案（2013）　126

案例评述 3-8-2　13 家水泥公司与辽宁省某行业协会横向协议案（2013）　126

案例评述 3-8-3　“驾校联营”横向垄断协议纠纷案（2021）　127

第四章　企业常见反垄断问题之二：纵向垄断协议

案例评述 4-4-1　F 医药企业案（2021）　170

第五章　企业常见反垄断问题之三：经营者集中

案例评述 5-7-1　K 互联网公司收购 L 音乐公司股权违法实施经营者集中案（2016）　228

第六章　企业常见反垄断问题之四：滥用市场支配地位行为

案例评述 6-2-1　某中文外卖平台滥用市场支配地位案（2021）与某英文外卖平台滥用市场支配地位案（2020）　242

案例评述 6-2-2　某无线通信企业滥用市场支配地位案（2015）　246
案例评述 6-4-1　某化工企业滥用市场支配地位案（2019）　270
案例评述 6-4-2　某包装企业滥用市场支配地位案（2012）　277

第八章　特别行业和领域的反垄断重点问题
案例评述 8-3-1　两家扑尔敏原料药企业案（2018）　355
案例评述 8-3-2　C 医疗器械企业案（2016）　366

第一章 CHAPTER 01 综述和核心基础概念

《企业反垄断实务指南》旨在帮助国内外企业识别、分析和应对自身经营与业务合作活动中各种可能涉及违反中国《反垄断法》的行为与潜在风险，为企业内部法务和外部律师提供中国市场上第一个聚合反垄断领域顶流律师和孜孜于反垄断实务的企业法务的专业智识与经验的深度指南，绝非人云亦云，但求“戳骨”与实用。

第一节　中国反垄断法历史沿革与发展趋势概述

一、中国反垄断法律体系逐渐完善趋于健全

（一）中国反垄断法律体系概览

自 2008 年《中华人民共和国反垄断法》实施以来，中国在过去 15 年间已形成以《反垄断法》为核心，1 部行政法规、6 部部门规章、12 部部门规范性文件（其中包括 10 部国务院反垄断指南）为主要框架的法律规范体系（见表 1–1），覆盖垄断协议、滥用市场支配地位、经营者集中、行政性垄断等反垄断领域基本制度，地方各级政府也先后颁布关于反垄断的地方性规范文件，反垄断立法工作已迈入法治化、常态化轨道。

表 1-1 中国主要反垄断立法概览（截至 2024 年 6 月 1 日）

名称	效力层级	正式发布日期
反垄断法		
《中华人民共和国反垄断法》（2022 年修正）	法律	2022 年 6 月 24 日
垄断协议		
《禁止垄断协议规定》	部门规章	2023 年 3 月 10 日
国务院反垄断委员会《横向垄断协议案件宽大制度适用指南》	部门规范性文件（国务院反垄断指南）	2019 年 1 月 4 日
滥用市场支配地位		
《禁止滥用市场支配地位行为规定》	部门规章	2023 年 3 月 10 日
经营者集中		
国务院《关于经营者集中申报标准的规定》（2024 年修订）	行政法规	2024 年 1 月 22 日
《经营者集中审查规定》	部门规章	2023 年 3 月 10 日
《金融业经营者集中申报营业额计算办法》	部门规章	2009 年 7 月 15 日
国务院反垄断委员会《关于相关市场界定的指南》	部门规范性文件（国务院反垄断指南）	2009 年 5 月 24 日
行政性垄断		
《制止滥用行政权力排除、限制竞争行为规定》	部门规章	2023 年 3 月 10 日
行业法规		
国务院反垄断反不正当竞争委员会《关于药品领域的反垄断指南》	部门规范性文件（国务院反垄断指南）	2025 年 1 月 23 日
《禁止滥用知识产权排除、限制竞争行为规定》	部门规章	2023 年 6 月 25 日
国务院反垄断委员会《关于原料药领域的反垄断指南》	部门规范性文件（国务院反垄断指南）	2021 年 11 月 15 日
国务院反垄断委员会《关于平台经济领域的反垄断指南》	部门规范性文件（国务院反垄断指南）	2021 年 2 月 7 日
国务院反垄断委员会《关于知识产权领域的反垄断指南》	部门规范性文件（国务院反垄断指南）	2019 年 1 月 4 日

续表

名称	效力层级	正式发布日期
国务院反垄断委员会《关于汽车业的反垄断指南》	部门规范性文件（国务院反垄断指南）	2019 年 1 月 4 日
其他		
《经营者反垄断合规指南》	部门规范性文件（国务院反垄断指南）	2024 年 4 月 25 日
国务院反垄断反不正当竞争委员会《关于行业协会的反垄断指南》	部门规范性文件（国务院反垄断指南）	2024 年 1 月 10 日
国务院反垄断反不正当竞争委员会办公室、市场监管总局《关于建立反垄断“三书一函”制度的通知》	部门规范性文件	2023 年 11 月 29 日
国家市场监督管理总局《关于试点委托开展部分经营者集中案件反垄断审查的公告》	部门规范性文件	2022 年 7 月 8 日
国务院反垄断委员会《垄断案件经营者承诺指南》	部门规范性文件（国务院反垄断指南）	2019 年 1 月 4 日
司法解释		
最高人民法院《关于审理垄断民事纠纷案件适用法律若干问题的解释》	司法解释	2024 年 6 月 24 日

此外，国家市场监督管理总局（以下简称国家市场监管总局）及各省级地方反垄断执法机构近年来纷纷发布经营者反垄断合规指引（见表 1–2），旨在梳理一套相对完整、全面覆盖《反垄断法》重要制度的合规指引，为企业建设反垄断合规体系提供了一般性的指引和框架。尽管反垄断合规指引并没有法律、法规的强制约束力，但在国家市场监管总局反垄断局普遍授权省一级市场监督管理局查处地方垄断案件的背景下，国家与地方层面的反垄断合规指引在一定程度上体现了中央及地方市场监督管理局的执法思路、关注重点和分析框架；各地纷纷出台反垄断合规指引也表明执法机关对企业建设反垄断合规体系、防范反垄断风险的高度关注，因此是企业确保反垄断合规经营的重要参考。

表 1-2　中国主要反垄断合规指引概览（截至 2024 年 6 月 1 日）

发布机构或区域	名称	正式发布日期
国家市场监督管理总局	《经营者集中反垄断合规指引》	2023 年 9 月 5 日
	《企业境外反垄断合规指引》	2021 年 11 月 15 日
国务院反垄断委员会	《经营者反垄断合规指南》	2020 年 9 月 11 日
北京市	《北京市反垄断合规指引》	2023 年 9 月 7 日
	《北京市平台经济领域反垄断合规指引》	2021 年 12 月 7 日
上海市	《上海市经营者集中申报指引》	2022 年 11 月 14 日
	《配合反垄断调查指引》	2022 年 11 月 14 日
	《经营者集中案件申报名称指引》	2022 年 11 月 14 日
	《横向垄断协议案件宽大制度指引》	2022 年 11 月 14 日
	《金融业经营者集中申报营业额计算指引》	2022 年 11 月 14 日
	《经营者集中简易案件申报指引》	2022 年 11 月 14 日
	《上海市经营者竞争合规指南》	2020 年 11 月 19 日
	《上海市经营者反垄断合规指引》	2019 年 12 月 26 日
天津市	《天津市经营者反垄断合规指引》	2021 年 8 月 10 日
重庆市	《重庆市经营者集中反垄断合规指引》	2024 年 4 月 16 日
黑龙江省	《黑龙江省平台企业反垄断合规指引》	2023 年 6 月 13 日
	《黑龙江省经营者反垄断合规指引》	2022 年 2 月 25 日
海南省	《海南省公用企业反垄断合规指引》	2023 年 8 月 24 日
湖南省	《湖南省经营者集中反垄断合规指引》	2023 年 8 月 2 日
	《湖南省经营者反垄断合规指引》	2021 年 5 月 27 日
山西省	《山西省经营者反垄断合规指引》（2023 年修订）	2023 年 7 月 17 日
河北省	《河北省经营者反垄断合规指引》（2023 年修订）	2023 年 3 月 24 日
四川省	《四川省经营者反垄断合规指南》	2021 年 2 月 24 日
内蒙古自治区	《内蒙古自治区公用企业反垄断合规指引》	2022 年 6 月 17 日
江苏省	《江苏省经营者反垄断合规指引》	2021 年 9 月 22 日
湖北省	《湖北省经营者反垄断合规指引》	2020 年 9 月 18 日
安徽省	《安徽省经营者竞争合规指引（第二版）》	2021 年 12 月 30 日

续表

发布机构或区域	名称	正式发布日期
浙江省	《浙江省平台企业竞争合规指引》	2021 年 8 月 24 日
	《浙江省企业竞争合规指引》	2019 年 7 月 9 日
陕西省	《陕西省建材行业反垄断合规指引》	2023 年 9 月 15 日
	《陕西省经营者反垄断合规指引》	2021 年 11 月 15 日
山东省	《山东省经营者反垄断合规指引》	2020 年 4 月 2 日
	《山东省行业协会反垄断合规指引》	2020 年 4 月 2 日
河南省	《河南省经营者反垄断合规指引》	2020 年 4 月 27 日
	《河南省行业协会反垄断合规指引》	2020 年 4 月 27 日
贵州省	《贵州省行业协会和经营者反垄断合规指引》	2021 年 5 月 19 日
广东省	《粤港企业竞争合规指导手册》	2024 年 1 月 10 日
	《广东省互联网平台经营者竞争合规指引（反垄断）》	2023 年 11 月 2 日

（二）《反垄断法》首次大修

经过历时近两年的草案讨论和修改，《反垄断法》（2022 年修正）于 2022 年 6 月 24 日正式颁布并于 2022 年 8 月 1 日起实施。此次修改为 2008 年 8 月 1 日《反垄断法》生效以来的首次修改，对于我国建立统一开放、竞争有序的全国大市场，贯彻落实党中央关于强化反垄断和防止资本无序扩张的决策部署具有重大意义。本次修改主要有以下几大亮点。

1. 违法责任大幅增加，极大加强《反垄断法》的威慑力。《反垄断法》（2022 年修正）不仅针对企业反垄断违法行为大幅提升了罚款额度（针对部分违法行为的罚款甚至出现指数级增长），还首次引入垄断行为的个人罚金责任，提高拒绝、阻碍调查的罚款上限，并为垄断行为正式入刑设置了“接口”。此外，经营者因违反《反垄断法》受到行政处罚的，还将记入信用记录，并向社会公示。因此，企业在《反垄断法》（2022 年修正）生效后已面临更为高昂的违法成本以及不断加强的执法活动，特别是企业的高级管理人员可能需要承担个人责任

（甚至是刑事责任）。因此，企业需要对反垄断合规给予高度的重视，依据反垄断法评估自身业务经营与业务合作活动的合法性，持续加强企业合规建设工作。

2. 横向垄断协议方面，增加协议组织者、帮助者的法律责任。《反垄断法》在修改前仅规定行业协会不得组织本行业的经营者从事反垄断法禁止的垄断行为（如固定价格、分割客户和市场、限制产量等横向垄断协议）。而对于行业协会以外其他实体（如上游厂商）组织、帮助竞争对手之间达成横向垄断协议的行为，则并没有相关法律依据追究其横向垄断协议责任。《反垄断法》（2022 年修正）填补了前述法律规定的空白，对经营者在组织、协助下游经营者或其他竞争对手之间的会议、活动或任何其他形式沟通时设定了更高的合规义务。

3. 纵向垄断协议方面，明确分析路径、引入安全港制度。首先，《反垄断法》（2022 年修正）进一步完善了纵向垄断协议的认定规则。对于法律明确列举的转售价格维持的纵向价格垄断实行推定违法和举证责任倒置，要求经营者就协议不具有排除、限制竞争效果进行举证。其次，《反垄断法》（2022 年修正）对纵向垄断行为增加了国际通行的安全港规则，规定经营者符合国务院反垄断执法机构规定的市场份额标准及其他条件的，法律不予禁止。但是，关于安全港规则的具体标准和适用程度仍有待未来细化规则和执法实践的进一步明确。

4. 明确反垄断相关制度在平台经济领域的具体适用规则。《反垄断法》（2022 年修正）在国家法律层面对国务院反垄断委员会《关于平台经济领域的反垄断指南》所作出的反垄断合规指引给予了确认。特别地，互联网平台企业滥用市场支配地位的认定仍在现有的反垄断法律框架之下进行，构成要件与传统企业滥用市场支配地位没有本质差别，需要基于企业市场力量和经营行为的竞争效果以判断是否存在滥用行为。

5. 健全经营者集中分级分类审查制度，加强对重点领域经营者集中的审查。构建经营者集中分级分类审查制度是本次《反垄断法》修改的重大制度创新。

所谓经营者集中分类审查，是指反垄断执法机构需要关注不同行业经营者集中的特点，分类进行审查，并依法加强民生、金融、科技、媒体等重点行业和领域经营者集中的审查。所谓分级审查，主要是指由不同层级的反垄断执法机构负责审查不同规模或类型的经营者集中。2022年8月1日，国家市场监管总局启动试点委托北京、上海、广东、重庆、陕西五省（直辖市）市场监督管理部门（以下简称试点省市局）开展经营者集中反垄断审查工作。试点委托实施首年（截至2023年7月底），国家市场监管总局共委托审查经营者集中案件近300件，五地试点委托经营者集中审查稳步推进。

6. 经营者集中审查引入停钟制度。《反垄断法》（2022年修正）引入了与欧盟经营者集中审查相似的停钟制度，规定了三种可以中止计算经营者集中审限的情形。引入停钟制度有利于进一步优化审查流程，审查机构将不再需要通过撤回重报的方式来争取更多的审查时间，为申报方带来更多的可预见性。尽管如此，停钟制度的引入是否能有效地防止出现审查时限被“无限”延长的情形，仍需要相关法规作出具体的规定，包括申报人在什么情形下可以申请停钟，因要求补充材料而进行的停钟是否有次数的限制，附条件磋商是否有任何的时间限制等。

7. 完善未达到申报标准的经营者集中的调查程序。《反垄断法》（2022年修正）首次在法律层面明确了反垄断执法机构对于“未达到国务院规定申报标准”，“但有证据证明其具有或者可能具有排除、限制竞争效果”的经营者集中具有主动调查权。该条款可有针对性地对“扼杀式收购”（killer acquisition）进行监管。因此，企业未来在评估交易是否触发经营者集中申报时，不仅需要考虑控制权是否变更与营业额是否达标，还需要结合交易所涉及的相关市场的发展阶段和竞争情况以及战略重要性（是否为重点领域）审慎评估交易产生排除、限制竞争影响的可能性（包括必要时考虑与反垄断执法机构事先商谈），避免未达到申报标准的经营者集中引发反垄断执法机构的调查而大大增加交易的不确定性。

8. 反垄断法领域建立公益诉讼制度。《反垄断法》（2022 年修正）在立法层面规定了反垄断领域的公益诉讼制度，对于经营者实施垄断行为，侵害社会公共利益的，设区的市级以上人民检察院可以依法向人民法院提起民事公益诉讼。随着反垄断公益诉讼制度的建立以及后续配套规则的出台，可以预见未来对于涉及民生、社会公共利益的垄断行为，将会出现人民检察院提起公益诉讼的案例。未来受到侵害的消费者或者其他市场主体，除向反垄断执法机构发起反垄断举报和投诉以外，也可以考虑通过利用检察院的专业能力和广泛的社会影响力发起公益诉讼，维护企业合法权益和正常市场秩序。当然这也会给企业的反垄断合规带来更大的挑战。尤其是涉及国计民生等重要领域的企业，更需要全面确保自己行为的合规性，避免被提起公益诉讼，造成巨大的财务与商誉损失。

二、中国反垄断执法力度不断加大，企业反垄断合规任重道远

自 2020 年年底，“强化反垄断和防止资本无序扩张”被纳入中央经济工作重点以来，反垄断立法、执法与司法齐头并进，在多个重要经济领域均产生了“核武器”般的威力，全面推动企业合规从他律模式向自律模式的深刻转变。特别是近年来在强调“常态化执法”的背景下，中国的反垄断执法力度不断加大：在数字经济领域，三家互联网平台因实施“二选一”被开具巨额罚单，一大批互联网并购交易被亮起“黄牌”和“红牌”，反垄断监管常态化、执法严厉化将成为未来中国与全球数字经济所共同面对的“达摩克利斯之剑”；在医药、公用事业、金融等民生领域，纠正违法定价行为、防范行业系统性风险成为反垄断执法的核心关切。

中国反垄断执法的持续加强态势从以下近年反垄断执法数据也可见一斑。

2021 全年查处各类垄断案件 175 件，同比增长 61.5%，罚没金额 235.92 亿元。

其中，垄断协议案件 11 件，罚没金额 16.73 亿元。处罚的 11 件垄断协议案件中，9 件涉及横向垄断协议，占比高达 81.82%，其中 1 件涉及固定商品价格行为，8 件同时涉及固定商品价格、划分市场等行为；2 件涉及纵向垄断协议，均涉及固定转售商品价格和限定转售商品最低价格行为。滥用市场支配地位案件 11 件，罚没金额 218.47 亿元，涉及互联网平台、药品、公用事业等民生领域。公开处罚违法实施经营者集中案 107 件，罚款 7235 万元。审结经营者集中案件 727 件，同比增长 53%，其中禁止 1 件、附加限制性条件批准 4 件。[①]

2022 年查处各类垄断案件 187 件，罚没金额 7.84 亿元。其中垄断协议案件 16 件，罚没金额合计 5.69 亿元。16 件案件中，11 件涉及横向垄断协议（其中，7 件涉及固定价格行为，4 件同时涉及固定价格和分割市场行为）；4 件涉及纵向垄断协议（其中，1 件涉及固定转售价格行为，2 件涉及限定最低转售价格行为，1 件同时涉及固定转售价格和限定最低转售价格行为）；1 件同时涉及横向垄断协议和纵向垄断协议。审结经营者集中案 794 件，其中附加限制性条件批准 5 件。就滥用市场支配地位而言，2022 年反垄断执法机构继续聚焦民生领域和互联网平台，共查处滥用市场支配地位案件 13 件，罚没金额 1.66 亿元。从行业分布来看，供水、供气等公共领域案件 9 件，互联网平台、批发零售、物流、港口等领域各 1 件；从行为类型看，涉及限定交易行为 10 件，搭售或附加不合理条件行为 7 件，不公平高价行为 2 件，差别待遇行为 1 件。

近年来，反垄断执法也不乏“大案”“重案”，针对重点行业领域的典型案例对于企业具有重大启示作用，平台经济、医药等重点行业的企业应当不断提升合规能力，以有效应对持续的反垄断合规挑战。

从企业合规风险防控实务角度，由反垄断违法行为导致的严厉与高额行政处罚决定，反垄断合规应于企业合规风险识别与防控体系中被赋予优先级地位，以避免企业遭受财务损失（公司与相关个人遭受行政处罚，即所谓直接损失），

① 国家市场监管总局：《中国反垄断执法年度报告（2021）》。

消耗企业大量人力、物力及财力应对反垄断风险事故并导致社会信用与商誉受损（间接损失）。

三、反垄断诉讼热度不断提升，企业风险与机遇并存

面对争夺市场份额、寻求更优待的许可条款、撤销合同安排等商业竞争中的一系列挑战，反垄断诉讼正在成为企业实现商业目的的手段之一。近年来，反垄断诉讼持续火热，尤其是反垄断私人诉讼数量呈现上升趋势。竞争对手或合作伙伴之间的私人诉讼也有所增多，其中不乏行业内的领军企业。另外，同其他司法辖区一样，包括互联网平台经济在内的高科技行业是反垄断诉讼的高风险领域。中国互联网反垄断诉讼持续升温，越来越多的互联网企业成为反垄断诉讼的对象。在这些诉讼中，互联网平台运营中的商业模式频繁受到来自竞争对手、平台内经营者、平台用户的挑战，“互联”和“开放”的诉求成为共同主题。

同时，司法机关在反垄断诉讼方面也展示了更加积极的态度，一方面体现在人民法院在具体案件中更积极地确立管辖权，作出企业具有支配地位或者存在垄断行为的司法认定；另一方面体现在更加积极地通过具体案件及司法解释，对《反垄断法》的规则作出解读。最高人民法院于 2024 年 6 月公布《关于审理垄断民事纠纷案件适用法律若干问题的解释》（以下简称《2024 年反垄断司法解释》），不仅澄清了举证责任等程序性规则，还基于司法案例中的经验，对众多实体性问题作出了指引。企业需要更加重视反垄断诉讼所带来的风险与机遇，而反垄断司法实践也将为企业更深入理解反垄断法实体规则提供重要的司法审判依据。

更加积极的司法裁判对于存在反垄断合规问题的企业意味着更多的风险，企业不仅要面对反垄断行政执法可能处以的高额罚款，而且要关注在反垄断问题后民事诉讼、公益诉讼等程序中的败诉风险和赔偿责任。但是对于遭受其他

企业垄断行为束缚的企业而言，更加积极的司法裁判将提供另一个帮助挣脱企业发展枷锁的选择。随着反垄断民事诉讼的程序和实体规则的不断完善，反垄断诉讼所带来的风险与机遇将随之一并提升。因此，如何扎实做好企业自身反垄断合规避免被诉风险，并积极运用反垄断诉讼武器，挣脱企业发展枷锁，赢得商业竞争优势，已成为企业需要关注与思考的重要课题。

四、域内外反垄断监管机制的发展以及合作

从全世界来看，反垄断法规在成熟市场经济体有“经济宪法”之称，其地位凌驾于其他所有经济法规之上，目前全世界已有 130 多个国家或地区颁布了反垄断法。其中，欧盟拥有较为完善的竞争政策体系和丰富的竞争执法经验，已经成为当今世界上最具有影响力的反垄断司法辖区之一，为中国反垄断法的发展起到了一定的借鉴作用。现就欧盟和中国的反垄断监管机制进行对比梳理（见表 1–3）。

表 1–3　欧盟和中国反垄断监管机制对比

机制	中国	欧盟
立法状况	中国在过去 15 年间已形成以《反垄断法》为核心（2008 年生效实施，并于 2022 年修正），以 1 部行政法规、12 部部门规范性文件（其中包括 10 部国务院反垄断指南）、6 部部门规章为主要框架的法律规范体系，覆盖垄断协议、滥用市场支配地位、经营者集中、行政性垄断等反垄断领域基本制度。同时，地方各级政府也先后颁布关于反垄断的地方性规范文件	欧盟的竞争法历史更为悠久，最早可以追溯到 1957 年订立的《罗马条约》。目前，欧盟竞争法体系主要由以下几个方面构成：（1）竞争法的基本规则体现在《欧盟运行条约》的第 101 条和第 102 条［《马斯特里赫特条约》（原欧共体条约）中的第 81 条和第 82 条］；（2）欧盟委员会制定关于竞争规则的条款适用规则如欧盟理事会条例（Council Regulations）、委员会规则（Commission Regulations）、委员会通知（Commission Notice）、指南（Guideline）等，如《数字市场法》《数字服务法》《纵向协议集体豁免条例》《纵向协议指南》《横向指南》《欧盟并购条例》等；（3）欧盟法院的判例等

续表

机制	中国	欧盟
执法部门	中国由国家市场监管总局（反垄断局）统一负责反垄断执法工作。国家市场监管总局下设的反垄断执法一司、反垄断执法二司和竞争政策协调司分别负责垄断协议及滥用市场支配地位行为的执法、经营者集中的审查，以及行政垄断执法及公平竞争审查制度的组织实施。同时，国家市场监管总局也会授权有关省级市场监管部门管辖相关案件	欧盟委员会是欧盟竞争法的执法机构，拥有广泛的调查权和处罚权，主要负责欧洲范围内的竞争执法，是实施欧盟竞争政策的核心。此外，欧盟委员会与各成员国密切配合提高审查效率，通过欧洲竞争网络协调执法、避免冲突
执法趋势	中国反垄断执法体系日臻成熟，执法趋于常态化，正在以更加积极、独立的姿态来监管在形式上更为复杂、表现更加隐蔽的违法行为。就反垄断重点执法领域而言，医药、民生、互联网平台等近期受到执法层面的持续关注	欧盟始终采取积极的执法态度，手段和措施较为严厉，对市场形成了有效威慑。近年来欧盟对外国巨头的反垄断处罚力度较重，其中主要针对互联网巨头
司法机关	相比行政执法，司法机关在反垄断民事诉讼和行政诉讼中保持独立姿态。整体上，反垄断司法与执法从对立走向磨合期，未来将通过制度衔接实现共识与调和	欧洲法院通过受理不服欧盟委员会处理决定的案件，对相关竞争政策和法律进行适用和解释，并采用判例的方式来弥补法律规定的不足

有必要指出，在经济全球化、企业竞争国际化的大背景下，我国反垄断执法机构着力强化反垄断领域国际交流合作，有效参与全球竞争治理，对深化国际经贸合作，实现全球共同繁荣进步发挥了积极作用。自《反垄断法》正式实施以来，我国反垄断执法机构与美国、欧盟等 35 个国家和地区反垄断执法机构签署 63 份反垄断合作文件，在中韩、区域全面经济伙伴关系（RCEP）等 10 个多双边自贸协定中设立竞争政策专章，成功举办第七届金砖国家国际竞争大会，积极营造法治化、便利化、国际化的营商环境，为世界贡献反垄断中国智慧、中国方案、中国力量。此外，我国反垄断执法机构也与其他地区的反垄断执法机构积极开展个案执法活动。例如，2022 年，国家市场监管总局就大韩航空公

司收购韩亚航空株式会社股权案等重要案件与韩国公平交易委员会、欧盟竞争总司开展执法合作，多次召开在线会议交流案件最新进展，探讨案件技术问题，加强跨国重大案件立场协调，共同维护国际市场公平竞争；2021 年，国家市场监管总局就“英伟达收购安谋股权案”“丹佛斯公司收购伊顿股份有限公司部分业务案”等案件与美国、欧盟等司法辖区竞争机构进行 20 余次案件执法合作，对提高经营者集中审查质量和效率,共同维护国际市场公平竞争发挥了重要作用。

我国已经成为全球主要的三大反垄断司法辖区之一,在立法执法、理论创新、重大案件查处等方面备受全球瞩目，也成为众多跨国企业反垄断合规工作最关注的司法辖区之一。

从参与全球化经营的企业反垄断合规实务角度看，上述国际合作趋势与现实对企业提出了迫切要求，即在处理相关跨法域反垄断合规问题（如涉及多法域的经营者集中、垄断协议、滥用市场支配地位）时，企业如何能既扎根于中国法域，又有必要的国际化视野，也就是充分关注中国法域项下的问题可能蔓延至或牵涉其他相关法域的涟漪效应（ripple effect），并进行有效统筹规划。

第二节　反垄断实务中的若干核心概念与分析框架分述

本质而言，反垄断首先是个经济学问题，后因对其进行法律规制的需要才成为法律问题，因此经济学中的一系列概念与分析框架不可避免地被代入反垄断法律学术与实务中。就反垄断实务而言，较为准确地理解此类核心概念与分析并结合商业实践灵活运用，是有效从事反垄断实务工作的必备基本功。鉴于前述，于此对于反垄断实务中的若干核心概念与分析框架逐一予以分述。

一、经营者与单一经济体

“经营者”概念贯穿于整部《反垄断法》之中，是划定《反垄断法》适用范围的基础之一。根据《反垄断法》第15条，经营者是指："从事商品生产、经营或者提供服务的自然人、法人和非法人组织。"因此经营者不一定是法人实体，自然人、非法人组织、可以独立产生营业额的资产组合，都可以构成《反垄断法》下的经营者。易言之，在确定相关主体是否属于经营者时，其经济实质远较其法律形式重要。这一点在反垄断实务中对于判断相关商业交易（如私募基金的投融资活动）是否适用反垄断法的规制非常重要。

《反垄断法》对经营者的独立性、市场力量、行为责任等的评估，不以法人实体为单位，而是以"单一经济体"为单位。简而言之，属于同一"单一经济体"范围的实体，可以视为构成一个整体。"单一经济体"在《反垄断法》下的所有重大议题中都会涉及。

1. 在垄断协议案件中，同一"单一经济体"范围内的两个实体之间不可能被认定达成垄断协议，因为垄断协议的达成至少需要两个经营者。

2. 在滥用市场支配地位案件中，同一"单一经济体"内实体的市场份额应合并计算，以评估其整体的市场力量。

3. 在经营者集中案件中，评估营业额门槛是否达到时，需要合并计算与交易方属于"单一经济体"的所有实体的营业额；进行竞争分析时，也需要合并考虑与交易方属于"单一经济体"的所有实体的业务情况和市场力量。

4. 在反垄断行政罚款金额的计算中，通常采取"全口径"的方式，即将所有与涉案企业属于"单一经济体"的实体的合计销售额作为计算罚款的基数。

在实务中，如何确定相关主体的独立性以确认涉案"经营者"的范围至关重要。就这一问题，欧盟委员会已在其反垄断体系中明确提出用来划定不同经营者之间界限的单一经济体原则。根据欧盟《横向合作协议指南》，当一个企业对另一企业施加决定性影响时，它们就构成单一经济实体，即属于同一经营者。其背后的原理是，经济实体是由人员、有形和无形因素构成的，长期追求特定经济目的单一组织。如果公司集团的子公司不享有经济上的独立地位，或不享有决定其市场行为的自主自治，也即，如果该子公司由其母公司控制或施加决定性影响，则母公司和子公司应被视为单一经济体，因为二者内在利益具有一致性。原则上，股东所持股份比例越高，股东与子公司间的利益一致性也越高。而随着子公司持股比例不断分散至特定程度时，股东和子公司之间的利益不再一致，因而可能产生竞争，从而不再构成单一经济体。

相比之下，虽然现行的中国反垄断法体系并没有针对单一经济体原则的明确规定。然而，随着立法和执法的不断发展，类似单一经济体的概念或规则体系已经在我国的反垄断法实务沿革中有所发展并值得充分关注。

1. 就立法层面而言，从经营者集中申报角度，《反垄断法》规定了满足特定情形的关联企业之间的并购交易可以免于申报。这一规则的内在考量是当交易前相关经营者之间已存在控制关系或关联关系时，交易的实施将不再引发新的控制权变化。基于此，该规定曾被认为与单一经济体理论具有内在一致性。此外，《2024 年反垄断司法解释》第 19 条首次在司法层面明确提出了单一经济体的概念："两个以上经营者被同一第三方控制或者施加决定性影响，应当视为一个经济实体的，不构成前款所称具有竞争关系的经营者。"

2. 就执法层面而言，实践中已有多个案件在认定涉案主体和分析违法行为的过程中实质上借鉴了单一经济体的分析思路。根据既有案例，经营者之间是否相互独立需综合考量多方面因素。其中，股权关系是分析经营者之间是否具有独立性的重要因素之一。除此之外，执法机关还会综合考虑人员任职、业务关系、财务和利润分配等因素。例如在葡萄糖原料药案中[①]，尽管三涉案企业并不具有股权上的关联关系，执法机关仍基于人员任职、业务关联、财务关联、业务决策、利润返还等方面的考量认定三者构成单一经济体。类似地，在其他案件中，为判断单一经济体是否成立，执法机关曾考虑过的其他因素包括高管

① 国家市场监管总局行政处罚决定书，国市监处〔2020〕8 号。

和销售负责人等人员任职[①]、实际运营地点的一致性[②]，以及基于国家政策的实际运营情况[③]等。前述执法实践提醒反垄断实务从业者，在确定相关实体是否属于单一经济体时，不能据单一判断因素（如股权关系）径行判断，而应综合所有相关因素进行判断，方为审慎。

二、商品与服务

《反垄断法》的规制行为对象包括商品和服务。然而，具体何为"商品"和"服务"，《反垄断法》中并无明确定义。通常而言，商品是指用来进行商业交换的有形物或无形物，而服务是获取一定经济报偿而从事的满足他人需要的工作，更倾向于通过工作的过程使他人的物质或精神需求得到满足，如运输、保管、仓储、委托、行纪、居间等服务活动。

鉴于《反垄断法》旨在规制经济活动中的垄断行为，作为其规制行为对象的"商品"和"服务"也需要具备经济活动属性。不具有经济活动属性的商品或服务本身并不会落入《反垄断法》的规制范畴。举例而言，向慈善组织捐款或是政府为公民提供的行政许可、补贴以及援助发放，虽然与金钱利益相关，但均不是经济活动，不由《反垄断法》进行调整。欧盟法院曾在以往判例中得出过类似结论[④]，认为银行基金会基于意大利法律要求而向慈善组织捐赠收益的行为具有社会属性，并不会在市场上与其他经营者竞争，因此该部分行为亦不构成经济活动，但其在金融、商业、房地产等领域进行资产运营的行为虽是为实现公益目的，相关行为仍在市场上与营利性经营者进行竞争，因此属于欧盟竞争法所规制的经济活动。

---

① 国家发展和改革委员会行政处罚决定书，〔2016〕1号。

② 上海市物价局行政处罚决定书，第2520170032号。

③ 国家市场监管总局行政处罚决定书，市监价监处罚〔2018〕5号。

④ Eur-Lex, *Case C-222/04 Ministero dell' Economia e delle Finanze v. Cassa di Risparmio di Firenze SpA and Others*(Case C-222/04)，载欧盟官网2006年1月10日，https://eur-lex.europa.eu/legal-content/en/TXT/?uri=CELEX:62004CJ0222。

三、相关市场界定

《反垄断法》第15条明确规定，“本法所称相关市场，是指经营者在一定时期内就特定商品或者服务进行竞争的商品范围和地域范围”。相关市场是对涉案行为的竞争效果范围进行划定和分析的步骤，同样的涉嫌垄断行为，相关市场越大，则可能产生的竞争损害效果就越微弱；相关市场越小，对应的竞争损害效果也就越显著。正如国务院反垄断委员会《关于相关市场界定的指南》（以下简称《相关市场界定指南》）所述，相关市场的界定通常是对竞争行为进行分析的起点，是反垄断执法工作的重要步骤。科学合理地界定相关市场，对识别竞争者和潜在竞争者、判定经营者市场份额和市场集中度、认定经营者的市场地位、分析经营者的行为对市场竞争的影响、判断经营者行为是否违法以及在违法情况下需承担的法律责任等关键问题，具有极其重要的作用。值得注意的是，欧盟在实际执法案件中不一定需要界定相关市场，与其不同的是，中国反垄断执法机构在相关案件中均界定相关市场，因此，相关市场界定在中国反垄断实务中更加重要。

根据《反垄断法》第15条的规定，相关市场可分为相关商品市场和相关地域市场。其中，相关商品市场是指相互竞争的商品或服务的范围，这些商品或服务因其特性、用途或是价格等性质而对于需求者来说具有紧密的替代关系；相关地域市场则是指相关需求者能够获取这些竞争性的商品或服务的地域范畴。《相关市场界定指南》第二章、第三章进一步说明了界定相关商品市场和相关地域市场的一般方法和界定次序。

首先，可以基于商品的特征、用途、价格等因素进行需求替代分析；其次，当供给替代对经营者行为产生的竞争约束类似于需求替代时，也应基于其他经营者转产的额外费用、风险、时间等因素考虑进行供给替代分析；最后，在经营者竞争的市场范围不够清晰或不易确定时，可以按照“假定垄断者测试”[①]的分析思路来界定相关市场。

在相关商品市场和相关地域市场分析中，需要结合需求侧和供给侧的具体情况在需求替代分析和供给替代分析中考虑不同的因素，根据《相关市场界定指南》第8条、第9条的规定，相关因素见表1–4。

表1–4 相关市场替代分析考虑因素

相关市场类型	需求替代分析所考虑的因素	供给替代分析所考虑的因素
相关商品市场	1.需求者因商品价格或其他竞争因素变化，转向或考虑转向购买其他商品的证据。 2. 商品的外形、特性、质量和技术特点等总体特征和用途。 3. 商品之间的价格差异。 4. 商品的销售渠道。 5. 其他重要因素（例如，需求者偏好或需求者对商品的依赖程度，可能阻碍大量需求者转向某些紧密替代商品的障碍，风险和成本，是否存在区别定价等）。	1. 其他经营者对商品价格等竞争因素的变化做出反应的证据。 2. 其他经营者的生产流程和工艺，转产的难易程度，转产需要的时间，转产的额外费用和风险，转产后所提供商品的市场竞争力，营销渠道等
相关地域市场	1. 需求者因商品价格或其他竞争因素变化，转向或考虑转向其他地域购买商品的证据。 2. 商品的运输成本和运输特征。 3. 多数需求者选择商品的实际区域和主要经营者商品的销售分布。 4. 地域间的贸易壁垒，包括关税、地方性法规、环保因素、技术因素等。 5. 其他重要因素。如特定区域需求者偏好;商品运进和运出该地域的数量	1. 其他地域的经营者对商品价格等竞争因素的变化做出反应的证据。 2. 其他地域的经营者供应或销售相关商品的即时性和可行性，如将订单转向其他地域经营者的转换成本等。判断标准一般包括关税、运输成本占比、进口比例等数据，以及因案情相关的其他因素

界定相关市场的一般方法并不唯一，在执法实践中可能会依据相应商品或

① 假定垄断者测试，是指在其他商品或服务的销售条件保持不变的情况下，选定范围的经营者能否持久地（一般为1年）小幅（一般为5%~10%）提高商品或服务的价格。商品或服务涨价会导致需求者转向购买具有紧密替代关系的其他来源，从而引起假定垄断者（前述经营者）的销售量下降，此时就证明了其他来源也应该因这种替代性被纳入相关市场之中；如果目标商品涨价后，即使假定垄断者销售量下降，但其仍然有利可图，则说明相关产品间的替代性并不明显，因此，此时涨价的商品或服务本身就足以构成相关商品市场。

服务的性质选用不同的方法或组合进行分析，而不同方法本身也面临着商业模式变革的挑战。以“假定垄断者测试”分析为例，其传统上是依据假定价格上涨进行测试，但互联网市场普遍免费的服务模式导致这一方法并不能直接适用。司法机关也在《2024年反垄断司法解释》第15条指出，对于“经营者之间的竞争主要表现为质量、多样性、创新等非价格竞争的，可以选择质量下降、成本上升等假定垄断者测试方法”。

四、市场份额与市场控制力

市场控制力是竞争分析的关键性工具。一般来说，经营者在相关市场内的市场控制力越强，其垄断行为就越能影响相关市场中的竞争活动，从而因具有更显著的排除、限制竞争效果而更需要被《反垄断法》规制。市场控制力显著微小的经营者除从事反竞争效果明显的横向垄断协议行为外，其垄断行为本身产生需要《反垄断法》规制的排除、限制竞争效果的可能性相对较低。

市场份额是衡量相关经营者市场控制力的重要指标。在确定准确的相关市场和科学的统计口径（视行业情况而定，一般可能包括销售额、销售量、交易金额、交易数量、活跃用户数、点击量、使用时长等）之后，市场份额是相关经营者在经历动态市场竞争后所呈现的客观结果，因而对经营者在相关市场内的影响力和面对其他经营者的竞争能力具有昭示作用。

需要关注的是，除市场份额之外，商品或服务的特性、相关市场结构、进入市场难度、竞争者间依赖程度、潜在竞争者等因素也对认定经营者是否具有市场控制力发挥着重要作用，单纯的市场份额本身并不能完全体现经营者的市场力量，也不能单纯就此对于相应行为是否具有排除、限制竞争效果进行决断。

就反垄断实务而言，相关经营者的法律合规部门与外部专业反垄断律师应在日常工作中与业务部门（包括但不限于市场部门、销售部门、研发部门）建立定期联系，共同准确、全面、客观地收集相关市场界定的相关数据、资料与信息，同时自身要对相关市场界定作出预估；此外，还应当合法收集相关市场竞争情况、市场份额、市场影响力的资料与数据，并保持其动态更新，以便准确、动态地把握自身在相关市场竞争中的地位，从而为合规实施相关经营活动开展业务合作提供有力保障。这正是相关合规工作的基石，其重要性如何被强调都不过分。

第三节 公司法律合规部的反垄断合规挑战

在反垄断法实务领域，全球各国有一个共同的趋势，即针对科技巨头的监管日益趋紧乃至严苛；对于涉及国家安全与国计民生的重点行业与领域而言更是监管“利剑高悬”。故此，相关市场运营主体时刻不得松懈，也因此使反垄断合规于公司法律合规部而言，成为与数据合规、进出口贸易合规一样棘手而又不得不认真对待的问题。之所以谓之“棘手”，一在于反垄断的逻辑源于经济学原理与公共政策考量而落脚于相关法律条文，这对公司法律合规部提出了更高更急迫的要求，其必须具备对所任职公司的外部监管大势的认识与判断，同时其实务能力亦须具有综合性与跨界性；二在于反垄断实务问题及其解决，在许多时候并不是“非黑即白”的关系，故而对于通常期待问题解决方案高清晰度与高确定性的公司法律合规部而言，是一个非常容易抓狂的实务工作领域。

综合来看，当下中国公司法律合规部反垄断合规工作的挑战主要有以下几个方面。

一、未着手基础工作，导致资源浪费和效率低下

得益于中国这几年反垄断执法、立法及司法的发展，在商业公司里言及反垄断合规的重要性，无论是公司管理层、各业务部门还是各支持职能部门，无一例外对此都有共识。但世间有些事就是如此，都觉得很重要并不意味着就一

定会开展很扎实的基础性工作。

基于当代《反垄断法》的基本事实判断、规制框架与分析思路，前述基础性工作至少包括以下两个方面。

一是商业公司基本的商业事实与计划。例如，所任职商业公司所处的上下游价值链、竞争与协作格局（包括横向与纵向）、所任职商业公司的市场地位、所任职商业公司于各种商事交易的地位与计划（包括是否取得控制权或是否涉及控制权的变更）等。

二是基于前述一所必需的，收集相关商业数据、市场调研报告，并逐一分析厘清的相关市场（如商品市场和地域市场）、相邻市场、技术市场、新兴市场、所任职商业公司在相关市场中的市场份额、对于相关市场是否有市场控制力以及市场控制力如何等。

通常，公司里掌握商业事实与计划及资源的是业务部门和其他职能支持部门，因此，如果企业法律合规部无足够领导力（leadership）与认领感（ownership）并主动引领公司业务部门与职能支持部门去收集、整理并分析该等信息、数据，以完成前述一与前述二两个方面的基础性工作，则日后公司法律合规部与外部反垄断律师配合完成相关项目（如经营者集中申报或相关反垄断法律问题等），所有事情都须从头做起，例如相关市场的界定、横向与纵向的竞争与协作格局等。这既降低了工作效率，又多花了不少外部律师费用，最终导致公司反垄断合规的资源浪费与工作效率低下。

二、数字化浪潮下新商业模式产生的新反垄断问题层出不穷

数字化浪潮下的新商业模式，对于外部律所与律师而言是拓展提升业务领域、提高营收的利好，但对于公司法律部来说则是挑战与压力。其中一个典型例证便是基于平台经济可能形成的轴辐协议（hub & spoke）这个反垄断问题。对于企业法律合规部而言，一是囿于平台经营者的强势地位与谈判话语权，作

为品牌方的商业公司无论是否情愿涉入，轴辐协议都是高概率、高风险事件；二是鉴于与轴辐协议相关的竞争性信息交流与共谋的先例在中国尚不多见，从合规角度如何有效避免轴辐协议风险，便因为先例缺乏，成了合规难度很高的一项议题。

三、未能充分获取反垄断合规专业指引资源

当下未能于既有的立法、执法及司法实践成果中获取充足的“高清晰度”“高颗粒度”的反垄断合规专业指引资源。

毋容置疑，自 2008 年 8 月 1 日《反垄断法》实施以来，中国反垄断法的发展可以用日新月异来形容，短短十多年，已跃居成为与欧盟、美国相并列的三大反垄断司法管辖区。然而，其仍然面临前进道路中的诸多问题，比如：中国的立法、执法及司法先例、指引体系有待完善且体系各组成部分自洽度有待进一步提高；部分行政执法文书竞争分析、行为定性及处罚公布的决定内容过于粗略乃至公式化；配套性规章仍然存在一定的模糊性和较大的解释空间；等等。

因此，公司法律合规部如果不足够勤勉地借“他山之石”深入学习欧盟竞争法（中国反垄断立法与实践均相当程度地移植了欧盟竞争法），深入全面掌握其立法、执法、司法资源中的反垄断分析思路与框架，则对于分析中国反垄断项下比较复杂的反垄断问题，许多时候会面临“巧妇难为无米之炊”的情形，只好日复一日疲于应付“面子”不同但其实“内里”分析思路相似的反垄断问题。

第二章 CHAPTER 02 反垄断合规体系

第一节　反垄断合规体系的构建

一、反垄断合规体系的特点

与反商业贿赂、反腐败等传统主题合规体系相比，反垄断合规体系具有与前述其他主题合规体系相同的一些特点，例如相关合规风险对商业公司的商誉与正常运营的威胁和损害较大等。更重要的是，反垄断合规体系具有一些自身的特点。

（一）专业性极强

追本溯源，反垄断法的规制理论源于经济学中的竞争理论和垄断规制学说与实践，而其分析框架、规制理论亦包含诸多的经济学理论与模型，故反垄断合规具有极强的专业性。具体而言，在反垄断合规实践中，无论是相关市场的界定，还是市场份额的估算，无论是市场支配地位的确定，还是各种涉嫌违反《反垄断法》行为的竞争分析背后所折射出的市场竞争理论与规制思路，无论是测试市场集中度的行业集中率（CRn）与赫芬达尔—赫希曼指数（Herfindahl-Hirschman Index，HHI），还是轴辐协议，均属于经济学与法学的交叉领域的问题。可以说，经济学中竞争理论、垄断规制学说与实践构成反垄断法的理论根基，这决定了反垄断法理论与实践具有极强的专业性。

（二）存在较多灰色地带

反垄断法作为市场经济中的“经济宪法”，其分析框架与规制理论针对的是纷繁复杂且不断演化的市场经济行为，其间各种因素交互作用，使许多情势下进行的竞争分析并非非黑即白，而是面临众多灰色地带。同时，许多市场经济行为既有排除、限制竞争的不良效果，又有促进竞争鼓励创新的良性作用，由此，如何在不良效果与良性作用之间权衡决定，便成就了无法非黑即白的现实。

（三）覆盖范围的广泛性

从世界主流反垄断法域通常规制的横向垄断协议、纵向垄断协议、滥用市场支配地位及经营者集中行为而言，除特定情形下滥用市场支配地位属于商业公司自身单方行为（共同享有市场支配地位情势下除外），其他各种受规制行为均涉及与其他经营者或交易相对方的协作与博弈；且其承载的各种商业活动基本上涵盖了商业公司日常运营与战略交易的方方面面，从而决定了反垄断合规体系覆盖范围的广泛性。因此，较之其他主题合规，反垄断合规风险的识别与防范任务也更加繁重。

二、反垄断合规体系的构成要素

反垄断合规难在必须将合规体系涉及的诸多构成要素予以一一甄别，并依据其特征与相互之间的互动与协同效应，集成到一个体系中，以形成聚合之效。以下对反垄断合规体系构成要素的若干分类予以厘清，以期对其有一个全景式了解。

（一）有形要素与无形要素

就反垄断合规体系而言，有形要素意指各种以有形形式固定并呈现的反垄断合规体系组成部分，例如各项反垄断政策、规章、制度、培训材料等；无形要素意指各种以无形形式体现的反垄断合规体系组成部分，例如公司管理层对于反垄断合规所作的承诺、员工头脑中的反垄断合规意识与敏感度、整个公司的反垄断合规文化。依据笔者的有限经验，一个健壮有力的反垄断合规体系一定是有形要素与无形要素有机结合且富有聚合效应的系统，而这也是反垄断合规体系构建、实施运作及评估改进的一个关键点与难点。如果只有浩如烟海的有形要素，例如长篇累牍的反垄断政策、规章及制度，而无无形要素，例如员工头脑中的反垄断合规意识与敏感度，以及整个公司的反垄断合规文化的有力支撑，则反垄断合规体系的真实性、有效性必然是个大大的问号。

（二）核心要素与非核心要素

反垄断合规体系核心要素，是指在反垄断合规体系构建、实施运作及评估改进全过程中发挥应有的风险预防与管控作用的至关重要的组成部分，例如，公司管理层承诺，反垄断政策、规章、制度、培训，举报热线，违规捕获制度，惩戒制度。与之对应，非核心要素则指在反垄断合规体系构建、实施运作及评估改进全过程中主要起辅助作用的要素，例如，反垄断合规体系中的人力资源安排、预算准备、人事部与 IT 系统支持等。反垄断合规体系构建的关键是能够聚集核心要素并有效聚合非核心要素。

（三）组织要素与运营要素

组织要素，是指反垄断合规体系必然涉及的各项制度、标准及流程的认领方与相关机构设置，例如反垄断合规指导委员会、培训团队、案件调查团队、惩戒团队、合规审计团队。运营要素，是指公司各项反垄断合规制度与安排付诸实施所涉及的预算、资源及人力要素。一个健壮有力的反垄断合规体系必定是一个组织要素与运营要素齐全且相互配合高效的系统。

三、反垄断合规体系的构建

（一）体系构建背景再审视

言及反垄断合规体系的构建，背景再审视非常必要。例如，反垄断体系构建是在既有反垄断合规体系基础上更新，还是因应相关反垄断立法、执法及司法的实质性变化而重起炉灶构建一个新的反垄断合规体系？若为前者，则需考虑是否有新的反垄断合规风险，例如平台经济可能触发的轴辐协议风险尚未被既有反垄断合规体系涵盖，需要予以解决；若为后者，则需考虑相关反垄断立法、执法及司法的实质性变化，并借鉴其他已遭受反垄断调查或民事诉讼的案例，评估决定是否放弃既有反垄断合规体系而重新构建一个新反垄断合规体系。

（二）地基——公司反垄断合规政策与管理层承诺

公司反垄断合规政策，是指整个公司对于反垄断合规的立场、准则及宏观制度。如果把公司反垄断合规比作一座大厦，那么公司反垄断合规政策就是这座大厦最重要的地基，无论是基于其作为公司政策的统领概括性还是其战略性，都绝对不可忽视。统领概括性的目的恰恰在于超越商业公司具体经济活动之纷繁具象，提纲挈领地提示公司对反垄断合规的整体立场、核心准则及宏观制度；在对特定商业活动进行反垄断合规价值性判断即是否合规而又无可直接适用的判断规则时，可以基于此等统领概括性政策进行判断抉择，其间道理有几分类似于宪政国家中的“违宪审查”。战略性意指该等政策具有相当的稳定性与前瞻性，是规范整个公司商业筹划、日常运营及并购等各项商事经济活动中反垄断合规的“压舱石”，除非商业公司所处法域反垄断立法、执法及司法或商业公司自身经营战略发生显著变化而需要进行更新与调整，否则一般不经常进行变更。

就公司管理层承诺而言，任何一个反垄断合规体系，如果没有公司管理层对于反垄断合规议题的积极、可见且以身作则的支持与坚持，则该体系肯定无法取得成功。放眼世界各主要反垄断法域制定执行的相关反垄断合规指南可以发现，其无一例外均强调了公司管理层对反垄断合规的承诺之于确保公司反垄断合规体系有效运作的极端重要性。具体而言，公司管理层包括最高公司权力机构（如股东会）、公司执行机构（如董事会）、公司管理机构（如 C-suite），以及公司业务条线与支持职能部门负责人。那么如何获取公司管理层的积极、可见且以身作则的支持与坚持呢?

其一，教育并培训公司管理层对于反垄断合规风险之于公司及管理层个人可能造成的巨大危险与损害的认识，例如公司面临的巨额罚款、社会信用受损及其“涟漪”效应、民事诉讼、管理层个人可能承担的行政处罚、民事诉讼负担乃至刑事责任。

其二，把公司管理层对反垄断合规体系的支持与坚持融入对管理层业绩的评价当中。比如，一些治理结构完善的商业公司在对管理层进行业绩评估决定奖金分发时，对管理层的合规表现也会予以评定，并赋予其“一票否决”权，即无论工作业绩如何出色，如果合规方面不合格，则相关业绩评定被视为不合格。

其三，比较聪明且不遗余力地向公司管理层灌输合规是竞争优势的概念。可以利用其他同行业或相近行业遭受反垄断调查与诉讼的公司实际案例，也可以在本公司遭受反垄断调查和诉讼时适度介入公司管理层，使其更直观深刻地体会到应对反垄断调查和诉讼对于公司人力资源、财务资源与时间资源的巨大消耗，以及对于公司正常运营管理秩序与效率的影响，从而深切认识到反垄断合规在节省公司资源、确保公司顺利高效运营方面的巨大价值，乃至将其视为一种竞争优势。

（三）支柱——管控制度、标准及流程创建

地基已奠，支柱亦需坚韧。于反垄断合规体系中，相关管控制度、标准及流程都是反垄断合规体系的支柱，包括与竞争者进行沟通会议的事先申请与审批制度，参加行业协会时的会议议程事先审核与退出竞争性话题讨论并要求记录退场制度，并购项目交割前各阶段，例如尽职调查阶段、签字后交割前涉及竞争性敏感信息交换需执行的清洁团队制度等，必须齐备且能有效管控公司业务运营中通常可能产生反垄断合规风险的各流程环节。于此，有必要着重强调一下：管控制度、标准及流程应有效嵌入公司业务流程中。易言之，相关制度、标准及流程不该被轻易绕过或架空，此点比较考验负责反垄断合规体系设计人

员对于公司日常运营体系的熟稔程度、洞察力及协调能力。

（四）风险与优先级评估

任何一种合规体系的构建都必须基于相关合规风险可能发生的领域、可能性及影响大小，反垄断合规体系亦不例外。有效的反垄断合规风险与优先级评估，必须涵盖公司五流图（所有商业公司日常运营管理中会全部或部分涉及的商品流、服务流、资金流、人员流、数据流）中可能发生违反所适用反垄断法的商业行为与项目，以及前述商业行为与项目发生违反反垄断合规风险的可能性及相关违反行为可能造成的影响大小。有必要指出，相关反垄断法域立法、执法及司法的变化也是指导相关反垄断合规风险与优先级评估的重要“指挥棒”。例如近年来中国反垄断执法机关对于平台经济反垄断行为给予了高度关注，企业应紧密关注动态并及时将其纳入风险与优先级评估，这对提升反垄断合规资源的使用效率与精准性至关重要。

此外，在风险与优先级评估方面，务必注意充分吸收相关业务或职能部门，如销售部、市场部、采购部等对相关市场演变、近期发展动态、未来发展趋势及伴随其中的竞争格局演变的真实观察与经验。此等真实观察与经验是确保相关风险与优先级评估精准到位的肯綮，务必高度重视。

（五）反垄断合规教育与培训

概言之，教育与培训在任何合规体系中都是必备要素。相比较而言，反垄断合规体系中的教育与培训具有以下不同类别：普适性培训与专门性培训，概括性培训与特定场景性培训，面对面培训与线上培训。

普适性培训，是指针对整个公司内部可能涉及反垄断合规风险的相关部门与人员进行的统一的不区分部门与工作职能的“普法性”培训；专门性培训，是指基于公司内部不同部门因其工作性质可能触发的不同的反垄断合规风险而进行的专业性培训，例如，针对销售部门进行的如何与竞争者沟通与如何合规管理经销商的培训，针对市场部进行的如何参与行业协会会议的培训，针对业务拓展部门如何合规处理并购避免“抢跑”风险与战略合作事宜进行的培训。

概括性培训，是指基于整个反垄断合规规制体系进行的全面覆盖各专题的概括性培训；特定场景性培训，是指针对特定反垄断合规风险场景，例如反垄断执法机关黎明突袭（dawn raid）进行的模拟应对演练培训。

面对面培训的优点在于互动性比较强使受训方投入度较高，效果较好，但缺点在于受训人数具有一定限制；与之相对应的，线上培训优点在于受训人数与培训时间地点基本不受限制，而缺点在于互动性差，受训方投入度可能较低，效果可能较差。

无论是哪种培训方式，如要达到良好培训效果，应特别注意的是，相关培训的出席率、相关被培训人参与培训的专注度、相关培训过程的互动性及培训后的效果评估（如测试与反馈）。

（六）口头与书面沟通及文件保留

任何一项反垄断调查与诉讼均不可能离开各利益相关方的书面与口头沟通记录以及相关保留文件。因此，从反垄断合规角度来看，如何如实、客观地进行商业沟通与交流，并审慎妥善保留相关文件，不夸大其词，不作误导性或歧义性陈述与沟通，对于反垄断合规体系搭建，是要点，也是痛点。之所以为痛点，在于其需要管控的对象人数众多，信息流通量若云似海。

另外，如何培训相关非法律合规专业人士审慎妥善地进行口头与书面沟通，也是反垄断合规教育与培训的难点。具体而言，相关口头与书面沟通材料可以分为三类：第一类是员工沟通材料，如电子邮件、工作笔记、工作日程、工作电话记录、工作短信记录等；第二类是公司沟通材料，如专业报告、业绩评估报告、商业计划、汇报演示材料、会议纪要、市场调研报告等；第三类是呈现于社交媒体平台的材料，如微信、微博、抖音、小红书、B站等社交平台上的材料。如何对于前述三类口头与书面沟通及相关文件保留区分主体、对象和形式地施以合规管理且符合所适用反垄断法域要求（例如，中国反垄断法中规定的不得篡改或伪造文件或提供虚假信息），便是考验公司法律合规部的大问题。

（七）审计

任何一个反垄断合规体系，如果没有合规审计制度的有机嵌入，则该合规体系将完全依赖于公司管理层与员工自觉遵守。这种合规体系“没有牙齿”，其威慑力与实际效果自然会大打折扣。反垄断合规审计不仅有助于发现已发生的反垄断合规风险，还有助于发现潜在的反垄断合规风险；不仅有助于帮助被审计部门与员工更深刻地领会反垄断法，从而培养起合规这一竞争优势（例如，了解相关竞争者行为的不合规及其潜藏的经营风险），也有助于了解公司现行反垄断合规体系的漏洞与问题，从而助力评估与持续改进公司反垄断合规体系。于反垄断合规实践中，如何解决审计团队的反垄断专业智识？如何全面精准遴选被审计部门与对象员工？如何集合审计团队各成员特长（如法律部、合规部、财务部、人事部、IT 部等）？这些都是核心成功要素。前述问题将在本章下节内容予以详细分析。

（八）反垄断合规风险监控、捕获及内部调查

如果说合规审计是反垄断合规体系的一排牙齿，那么监控捕获合规风险事件并就此展开内部调查便是反垄断合规体系的另一排牙齿，其重要性以及对于维护商业公司反垄断合规体系的威慑力与有效性不言而喻。如何拓展捕获实际已发生或潜在的反垄断合规风险事件的渠道与方式，便是个值得考量与设计的问题。一般而言，除了传统的合规举报热线与反垄断合规审计之外，公司法律合规部团队还需作如下考虑：如何利用法律合规部对于公司各项商业交易活动的法律服务（如合同审核、商业计划可行性研究、项目结构搭建与优化）？如何利用法律合规部对于公司管理层活动（如管理委员会会议、业务部门会议）的参与，识别其中可能涉及的反垄断合规风险？如何充分利用与其他部门（如

财务部、人事部、采购部、市场部、销售部等）的团队协作，及时共享捕获相关反垄断合规风险并对此展开内部调查？如何确定内部调查对象与范围，并且在符合所适用劳动法、个人信息与隐私保护规定的前提下进行内部调查？这些都是对公司法律合规部团队是否足够熟稔公司实际商业运作与流程、拥有良好的沟通协调能力、具备商业敏感度及领导力的切实考验。前述问题将在本章下节内容予以详细分析。

（九）反垄断合规外部风险应对

就反垄断合规外部风险应对而言，如何构建并实施对反垄断执法调查与反垄断诉讼的应对机制，确保在合规前提下依法维护公司商业利益，避免社会信用与商业信誉受损，如何既依法配合反垄断执法机构调查，又向反垄断执法机构说清楚、讲明白相关问题，包括相关市场到底如何界定、相关市场竞争图景到底如何、本公司及关联公司在相关市场中的地位、本公司及关联公司相关商业行为的合法性与正当商业考量及出具相关记录与证明、本公司与其他竞争者或非竞争者的协作商业考量如何、实施前是否已经进行反垄断合规评估及评估结果与记录等，都是考验公司法律合规部实战协作博弈能力的好舞台与真挑战。本章下节内容将会一一道来。

（十）奖惩机制

就奖惩机制而言，最重要的原则是零容忍，即无论负有过错的员工职位多高，业绩多好，一旦经证实对相关反垄断合规事故具有过错，则应严格依据公司反垄断政策与员工手册进行惩戒，绝不区别对待。而对于如实举报公司反垄断违规行为的员工，除了依据公司反垄断政策与员工手册予以奖励外，最重要的是对该员工可能遭受的报复行为的零容忍，即任何员工绝不应就其举报行为而遭受任何打击报复。延伸一点，如何对于在反垄断合规风险中负有过错（故意或过失）的员工个人依据公司反垄断政策与员工手册予以纪律性处理，如何确保反垄断调查或反垄断诉讼持续顺利进行而不受公司惩戒相关过错员工影响，乃至何时实施惩戒，都是公司法律合规部需要统筹兼顾的挑战性课题。

（十一）反垄断合规事故总结、评估与持续改进

与其他主题合规体系一样，反垄断合规事故与案例（无论是其他公司还是本公司）既是批判性审视现有反垄断合规体系潜在弱点与漏洞的绝佳试金石，更是评估与持续改进公司反垄断合规体系的推进器。从战略高度来看，任何一个反垄断合规体系能够定期接受评估并依据评估结果作出持续改进，是衡量该合规体系的生命力与可持续性的重要指标。如何通过公司内部利益相关方与公司外部第三方独立机构，客观评估公司反垄断合规体系的局限与弱点，是摆在公司总法律顾问与首席合规官面前的重大课题。本章下节内容将会对此进行进一步追问与探究。

四、反垄断合规体系构建实务考量

反垄断合规既有反垄断法律实务的高度专业性，又有合规事务的特点，从而引发了在反垄断合规体系构建中到底是应由法律专业人员还是合规专业人士主导的问题。欲有效回答此问题，关键在于在明晰两者优势的基础上予以聚合。法律专业人士的优势在于熟稔反垄断法律与实务，因此反垄断合规体系构建中的实质与内容部分，即涉及反垄断法专业智识与经验的具体制度、流程、标准、教育与培训内容的起草与准备等，由其主导；合规专业人士的优势在于其熟稔合规体系运作、教育与培训，故反垄断体系构建中的运营性课题，例如如何策划与组织反垄断合规教育与培训等运作性事宜，应由合规专业人士主导。必须明确的是，以上工作职能分工只是相对而言，且立足点在于发挥各自优势，实务中法律专业人士与合规专业人士仍应紧密协作，团队工作。

另一个需要实务考量的是，跨国公司位于中国的关联公司如何搭建中国反垄断合规体系。要回答此问题，第一步在于明确跨国公司有无全球通用的反垄

断合规体系。如无，则应针对中国规制框架与公司运营实际构建自身反垄断合规体系；如有，则第二步应区分该全球通用的反垄断合规体系从法律谱系上是源于欧盟竞争法还是美国竞争法。如是前者，则中国反垄断合规体系应在充分依托全球通用反垄断合规体系的基础上，针对中国反垄断法的若干中国特色，例如反垄断执法机构执法的若干特征，予以增补完善；如是后者，虑及中国反垄断法立法、执法及司法实践与美国的显著差异，则应在中国反垄断合规体系构建中花更大精力予以更深层次的增补完善。不过，在全球通用反垄断合规体系与中国反垄断合规体系之间，差异与分野应基于不同法域的相关立法、执法及司法实践，而不应一味强调中国特色，否则易导致相互掣肘乃至脱钩。

第二节　企业反垄断合规系统的实施与运作

一如法律的生命力在于实施，任何一个反垄断合规体系的生命力亦在于其顺利实施。而任何一个反垄断合规体系，无论其构建得如何完美精细，如果不能有效嵌入公司日常运营管理流程并持续发挥作用，则仍为白象（英谚 white elephant，意指昂贵而无用之物）。同时，反垄断合规体系于公司合规实务中的实施与运作亦是暴露公司反垄断合规体系不足与缺失的最好试金石。

一、公司反垄断政策与管理层承诺

就公司反垄断政策与管理层承诺在公司合规实务中实施与运作而言，主要在于以下三点。

（一）管理层的表率作用

其中显例便是公司管理层积极带头参与公司组织的反垄断合规活动，无论是参加反垄断合规教育与培训并认真完成每次培训后测试，还是支持反垄断审计或配合反垄断案件线索的捕获与调查。管理层切忌台上说起来无比重要，台下做起来次要乃至忘记。榜样的力量无穷，就看管理层树立的是正面榜样还是负面榜样。

（二）零容忍政策

治理机制完善且合规机制强健有力的公司均将对于反垄断不合规行为的零容忍（zero-tolerance）作为其合规体系的最后大闸，亦即公司任何员工只要触犯反垄断不合规行为，无论职位多高，即便是董事会成员，均不会被姑息或容忍，务必一查到底并予以惩处。于此，笔者忆起国内尚有不少公司出现合规事件时，首先不是考虑如何彻查，而是如何“内部处理”和“区别对待”，“千方百计缩小影响”。一旦有了一次容忍或一次“内部处理”或“区别对待”，那么就意味着会有第二次、第三次乃至第 N 次，公司员工对于反垄断合规体系的信任与敬畏也就减了一分。一正一反，合规境界与实务操作之水平高下立判。

（三）零报复政策

鉴于有相当一部分公司反垄断合规案件线索源于内部员工举报，保护内部举报员工不因此遭受打击报复，是确保公司举报政策得以被信任与被认可的必要保障措施。前述理念亦被若干反垄断法域主管执法机关的合规指引所认可。笔者一位法总朋友聊及，其与全球法总沟通时，全球法总谈到总部一位高管主动举报了反垄断违规线索，此后不仅未因举报而被打击报复，反而在公司中职业发展顺利。这位全球法总最后总结认为，正是通过这位高管的鲜活事例，让全球员工知道善意举报会受到公司的有力保护而非打击报复。从公司实务来看，此等零报复政策应被考虑纳入公司反垄断合规政策乃至其他主题合规政策中。

二、管控制度、标准及流程有机嵌入公司管理运营系统

反垄断合规管控制度、标准及流程中，除概括适用于全公司全体员工与所有商事活动或项目的普适性规则与程序外，为确保其对于全体员工的针对性与

适用性，亦应以前述普适性规则与程序为基础，衍生出一系列可供公司员工及时获取并学习查阅的规则，嵌入公司管理运营系统，例如，反垄断合规问答、反垄断合规允许与禁止事项（do’s and don’ts）。

另外，针对特定公司部门，还可设定相关审批制度。例如，针对日常涉及较多与竞争者和行业协会接触交流互动的销售部或市场部，设立出席相关会议的事前审批制度与事后复盘总结制度；又如，针对公司研发部门与竞争者相关部门，设立联合研发项目的事前竞争分析制度与合作机构反垄断尽职调查制度；还如，针对公司采购部门与其他公司采购部门实施的采购协作联盟中的反垄断尽职调查制度，以及针对反垄断合规的举报制度等。

就管控制度、标准及流程有机嵌入公司管理运营系统而言，实务中应关注以下几个要点：

（1）管得到，即相关制度、标准及流程应精准嵌入公司运营与管理系统；

（2）管得住，即相关制度、标准及流程的有效性，比如销售部没有履行完毕出席相关会议的事前审批，就不能参加行业协会会议或有竞争者参加的会议；

（3）从法律合规部单管变成各相关部门共管。如果反垄断合规管控制度、标准及流程仅由法律合规部单管，注定失败，或至少效果一般，唯有各相关部门共管，方可成功。

三、风险与优先级评估

质言之，风险与优先级评估目的在于基于公司所处行业、市场竞争格局、公司价值链与商业模式等竞争分析时的考量因素，精准甄别出公司面对或可能面对的反垄断合规风险及其高低程度，并据之将相应风险预防措施嵌入公司管理运营系统。

就风险与优先级评估于公司合规实务而言，应着重解决以下问题。

（一）如何评估

评估首先起步于分析公司自身所处行业，例如，是否为高市场集中度、市场竞争格局、公司价值链与商业模式；其次延展至分析相关市场其他竞争者的相关商事活动及其反垄断合规风险；最后密切关注相关反垄断执法机构于相关市场内的执法实践与动向，并以其为镜审视公司商业实践与合规存在的不足。

（二）谁来评估

由反垄断合规体系的极强专业性决定，反垄断风险与优先级评估团队应由外部专业反垄断律师、公司法律合规部以及公司相关业务或支持职能团队组成。其中外部专业反垄断律师主要职责在于构建分析与评估框架，结合行业合规最佳实践与实践动向，评估公司商事实践的合规性，揭示其中风险，并提供解决方案。与之相对应，公司法律合规部主要职责在于，基于公司商业实践的经验，确定分析与评估的范围与对象，配合外部专业反垄断律师的分析与评估工作，落地外部专业反垄断律师针对反垄断合规风险提供的解决方案。介入公司相关业务或支持职能团队目的有三：其一，利用其对公司商业实践与运营的熟稔以提供相关市场竞争的信息，从而助力外部专业反垄断律师与公司法律合规部的竞争分析；其二，要求公司相关业务或支持职能团队帮助验证外部专业反垄断律师分析的准确性与解决方案的可行性；其三，介入公司相关业务或支持职能团队，以获得其对于实施相关解决方案的支持与配合。

（三）评估频率

评估频率主要由以下两项因素决定：相关反垄断法域立法、执法及司法的重大调整与变化；公司经营战略的调整导致公司商业模式发生重大调整与变化。

（四）评估范围

决定评估范围的因素在于：其一，公司此前或同行业或相近行业公司因反垄断违规而被处罚的案例，可以借助一些法律检索工具对同行业或相近行业公司的处罚案例进行定期检索；其二，公司既有反垄断合规政策、制度、流程及其执行报告，此类报告类似病人的即时 CT，可以提供关于公司反垄断合规执行情况与待改进之处的第一手资料；其三，相关反垄断违规举报线索亦可能提供对于公司反垄断合规体系不足或待改进之处的切实高价值信息。

（五）评估权重

各种风险评估完成后，更重要的是，基于各种风险的不同特点（如所在法域、相关市场结构、与各相关方互动的频率、执法力度与重点），确定解决问题的优先级。有必要指出，优先级区分仅服务于反垄断合规工作的统筹规划目的。即使一项反垄断风险被评估为低优先级，公司亦应及时消除风险。

四、反垄断合规教育与培训

从反垄断合规体系构成要素而言，反垄断合规教育与培训是将公司的反垄断合规政策、管控制度、标准与流程落实到公司员工思想与行动的主要途径之一，其于反垄断合规体系中的重要性，怎么强调都不过分。虽然极端重要，但据笔者若干年的合规管理实践与观察，诸多公司年复一年花费巨大精力与资源于反垄断合规教育与培训，但是并非都能取得预期效果。为此，很有必要重新审视与解决以下方面或问题。

（一）教育与培训对象的动机不同导致效果各异

接受教育与培训的公司员工，由其本人素质、职位及视野决定，对于反垄断合规教育与培训的动机不同。有些是真心实意希望通过接受教育与培训以确保自身商业活动的合规性，有些则仅是因为公司与上司命令参加，如此必然效果各异。尽管如此，就反垄断合规教育与培训而言，最广泛地将动机各异的不同培训对象囊括进教育与培训体系是重要的第一步。

（二）确立教育与培训的合理目的与调性

就目的而言，合理的反垄断合规教育与培训的目的绝非在于将受训对象培养成反垄断专业人士，而是通过教育与培训，使其理解反垄断基本合规原则与要点，增强反垄断合规意识，以便于在自身日常任职工作中发现合规风险点，并予以及时报告，寻求专业反垄断合规帮助，即所谓成为反垄断合规体系的“眼睛”与“耳朵”。就调性而言，笔者多年的合规培训实践表明：单纯一味于培训中强调合规风险对受训对象与公司的损害并非良策，而应在前述忌惮基础之上同时注重合规培训的知识普及性与支持性，切实让受训对象明了反垄断合规培训的目的在于帮助员工解决可能面临的反垄断合规问题，而非只为“抓贼”并惩罚，从而确保受训对象“买账”（buy-in）。

（三）受训对象的具象化

首先，上述反垄断风险与优先级评估至少能够为重点受训对象提供具有实证基础的线索，即在反垄断风险与优先级评估中确认的高风险部门、团队与员工应作为培训重点。其次，除前述重点受训对象外，日常工作中未必直接涉及反垄断风险的公司职能支持部门，例如财务部、内部审计、风险控制部门，其作为从各自视角总揽公司特定职能的员工，往往能够于履职中发现具有潜在反垄断合规风险的非正常商业行为，从而对于早期发现潜在反垄断风险起到“预警”作用。最后，为确保应训尽训同时尽量避免公司员工总体受训负担过重，应由法律合规部、人事部与受训对象所在部门共同研究确定受训对象，如此更具针对性。虽有前述，一般而言，必须接受反垄断合规教育与培训的包括公司高层管理人员（特别是董事会成员），于高风险部门［如销售部、市场部、采购部、战略拓展部、研发部门、政府关系部门（如果该部门参加行业协会会议或与竞争者的会议）等］任职的高层、中层管理人员与大客户经理以及公司新入职员工。

（四）培训内容

参考世界主流反垄断法域，反垄断合规培训内容一般包括横向垄断协议、纵向垄断协议、滥用市场支配地位、竞争者敏感信息交换、经营者集中。就中国反垄断法域而言，视公司具体情况，还可以考虑是否涵盖反行政垄断内容。从培训内容形式与风格来看，不同于其他合规主题（如反商业贿赂），反垄断主题专业性极强，因此其培训内容必须通俗易懂且案例化、情境化，以确保非反垄断专业的受训对象听得懂、用得上。

（五）培训形式

培训一般有线下与线上两种形式，各有优缺点，需要结合使用，以互补所短。线下形式优势在于互动性比较强，例如受训对象更愿意分享一些敏感信息与案例，而劣势在于受训人数受限；线上形式优势在于受训人数不受限，但互动性相对较差，且无法确保受训对象的专注程度。前述现实决定了线下形式与线上形式紧密结合的必要性。

（六）培训材料与培训频率

一般而言，公司基础的反垄断培训材料确定后，应注意保持其框架与核心内容的稳定性。但如果公司发展战略、商业模式调整或出现重大商业项目，例如商业模式从实体（brick-and-mortar）转型线上，则应对于培训材料予以相应更新；另外，如果相关法域立法、执法及司法发生重大或实质性变化，亦应对培训材料予以及时更新并进行复训。就培训频率而言，适用于全公司的“普适性”培训一年应安排一次；此外，针对高风险业务部门的员工或新收购业务部门的员工，其间还应穿插若干重点培训，以期做到全面与重点相结合，互为补充。

（七）培训团队

由反垄断合规的高度专业性决定，培训团队中外部专业反垄断律师必不可少，其核心价值在于提供深入分析及行业内其他公司最佳实践与案例分享（在不披露其他公司相关识别信息的前提下）；公司法律合规部亦必须参加，其主要价值在于协助外部专业反垄断律师调整培训内容与方式，以确保培训的针对性乃至量身定做；通过培训过程中与受训对象的交流，甄别公司反垄断风险的现状，并采取有效措施予以解决；最后，为最大化培训效果，公司最高管理层与高风险业务部门高层管理人员参加培训也非常值得倡导，正所谓“榜样一立，远胜千万遍说教”。

（八）教育与培训后的测试与记录保存

为确保反垄断合规教育与培训获得应有的效果，教育与培训后的测试对于促使受训对象专注于教育与培训至关重要，应该于公司内牢固树立如下规则：专注参加反垄断合规教育与培训并通过培训后测试（允许多次参加但最终通过），是对每位受训对象的要求，并与公司奖惩制度相挂钩。具体测试形式可以轻松活泼些，例如采用动画或视频形式。最佳实践是每条测试题目之前，仍需有对培训内容的要点重述，以强化受训对象记忆，助力其完成测试。培训记录需妥善保存，至少可以达到以下两个目的：其一，作为公司反垄断合规工作的过程记录，并作为反垄断合规工作回顾与更新时的参考；其二，应对相关反垄断执法机构询问与调查时，可作为公司反垄断合规体系强健有力并切实付诸实施的证明。

五、反垄断合规的沟通与记录保留

在反垄断合规体系中，沟通与记录保留至少涉及以下问题。

其一，如何确保公司商业活动与项目在符合反垄断合规要求的前提下进行，并且将前述过程于公司信息存储系统中予以完整准确地记录，从而在未来进行反垄断内部调查、内部审计以及外部反垄断调查时作为分析工具或抗辩证据。

其二，如何确保公司员工在日常商业活动中以符合反垄断合规要求的方式进行口头与书面沟通，并妥善保留此等沟通记录。

（一）公司商业活动与项目记录的公司管理运营系统嵌入

就这个问题而言，业内相关公司的最佳实践在于：定期将公司商业活动记录与项目的电子数据记录于服务器上下载并存储至特定系统（archiving），并且定期组织专业反垄断团队进行关键词搜索梳理（combing），以便审核发现是否有涉嫌违反反垄断法的违规行为。必须指出的是，随着社会性即时通讯工具（如微信等）被广泛应用于工作中，且中国相关反垄断机关亦有获取微信证据的执法先例，如何培训公司员工以合规方式利用社会性即时通讯工具进行业务沟通协作，并于业务执行中始终符合反垄断法合规要求，亦是公司法律合规部面临的棘手挑战。

应对该类挑战，最主要的还是通过反垄断合规制度与培训，敦促相关员工妥善保管好该类社会性即时通讯记录，例如可以拍照形式记录等。从前述业内相关公司最佳实践来看，反垄断合规体系健壮有力的公司均制定并实施了比较明确的文件记录保留政策，阐明该文件记录保留政策的具体类别、具体责任部门与人员、保存方式、定期删除过时记录、保留记录通知等；且该等政策的制定与实施必须由公司法律合规部、IT 部门紧密团队协作，并需要公司最高管理层的支持、身体力行及公司各部门的配合。保留记录通知（holding notice），意指公司于收到反垄断行政调查或诉讼时，立即通知对公司文件记录保存承担责任的各部门与人员妥善保管相关文件记录，不允许有任何形式的删除、篡改或销毁行为，以符合相关法域对被调查人的如实配合义务要求或便利涉诉公司的证据收集与准备。

（二）员工日常商业活动中的反垄断合规沟通与保留

在员工日常商业活动中的反垄断合规沟通与保留方面，业内可以参考的最佳实践如下。

首先，应通过公司反垄断制度和反垄断教育与培训来明确公司相关员工在日常工作沟通中涉及反垄断敏感话题或信息时的审慎义务，应审慎对待涉及业务的所有口头与书面沟通。

其次，应教育并培训公司相关员工日常工作沟通时的清晰与简练，力避夸大其词，或过分随意臆测、推断或引用未经证实的“道听途说”，或因对于公司的自豪感而受不当驱使，对相关市场做过窄界定从而突出公司于相关市场的市场地位，尤其要对公司管理层（管理层因其商业决策制定拍板者的地位而成为重中之重）与员工强调，切忌为增加自身公司于商业活动或项目中的吸引力以促成活动或项目，对自身公司与相关市场竞争情况作“一厢情愿”的解释与分析，而罔顾相关市场的客观竞争限制与约束，乃至不当低估或贬低竞争对手。此等教育与培训应结合实际发生的公司内外部案例定期举行，不断强化公司管理层与员工的意识。

最后，就实务而言，当代一家商业公司每天创造的记录量浩如烟海，针对公司管理层与员工是否遵循审慎义务的管理，务必借助法律智能工具，例如关键词爬手与公司内部合规热线举报系统进行，否则无法有效实施。一旦发现存在问题的记录，应立即由法律合规部介入，予以内部澄清或外部更正，并将相关澄清与更正记录一并保存。

六、反垄断合规审计

任何合规体系如果完全依赖于公司全体员工自觉遵守，肯定是一种“管理幼稚”。因此，在相关主题合规体系中引入合规审计，作为公司的一种“主动”的合规策略与行动，便是题中应有之义。反垄断合规体系亦不例外。

从实务角度来看，有效而具有震慑力的反垄断合规审计需要解决以下问题。

（一）审计团队的反垄断法专业智识问题

一般而言，当代商业公司内设审计部具有财务、人事、采购等专业领域的智识，但甚少具有反垄断法专业智识，由此决定了进行反垄断合规审计的团队必须引入具有反垄断智识的公司法律合规部以及外部专业反垄断律师。

（二）被审计部门与对象员工的精准挑选

确定被审计部门与对象员工，首先应基于对公司相关市场竞争、行业特点、公司商业模式等方面的了解来确定：（1）哪些领域与商业实践很大可能会遭受反垄断行政调查或反垄断民事诉讼；（2）哪些部门的员工具有更高的可能性触发反垄断违规事件。为确定前述问题，可通过管理层访谈与调查问卷相结合的方式进行。富有经验的反垄断审计团队总是可以通过从管理层访谈中获知的商业信息与调查问卷的回答中发现需要进一步审计确认的线索。

（三）审计的实施

具体而言，首先是准备与计划，包括但不限于获得公司管理层对审计的理解与认可，列明并通知被审计部门与审计访谈员工，制定需提供信息与材料清单；其后便是现场审计，包括审阅相关提供的信息与材料并进行访谈，这一过程应充分借助法律合规部与外部反垄断专业律师的专业智识，并结合审计部对于整个流程的把控与协调；最后基于审计结果与公司管理层协调，审计报告以何种形式（口头还是书面形式）提供，并且于相关报告中明确后续整改事项的跟进与验收。有必要指出，若是涉及跨法域审计，在整个审计过程中，还应考虑于某些法域可能适用保护律师—客户特权（attorney - client privilege），以妥善决定审计的具体实施方式，包括审计报告的提交方式与相应处理。

七、反垄断合规风险监控、捕获及内部调查

反垄断合规风险的监控与捕获一般通过以下路径实现：第一条途径是公司法律合规部对于公司日常商业运营与项目的充分参与，从而及时发现其中的反垄断合规风险；第二条途径是公司其他部门发现可能涉嫌反垄断合规风险的商业活动与项目线索，报告给公司法律合规部；第三条途径是公司内部举报；第

四条途径是公司外部利益相关方举报。

无论是上述哪一条途径,捕获上述反垄断违规线索后,便必然涉及内部调查。就实务而言，内部调查至少涉及以下问题。

（一）调查的决策层与参与方

反垄断合规体系比较成熟的商业公司，对于不同的涉嫌反垄断合规行为，均规定有不同层级的汇报线与决策程序授权进行调查，但总体规则在于越严重的反垄断违规行为，汇报的层级越高。就参与方而言，除公司法律合规部之外，是否以及如何介入外部专业反垄断律师与公司内部相关部门，例如调查涉嫌涉及价格违规行为时必然涉及的财务部与市场部等，都需要审慎考量抉择。

（二）主要调查手段

通常会涉及文件审查与员工访谈。就文件审查而言，决定启动文件审查后：第一步是向相关员工发出法律提示，要求相关员工不得删除或损毁与调查相关的文件（legal hold notice）。考虑到时间紧急度与敏感度，实务中可能比较难一次就全面、准确确定前述法律提示要求的收件人范围与涉及文件范围，从而有必要随着新确认收件人与文件范围，再次发送法律提示要求。第二步是确定文件审查的范围，包括但不限于工作邮件、即时通讯、报表、报告、演讲材料、合同等。第三步，考虑到相关文件量可能巨大，可以考虑抓取关键词，例如检索价格、市场、客户等，以尽快搜寻到相关文件并予以审查。文件审查工作完毕后，便可以就文件审查中发现的问题与要点，确定进行访谈的员工范围，并通知其履行接受访谈的义务。在相关访谈中，应注意把握正式性与施助性的平衡，即一方面需要明确告知受访谈员工访谈的正式性，以确保其充分配合，如实说明相关事实，另一方面也需要向受访谈员工说明，访谈的目的在于查明事实，以帮助公司与员工管控好相关风险（有必要指出，在美国法域下，有 Upjohn warning 之区别，即应基于公司董事会或管理层授权于访谈开始时告知员工，进行访谈的外部律师与内部律师代表公司利益而非员工个人)。在整个访谈过程中，应尽力鼓励员工如实全面地说明自身所知悉的所有事实，并提供自身所掌握的所有证据，而录音录像等可以引起被访谈人猜疑的辅助手段应尽量避免采用。访谈结束后，应尽快制备访谈记录。

(三)调查过程的记录

内部调查结束后，调查组应及时制备最终调查报告，并视相关调查发现的事实与情节严重与否，提交给公司不同层级管理层。该等最终调查报告具有多重作用：一是作为公司调查过程的权威记录，并据之以对违规员工予以惩戒，同时揭示公司反垄断合规体系中的待改进之处；二是作为公司反垄断合规体系持续发挥作用的证明，以便在未来可能接受政府部门调查时作为证据。

(四)宽大处理

如果内部调查揭示相关违规属于横向垄断协议案件，则应第一时间与外部专业反垄断律师分析研判，并抓紧时间依据相关法域关于宽大处理申请的要求，准备相关申请资料，向相关反垄断执法机关申请宽大处理，以争取作为第一顺位的申请方，力争公司能够最大化享受到避免或减轻处罚的益处。

(五)对于公司外部利益相关方举报

调查过程结束，仍应结合公司与外部利益相关方的法律关系与风险权重，决定是否及如何向公司外部利益相关方沟通调查结果，并解决驱动举报的公司与外部利益相关方的争议与问题。

八、反垄断合规外部风险应对

反垄断合规外部风险最主要是指反垄断行政执法机构进行的反垄断行政调查与反垄断民事诉讼。

（一）黎明突袭

反垄断行政执法机构进行的反垄断行政调查在反垄断实务中被俗称为“黎明突袭”。对于其应对，至少包括以下要点：

1. 应对的主要目的：就公司法律合规部而言，应对反垄断行政执法调查的主要目的：一是依据相关反垄断法律、法规，充分及时配合反垄断行政执法机关的执法调查，并且避免所涉公司员工可能涉嫌构成阻碍调查的任何形式的错误或不当行为；二是通过与反垄断行政执法机关的配合，尽快尽可能多地了解到正在进行的反垄断行政执法调查，并据之以指导公司的配合与依法维护自身合法程序性权益。

2. 应对的主要方法：其一，便是针对可能的黎明突袭进行模拟演练。不同于一般的行政执法检查，反垄断执法机关黎明突袭具有突然性、高敏感度、高压力等特点，对于习惯了既定工作规程运作的公司各部门会构成非常大的压力与挑战。因此需要进行模拟演练且模拟演练越逼真效果越好，以确保各相关部门在真正面对黎明突袭时清晰了解自身职责，冷静高效妥当地予以配合和应对，特别应注重对于公司前台、保洁阿姨、一般基层销售人员的培训，因为这些总是“最短的板”，容易出现不配合执法调查的情况。其二，在真正应对黎明突袭时，应急团队成员既应各司其职，亦应注意团队协作，而且在整个过程中，应有个坚强核心（如法律合规部予以统筹协调）。反垄断行政调查由于其可能的行政处罚较为严重，社会影响巨大且可能触发反垄断民事诉讼，故应有组织、有策略、有团队地应对，方可做到有条不紊。其三，针对反垄断行政调查中暴露出的公司反垄断合规漏洞与短板，应于合适时候扎实复盘，尽快弥补漏洞与短板，以避风险。

（二）反垄断民事诉讼

针对反垄断民事诉讼，视公司所处诉讼地位与相关举证责任不同，证据的收集与整理以及围绕收集与整理的证据组织的庭审主张与抗辩亦不同。

无论诉讼地位与举证责任如何迥异，证据的收集与整理更多应在于法律合规部平时的积累。具体而言，日常法律合规部即应注意与销售部、市场部、战略拓展部等相关部门的协作与交流，就相关市场的界定、市场竞争分析、主要竞争对手的公开可获知信息等，定期收集并妥善保存相关资料与信息，以备反垄断民事诉讼来临时即查即用，从而避免措手不及导致诉累。

九、反垄断合规奖惩机制的创设与实施

类似于反垄断体系下，针对若干横向垄断协议行为，为鼓励举报从而更高效地调查相关案件而创设的宽大制度（leniency scheme），可以将公平科学的奖惩机制嵌入商业公司反垄断合规体系中，以鼓励举报违规从而有助于公司查清隐藏较深的违规事件并及时妥善予以处理。

就奖惩机制而言，关键点在于：（1）奖惩机制的评判标准。实务中，比较棘手的是相关举报人亦是违规行为人之一，此时到底是奖还是罚，很考量负责受理举报的人对于具体举报事实与违规事实的综合判断，以及对于公司相关鼓励举报行为精神的理解与把握。（2）是否于公司公开奖惩与如何公开奖惩结果。如果完全公开奖惩，则可能会过于敏感，且易对相关员工造成不当精神压力。对此，比较可行的是，于公司内部一定程度上公开奖惩结果，但不披露具体部门与员工。这样既能起到对员工的激励或警示作用，也可避免过分披露员工具体信息从而对其造成不当压力。

十、反垄断合规重点领域与重点人群的识别与关注

借助于概率理论，在一个反垄断合规体系中，重点领域与重点人群发生反垄断合规风险的可能性总是会高一些，因此应提前予以识别，并重点关注。

就重点领域而言，涉及竞争者作为合资伙伴或上下游的合资公司，与竞争者的信息交流、参与行业协会、涉及公司治理机制的董事交叉任职等，都是可能产生反垄断合规问题的重点领域，需要制定相应的内部控制机制，以确保合规。

就重点人群而言，销售与经销、市场营销、战略拓展、采购、研发部门的员工均为反垄断合规重点人群，亦应确保对其工作流程或商业交易安排中涉及的反垄断合规问题的风险识别与预防。

第三节　跨国公司反垄断合规检视

对中国法律合规实务界而言，反垄断属于舶来品。而论及对此等舶来品的透彻了解与有效掌控者，总部位于欧美而业务运营遍及全球的跨国公司必是首选，其反垄断合规实践与经验教训具有极强的指导意义与借鉴价值。究其缘由，一在于前述跨国公司总部所在母国法域通常具有比较健全的反垄断立法、执法与司法体系，且不断发展演进，其对跨国公司遵从总部所在母国法域的反垄断合规一直有较高要求；二在于前述跨国公司业务运营遍及全球，必然涉及全球各反垄断法域，故对于跨国公司遵从各东道国的反垄断合规规定有新要求；三在于对于全球一体化管理的跨国公司法律合规而言，搭建全球一体化且能与各主要反垄断法域要求相适应的反垄断合规体系，并确保其于各主要反垄断法域有效运作，便是必须完成的功课。

基于上述事实，本节拟对于跨国公司反垄断合规进行检视：首先对跨国公司反垄断合规管理体系进行梳理及若干批判性思辨；其次对于跨国公司反垄断合规工作中，中国团队与全球团队的分工与合作进行总结与分析；最后对于中国团队在跨国公司反垄断合规中的重点工作与最佳实践予以分享，以希冀对于正积极投入第二次出海的中国企业与已然在中国设立总部运营全球业务的“中国籍”跨国公司全球反垄断合规有所启迪。

一、跨国公司反垄断合规体系梳理与批判性思维

源于大多数公司治理结构良好的跨国公司合规惯例，如本章“反垄断合规

体系的构建”一节所述，跨国公司反垄断合规体系一般由以下几个部分组成：（1）公司反垄断合规政策与最高管理层承诺；（2）支柱——管控制度、标准及流程创建与实施；（3）风险与优先级评估；（4）反垄断合规教育与培训；（5）口头与书面沟通及文件保留；（6）审计；（7）反垄断合规风险监控、捕获及内部调查；（8）反垄断合规外部风险应对；（9）奖惩机制；（10）反垄断合规事故总结、评估与持续改进。

虽有上述全要素全覆盖的反垄断合规体系，然而综观全球主要反垄断法域与中国法域，因反垄断违规而遭受处罚的跨国公司比比皆是。由此可见，前述体系中必定存在若干误区、缺失与漏洞。正所谓“合规无止境”，实有进行批判性思维的必要。

据笔者目力所及，在中国，跨国公司反垄断合规体系至少有以下几点需要进行批判性思辨与改进。

（一）管控制度、标准及流程创建与实施

跨国公司一般在总部层面均针对反垄断合规制订有一系列管控制度、标准及流程，并推行至全球，例如针对竞争性敏感信息交换制度、参与竞争者会议的审批与管控制度等。然而，前述此等基于总部层面制订的制度、标准及流程是否可以不加审阅，或进行必要调整以使其适应中国市场实际情况？实践案例给出的答案是否定的。不同于公司并购交易文本［如 Share Purchase Agreement（SPA）中过于西方化的定义在其对交易无实质性影响的前提下可以被忽略］，适用于中国反垄断实践中的管控制度、标准及流程，如果因其“水土不服”而无法适用，则会导致制度与流程永远停留于纸面，最终将跨国公司中国关联公司置于巨大的反垄断合规风险中，且风险的爆发只是时间与概率问题。

（二）风险与优先级评估

反垄断合规是非常耗费公司时间与资源的工作，跨国公司中国关联公司的

反垄断合规如果不针对中国市场的特点、自身商业运营与对外合作的模式与商业逻辑，对于风险进行优先级评估，并着重予以解决，则最终将面临虽资源耗尽而始终不得要领甚至最终功败垂成的结局。

（三）口头、书面沟通与保留

反垄断实务最具挑战性的工作就是如何确保员工非正式沟通（如微信、电话等）的合规性，特别是合规意识不强且长期在外公干的基层员工。

（四）审计

任何一项合规制度如需触及痛点，则审计因其客观性、严苛性必然成为一件有效的助力工具。因此，如果由具有一定反垄断智识与专业素养的审计队伍进行有效反垄断合规审计，对于甄别企业运营中隐藏的反垄断合规风险，着实有莫大裨益。

（五）反垄断合规风险监控、捕获及内部调查与奖惩机制

就公司反垄断的策略而言，通过实时风险监控，从而不时捕获反垄断违规情况，并展开调查予以奖惩，此的确为实时警示公司管理层与员工保持对反垄断敏感度的“紧箍咒”与“长鸣钟”。

（六）反垄断事故总结、评估及持续改进

反垄断事故处理完毕，肯定不是万事大吉，而应充分利用反垄断事故缴纳的“学费”，总结与评估公司反垄断合规体系中的漏洞与盲区，及时管好“跑滴漏”。

二、跨国公司反垄断合规工作中中国团队与全球团队的分工与合作

既然是体系化合规，必然涉及团队的分工与协作。具体而言，中国团队与全球团队的分工与合作可以分为两个层面：第一个层面是中国区法律合规团队与总部团队的分工与合作；第二个层面是中国区法律合规团队与其他各法域法律合规团队的分工与合作。

（一）中国区法律合规团队与总部团队的分工与合作

就第一个层面而言，又可再细分为日常合规工作与项目方面。日常合规协作方面，主要涉及全球反垄断合规制度、政策及流程在中国区的落地，其中必然涉及相关全球化制度、政策、流程与中国法域的调适与契合。有必要指出，无论跨国公司总部位于欧洲还是美国，其反垄断的基本理念、分析框架、规制制度均有许多相似之处。虽然欧盟与美国由于法律传统不同，实践中可能存在若干分野，例如，相比较而言欧盟更注重行政执法，而美国更注重司法审查。但无论欧美，对于反垄断实务的后发国家即中国而言，仍有许多值得学习借鉴之处。

因此，中国团队与总部团队日常合规工作的分工与合作，首先需聚焦于充分重视总部法律合规部的专业化指导与支持。笔者有些法总朋友，在遇到中国法域下比较新兴又棘手的反垄断问题时，不时会主动向总部法律合规团队寻求指导与帮助，效果与效率俱佳。

其次，中国团队需要充分并及时向总部反垄断团队介绍并分析中国法域反垄断立法、执法与司法的若干中国特点。对于下文所述的项目协作而言，这是非常重要的基础性“洗脑”工作，否则认知不同而导致判断之间出现差异，乃至贻误项目工作，是大概率事件。

最后，为了更好地与总部团队协作，中国团队仍然需要自我加码，研习总部法域基本的反垄断专业智识与经验，以尽量做到用同一种语言沟通，方可提高工作协作效率。

而关于项目协作，典型场景便是全球性交易中涉及中国法域的经营者集中申报，或涉及中国法域的商业活动与合作，例如中国跨国公司与其他跨国公司的共同采购联盟。此等协作中，关键在于一致性与协调性。所谓一致性，是指具体项目中总部法域与中国法域的数据、信息、报告应保持一致性，以避免出现各法域执法机构相互沟通时发现公司提供信息与竞争分析不一致的问题；所谓协调性，是指从多法域角度来看，商业活动与合作均符合相关法域的反垄断合规要求。

（二）中国区法律合规团队与其他各法域法律合规团队的分工与合作

就第二个层面而言，日常合规协作方面主要是各法域法律合规部团队之间反垄断体系搭建与实施最佳经验的交流与分享，并探讨对于共同挑战的对策；项目协作方面主要是指不涉及总部法域的其他法域的经营者集中或商业活动与合作。据笔者有限经验，即便是不涉及总部法域，也要引入总部法律合规部，以共同推动相关反垄断分析与应对策略在各法域的分别落地，是比较审慎的策略，一则总部法律合规部经验丰富，必要时可以给予指导，二则万一由于种种原因，实施中间出现梗阻或协调难的问题，也可借助总部的权威性与专业性，推动问题的解决，以完成项目协作。

三、跨国公司反垄断合规工作中中国团队的重点工作与良好实践

“合规无止境”虽为陈词，但绝非滥调。就跨国公司商业实践角度而言，其商业模式复杂，且基于业绩要求不断推陈出新，正所谓“最大的不变就是变化”。而前述现实在当下又因为数字化等新技术的助推，更加成为一种潮流。许多时候，商业模式的变化肯定会涉及反垄断考量与竞争关注。因此，中国团队的重点工作应放在实时跟踪公司经营战略迭代所带来的商业模式变化可能触发的反垄断风险，力争做到第一时间知悉、第一时间分析并提供风险防范方案。

就良好实践而言，中国团队应力争参加相关重要的业务会议、管理会议，并带着一颗反垄断合规的敏感之心。一旦发现其中可能存在反垄断风险，应第一时间发声，并尽快进行分析研判。前述第一时间安排是最有效率的方式。另外，中国团队应在公司内部管理流程中嵌入反垄断合规审查制度。例如，在重大并购交易启动前，尽早启动经营者集中预研，也是非常有效的做法。

总体而言，公司法律合规部依赖于公司强健有力的反垄断体系，并且始终

密切关注公司业务发展新动向、新项目，尽早接入勤勉服务，方可确保跨国公司反垄断合规工作始终保持在可以接受的高标准，以助力公司合规发展。

第四节　企业内部反垄断合规调查

在当前高度竞争的市场环境中，企业严格遵守反垄断法规是保证其合法经营和市场竞争力的基石。随着全球化和数字化转型的不断深入，各国执法机构对垄断行为的监管也日趋严格，调查范围持续扩大，审查深度显著增加，这为企业在维持市场公平竞争前提下深度参与市场竞争带来了诸多挑战。在此背景下，建立一套高效的企业内部反垄断合规调查机制，不仅可以帮助企业主动识别潜在的反垄断违规行为，而且对促进企业的可持续长期发展和维护市场竞争秩序具有战略意义。

本节旨在提供一套实用的企业内部反垄断合规调查框架和具体步骤，以帮助企业有效开展内部反垄断调查。通过规范化的调查流程，企业能够及时识别并纠正潜在的反垄断违规行为并采取相应的合规措施。

一、企业内部反垄断合规制度的法律背景与必要性

（一）建立企业内部反垄断制度的法律背景

反垄断法的核心在于防止企业通过垄断行为破坏市场竞争，损害消费者的合法权益。欧盟的《欧盟运行条约》（The Treaty on the Functioning of the European Union）第101条和第102条，美国的《谢尔曼法》（The Sherman Antitrust Act of 1890）和《克莱顿法》（The Clayton Antitrust Act of 1914）以及中国的《反垄断法》等是目前全球最主要三大反垄断法域规定。各国的反垄断机构，如欧盟委员会竞争总司（Directorate - General for Competition of the European Commission，DGCOMP）、美国联邦贸易委员会（Federal Trade Commission，

FTC）和中国国家市场监管总局，负责执行这些法律。

（二）建立企业内部反垄断合规调查制度的必要性

对于企业而言，遵守反垄断法律法规不仅是法律义务，更是践行商业伦理的体现。而建立反垄断内部合规调查体系对于企业具有多重价值意义。

首先，它能够有效防范法律风险，避免违反反垄断法规可能导致的巨额罚款、企业声誉损失以及各种法律诉讼。在中国《反垄断法》下，达成并实施垄断协议的经营者可被处上一年度销售额 1% 以上 10% 以下的罚款，对于情节严重的案件，执法机构甚至可以在 2 倍以上 5 倍以下确定具体罚款数额；负有个人责任的企业管理人员，则可以处 100 万元以下的罚款。一个完善的内部反垄断调查体系可以帮助企业及早发现和纠正潜在的违法行为，避免这些风险的发生。

其次，遵守反垄断法规有助于提升企业的声誉和公信力。合规经营不仅可以增强客户和合作伙伴的信任，还能使企业在市场中树立正面的形象，从而获得更多的商业机会。

最后，反垄断合规体系的建立还能够促进企业内部管理的规范化，优化经营效率和透明度，最终为企业的长期可持续发展提供保障。

二、反垄断内部调查的基本流程

在企业内部进行反垄断合规调查需要遵循标准化的流程，以确保调查全面覆盖企业的各个相关业务环节和管理层级。考虑到大多数跨国企业已在总部层面建立了成熟的反垄断合规体系，对于身处中国的公司法律合规团队而言，在发现潜在反垄断风险行为或接到相关举报时，应遵循公司全球统一的内部调查流程。同时，考虑到各国在商业实践、法律规定和执法尺度上的差异，不排除特定情况下需结合本地业务模式定制调查流程，或引入外部反垄断律师协同。以下提供一个通用型反垄断内部调查流程供参考。

（一）初步非正式调查

企业内部反垄断调查通常发端于违规举报或政府执法。接到举报后，公司法律合规部门应立即启动初步非正式调查，目的是评估是否需要升级为全面调查。这一阶段通常包括与举报人面谈（匿名举报除外，但可以通过联系匿名举报人请求其明确身份与联系方式以推动正式调查）及审阅所有相关的内部文件资料。虽然此阶段的调查形式相对非正式，审查范围也相对有限，但调查仍应在法律合规部门的主导下按照公司已有的内部制度和流程进行，并且要做好详尽的文字记录，以确保调查的合法性、有效性以及可追溯性。此外，尽管非正式调查的覆盖范围有限，调查仍应尽可能翔实地记录所发现的所有违规情况，以便在必须开展正式调查时，为后续调查团队能全面评估公司的合规状态提供必要的指引。

如果非正式调查显示被举报的违规行为轻微，且不会引发政府调查或法律诉讼（如有必要可咨询外部专业反垄断律师进行验证），通过简单的业务调整或对个别员工进行纪律处罚或额外培训便可快速纠正，那么公司法律合规部门应立即与相关业务部门合作采取行动，确保问题得到及时修正。法律合规部门还应持续跟踪修正措施的实施效果，并向举报人反馈调查结果；同时，及时向公司管理层报告调查发现及修正措施。值得注意的是，无论调查的深度和广度如何，在初步非正式调查中，调查团队应始终保持与公司管理层及总部法律合规团队的沟通顺畅，以确保调查工作有序高效开展。

在进行内部反垄断调查过程中，保密性是调查的核心原则。这不仅关系到公司声誉保护，也有助于减少不必要的信息泄露，从而使调查团队更容易获取被掩盖的不当行为证据。因此，从非正式调查阶段开始，调查团队就有必要向所有调查参与者及被询问人员解释并强调所有参与方的保密义务。

（二）开展正式调查

1. 调查团队的授权和组成

如果公司法律合规部门通过非正式调查发现（或举报材料已经明确显示）公司面临重大反垄断违法风险，则调查的后续步骤应当周密规划并审慎制定。如果发现有必要进行全面调查，则调查人员应及时向公司法务合规部高层和公司管理层汇报，提出启动正式调查的请求，并获取企业高级管理层（甚至董事会）的书面授权。一旦决定由公司法律合规部来主导调查工作，则应确保负责调查的团队由独立的调查人员组成（这些调查人员应不受被调查业务部门或员工的监管，且与待调查事件无关）。同时，这些人员应具备独立性（与待调查事项不存在个人利益冲突），并且在进行反垄断调查领域具备丰富实践经验。考虑到反垄断调查的高度专业性和复杂性，通常情况下，内部反垄断调查团队应由公司法务合规部的资深成员和外聘的专业反垄断律师共同构成。

2. 确定调查范围

在正式调查的初期阶段，指定的调查团队应制订明确调查的方针和详细的调查计划，包括调查的广度、深度和时间框架等内容。通常来说，一份完备的内部反垄断调查计划应至少涵盖以下要素：

（1）调查的范围；

（2）潜在的违规行为；

（3）适用的法律、法规和公司内部政策；

（4）利益相关者和涉案方（调查和访谈对象）；

（5）需要审查的文件类型和范围；

（6）调查时间框架；

（7）外部专家介入需求（如专业反垄断律师或经济学家）。

如果公司的内部调查与执法部门对公司相同行为的调查同时进行，则公司在制订调查计划时应采取更为谨慎的态度。虽然许多公司在应对政府调查时采取拖延和被动防御姿态，但考虑到各法域针对积极配合调查的公司均有一定的激励制度，主动而积极地配合调查通常更符合公司的利益。通过积极联系政府调查人员，公司内部调查团队也往往可以更迅速地掌握被调查事件或行为的细节，并据此拟定内部调查的方案和范围。同时，及时开展内部调查可能使公司内部调查团队比执法机构领先一步，从而能更有针对性地答复执法机构所提出的问询，提交执法机构所需的信息，并在必要时提前告知那些无法提供的信息（行政执法的具体应对措施请参阅本书“企业对行政执法的应对”部分）。

3. 文件审查

在内部反垄断调查过程中，文件审查和员工访谈是必不可少的核心步骤。为了确保调查效果，这两者都应以适当的方法进行。正式调查所需审查的文件类型取决于公司采用的办公软件及指控的具体不当行为，通常包括各种电子数据（电子邮件、演示文档、会议纪要，以及各类即时通讯工具如 Teams、微信、钉钉等的通信记录），纸质文件，有时还包括公司员工的个人 / 工作设备（如 iPad、手机）中的短信和个人邮件。为保留相关证据，调查团队应首先向可能拥有相关信息的员工发布协助调查通知，指示他们不得删除或销毁可能与调查相关的邮件、通信记录、各种形式的电子文档记录及纸质文件。协助调查通知应提供足够的细节，使员工明白需要保留哪些文件，同时又避免过度透露调查方向。

在收集所需文件时，调查团队应锁定关键员工，并要求他们立即提供在调查相关时期内的必要文档。调查的主要关注点应聚焦于相关员工使用公司邮箱地址收发的电子邮件——这通常是调查线索的主要来源。出于个人信息和隐私保护的考虑，除非员工自愿提供，调查团队原则上不强制要求员工提供私人设备或私人即时通讯账户中的通信记录。然而，员工在使用公司电子邮箱时，往往已经通过确认公司劳动规章等形式知悉并同意其使用需符合公司的政策和规定，且公司在必要时有权对其进行审核。此外，公司电子邮件通常会在特定日期范围内进行归档，便于调查团队进行检索。然而审查电子邮件的最大难点，是几乎每位员工每年都会写成千上万封工作邮件。在大多数情况下，调查团队不太可能审核每一封邮件。因此，调查团队首先应确定关键词，以缩小审查范围，优先筛选更可能相关的邮件。调查团队可基于非正式调查结果或举报材料提供的信息，选择一系列关键词，用于在相关邮件或文档中进行搜索。这些关键词应涵盖所有可能涉及的反垄断问题领域，如固定价格协议、市场分割、转售价格维持和交换竞争对手的敏感信息等。

文件审查通常应在员工访谈之前基本完成。因为仅凭员工访谈难以揭露全部违规行为，而如果没有支持性文件，调查团队在访谈中可能会失去重点。通过文件审查，调查团队往往可以将调查焦点缩小到特定员工在特定时间段内的特定行为上。因此在审查过程中，调查人员应对文件中发现的重要信息进行分类和标注，以便在访谈时更有针对性地对员工提出质询。

4. 员工访谈

访谈是企业内部反垄断调查必不可少的环节。一般而言，员工访谈应在详尽的文档审查完成后进行。访谈对象应包括被核查事件的利益相关方、潜在知情人以及涉事员工。理想情况下，所有与被举报的不当行为存在实质性关联的人都应接受访谈，但考虑到调查的保密要求，内部访谈的对象主要限于公司的相关员工。为了确保访谈的有效性，在访谈开始前调查人员需做到以下两点。

（1）确定并了解访谈对象：基于之前获得的证据，明确需要访问的对象，并充分了解其职能及其与被核查事件的关联。

（2）草拟访谈议程：就相关证据和事实制订访谈计划，按主题或时间顺序列出相关文件，并提出预设问题。访谈议程应作为访谈的指导纲要，明确引用相关文件，并提出具体问题建议。其他可能涉及的相关主题包括事实背景、对相关法规的了解以及对某些行为的补救建议。

根据不同案件情况，访谈一般从低级别员工开始，逐步访问至高层员工。公司通常会在员工手册或内部政策中明确规定员工有义务配合公司的内部合规调查。如果员工拒绝配合，公司有权根据公司的规章制度对其处以纪律处分。调查团队应告知拒绝参与访谈的员工，其行为可能导致纪律处分，并给予其继续参与的机会。访谈过程中，被访人员通常不应记录笔记或以其他方式记录访谈内容，且访谈应在私密环境中进行，确保无其他无关人员在场。访谈可以由公司内部法务合规人员或外部律师主持。不过在通常情况下，内部法务合规人员主持访谈可能会使被访者更愿意坦诚配合调查工作。

访谈的主要目的是通过呈现相关文档，允许被访者准确回忆事实并表达观点，从而获得尽可能准确和可靠的信息。访谈结束后，应提醒员工保持访谈内容的机密性，不得与其他员工或第三方分享信息，并提供联系方式，以便其在访谈后及时分享额外信息。负责访谈的调查人员应在访谈结束后及时起草访谈笔录，以留存访谈内容的准确书面记录。笔录应避免对被访者心态或动机的猜测，而专注于记录访谈中所说和所做的可验证事实。可直接引用被访者的原话，以增强笔录的准确性。在特定法域（如美国法域），在后续的政府调查或法律诉讼中，公司可能会寻求对这些笔录主张律师—客户特权。调查人员在起草笔录时也应将这一点考虑在内。

三、反垄断内部调查的分析和报告

在完成文档审查和对证人的访谈之后，调查团队需汇总所有调查发现和结论，形成一份全面的书面报告。报告应清晰记录调查内容、确认的反垄断违规行为以及公司采取的应对措施。鉴于报告可能需要提交给董事会或高级管理层，并在应对政府调查时体现公司的合规尽责态度，调查团队应在报告开头准备一份执行摘要（executive summary），以便不同背景的读者能快速掌握报告的核心内容。

完整的最终报告应当首先说明调查的起因、流程、受访员工与审查文件，以及所有查实的事实及其详细分析。其中应包括是否查明了任何违规行为、违规行为的成因，以及建议的纠正措施。报告还应评估已经执行的纠正措施的效果，并针对企业管理体系中的潜在风险提出优化建议，以预防未来违规。对于涉及违规行为的具体员工，报告可包含相应的纪律处分建议。视违规行为的严重程度及公司的人事管理规定，涉事员工可能需要参加反垄断培训、接受纪律惩处，甚至可能被解除职务。

此外，反垄断合规调查可能揭示公司日常经营中的系统性反垄断风险。调查团队应在最终报告中列举这些风险并提出改进方案。以下是内部调查中常见的一些反垄断违规行为。

1. 竞争对手敏感信息的交换与使用：获取竞争对手的敏感商业信息并促成协同行为可能构成反垄断违规。例如，若邮件审查发现某些员工持有竞争对手的价格表或销售策略，应立即停止使用这些信息并启动内部调查。

2. 价格协议与市场分割：竞争企业间的价格协议和市场分割是典型的横向垄断行为。若发现员工与竞争对手讨论价格策略或市场分割，应立即上报合规部门并实施纠正措施。

3. 转售价格维持：这是常见的纵向垄断行为。若发现员工与经销商或零售商就转售价格进行协商或达成协议，应立即予以纠正。

最后，调查报告应基于关键发现提出合规建议，以降低企业反垄断风险。以下是一些典型建议。

1. 加强员工培训：定期组织反垄断培训，提升员工的法律意识和合规能力。培训内容应涵盖反垄断法规、企业政策及实操指南。

2. 优化内部控制：建立健全反垄断内控机制，确保业务流程合规。例如，员工在参加有竞争对手出席的行业会议前，应提前报备会议议程并获得法务合规部批准。

3. 设立合规举报机制：推行匿名举报制度，鼓励员工举报潜在违规行为。合规部门应及时跟进举报信息，开展调查并落实整改措施。

4. 定期审查和改进：定期开展反垄断合规审查（health check），识别和修正潜在风险。根据审查结果，持续优化合规政策，确保企业始终符合最新法规要求。

反垄断合规是企业运营中的关键环节。通过系统化的合规调查流程和持续的改进措施，企业可以有效规避违法风险，增强客户和合作伙伴的信任，提升在市场中的公信力和竞争力。

第五节　企业反垄断合规手册的制备与实施

对于企业而言，任何反垄断文化的倡导、合规规则的实施，归根结底就是需要实现体系化合规下的流程化管理。企业内大部分职能部门和业务部门的工作人员，没有法律背景，更没有反垄断法律背景，仅依靠个别人员或者法律合规部的深度理解，难以实现商业组织体内各部门的统一合规。各国及本国反垄断法律体系纷繁复杂，执法动态不时演变，对于企业而言，大部分员工没有必要也不可能全面学习、随时了解立法、执法及司法动态，但制备与实施一份适用于本企业的反垄断合规手册（corporate standard）（亦可作为企业标准之一），使本企业员工在面临问题时，可以随时找到一份“参考书”，找到面临问题时寻找答案的流程，这无疑对组织的统一合规运转大有裨益。

一、企业反垄断合规手册的构成要素

（一）制定目的和效力范围

作为企业标准之一，企业反垄断合规手册开宗明义需要释明本手册的制定者为哪个部门，通常为企业的法律合规部。制定者是有权解释的部门，也是履行后续审批职责的部门。

其后，手册需要释明手册的制定目的和效力范围。制定目的自然不必多说，

基本上都是为了规避企业违反反垄断法的风险、规范企业的合规运营。效力范围却因每个企业的性质而略有不同。对于本土企业而言，手册效力及于全国、全体公司人员，无一例外；对于跨国企业而言，因全球运营而各国法律不同的特点，集团总部发布的手册效力有两个值得探讨的问题。

1. 如果集团总部发布的标准高于子公司所在国家法律的要求，应该适用哪个标准？

正如其他企业标准，跨国公司通常规定，集团总部发布的手册原则上适用于全球子公司的全部员工全部业务。当集团总部发布的标准高于子公司所在国家法律的要求时，正如集团公司对于用工合规的要求，通常高标准（集团总部的标准）优先适用。

2. 如果集团总部发布的标准与子公司所在国家法律的规定冲突，应该适用哪个标准？集团总部发布的标准是否允许例外？

对子公司而言，所在国家法律为强制适用，不得有任何例外。此时，子公司可向集团总部手册的制备者报备。报备可通过单项报备，按具体事项具体问题报备；亦可通过统一的一次性报备，比如，子公司的本土法律合规部门可制作子公司的反垄断合规手册，在集团总部发布的手册基础上，结合本国法律规定，制作一本当地语言的适用于当地法域的手册。

（二）发现违规行为的汇报途径及日常审计

既已强调企业手册的适用效力和零容忍政策，为了尽早发现问题尽早弥补或改正违规操作，将违规行为控制在萌芽阶段，企业手册亦需指明发现违规行为的汇报（也有企业称为举报）途径，通常手册会说明每名员工发现违规行为均有义务向上汇报，可通过联系员工的上级、人事部或法律合规部进行汇报，企业手册可留下法律合规部指定联络人的联系信息。

除员工汇报，企业日常审计也是及时发现反垄断违规行为的重要手段。企业手册通常会提及审计或内部调查安排。关于具体如何进行内部调查，可参见本书“企业内部反垄断合规调查”部分。

（三）实体规定的简要介绍

由于业务部门和一般的职能部门日常较少（甚至不会）涉及经营者集中的问题，又由于经营者集中多由企业法律合规部负责及把关，所以关于经营者集中，企业手册可以简化或省略该部分内容，转而给予横向垄断、纵向垄断和滥用市场支配地位这些业务部门日常运营中遇到的问题更多篇幅。

企业手册必备的实体内容必然包括禁止横向垄断协议、禁止纵向垄断协议、禁止滥用市场支配地位，有些还包括参加行业协会活动的注意事项等。考虑到企业手册的受众为本企业的业务部门及支持业务的职能部门，企业手册通常忽略法理阐述、具体法条规定，而是平铺直叙，明确违反手册可能带来的后果，以及 do's and don'ts。一份有效的企业手册还需考虑排版及页面的可识别性、美观性，方便受众一目了然地找到自己想要的答案，如用红色标志警示禁止行为，用绿色标志标出合规行为，用黄色标志提示需要联系法律合规部的事项。

二、企业反垄断合规手册的实体规定之一：与竞争对手相处的基本原则

本条规定是关于任何与竞争对手的联络，无论是线下还是线上会面，无论是通过邮件、电话或其他方式联络，都必须遵循的基本原则。企业手册自身可以对“竞争对手”作出描述性定义，可以不完全使用反垄断法中的用语（例如，中国反垄断法中的“具有竞争关系的经营者”可表述为“竞争对手”，这对于业务人员而言更易理解），亦可通过举例方式，释明几种典型的竞争对手判断标准。

（一）事先单次批准

审慎起见，笔者建议，企业人员与竞争对手会面，无论线上还是线下，无论单独进行还是经过行业协会或第三方组织，均需事先获得单次批准。至于审批人放置在何种层级，则取决于该企业的组织架构。建议企业设置两个部门审

批——申请人所在部门的负责人和法律合规部负责人。

申请人提出书面申请时，建议写明具体信息和日程，包括参会人员、会议主题、日程等。业务部门负责人重点审查必要性，法律合规部负责人重点审查合规风险点，如有必要，可指派法律合规部人员陪同出席会议，并作会议纪要。

（二）红灯行为：禁止行为

任何排除、限制竞争的协议、决定或者其他协同行为均为禁止行为。除引用法言法语的规定，企业手册仍需根据本企业的业务特点，使用简明扼要的语言，举例说明绝对禁止行为，以向本企业工作人员释明典型的禁止行为，示例如下。

1. 禁止与竞争对手或潜在竞争对手就下列事项达成协议，禁止与竞争对手或潜在竞争对手直接或间接地参与下列事项的协同行动：

（1）价格：包括但不限于价格本身、价格变化、价格构成（如原材料成本）、返利安排、利润、折扣等；

（2）其他合同条款：包括但不限于付款条件、信用额度、交付条件、担保和保证、售后服务等；

（3）分割市场、客户或区域：禁止与竞争对手或潜在竞争对手分割市场、客户、区域或产品；

（4）联合抵制行动：禁止与竞争对手或潜在竞争对手联合抵制向某客户供货或联合抵制与某供应商交易；

（5）限制商品的生产数量或者销售数量；

（6）其他可能导致反垄断违规的操作。

2. 禁止与竞争对手或潜在竞争对手交换商业敏感信息。广义来讲，商业敏感信息包括任何可以带来竞争优势的信息，具体某信息是否属于商业敏感信息取决于个案分析，然而通常情况下，以下信息被视为商业敏感信息：

（1）价格：价格和计划的调价，返利及价格折扣，与客户的交易价格等；

（2）交易和交货条件：计划的促销活动，返利 / 折扣条件和变化，与客户谈判的情况，客户提出的特殊商业要求等；

（3）销售目标和市场份额：某客户、某产品或某类型产品的销售目标，某产品或某客户的市场份额等；

（4）其他可能带来竞争优势的现有或将来商业战略信息：新产品发布安排、发布日期及价格定位，足以识别单个客户的数据，产品的生产成本或服务成本，单个客户的产品组合信息，关于销售组织架构的信息，企业成本结构或产品信息，公司计划的有关技术、投资、涉及生产或营销的项目等。

（三）绿灯行为

通过公开网络搜索、企业年报及刊物或其他公开渠道获得有关竞争对手商业活动的信息等行为是经营者可以做的。

需要注意的是，一些介于红灯和绿灯之间的行为，比如向竞争对手供货，通过竞争对手出售本企业产品，与竞争对手之间的许可协议，与竞争对手之间的联合开发安排等，并不必然违反反垄断法，但稍有不慎极易招致违反反垄断法的后果，则需要详细作个案分析。

三、企业反垄断合规手册的实体规定之二：与交易相对人（客户、供应商）相处的基本原则

企业人员或多或少参加过法律合规部举办的反垄断培训，因而对横向关系中的注意事项比较了解，特别是合规培训相对比较健全的跨国公司工作人员很少会涉入横向垄断行为。但纵向关系的处理，却因其隐蔽性和复杂性，往往给企业人员带来困扰。

（一）红灯行为：禁止行为

在纵向的上下游关系中，禁止固定向第三人转售商品的价格，也禁止限定向第三人转售商品的最低价格。企业手册则可根据本企业自身业务模式，列举

特别禁止的行为，比如：

1. 在经销关系中，禁止固定经销商向下游客户转售商品的价格，禁止限定经销商向下游客户转售商品的最低价；

2. 不得因经销商执行固定价格给予激励，包括给予价格折扣、返利、提供免费商品、提供推广支持等；

3. 不得因经销商违反固定价格给予处罚，包括迟延交货、断供、提高价格、终止经销关系等。

（二）绿灯行为

企业可以向交易相对人提供建议转售价，但此建议价不得附加任何强制因素，不得因交易相对人执行建议价给予激励，也不得因交易相对人违反建议价给予处罚。

企业可以向交易相对人提供最高转售价格，但此最高转售价格不得通过施加激励或惩罚手段最终被固定执行，交易相对人仍应享有自由定价权。

（三）业务实践中，一些特别需要个案分析的情形

如果企业人员间接或被动通过第三方（如客户、经销商、供应商等）获得了竞争对手的商业敏感信息，作为企业人员应当明确表明拒绝接收的态度，同时通知企业法律合规部。企业法律合规部应进行个案分析，避免轴辐协议的潜在法律风险。

如果企业与交易相对人（特别是经销商）需要协议约定销售区域、客户类型，此时业务人员应特别注意通知法律合规部进行个案分析，主动销售和被动销售也将是个案分析的关键要素。

独家安排：无论是独家采购还是独家销售，均是反垄断法高度敏感领域，企业人员应特别警觉，通知法律合规部进行个案分析。

四、企业反垄断合规手册的实体规定之三：禁止滥用市场支配地位

（一）市场支配地位

反垄断法禁止具有市场支配地位的经营者从事滥用市场支配地位的行为。企业手册在制定有关禁止滥用市场支配地位的篇章时，势必需要提及本企业所处的市场地位。相关市场是什么、市场份额的计算，反垄断法虽然设定了原则性标准，但这是一个复杂的认定过程，不能一概而论。企业手册需要充分解释这一点，并可以提供一些判断市场地位的考量因素供企业人员参考。这些考虑因素并非法律标准，而是用业务人员可以理解的语言作出的一些总结。比如："市场地位的判断是一个复杂的过程，需要进行个案分析，如果业务人员意识到本企业存在任何下列情况之一，则不能排除企业存在市场支配地位，此时应通知法律合规部进行个案分析，或谨慎起见，禁止从事滥用市场支配地位的行为，包括：（1）业务人员感觉本企业的市场份额很大；（2）竞争对手的市场份额很小；（3）本企业与竞争对手相比，拥有更强的市场地位、技术优势、品牌地位等；（4）客户缺乏议价 / 谈判地位等。"

（二）红灯行为：禁止行为

1. 没有正当理由，对条件相同的交易相对人在交易价格等交易条件上实行差别待遇。企业手册可以列举一些正当理由的范例，比如客户采购量的差异、客户支付账期的差异。另外，工作人员需要为差别待遇的正当理由"留痕"，通过系统或者其他书面形式记录。

2. 没有正当理由搭售商品，或者在交易时附加其他不合理的交易条件。

3. 没有正当理由，限定交易相对人只能与其进行交易或者只能与其指定的经营者进行交易。比如独家安排，要求经销商只能经销某企业产品，不得销售竞品，或下游客户只能从某企业购买产品，不得购买竞品。

4. 没有正当理由，拒绝与交易相对人进行交易。

5. 以不公平的高价销售商品，或者以不公平的低价购买商品。

6. 没有正当理由，以低于成本的价格销售商品。

通常来讲，企业手册也应指导工作人员通过书面形式保留“正当理由”，为合规经营留痕。

（三）业务实践中，一些通常特别需要个案分析的情形

1. 市场支配地位的判断、市场份额的判断。

2. 在企业经销业务模式中，对不同经销商是否可以差别待遇及其正当理由。

3. 拒绝与交易相对人交易时，何种正当理由是充分理由。

五、企业反垄断合规手册的实体规定之四：企业参与行业协会活动的基本原则

中国反垄断法明确规定，行业协会不得组织本行业的经营者从事法律禁止的垄断行为，如若违反，行业协会自身需要承担法律后果。作为企业，本身在参与行业协会的活动及会议中，亦须为本企业工作人员制定一些基本规则，规避企业自身的反垄断风险。特别是在行业协会举行的会议中，大多数参与者为同行企业，使企业不可避免地会面见多个竞争对手，因此参与行业协会举办的会议更需谨慎。

（一）参加行业协会会议之前的必要流程

1. 事先取得会议日程。企业人员应避免参加没有会议日程与议题的会议。

2. 取得会议日程后，仔细检查每一项会议日程与议题，确保没有涉嫌违反反垄断法的内容。

3. 取得事先单次批准。可参照前述与竞争对手相处的基本原则部分明确的事先单次批准。

4. 如需发言或提供资料，企业人员应当事先筛选，不应提供商业敏感信息。

（二）参加行业协会的特别注意事项

1. 禁止交换商业敏感信息，无论是单方给予、单方接收或相互交换。通常情况下，与会人员可以相互沟通以下信息：法律规定、公开的技术标准、公开渠道获取的信息、超过 2 年的历史信息等。

2. 禁止从事任何可能达到限制竞争效果的行为，包括正式或非正式讨论、达成协议（无论口头或书面）、达成任何协同或协同意向。

3. 避免出现任何模糊或引人误解的发言或陈述，避免这些发言或陈述被曲解成违反反垄断法行为。

4. 禁止给第三方建议交易相对人，或者建议第三方不与某经营者交易。

5. 必须记录会议纪要并提交给法律合规部，法律合规部应审查会议纪要并归档保存。

（三）企业人员在行业协会会议讨论超出既定议题并可能违反反垄断法时的处理方式

1.“拍案而起、大声喝止”：企业人员应第一时间站出来提出异议，向在座参会者表达疑虑，并要求立刻停止讨论。

2.“愤然离席”：如果讨论议题没有按要求停止，企业人员应当立即离开会场，并留下离开的证据，而不应该被动坐在会场继续听取讨论。

3. 记录“留痕”：企业人员应保留自己提出反对并离席的证据，事后在会议纪要中详细记录该事件及本人表现，并提交给法律合规部备案。

除了参加行业协会会议的篇章，企业手册亦可根据自身业务情况，制定更多详细的规范，比如如何面对行业协会的调研。

除了上述内容外，企业手册还可根据具体业务情形或者本企业日常经营具体场景，编制场景化的规范手册。比如，有些企业会举办客户招待活动，企业将在活动或会议中邀请多家客户而这些客户相互之间具有竞争关系，那么可以针对客户招待活动专门制作一份规范手册。又如，有些企业会举办供应商大会，企业将在会议中邀请多家供应商参会，那么可以针对供应商大会专门制作一份规范手册。场景化的规范手册可以在特定场景下，将横向、纵向等内容有机融合进去。

以上介绍的反垄断合规企业手册的相关内容，希望给企业法律合规部编制企业手册提供些许参考，企业法律合规部仍需结合本企业实际情况做具体分析。

第六节　企业反垄断合规文化的价值、建立与宣导

美国当代人类文化史学家菲利普·巴格比在其著作《文化与历史：文明比较研究导论》[①]中论述道，“文化是一种社会成员内在和外在的行为规则，但那些原本是明显遗传下来的规则不算文化”。如果落脚于企业反垄断合规文化，则依据前述定义而言，企业遵从反垄断法要求，确立所需的内在与外在的行为规则，将面临哪些挑战？价值何在？如何建立并宣导前述内在与外在的行为规则并落实到企业的日常业务运营与商事交易中？这些都是值得思辨的问题。以下逐一分述之。

一、文化之壁——企业反垄断合规文化培育的挑战

源于欧美市场经济法治发达国家的合规理念与做法，随着跨国公司全球性扩张，必然会拓展至正处于法治进程中的新兴市场经济国家。相应地，作为一种根植于欧美社会经济生活的合规行为规则体系也必然与作为东道国的新兴市场经济国家既有的商业文化与理念产生张力乃至碰撞，即“文化之壁”。前述碰撞与张力最为显著的例子便是职场骚扰，包括但不限于：性骚扰、权力骚扰（power harassment）。笔者有位身为亚太区总法律顾问的朋友曾在一场法总交

① ［美］菲利普·巴格比：《文化与历史：文明比较研究导论》，夏克等译，商务印书馆2018年版。

流聚会中提到，其对频频发生于韩国的权力骚扰感到很苦恼。因为该处分的，已经零容忍予以处分了，但不知为何过不了多长时间，又有类似案件再次发生。一位睿智法总提了一个问题：“各位大咖看过韩剧吗？韩剧中上司对于下属是如何行事的还有印象吗？”一语点醒梦中人，各位法总顿时想起韩剧中上司对于工作不力的下属进行严厉斥责乃至耳光相加的桥段。确实，一国既有的商业文化根深蒂固，欲实施一套新的合规行为规则，谈何容易。类似的文化之壁还有许多。所以笔者经常感慨：树立一种合规文化，其实是与特定法域的既有商业文化与理念作长期艰苦的斗争，是文化之壁导致的合规之难。

作为典型舶来品的反垄断法合规文化，因其理念与规则迥异于新兴市场经济国家的既有商业文化与理念，故培育反垄断合规文化面对的文化之壁便更高更厚，乃至远胜于反腐败与反商业贿赂等这些尚能在新兴市场经济国家找到一致性价值判断的合规主题。试举一例：新兴市场国家中，各市场经营主体交流对于市场的看法乃至共同采取协同行动应对市场的变化，必然涉及价格、客户、市场，便源于其传统商业文化中的注重人情社交的文化传统；又如，新兴市场经济国家中奉行的困难时“抱团取暖”理念，便成为行业协会组织或帮助各市场经营主体采取排除、限制竞争行为的催化剂。即便是依笔者有限目力所及，2008 年 8 月 1 日《反垄断法》实施以来，基于前述传统商业文化与理念的横向垄断协议案件与行业协会组织或帮助达成垄断协议案件的案子，可谓比比皆是。而且，由于《反垄断法》的宣传贯彻仍然处于进行时，以后也还不时会有类似案件发生。就纵向垄断协议而言，相关市场经营主体错误认为关心经销本公司产品的经销商的销售情况包括但不限于价格乃是天经地义之事；又如，享受市场支配地位的经营者错误地认为，基于自身市场支配地位而对交易相对方开出比较严格条件乃基于自身实力，无可厚非；等等。从前述略论可见，企业反垄断合规文化培育面临切实而重大的挑战。

二、企业反垄断合规文化的价值

虽有上述种种文化之壁与挑战，然企业反垄断文化的价值仍然巨大，通说认为其价值在于：确保企业合规经营，避免或至少降低企业因反垄断调查而遭受的巨额处罚风险与商誉损失。其中，企业反垄断合规文化的最重要价值，在于其作为企业反垄断合规体系中所有利益相关方内心的精神警戒线，可以弥补企业反垄断合规体系中各种硬性政策、制度、流程、培训所无法完全触及的反垄断合规意识与自觉反应。易言之，“心理的警戒线最牢靠”；只有心里有了这样一条无形的警戒线，才会在日常运营与商业合作交易中发现其中可能的反垄断问题，从而寻求公司法律合规部与外部专业反垄断律师的帮助。

三、企业反垄断合规文化的培育与宣导

虽有文化之壁，但其巨大价值使得培育与宣导反垄断合规文化成为需要审慎考虑谋划并扎实付诸实施的课题。就其要点，非穷尽式列举如下。

（一）反垄断合规文化培育与宣导的系统性

系统性，是指综合运用各种手段，例如公司最高管理层对于反垄断合规的承诺，各项反垄断合规制度、政策，管控流程，审计，口头与书面文件保留，培训，调查与行政执法应对等，对企业各利益相关方不断灌输反垄断合规理念，普及反垄断合规良好做法，强化其对于反垄断合规的“心理记忆”。

（二）反垄断合规文化培育与宣导的反复性

与其他合规主题相似，反垄断合规文化的改变绝非一蹴而就，乃是水滴石穿的功夫活与持久战，只有不断定期反复培训，才可避免企业各利益相关方的“健忘”以致罔顾。

（三）反垄断合规文化培育与宣导的动态性

企业发展处于动态变化之中，加之外部监管立法、执法及司法亦不断演变，企业商业发展中面临的反垄断问题与风险，亦因新商业模式、新交易而不断变化，所以反垄断文化的培育与宣导亦应具有动态性，所谓“与时俱进、与事俱进”。

（四）反垄断合规文化培育与宣导的渐进性与永续性

反垄断不仅为舶来品，而且因其与经济学问题、法学问题紧密关联，其中的若干领域，对于企业一般人员而言，比较晦涩难懂，因此在企业培育与宣导反垄断合规文化上亦应讲究渐进性，从易到难，逐步推进。虽然如此，企业合规经营无一日不需反垄断合规，因此如何确保反垄断合规文化培育与宣导的永续性，既是企业法律合规部的挑战，也是企业法律合规部的价值所在。

四、企业反垄断合规文化的践行

企业如何践行企业反垄断合规文化，以下几点对其来说至关重要。

（一）最高管理层对于反垄断合规的坚定承诺与表率

坚定承诺，即最高管理层对于反垄断合规的承诺清晰体现于企业运营的“宪法”——全球商业行为准则中，一旦违反，即为违反“企业宪法”，将面临严重的后果与惩罚措施；表率作用则体现为公司最高管理层在日常经营决策中，充分重视反垄断合规风险，在商业决策前，事先咨询并充分尊重公司法律合规部与外部专业反垄断律师意见，以身作则参加反垄断合规培训。由商业公司的科层结构决定，最高管理层的坚定承诺与表率对于企业反垄断合规文化的践行发挥着引领作用。

（二）运用实际案例增强对企业员工的警示作用

由商业世界背景下的人性决定，单纯苦口婆心的宣导往往作用不好，而通过公司内外（特别是同行业）实际发生的案例进行案例教育，因其相关性而效果更佳。

（三）确保规定落到实处

确保各项反垄断合规政策、制度、管控流程落到企业日常运营与商业交易流程的实处，确保管得到、管得住。如此操作，能以严密的管控体系震慑个别潜在的“胆大妄为之徒”，使其放弃自己的愚蠢想法与企图。

（四）有危机意识地开展预防性合规

企业应力避自欺欺人的“鸵鸟政策”，即假设企业反垄断合规制度很好，或企业合规管控体系没有漏洞。企业应秉承反垄断合规无止境的精神，始终保持“从 70 分到 95 分”的危机感，深入企业日常运营与商业交易，尽早甄别其中的反垄断风险，始终立足于“预防性合规”，方可有效避坑。

结合上述，企业反垄断合规文化于新兴市场经济国家的培育与宣导面临文化之壁的挑战，然因其巨大价值，仍应基于反垄断合规文化的若干特性与规律，努力践行之。

第七节　企业反垄断合规团队的组织形式与协作机制

反垄断合规团队的组织形式与协作机制作为比较成熟的反垄断合规体系的组织性与制度性保障，其重要性不言而喻。而世间万物就是如此吊诡，实践中的经验教训却提示，应对反垄断合规问题，其组织形式与协作机制很可能需要采取“垄断”方式来解决。

一、企业反垄断合规团队的"轴辐"组织形式与内部协作机制

从事合规工作这么多年，笔者常常在夜深时分想一个问题：商业公司里最关心、每天对反垄断合规心心念念的部门到底是哪个？高管（C-suite）每天忙于战略与业务，肯定无法专注于反垄断合规工作；业务部门每天忙于KPI与业务增长数据，不捣鼓一些可能违反反垄断法的"商业创意"来劳烦法律合规部就已经很好了，遑论对反垄断合规工作足够上心；职能部门各自履职已然自顾不暇，也没有足够的时间与资源把反垄断合规工作置顶于工作日程。

除却前述动力与资源问题，就履行反垄断合规职能的能力与智识而言，上述各部门亦无充分能力来专注于反垄断合规工作。最终，专注于反垄断合规工作的担子还是压在了法律合规部的肩上，所谓轴辐结构中的"辐"的地位无人取代。

"辐"位已定，如何有效控制作为"轴"的公司其他各相关部门的日常业务运作与商业交易合作，以确保符合反垄断合规要求，便是必不可少且常做常新的工作。欲做好前述工作，至少有以下两个要点。

1."辐"如何第一时间洞悉"轴"的日常业务运作与商业交易合作，识别出其中的反垄断风险，并提供可落地的合规建议。首先，法律合规部团队成员应该出席各业务部门的每次业务管理会议，了解业务现状与可能的新商业计划方案；其次，法律合规部团队成员应该牢牢把握住合同与公章公司治理管理节点，对于相关法律文件可能包含的反垄断法律风险予以识别与处理；再次，应通过定期自查，例如关键词搜索业务邮件，对于企业各业务部门业务经营活动的合规性予以定期抽查，发现问题应及时予以处理；最后，应充分利用公司反垄断合规举报热线，获取可能的反垄断违规线索，并顺藤摸瓜，以确认相关违规行为的深度、广度及是否为重复性、系统性违规（即是单个行为还是组织性行为），予以相应惩戒，并进行调整。

2."辐"如何与"轴"在企业日常工作中合作，建立企业反垄断问题的"数

据库”。比如，法律合规部与业务等部门定期分析相关市场竞争态势、本企业在相关市场中的市场份额与地位、本企业在相关市场的经营活动等，从而逐步积累起公司涉及反垄断问题的“数据库”。这种积累，无论是对于尽早谋划商业交易合作中可能涉及的经营者集中，还是对于遭遇横向、纵向及滥用问题时的分析与抗辩，都是很艰苦但又必做的“家庭作业”。

二、企业反垄断合规团队的外部协作机制——与外部律所与经济学家的“独家合作模式”

反垄断合规因其小众性、高度专业性而使企业法律合规部在负责反垄断合规工作中必须要得到外部律所专业反垄断团队与（需要界定相关市场与进行竞争分析时）经济学家的强力支持。而如何获得支持，实务中存在若干误区。例如，部分公司不停变换外部律所与经济学家，这一件反垄断业务请一家机构，那一件反垄断业务再请一家机构，并无效率。其实针对反垄断合规团队的外部协作机制，比较富有性价比的方式是“独家合作模式”，即遴选一家或两家具有较强反垄断法专业智识与实务经验的外部律所与经济学家，将企业相关需要外部律所与经济学家支持的反垄断事务分配给这一家或两家律所，长期“海量投喂”。假以时日，该外部律所与经济学家必然会积累深厚扎实的对于相关企业所处相关市场、自身市场份额与地位、经营模式、价值链等方面的认知积累。而有了前述认知积累，在提供具体的反垄断法律服务时，其试错与沟通成本会显著降低，工作效率与精准度则会大大提高。

当下若干企业中非常盛行的法律服务招投标制度，对于特定法律事务而言，例如常规性法律工作、常年法律顾问工作，可能性价比比较高。然而实践已经证明，对于反垄断合规、并购这类高价值、高专业度、高复杂度的工作，将一家或两家外部律所与必要时需使用的经济学家列为长期合作伙伴，通过具体工作对其进行历练，助力其提高服务的精准度与性价比，方是符合高端法律服务本身特点与规律的正确方式。

三、如何遴选比较称职的外部反垄断律所与经济学家

近年来，随着反垄断执法、立法及司法活动的日益活跃，企业法律合规部遴选外部反垄断律所与经济学家的工作日渐成为一项重要工作。基于笔者多年但依然十分有限的经验，除却反应速度、商业洞察力、费率等适用于遴选外部律所的通常标准之外，反垄断法实务的特性决定了以下两点对于此等遴选非常重要。

第一，外部反垄断律所与经济学家应有比较扎实的欧盟反垄断法智识与经验及一定的美国反垄断法智识与经验。中国反垄断法自发端起，便移植了大量的欧盟反垄断法理论与实践，并适当借鉴了若干美国反垄断法理论与实践经验，而此种法律移植在2022年《反垄断法》大修后愈益明显。针对前述规律，外部律所与经济学家如果没有比较扎实的欧盟反垄断法智识与经验及一定的美国反垄断法经验，实务中往往不能做到既知其然，又知其所以然；更为重要的是，对于在中国反垄断法项下仍然比较新颖从而无立法规定或实践先例的实务问题，如何借助欧盟与美国反垄断法积累下来的丰富理论、分析框架、分析手段来解决企业反垄断合规中的实务问题，便显得至关重要。言及此，笔者一个比较直觉的经验便是，有比较扎实的欧盟与美国反垄断法智识与经验的外部律所在面对中国实务问题时，往往敢作决定，并有扎实的欧盟竞争法理论做支撑，能真正解决客户问题。

第二，外部反垄断律所与经济学家应洞悉中国反垄断执法机构、司法机构及立法机构的最新动态与执法思路。反垄断法实务作为实践性极强又富有高专业性的工作，如果相关律所和经济学家对于前述三类负责实际执行反垄断法的机构的最新动态与执法思路演变没有充分及时的了解，再好的法律分析也可能是班门弄斧，且难以真正解决客户需处理的实际问题。笔者早些年曾碰到一些

美资所反垄断“大佬”，他们不去了解前述三家机构的实务演变与考量，而是不断抱怨，例如经营者集中审核时间过长、竞争分析做得不对，等等，显然是摆错了自身作为客户服务者的位置。

以上叨叙，虽为一家陋见，然是源于实践，服务实践，正所谓实践而非想象才是检验真理的唯一标准。

第三章
CHAPTER 03

企业常见反垄断问题之一：横向垄断协议

第一节　横向垄断协议的底层逻辑——竞争损害理论

横向垄断协议是经济领域最为普遍、危害性最为严重的排除、限制竞争行为之一。横向垄断协议的核心是共谋，是经营者之间通过共谋行为（包括产量的减少和价格的提高[①]）排除、限制相关市场内的竞争，继而获取垄断利润，严重损害消费者利益的行为。由于这类协议具有直接的排除、限制竞争的效果，而其促进竞争的作用微乎其微，一般对其适用“本身违法原则”（per se rule），即只要存在横向垄断协议，不评估对竞争的具体影响即判定违法。典型的横向垄断协议包括：固定价格、划分市场、限定产量、联合抵制等。

损害理论（theory of harm）是法律分析和法律适用的核心问题，只有建立起有效的损害理论，法律分析和法律适用才有依据。反垄断法上的损害理论一般指向竞争损害，只有损害竞争的行为才构成垄断，这是反垄断法适用的起点。横向垄断协议产生的竞争损害总体而言可以具体化为以下两种反竞争效应，一种行为如果产生了这两种效应，通常可认定竞争损害存在。[②]

1. 共谋效应，即竞争者之间的竞争因为其行为的一致性被直接限制，从而

① ［美］赫伯特·霍温坎普：《联邦反托拉斯政策：竞争法律及其实践》，许光耀等译，法律出版社2009年版，第157页。

② 焦海涛：《反垄断法上的竞争损害与消费者利益标准》，载《南大法学》2022年第2期。

在其提供的相关市场的产品或服务方面损害下游消费者的利益。例如，美国司法部反垄断局和联邦贸易委员会认为，横向垄断协议可能限制市场参与者的独立决策，整合对生产、关键资产及其中财务利益的控制，对价格、产量和其他竞争性敏感要素的决定，降低市场参与者独立竞争的能力和动机，从而损害消费者利益。①

2. 排他效应，即提高竞争对手的成本，使竞争对手处于竞争劣势。例如，欧盟委员会认为，横向垄断协议可能导致反竞争封锁，例如联合抵制交易的行为，就可能使未参与共谋并且没有纵向一体化的竞争者无法获取必要的投入品，或者需要花费更高的成本才能取得投入品，从而导致其成本不公平地上升，处于竞争劣势状态。②

我国《反垄断法》下竞争损害所对应的词是“排除、限制竞争”，这是判断是否构成垄断行为的前提。垄断行为就是具有或可能具有排除、限制竞争效果的行为。结合反垄断执法实践，我国语境下的竞争损害理论视不同情形可能包括：（1）排除、限制垄断协议所在相关市场的竞争；（2）通过提高销售价格、降低购买价格，损害上下游经营者的正当利益；（3）损害消费者利益，使消费者无法获得更优质的价格和服务；（4）削弱了垄断协议成员、外围经营者和潜在竞争者的创新意愿，阻碍经济创新发展。

第二节　横向垄断协议的认定标准以及实务解析

《反垄断法》第 17 条规定：禁止具有竞争关系的经营者达成下列垄断协议：（1）固定或者变更商品价格；（2）限制商品的生产数量或者销售数量；

① Federal Trade Commission and the U.S. Department of Justice, *Antitrust Guidelines for Collaborations among Competitors*, April 2000, p.6.

② 欧盟委员会：《关于〈欧盟运行条约〉第 101 条适用于横向合作协议的指南》（2023 年版），第 59 页，https://eur-lex.europa.eu/legal-content/EN/TXT/PDF/?uri=CELEX:52023XC0721(01)。

（3）分割销售市场或者原材料采购市场；（4）限制购买新技术、新设备或者限制开发新技术、新产品；（5）联合抵制交易；（6）国务院反垄断执法机构认定的其他垄断协议。

我国《反垄断法》体系下，对横向垄断协议的违法认定采取“禁止 + 豁免”的原则。如果竞争者之间达成《反垄断法》第 17 条所规定的横向垄断协议，遵循行为本身违法原则，即该等协议本身即属于法律所禁止的垄断协议，原则上可推定该等协议具有排除、限制竞争的效果，除非当事人举证证明该等协议不具有排除、限制竞争的效果，或者符合法定豁免的情形。

在反垄断诉讼中，对于《反垄断法》明文规定的横向垄断协议行为类型，由于这些行为的排除、限制竞争效果更为明显，因此对这些行为采用举证责任倒置的方式，由被告对横向垄断协议不具有排除、限制竞争效果进行举证。

根据《反垄断法》立法、执法与司法实践，认定经营者之间达成《反垄断法》所禁止的横向垄断协议需要同时满足以下构成要件：

1. 从主体来看，参与横向垄断协议的经营者在相关市场上具有竞争关系；

2. 从行为来看，具有竞争关系的经营者之间就竞争产品或服务达成了《反垄断法》第 17 条所规定的协议、决定或者其他协同行为。达成协议的形式既可以是书面的，也可以是口头的；既可以是明示的意思联络，也可以是默示的一致行动。经营者之间无论是否以书面形式订立协议或者口头的非正式协议，只要通过协调行为达成共谋，就属于法律所规制的内容。

一、竞争关系的认定

我国《反垄断法》下的竞争关系是指经营具有替代关系的商品或服务（提供相同或近似商品或服务）的竞争对手竞争交易机会发生的关系。根据我国司法裁判案例，竞争关系是指“在生产或者销售过程中处于同一阶段的两个或两个以上的经营者提供具有替代关系的产品或者服务，或者具有进入同一产品或者服务市场的现实可能性”[①]；“在生产或者销售过程中处于相同市场地位的经营者，例如生产者之间、零售商之间或者批发商之间，通常情况下互相之间存在客观上的竞争关系”[②]。

在确定经营者之间是否具有竞争关系时，通常会通过确定经营者之间所生产供应的产品或服务是否具有替代性，进而判断是否存在竞争关系。尽管相关市场界定并非为每一具体案件中必须的步骤，但是通过界定相关市场，进行替代性分析，有助于帮助判断经营者之间是否存在竞争关系。

实务问答 3-2-1

PRACTICE Q&A

1. 委托代工关系是否可能构成竞争关系？

司法实践中，尽管经营者之间存在委托代工关系，但是如果实际经营者均供应相同的产品，则会被认定为竞争关系。在变压器开关企业横向垄断协议案（2021）中，最高人民法院认为，虽然A公司委托B公司代工产品，但A公司、B公司均生产、销售某类开关，两者应当属于生产、销售同一产品的经营者，该等委托代工关系不影响对双方在变压器开关产品市场竞争关系的判断，二者构成竞争关系。实践中，部分企业可能选择以“委托代工”形式弱化竞争关系。但是，如果双方在业务上互为竞争者或潜在竞争者，需要留意协议本身是否可能涉及固定价格、限制产量、划分市场等横向垄断行为，不能当然排除横向垄断协议风险。

2. 关联企业之间是否可能构成竞争关系？

理论上，反垄断法对于横向垄断协议行为的规制，目的在于禁止能够独立作出市场决策行为的具有竞争关系的主体之间的共谋行为，而非经营

① 最高人民法院知识产权法庭民事判决书，（2021）最高法知民终1298号。

② 北京知识产权法院民事判决书，（2017）京73民初362号。

决策、市场行为均受到同一实体控制的同一经济体内部的市场协调行为。因此，在反垄断法视野下，当母公司持有子公司的全部股权且实际控制子公司时，通常两者将被视为同一竞争主体。但是，实践中，若关联企业之间无直接 / 间接的控制关系或被控制关系，仅就部分股权存在持股关系，且各自的生产经营具有独立性，也仍然可能被认定为具有竞争关系。分析判断属于具有竞争关系的经营者，主要的考察因素包括：

（1）各关联企业间的股权结构；

（2）实际经营情况及经营活动的独立性；

（3）企业内部董监高的兼任情况；

（4）其他相关因素等。

在别嘌醇片垄断协议案（2016）[①]中，国家发展和改革委员会（以下简称国家发改委）主要考虑了公司重要管理人员的兼任、实际商业决策和商业行为的一致性来判断关联企业是否具有竞争关系。在深圳 2 家理货公司垄断协议案[②]中，国家市场监管总局主要考虑了股权结构、经营者是否独立开展生产经营，国家政策导向等因素。

3. 潜在竞争关系是否属于竞争关系？

2023 年 3 月 10 日国家市场监管总局发布的《禁止垄断协议规定》于第 8 条首次规定，具有竞争关系的经营者，包括处于同一相关市场进行竞争的实际经营者和可能进入相关市场进行竞争的潜在经营者。

在司法层面，最高人民法院也在相关案例中表达了其认为竞争关系也包括潜在的竞争者的观点：在变压器开关企业横向垄断协议案中，最高人民法院指出，《反垄断法》（2008 年）第 13 条第 1 款意义上的竞争关系是指在生产或者销售过程中处于同一阶段的两个或两个以上的经

① 国家发展和改革委员会行政处罚决定书，发改办价监处罚〔2016〕1 号。

② 国家市场监管总局行政处罚决定书，国市监价监处罚〔2018〕5 号至 6 号。

营者提供具有替代关系的产品或者服务，或者具有进入同一产品或者服务市场的现实可能性。

例如，在医药行业中，尚未生产相关药品的仿制药企业，与正在生产该药品的原研药企业间达成的不竞争协议可能会被认定构成横向垄断协议，说明具有生产相关药品的现实可能性的仿制药企业也被认定为相关药品的竞争者。

4. 产品用于自用而不对外销售，是否会被认定具有“竞争关系”？

实践中，一些纵向一体化的企业生产的上游产品直接用于内部生产下游产品，该上游产品并不对外销售。如前文所述，“潜在的竞争者”也被纳入横向垄断协议的主体范畴中。对于这种情况，虽然相关经营者目前生产的相关产品仅用于内部使用，并不对外向第三方进行商业销售。但是，如果不能排除未来向市场对外销售的可能性，也就是“进入同一产品或者服务市场的现实可能性”，则仍可能被认定为相关产品的竞争者。

5. 认定竞争关系时是否需要考虑上游原材料采购市场的竞争？

如果两家公司生产的产品或服务并不直接在同一相关市场竞争，但是它们在原材料采购市场上存在竞争关系，比如两家公司都从同一家原材料供应商处采购同种原材料，那么这两家公司在原材料的采购市场上可能被认为构成竞争关系。虽然在中国执法实践中，目前暂未出现关于该等竞争关系的实例，但是如果两家企业均为某一原材料的具有较强买方力量的采购方，我们建议尽量避免任何可能引起横向垄断风险的行为，例如交流采购价格、采购策略等。

就企业反垄断实务而言，公司法律合规部在就上述或其他类似的商业计划或项目进行法律分析时，务必向业务部门了解清楚相关市场的竞争历史、现时竞争态势与未来可能的趋势、各交易主体在商业价值链中的地位与彼此关系、具体合作内容及该等合作对相关市场竞争可能产生的影响，方可作出有针对性的法律分析与风险防控意见。

二、协议、决定或者其他协同行为的认定

我国《反垄断法》第16条明确规定，“本法所称垄断协议，是指排除、限制竞争的协议、决定或者其他协同行为”。《禁止垄断协议规定》第5条进一步明确："……协议或者决定可以是书面、口头等形式。其他协同行为是指经营者之间虽未明确订立协议或者决定，但实质上存在协调一致的行为。”由此可见，“协议”不仅限于正式的书面协议，任何类型的共识均属于“协议”，不管其可能采取何种形式。例如，微信协商、口头约定、不具约束力的意向书、根据默示的共识而采取的一致行动也可被视为“协议”。

实务问答 3-2-2
PRACTICE Q&A

1. 如何理解“协同行为”？

在反垄断发展早期，由于法律普及程度较低，执法活动较少，垄断协议的违法形式相对比较单一，如通过书面的协议、行业协会的决议或者召开行业协调会等明示的形式达成。然而随着市场发展和反垄断执法力度的加强，明示方式达成垄断协议的违法成本和风险越来越高，当下多数经营者已经很少采用明示的协议或决议，而是采用相对间接隐蔽的协同行为来达成垄断协议。因此，企业在与竞争者交流、制定和实施商业决策时，应随时注意是否可能构成协同行为的风险。

根据国家市场监管总局于2023年3月10日发布，并于2023年4月15日实施的《禁止垄断协议规定》第6条的规定，认定协同行为应当考虑以下因素：

（1）经营者的市场行为是否具有一致性；

（2）经营者之间是否进行过意思联络或者信息交流；

（3）经营者能否对行为的一致性作出合理解释；

（4）相关市场的市场结构、竞争状况、市场变化等情况。

案例评述 3-2-1 安徽密码器案（2016）[①]

本案中，2016年9月18日，安徽省工商局对三家密码器企业作出处罚，认为三家公司采取协调一致的行为在安徽省分割支付密码器销售市场。安徽省工商局根据上述思路对三家密码器企业达成的协同行为进行了详细分析。

（1）行为具有一致性：三家密码器企业一致按照分配方案划分的对象对应销售且不交叉供货，一致固定和调整销售价格，统一支付和取消代理服务费，共同开展宣传推广活动和应对媒体负面报道危机并承担相关费用等多项协同一致行为。

（2）意思联络或者信息交流：C银行合肥中心支行多次组织3位当事人与大量银行业金融机构召开工作会议，并就销售市场分配、产品型号、市场价格、推广宣传、销售措施、培训及相关费用等事项达成一致意见。

（3）未能作出合理解释：针对其中一家密码器企业提出的“一致行动”是中标后响应人民银行合肥中心支行统一要求的结果的抗辩，执法机构认为，虽然三家密码器企业没有直接签订书面协议，但三家公司共同参加会议并进行多项一致行动，故未采纳该密码器企业作出的解释。

① 安徽省工商行政管理局行政处罚决定书，皖工商公处字〔2016〕1号至3号。

（4）市场结构：执法机关查明，2010 年 10 月 20 日，C 银行合肥中心支行牵头组织从 6 家参选供应商中确定三家密码器企业作为安徽省范围内推荐使用支付密码器供应商。

2. 经营者出席竞争者之间讨论价格的会议，是否有反垄断风险？

如果经营者出席了竞争者之间的会议，并且竞争者在会上披露了其价格、产量等战略敏感信息，即使各方在会上并未达成涨价或采取其他不法行为的明确合意，仅仅是出席会议这一事实，就很可能被认定为存在《反垄断法》第 16 条规定的协同行为。一旦面临调查，经营者如果仅主张其只是出席了会议，没有明确表态或与竞争者达成协议，也没有证据证明其曾明确表示反对，如果后续行为一致，则很有可能被反垄断机构认定为达成了协同行为。

案例评述 3-2-2　艾司唑仑片垄断协议案（2016）[①]

2016 年 7 月 27 日，国家发改委对 D、E、F 三家艾司唑仑片生产企业达成并实施的横向垄断协议作出处罚。本案中，尽管其中一家 F 公司仅仅参与了其竞争者 D 公司组织的会议，并没有在会上明确接受 D 公司有关未来业务安排和价格的提议，但国家发改委仍然根据 F 公司与其竞争者的信息交流以及随后的市场行为，综合判断 F 公司的行为构成了协同行为。

本案中，F 公司提出，其在会议上并未明确表示同意或反对 D 公司提出的联合抵制和涨价。其决定停止供货是由于其原料药生产存在产能限制，艾司唑仑片剂的价格是根据国家政策和市场竞争状况独立制定的。该公司基于市场上收集到的艾司唑仑片涨价的信息，采取了相应涨价措施。

国家发改委不认可 F 公司的主张。国家发改委认为，艾司唑仑原料药

① 国家市场监管总局行政处罚决定书，发改办价监处罚〔2016〕5 号至 6 号。

市场是一个典型的寡头垄断市场，三家涉案企业对原料药市场实施封锁，使下游片剂市场的竞争者急剧减少，市场竞争十分有限。F公司参加了协商不对外供货和联合涨价的会议，与竞争者就未来业务安排和价格等敏感信息进行了交流，对于D公司提议的联合抵制及涨价未表示明确反对，也没有向反垄断执法机构主动报告。此外，F公司停止供货和涨价的时间点与D公司和E公司是高度一致的，且涨价幅度与D公司在会上的提议基本一致。鉴于上述理由，尽管F公司在垄断协议的达成、实施过程中属于跟随者，但国家发改委仍认定F公司实施了联合抵制和固定价格的垄断协议。

3. 司法实践中“协同行为”的举证责任如何分配？

《2024年反垄断法司法解释》第18条第1款纳入了类似《禁止垄断协议规定》的判断其他协同行为成立的因素，即“（一）经营者的市场行为是否具有一致性；（二）经营者之间是否进行过意思联络、信息交流或者传递；（三）相关市场的市场结构、竞争状况、市场变化等情况；（四）经营者能否对行为一致性作出合理解释”。

在此基础上，《2024年反垄断司法解释》对于民事诉讼程序下原告对上述四要件所应承担的举证责任作出了增益性补充，即在第18条第2款要求原告提供“（一）+（二）”的初步证据或者“（一）+（三）”的初步证据，能够证明经营者存在协同行为的可能性较大的，即完成初步举证要求。而后则进行举证责任转移，即应由被告提供证据或者进行充分说明，对其行为的一致性作出合理解释；否则人民法院可以认定协同行为成立。同时，其第18条第3款明确，该条所称合理解释，包括经营者系基于对市场和竞争状况变化等而独立实施相关行为。这一规定实质上降低了原告的举证责任，而对被告为自身经营行为提供合理解释提出了更高要求。

案例评述 3-2-3　“茂名混凝土企业横向垄断协议”反垄断行政处罚案（2022）[①]

2016 年 9 月至 12 月，19 家广东省茂名市及高州市预拌混凝土企业通过聚会、微信群等形式就统一上调混凝土销售价格交流协商，并各自同期不同幅度地上调了价格。

本案中，最高人民法院指出，由于横向垄断协议对竞争的影响相对较为严重，在具有竞争关系的经营者之间存在意思联络或信息交流，且在意思联络或信息交流之后采取了一致性市场行为的情况下，除非经营者能够合理说明并提供证据证明该行为系其根据市场和竞争状况独立作出的市场行为，包括跟随、仿效其他竞争者而采取的相同市场行为，或者符合《反垄断法》的豁免事由，否则原则上即可以认定经营者以协同行为的方式达成并实施了横向垄断协议。

本案明确了原告可以通过证明（1）一致性市场行为和（2）信息交流两个因素来证明存在“其他协同行为”，然后应由被告对其行为一致性作出合理解释。

就企业反垄断实务而言，如何通过反垄断培训与定期随机自查，有效规范与管控业务部门（特别是合规意识不是特别强的基层员工）可能导致协同行为或可能被误认为协同行为的商业交流与文件往来活动，实在是企业反垄断实务中的要点、难点与痛点。企业业务部门要高度重视，并通过培训、定期随机自查且予以相应奖惩进行有效解决。

① 最高人民法院民事判决书，（2022）最高法知行终 29 号。

第三节 我国《反垄断法》下横向垄断协议的类型

我国《反垄断法》第17条针对横向垄断协议作出禁止性规定，明确禁止具有竞争关系的经营者之间达成下述类型的垄断协议。

一、固定或变更商品价格

具有竞争关系的经营者固定或者变更商品价格的行为是最常见的一种横向垄断协议行为，被称为“价格卡特尔”。由于其影响了价格在市场机制中正常发挥作用，也是反垄断执法机构重点规制的对象之一，在其他法域也作为“核心卡特尔”行为被严格禁止，有的国家甚至规定了刑事责任。①

《禁止垄断协议规定》第8条列举了四种情形：（1）固定或者变更价格水平、价格变动幅度、利润水平或者约定折扣、手续费等其他费用；（2）约定采用据以计算价格的标准公式；（3）限制参与协议的经营者的自主定价权；（4）通过其他方式固定或者变更价格（见表3-1）。

表3-1 固定或者变更商品价格实践案例

类型	案例
固定或者变更价格水平、价格变动幅度、利润水平或者约定折扣、手续费等其他费用	在18家聚氯乙烯树脂经营者实施价格垄断案（2017）[1]中，18家涉案企业在2016年销售PVC产品的过程中，以“西北氯碱联合体”的名义先后召开6次会议，交流市场行情、讨论产量销量，并通过微信群达成了13次价格垄断协议，导致PVC市场价格明显上涨，联合推高PVC价格，增加了以PVC为原材料的下游企业的成本负担，违反《反垄断法》
约定采用据以计算价格的标准公式	在河南省某协会组织部分信用评估企业达成并实施垄断协议案（2022）[2]中，该协会于2015年向会员单位发布《河南省信用评估行业自律公约》，并在附件设置了信用评估收费标准，约定了具有竞争关系的经营者之间据以计算价格的标准公式

① 《国家市场监督管理总局反垄断局主要负责人就〈禁止垄断协议暂行规定〉答记者问》，载《中国市场监管报》2019年8月30日版。

续表

类型	案例
限制参与协议的经营者的自主定价权	在变压器开关企业横向垄断协议案（2021）[3]中，最高人民法院认为，两公司调解协议第 10 条约定，就替代进口开关及特种开关，A 公司、B 公司之间，如果一方告知另一方价格信息，被告知方成交价格不能低于主动告知方。因此在替代进口开关及特种开关上，双方的自主定价权互相制约，极易达成价格同盟，最终结合其他因素推定调解协议具有固定商品价格的可能性

〔1〕国家发展和改革委员会行政处罚决定书，发改办价监处罚〔2017〕3 号至 20 号。

〔2〕河南省市场监督管理局行政处罚决定书，豫市监处罚〔2021〕2–1 号至 2–31 号。

〔3〕最高人民法院知识产权法庭民事判决书，（2021）最高法知民终 1298 号。

二、限制商品的生产数量或者销售数量

限制商品数量的行为既可能发生在生产环节，也可能发生在销售环节。限制商品数量的行为有可能造成商品供应量的减少，引起价格上涨，也将损害消费者的自由选择权。

《禁止垄断协议规定》第 9 条列举了三种情形：（1）以限制产量、固定产量、停止生产等方式限制商品的生产数量，或者限制特定品种、型号商品的生产数量；（2）以限制商品投放量等方式限制商品的销售数量，或者限制特定品种、型号商品的销售数量；（3）通过其他方式限制商品的生产数量或者销售数量（见表 3–2）。

表 3–2　限制商品的生产数量或者销售数量实践案例

类型	案例
以限制产量、固定产量、停止生产等方式限制商品的生产数量	在杭州市 13 家混凝土企业垄断协议案（2019）[1]中，2017 年 4 月，11 家具有横向竞争关系的混凝土生产企业，按照相应市场份额比例，约定相应比例股权关系，共同出资成立第三方公司，并使用混凝土生产监控软件对参股各混凝土生产企业产量进行监控，制订企业年生产基数计划表以规定各企业生产基数计划，试图以超量费[2]等手段限制各企业产量

续表

类型	案例
以限制商品投放量等方式限制商品的销售数量	在浙江省民用爆破器材行业垄断协议案（2022）[3]中，涉案民用爆破器材生产销售企业签订《浙江省民用爆炸物品总经销公约》，规定公约单位在浙江省销售民用爆炸物品实行购销合同管理。分销商根据所在地民用爆炸物品需求预测向总经销商提出需求申请，总经销商根据分销商需求申请编制全省购销合同安排表，购销合同安排表经购销合同安排审核会议审核通过后实施，通过该种方式限制商品的销售数量

〔1〕浙江省市场监督管理局行政处罚决定书，浙市监案〔2019〕12 号至 23 号。

〔2〕即超量生产将对超量部分收取罚款。

〔3〕浙江省市场监督管理局行政处罚决定书，浙市监案〔2022〕6 号至 10 号。

三、分割销售市场或者原材料采购市场

分割市场行为会造成一定范围内的独家垄断或者是商品单一化，严重损害消费者利益。《禁止垄断协议规定》第 10 条列举了三种情形：（1）划分商品销售地域、市场份额、销售对象、销售收入、销售利润或者销售商品的种类、数量、时间；（2）划分原料、半成品、零部件、相关设备等原材料的采购区域、种类、数量、时间或者供应商；（3）通过其他方式分割销售市场或者原材料采购市场（见表 3–3）。

表 3–3　分割销售市场或者原材料采购市场实践案例

类型	案例
分割销售市场	在遵义市中心城区 8 家液化石油气经营企业达成并实施垄断协议案（2022）[1]中，6 家液化石油气经营企业签订《合作协议》。按照约定，涉案企业共同与遵义市中心城区 108 家液化石油气经营网点签订承包经营合同，新成立配送中心取代这些网点。同时，共同将遵义市中心城区路段划分至 12 家配送中心，呼叫中心接到客户电话后严格按规定路段派单至配送中心，各配送中心不得超过规定的区域配送销售。各企业通过以上方式分割了遵义市中心城区销售市场

续表

类型	案例
分割原材料采购市场	在丰城市某协会及其会员企业垄断协议案（2021）[2]中，该协会要求本会经营者统一从其指定的石场购进原料，禁止私自在外采购原料，被江西省市场监督管理局认定为从事分割原材料采购市场的行为

〔1〕贵州省市场监督管理局行政处罚决定书，黔市监价处〔2022〕1号至8号。

〔2〕江西省市场监督管理局行政处罚决定书，赣市监反垄断处〔2021〕1号至9号。

实务问答 3-3-1

PRACTICE Q&A

"分割原材料采购市场"中的"原材料"包括哪些材料？

《禁止垄断协议规定》第10条第1款第2项列举了"原材料"的内容，即"原料、半成品、零部件、相关设备等"；第2款特别拓展了"原材料"的含义，即"前款关于分割销售市场或者原材料采购市场的规定适用于数据、技术和服务等"，这既是对《反垄断法》中"商品"包括服务的进一步诠释，也明确了以垄断协议方式划分数据、技术和服务市场是被法律所禁止的行为。

四、限制购买新技术、新设备或限制开发新技术、新产品

反垄断与保护知识产权具有共同的目标，即保护竞争和激励创新，提高经济运行效率，维护消费者利益和社会公共利益。涉及新技术、新产品的协议有些具有激励创新、促进竞争的效果。经营者通过联合放弃新技术应用和研发、延长现有技术使用寿命来降低成本，该类行为将导致全行业生产效率低下，最终损害社会整体利益。

实践中，该类行为可能有多种不同的具体表现形式。《禁止垄断协议规定》第11条列举了五种情形：（1）限制购买、使用新技术、新工艺；（2）限制

购买、租赁、使用新设备、新产品；（3）限制投资、研发新技术、新工艺、新产品；（4）拒绝使用新技术、新工艺、新设备、新产品；（5）通过其他方式限制购买新技术、新设备或者限制开发新技术、新产品。

目前，尚无经营者因达成“限制购买新技术、新设备或限制开发新技术、新产品”的垄断协议被处罚的案例，但在反垄断实务中仍应予以充分关注，因为其涉及新技术、新设备、新产品，对于企业法律合规部来说存在一定的技术性与业务经验壁垒，从而容易导致其成为企业反垄断体系监控的盲区乃至“雷区”。

五、联合抵制交易

在正常的市场机制下，经营者与谁交易、是否进行交易都应由市场和经营者决定。具有竞争关系的经营者之间达成联合抵制交易的垄断协议行为，破坏了市场竞争规则，排除、限制了有效竞争，被《反垄断法》明确禁止。

《禁止垄断协议规定》第 12 条列举了四种情形：（1）联合拒绝向特定经营者供应或者销售商品；（2）联合拒绝采购或者销售特定经营者的商品；（3）联合限定特定经营者不得与其具有竞争关系的经营者进行交易；（4）通过其他方式联合抵制交易（见表 3-4）。

表 3-4　联合抵制交易实践案例

类型	案例
联合拒绝向特定经营者供应或者销售商品	在丰城市某协会及其会员企业垄断协议案（2021）[1]中，该协会组织会员单位，要求丰城市有关城区的建筑企业只能由协会指定的涉案预拌混凝土生产公司供应预拌混凝土。发现建筑企业未从指定的涉案预拌混凝土生产公司购买预拌混凝土，则采取多种手段阻挠其他预拌混凝土企业送货，并集体拒绝与建筑企业进行交易

续表

类型	案例
联合拒绝采购或者销售特定经营者的商品	在赤峰市巴林左旗餐饮行业垄断协议案（2019）[2]中，某餐饮行业商会在对主要原材料进行统一招标采购活动中组织会员单位一同实施了“参与统一采购活动的会员单位不得从非中标单位以外的经营者中购买同类商品，中标单位不得以低于中标价格向非会员单位销售合同约定商品”，该行为被认定为达成了联合抵制交易的横向垄断协议，剥夺了未中标企业与会员单位的交易，同时增大了非会员餐饮经营者的经营成本，并使其在竞争中处于不利地位
联合限定特定经营者不得与其具有竞争关系的经营者进行交易	在山东省6家家居企业联合抵制交易案（2018）[3]中，6家当事人联合签订《告全体商户书》严禁所有商户参与由与其具有竞争关系的各媒体、各网站及第三方营销平台组织的所有商场外销售活动。最终山东省工商行政管理局认定6家当事人构成联合抵制，违反“联合限定特定经营者不得与其具有竞争关系的经营者进行交易”的规定

〔1〕江西省市场监督管理局行政处罚决定书，赣市监反垄断处〔2021〕1号至9号。

〔2〕内蒙古自治区市场监督管理局行政处罚决定书，内市监反垄断处字〔2019〕1号至5号。

〔3〕山东省工商行政管理局行政处罚决定书，鲁工商公处字〔2018〕第1号。

有必要指出，针对当下数字化逐渐深入企业运营的现实，《禁止垄断协议规定》第13条强调，具有竞争关系的经营者不得利用数据和算法、技术以及平台规则等，通过意思联络、交换敏感信息、行为协调一致等方式，达成上述五类垄断协议。

六、国务院反垄断执法机构认定的其他垄断协议

该条款作为“兜底条款”在实践中尚很少适用。国家市场监管总局《禁止垄断协议规定》第16条明确了认定“其他垄断协议”是否排除、限制竞争时需要考虑的因素，包括：经营者达成、实施协议的事实，市场竞争状况，经营者在相关市场中的市场份额及其对市场的控制力，协议对商品价格、数量、质量等方面的影响，协议对市场进入、技术进步等方面的影响，协议对消费者、其他经营者的影响，与认定垄断协议有关的其他因素。同时，明确了兜底条款只能由国家市场监管总局认定和适用，其他机构无权认定，体现了反垄断执法机

构在此问题上的审慎原则，也给经营者合规经营以明确的指引。

第四节　横向垄断协议风险防范建议

一、事前防范

参考其他合规领域良好实践惯例来看，体系化合规是反垄断合规实务工作有效开展的不二法门。因此，反垄断合规风险管理体系的搭建对于企业反垄断实务来说具有重要意义。企业应在事前通过反垄断合规政策宣讲，公司反垄断合规指南的制定、颁布与学习，反垄断合规培训（如入职培训、定期培训、重点培训、定期复训等），定期随机自查，合规奖惩等方式明确其员工在日常商业来往中可以从事的行为与不得从事的行为，以帮助和督促员工了解并遵守反垄断法相关规定，增强员工的反垄断合规意识，要求其员工不得与其竞争对手达成《反垄断法》第 17 条所规定的协议或从事该条规定的行为。其中，就横向垄断协议而言，需要重点关注的防范点包括以下三个方面。

（一）书面合作协议的商谈与审查

在实践中，存在很多表面看似普通的合作文件被认定为违反《反垄断法》直接证据的案例。因此，为避免企业日常经营产生不必要的法律风险，企业可以事前统一制定常用文件的模板（如与其他公司的业务合作协议）以供业务部门在制定具体文件时参考；并且明确要求，如出现与模板不一致的商业安排或条款，须事先经企业法律合规部审核，确保书面文件在反垄断层面的合规性。同时，企业应当将反垄断合规审查全面有效地嵌入公司文件审批流程之中，对于书面合作协议等可能涉及反垄断风险的重要公司文件，须在具体文件发布 / 签署 / 更新之前提交企业法律合规部进行审阅。

（二）非正式沟通中的注意事项

如前所述，“协议”不仅限于正式的书面协议，微信协商、口头约定等非正式沟通内容也可能被视为“协议”。因此，企业员工应当尽可能减少和竞争对手的非正式接触，且在非正式接触中“谨言慎行”，即在通过微信、短信、电话等非正式渠道沟通时，应当避免使用任何可能暗示或可能被误解为暗示就产品价格、产量和销量、分割销售市场、联合抵制与客户进行交易等事项达成一致意见的措辞，并尽可能保留沟通记录，从而防止合法行为因用词不当被视为有违法的嫌疑。即使基于正常业务需要进行接触时，应适用企业内部设置并实施的事先申请并由法律合规部审批的制度，即由企业法律合规部预先审阅核准会谈内容，并对于相关参与人员予以反垄断合规提醒，必要时可由企业法律合规部人员陪同参加，接触完成后应制备相关书面记录并存档。

（三）参加市场活动的标准流程

在实践中，具有较高达成横向垄断协议风险的市场活动包括参与行业协会组织的活动、参加投标活动等。企业应当设置完善的参加该等市场活动的标准流程，包括由企业法律合规部提前审阅核准活动内容和主题，参加活动的员工应已接受过反垄断法培训，并就即将参加的活动接受反垄断合规提醒，确保活动中与其他企业员工沟通内容的反垄断合规性。此外，企业员工在活动过程中应避免与竞争对手非正式场合的商务谈话，活动形成的书面文件应经企业法律合规部与外部专业反垄断律师审核等，并于事后尽可能对活动过程进行准确、详细的记录。关于企业参加行业协会的具体注意事项，请见本章第六节。

二、事后防范

（一）对可疑行为的报告

企业可以设置高效且对用户友好的反垄断合规举报热线，鼓励企业内部员工就反垄断违规事件或线索进行举报，并视企业具体情况委托独立第三方或企业法律合规部接受举报处理线索。若任何企业员工确信或怀疑任何其他员工或职能部门从事的行为已经或可能违反《反垄断法》，或其了解任何其他企业员工、经销商、供应商、竞争对手、终端客户，或任何其他第三方已经或可能通过举报、投诉、诉讼等方式提出企业违反《反垄断法》的主张，导致企业可能面临来自反垄断执法部门、司法机构的反垄断调查或调研、诉讼、仲裁或其他法律程序，其必须立即将此情形向企业法律合规部门报告。

若企业发现确有涉及横向垄断协议的线索时，应迅速进行自查，整理相关证据，如果确实存在达成或实施了横向垄断协议的情形，可以经评估后主动向反垄断执法机构报告达成垄断协议的有关情况并提供重要证据，力争为企业获得免除或减轻处罚的处理。

（二）配合政府调查

在《反垄断法》项下个人及公司均有配合反垄断执法机构调查的义务，如果拒绝或阻碍调查，对个人及公司除有相应的罚款等处罚措施外，还可能对调查结果、处罚轻重以及公司的利益造成重大损害。

就反垄断合规实务而言，在日常反垄断合规培训中，应向受训对象强调企业与个人对于反垄断执法机构调查的依法配合义务，以避免企业员工因害怕担责而实施违反《反垄断法》项下相关义务的错误行为，例如删除邮件或相关记录等。

第五节　竞争性敏感信息交换的风险评估和合规处理

商业实践中，竞争者之间开始进行越来越多的多元场景下的协商合作，无论是常规业务往来，还是共同设立合营企业或是商业并购，为了解合作背景相关信息，企业间不可避免地涉及信息交换行为。因此，竞争者之间如何合法合规地进行竞争性敏感信息交换、避免构成横向垄断行为风险，近年来也日益成为关注焦点。企业应当时刻注意并审慎考量在避免引发反垄断风险和在一定程度上披露该等信息实现商业交易目的之间实现平衡。

一、竞争性敏感信息交换与传统横向垄断协议

虽然《反垄断法》没有明确禁止竞争者之间直接或间接交换竞争性敏感信息，但由于该等行为客观上有可能导致或促进竞争者之间的共谋，执法机构可能将该等信息交换视为实施隐蔽共谋行为的证据线索或共谋行为前的准备措施。特别是当竞争者此后出现一致性行动并且没有合理解释时（如发现多个生产商就同一产品同期涨价），交换竞争性敏感信息的行为可能被执法机关视为竞争者间存在协同行为以达成或实施垄断协议的定案证据。

实务问答 3-5-1
PRACTICE Q&A

集团下属合营企业之间的信息交换是否没有风险?

如前所述，若关联企业之间无直接 / 间接的控制关系或被控制关系，且各自的生产经营具有独立性，关联企业也会被认定为具有竞争关系。因此存在竞争关系、彼此独立运营的集团下属合营企业，同样可能被视为独立的竞争者，下属合营企业之间应当在日常运营活动中尽可能避免交换竞争性敏感信息。

竞争性敏感信息的定义

“竞争性敏感信息”是指公司或竞争对手的有关其最近、当前或未来商业行动、计划、策略或方案的任何机密信息，具体来说可能包括以下信息：

1. 定价（包括实际价格、价目表或指示性价格）；

2. 折扣和折扣政策；

3. 招投标方案或策略；

4. 客户（包括实际或潜在的客户身份、客户分类）；

5. 市场区域（实际或计划销售 / 不销售商品的区域，实际或计划提供 / 不提供服务的区域）；

6. 供应商（包括实际或潜在的供应商、供应商分类）；

7. 销售条款或条件；

8. 与客户谈判的政策或策略；

9. 收益、利润或利润率；

10. 市场份额（包括销量 / 销售额市场占有率、市场占有率趋势）；

11. 销售、营销、广告、促销的策略或成本；

12. 市场、供求、价格趋势等数据或观点（包括但不限于市场上的价格是否过低，价格应处于什么水平，如何获得更高或更稳定的价格等）；

13. 业务扩张 / 收缩计划；

14. 研发项目、策略、成本；

15. 生产能力、产量、成本；

16. 生产和销售的数量、库存；

17. 可被用于判断确认有关上述事项的决定，或用于预测竞争对手有关上述事项的策略的机密信息；

18. 任何其他可被用于减少竞争的机密信息。

多个省级反垄断执法机构出台的反垄断合规指南中均涉及敏感信息交换相关的内容，例如，浙江、上海、山东、吉林、黑龙江的合规指南中均提示竞争对手间交换敏感信息存在高合规风险。前述指南中对敏感信息的定义基本类似，但也存在一些差异，其中《上海市经营者反垄断合规指引》中对竞争性敏感信息的解释最为详细，具体如表 3–5 所示。

表 3-5　各地反垄断合规指南对竞争性敏感信息的定义

地区	对竞争性敏感信息的定义
上海[1]	涉及经营者及其竞争对手的可能导致竞争者之间协调彼此生产经营行为的信息，但公开信息除外。通常来说，具有反垄断法风险的敏感信息包括：价格，折扣和折扣政策，招投标方案或者策略，客户，市场区域，供应商，销售条款或者条件，与客户谈判的政策或者策略，收益、利润或者利润率，市场份额，销售、营销、广告或者促销的策略或者成本，市场、供求、价格趋势等数据或者观点，业务扩张 / 收缩计划，研发项目、策略或者成本，生产能力、产量或者成本，生产和销售的数量、库存等任何可被用于降低有效竞争的信息
浙江[2]	价格、成本、数量、库存量、交易条件、交易对象、销售市场、限制新技术新产品等与竞争有关的敏感信息
山东、河北	生产成本、销售价格、产销量、交易市场区域、区别交易条件等与竞争密切相关的敏感商业信息

〔1〕《上海市经营者反垄断合规指引》第 8 页。

〔2〕《浙江省企业竞争合规指引》第 10 条。

同时，各省市的指南也对竞争性敏感信息分享的方式（见表 3-6）进行了细化，这些均使指南更具可操作性，企业可在内部合规制度中直接借鉴。

表 3-6　不同地区竞争性敏感信息分享的方式

地区	竞争性敏感信息分享的方式
上海[1]	如其他经营者提起可能涉嫌违反《反垄断法》的敏感话题时，我们建议经营者应当立即明示拒绝参与并即时避席。经营者还可以做好拒绝与避席的相关证据记录，如果其他经营者最后达成并实施了垄断行为，这些证据将有可能帮助经营者证明自身未参与该垄断行为。 对竞争者价格信息的获取渠道应仅限于公开信息，企业应审慎对外公开商品调价、成本等敏感信息；不得以公告、发布新闻的方式，或者以行业协会的名义召开会议，意图让竞争对手配合一起调整价格、产能，创造竞争者讨论竞争敏感信息的机会
浙江[2]	不要以书信、电子邮件、微信、QQ、电话、短信、会议等方式，或者在行业协会组织的会议中与竞争者讨论前述敏感信息

〔1〕《上海市经营者反垄断合规指引》第 8 页。

〔2〕《浙江省企业竞争合规指引》第 10 条。

总体而言，针对不同的商业信息，可以根据个体化、是否公开、是否涉及现在/未来经营的信息来进行风险等级划分。基本原则是，越是个体化、越是秘密性、越是涉及未来的信息，其在竞争者之间的交换就存在越大的风险（见图 3–1）。

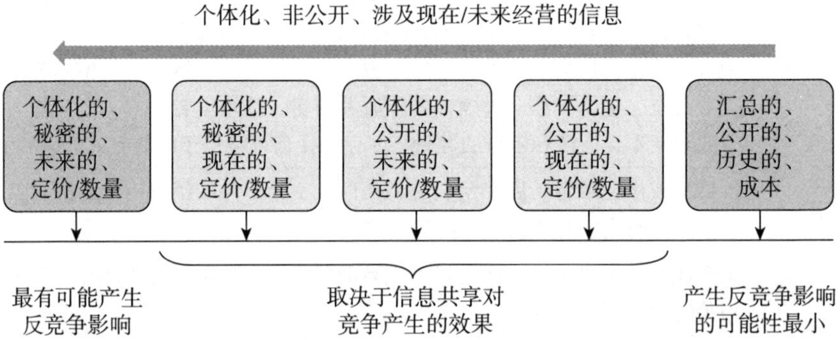

图 3–1　信息交换的风险等级划分

欧盟委员会在《关于〈欧盟运行条约〉第 101 条适用于横向合作协议的指南》[①]中，就违法的“商业性敏感信息”（commercially sensitive information）交换进行了说明。所谓商业性敏感信息是企业为维持和改善其市场竞争力需要加以保护的重要信息。交换商业性敏感性信息可能导致影响竞争对手的商业策略，从而不当改变市场的竞争条件。价格信息是最典型的商业性敏感信息，除价格信息外，其他类型的商业性敏感信息可能包括成本、产能、产量、市场份额、客户清单、进入或退出市场的计划等涉及企业商业战略的其他重要信息。而一般的行业运作信息、一般性的非专有技术、与行业相关的普遍促销机会等信息通常不会被认定为商业性敏感信息。此外，认定信息是否属于禁止交换的商业性敏感信息，还需考虑其个体化程度、时效性、市场特征（稳定性及透明度等）、信息本身是否属于公开信息及信息交换的频率。欧盟委员会对竞争性敏感信息交换采取更严格的标准，经营者之间交换与未来的价格或产量等有关的个体性信息的行

① 欧盟委员会:《关于〈欧盟运行条约〉第 101 条适用于横向合作协议的指南》(2023 年版)，第 80~91 页，https://eur-lex.europa.eu/legal-content/EN/TXT/PDF/?uri=CELEX:52023XC0721(01)。

为可以被直接推定为具有限制竞争的目的，除非经营者可以提供反证，否则执法机构无须再对其行为是否排除、限制竞争进行分析，可以直接推定该行为违法。

就美国而言，从其司法实践来看，竞争性敏感信息包括价格信息（如实时价格、现行价目表、未来价格及折扣）、价格变动幅度、成本、客户名单、产量、库存、未来生产计划等。而在信息交换时，企业是否具有反竞争的目的，是否设置了“防火墙”等保障措施，信息本身的时效性、可获得性、个体化程度以及交换频率等均为进一步考虑因素。

截至目前，中国反垄断执法机构尚未仅因为单纯的敏感信息交换而对相关企业进行处罚。但是，在部分案件中，竞争者之间进行敏感信息交换后，若其进行了一致的涨价、减少产量等行为，且不能对该一致性行为作出合理解释，则仍面临被处罚的风险。

【案例】

2014 年 9 月至 10 月，D、E、F 三家艾司唑仑片生产企业的代表在郑州会面，商讨艾司唑仑原料药和片剂的有关销售安排。尽管三家公司未达成明确的涨价协议，但事后，这三家公司均提高了它们的产品价格，且涨价的时间一致。国家发改委认为，F 公司参加了协商不对外供货和联合涨价的会议，与竞争者就未来业务安排和价格等敏感信息进行了交流。综合其他因素，国家发改委认定，三家公司在艾司唑仑原料药市场达成并实施了联合抵制交易的垄断协议，在艾司唑仑片剂市场达成并实施了固定或变更商品价格的垄断协议，并在会后实施该协议。① 本案中，经营者在会议上就涨价事项的信息交换是执法机关认定存在协同行为的重要考虑因素。

① 国家发展和改革委员会行政处罚决定书，发改办价监处罚〔2016〕5 号至 6 号。

二、不可避免的竞争性敏感信息交换处理

在实务中，如具有竞争关系的企业之间存在并购交易关系或是合作关系，在合作协商、谈判和推进等环节中，出于了解合作或交易相关背景信息的目的，不可避免将在一定程度上交换相关信息，以便双方作出合理的商业决策。在此类情形下，需要注意竞争性敏感信息交换在《反垄断法》下的风险，并相应地采取防范机制。

（一）并购交易

在实践中，在公司并购时，无论是评估交易可行性、评估资产或业务价值的阶段，还是在双方商讨交易后业务整合方案，都会涉及广泛的信息交换，这些信息可能会涉及产品价格、收入、生产成本、销量、产能、特定客户信息、销售策略、定价策略、市场与技术发展计划等敏感内容。从商业角度来看，公司在并购交易实施前进行信息交换有利于交易的顺利进行及交易后公司的有效整合。但是，在《反垄断法》规制下，竞争者之间进行的并购交易的基本理念是：直至交易涉及的反垄断审查完成前，各交易方都要保持独立的经营实体和竞争实体地位。

一方面，如果一项并购交易触发中国经营者集中申报义务，须事先申报，未申报的不得实施集中。在实践中，并购交易自最初的交易洽谈阶段开始，交易方之间通常将不可避免地交流包括业务、资产评估信息等在内的相关信息以推进交易协商的进行。在此过程中，不当地交换竞争性敏感信息将可能导致收购方在取得反垄断批准前即产生了能够对目标公司施加决定性影响的效果，破坏目标公司的经营与决策独立性，可能会被认定为控制权已经发生变更，这种行为通常被称为“抢跑行为”（gun - jumping），可能构成未依法申报的经营者集中。

另一方面，若交易各方之间存在竞争关系并交换了竞争性敏感信息，除“抢

跑”的风险之外，还可能构成横向垄断协议形式之一的“协同行为”。例如，企业在收购竞争者的交易中，在最终交割前，收购方和目标公司之间利用交易过程中交换的竞争性敏感信息实施共同涨价等限制竞争的行为，如果企业与竞争者表现出的市场行为具有一致性时而又无法提供合理解释时，此前敏感信息的交换就可能被执法机关认定为“协同行为”。

鉴于上述并购交易中可能涉及的敏感信息交换的反垄断法律风险，我们建议并购交易的相关方在为取得监管审批、为整合进行规划之目的进行竞争性敏感信息交换时应当遵守以下规则：

1. 确定交割前尽职调查所需的信息范围，避免交换竞争性敏感信息；

2. 确有必要交换敏感信息时进行“脱敏”处理，如仅交换公开、历史性、概括性信息或遮蔽某些竞争性敏感信息，这有助于防止任何不必要的信息交换；

3. 如不可避免需要涉及交换竞争性敏感信息，应严格掌握交换时点，建议在取得相关监管批准（如经营者集中申报批准）后再着手交换相关信息；

4. 仅在为实现合法经营目的所需的范围内分享信息，并建立保障措施，例如内部“防火墙”制度，确保保密和竞争性敏感信息不被滥用；

5. 信息仅在各方 / 目标业务 / 外部律师中有限的人员范围（clean team）内分享。clean team 的成员应在早期阶段确定，不应包括双方 / 目标业务部门负责日常经营决策的员工。建议与相关人员签署保密协议并在参与并购事宜的团队与自身的业务团队间设立防火墙，以将接触敏感信息的范围限制在 clean team 以内，并与业务相关人员隔离；这有助于避免因敏感信息的交换影响企业自身的市场行为，降低被认定为通过协同行为达成垄断协议的风险；

6. 在特定情势下，为推动交易进行不得不交换特定高竞争敏感信息时，例如评估相关市场竞争现状进行竞争分析以便进行经营者集中申报，可以考虑采取外部顾问对外部顾问的方式（counsel - to - counsel approach）进行，且规定双方各自外部顾问均不得对自身与对家客户披露相关竞争性敏感信息；

7. 详细记录双方交换的所有信息，并明确标记所有共享文件（包括电子邮件）分享渠道是合适的，同时也便于销毁或返还该文件。如果本次交易未能如期进行，则所有交换的信息必须销毁或返还。

（二）合营企业

合营各方和合营企业在运营过程中不可避免地需要进行一定程度的信息交流，但考虑到各合营方以及合营企业可能存在的实际或潜在的竞争关系，如果在沟通之中超出合营企业业务所必需的范围交换竞争敏感信息，则同样具有被认为存在横向垄断协议的风险。

在实践中，合营方可能会在一些涉及合营企业重大事项的决策中接触到关于合营企业或关于合营方的生产、运营、销售、商业计划等信息，这本无可厚非，属于正常的商业运营安排。但是，如果合营方与合营企业之间或者合营方之间存在竞争关系，在上述这些环节，如果超过合营企业的业务范围所合理、必要的范围，而就合营方之间的敏感信息进行交流，则可能导致一定的反垄断风险。例如，合营方在研发和生产阶段就关键技术信息、产品产量等敏感信息的交流可能会消除合营方之间的非价格竞争，而在销售环节的敏感信息交换则有可能导致协调价格、划分市场或客户等反垄断法禁止的横向垄断协议行为。

判断合营企业与合营方交换信息的反垄断违法风险可以采取以下分析步骤。

1. 进行控制权分析，判断合营企业是否与某一合营方属于“单一经济体”；

2. 判断交换的信息是否属于竞争性敏感信息；

3. 判断交换的信息是否为合营企业的经营运行所必需（如果没有该类信息，合营企业将无法运营或需要付出相当大的经济或时间成本）；

4. 是否为竞争性敏感信息的交换设置并实施“防火墙”机制。为了降低通过合营企业交换竞争性敏感信息的反垄断违法风险，可以对存在竞争业务的合营方的信息权进行一定限制，或设立适当的“防火墙”机制，将竞争性敏感信息的交换控制在合营企业业务和运营所需的必要限度内。

案例评述 3-5-1　国家市场监管总局附条件批准 G 机场公司与 H 物流公司新设合营企业案（2022）[①]

在本案中，G 公司与 H 公司在上海浦东机场新设合营企业从事智能机场货站服务业务。G 公司和 H 公司与合营企业在上海浦东机场货站服务市场存在竞争关系，H 公司的航空货运服务与合营企业的机场货站服务存在纵向关系。

国家市场监管总局认为，上海浦东机场货站服务实行市场调节价，集中度高、竞争者少、价格相对透明。成立合营企业为竞争者之间采取明示或默示方式协调价格创造了便利条件，且集中双方与合营企业之间存在共同利益关系，价格协同可能进一步增大。

为解决本次交易可能导致的排除、限制竞争效果，交易双方承诺遵守一系列限制性条件，其中为解决交易双方之间以及交易双方与合营企业之间敏感信息交换可能导致的协同效应，交易双方和合营企业承诺：

保持 G 公司与 H 公司浦东机场货站业务的相互独立，G 公司、H 公司在浦东机场货站服务市场上继续独立开展公平竞争，不得交换竞争性敏感信息，不得达成或实施《反垄断法》禁止的垄断行为；

确保 G 公司、H 公司与合营企业之间不直接或间接交换竞争性敏感信息。合营企业独立运营，包括但不限于财务独立、人事独立、生产服务独立、采购独立、研发独立、定价独立、销售独立。

---

① 国家市场监管总局反垄断执法二司：《市场监管总局关于附加限制性条件批准 G 机场公司与 H 物流公司新设合营企业案反垄断审查决定的公告》，载国家市场监督管理总局官网 2022 年 9 月 14 日，https://www.samr.gov.cn/fldes/tzgg/ftj/art/2023/art_b22512c79afb44a8b6e5674d6d89983b.html。

根据合营双方提交的附加限制性条件承诺方案公开版本，竞争性敏感信息是指：任何与 G 公司、H 公司和合营企业的浦东机场货站服务业务相关的价格、顾客、成本、数量、竞标、商业条款、市场营销计划和战略计划、采购的信息，以及其他任何第三方竞争者在正常情况下无法获得的信息。

启示：竞争性敏感信息的交换对于市场集中度高、竞争者少并且价格相对透明的市场来说更容易导致经营者之间的协同行为，因此这种市场条件下的交易也会受到反垄断执法机构的更多关注。在此种情况下，合营方更需要设置严格的防火墙，对竞争敏感信息进行隔离，以消除可能的竞争担忧。

（三）供应商向客户提供关于其产品价格合理性相关的信息

客户在购买产品前的询价阶段，一般有权了解供应商提供的产品价格是否合理。因此，供应商向客户提供证明其产品价格合理性的信息（如说明产品包含哪些原材料，大概的成本是多少等）则是商业往来和商业谈判中比较常见的做法。值得注意的是，鉴于目前很多行业中都存在纵向一体化的趋势，供应商和客户极有可能存在竞争关系。例如，虽然供应商向客户供应某一产品，客户也同样生产该产品或有计划、有能力扩张到该产品的生产中；或者供应商就该产品所采购的原材料与客户另一产品所需的原材料存在重合，供应商和客户同样可能构成在原材料采购市场的竞争关系。此时，二者之间的信息交换则需要十分谨慎，避免出现违反《反垄断法》的竞争性敏感信息交换行为。

因此，鉴于该等商业往来中可能涉及的敏感信息交换的反垄断法风险，我们建议相关价格信息、成本信息的交换限于概括性的、历史性的信息。

实务问答 3-5-2
PRACTICE Q&A

客户可以要求供应商提供产品价格的具体构成要素吗?

在客户和供应商具有竞争关系的情况下，客户可以获取有关为评估供应商价格是否合理所必需的概括性的信息（如产品的价格构成要素、产品原材料的成本信息等），而非具体的、特定化的信息。不得获取与公司自身和供应商之间的产品供应无关的，与供应商向其他客户供应的产品相关的信息，包括供应商的客户名单、向其他客户供应的供应量、供应价格、交易条款、具体的销售策略和销售计划等信息。在非必要的情况下，客户不得获取供应商与定价相关的具体信息，例如某一原材料的供应商名单、各个供应商的采购价格和交易条款、供应商相关工作人员的具体薪酬、特定产品的具体产能、产量、销售的数量、库存等信息。

三、风险防控与改进措施

（一）风险防控原则和基本思路

需要注意的是，并没有一种“一刀切”的方法来识别竞争性敏感信息或制定合规方法以确保竞争性敏感信息的交换合法合规。每个企业和行业在使用、存储、维护和处理信息的时候都需要考虑自身运营所面临的独特商业因素、市场和商业环境。因此，企业必须充分了解企业拟交换竞争性敏感信息的特殊性质、企业的业务计划、企业的组织和数据管理结构，以及如何以符合反垄断法的方式使用竞争性敏感信息。企业可以参考的风控原则和基本思路如下。

1. 应当限定与竞争者所交换的信息范围，尽量避免交换存在高度反垄断风险的信息，如具体的价格、数量、成本、客户、商业计划等信息，仅在必要限度内交换概括性信息。

2. 在必须交换竞争性敏感信息的情形下，应采取一定的保护性措施对信息的使用进行规范，如转换信息呈现的方式，将特定敏感信息进行汇总处理成聚合信息或对信息进行匿名化处理，规范信息的使用场合，不允许复制交换信息或将信息脱离安全地点等。

3. 将业务团队与有合理理由了解竞争性敏感信息的其他团队之间就竞争性敏感信息进行信息隔离、人员隔离以及建立企业内部的"脱敏"汇报机制。

（二）识别敏感信息的风险类别

不同种类信息的反垄断风险存在差别，对非保密的信息（如协议签署前为信息接收方所知晓的信息、公众范畴内所知的信息、从有权披露的第三方获得的信息以及非经披露而自行研发获得的信息等），反垄断法一般不做限制。而对于不同种类的保密信息，需要指出的是，由于反垄断法并没有直接明确敏感信息的类型，且不同行业对敏感信息的分类一般来说并不相同，敏感信息交换的反垄断法风险分析呈现较强的个性化特点，因此是否属于敏感信息、交换信息的风险等级需要从以下几个角度进行综合分析。

第一，信息属性，包括信息类型、信息时效、信息的具体或概括程度。通常而言包括：（1）价格、数量（销量/产量）相关信息的风险高于成本、需求和其他财务信息；（2）前台信息（如客户信息、销售或产品计划信息）高于后台信息（如人力资源、信息技术和员工权益信息）；（3）特定信息高于概括性信息；（4）未来信息高于历史信息。一般而言，竞争性敏感信息通常不包括以汇总或概括的方式（经过汇总后无法对应识别客户、供应商等具体的信息和身份）和匿名的方式（完全不透露客户、供应商等信息和身份）呈现的数据和信息。

第二，信息交换情况，包括信息交换频率、交换对象、交换信息的使用方式与目的，如是否具有合理理由等。就交换频率而言，一般来说，越是频繁地信息交换越有可能被认为会带来限制竞争的效果，这是因为频繁地信息交换可以帮助竞争者更好地了解市场情况，同时监督共谋的实施情况。就交换对象而言，信息交换的参与者在相关市场上占据的市场份额越高，反竞争的效果越大。就交换信息的使用方式与目的（如是否具有合理理由）而言，如果存在促进竞争的合理理由和目的，比如促进产品创新或效率提高，或其他中性的、不会不利于竞争的原因，比如进行财务分析和汇报，并且总体上可能的促进竞争效果超过任何反竞争风险，则信息交换的风险较小。

第三，市场情况。因市场特点不同，共谋或信息交换可能对市场带来的限制竞争的效果也不尽相同。在一个透明度高、集中度高，市场结构相对单一、稳定和对称，产品同质化程度较高的市场中，竞争者之间通过信息交换更容易实现共谋，并且能够通过信息交换监测和惩罚参与共谋的经营者的背离行为。同时，信息交换也可能对市场状况产生影响，改变市场特征，更容易实现共谋。

（三）具体可以采取的措施

1. 为与竞争对手的合作设置法务与合规部审核要求：在实践中，可能存在垄断风险的合作安排不能穷尽，即使具有合同外观且基于平等协商，如果合作具有排除、限制竞争的效果，仍会构成违法。我们建议在跟竞争对手合作前使法务与合规部介入其中，在具体合作时需要落实法务和合规部门的审核要求，避免想当然地理解和操作，必要时寻求外部专业反垄断律师的意见和建议。

2. 针对高风险合作类型，引入反垄断评估：对特别是设立纯销售型合营企业等具有较高反垄断风险的合作类型，需要引入反垄断评估机制，判断合作是否实质性地对市场竞争造成负面影响，合作具体范围、期限、行为等是否符合必要限度，是否满足豁免情形等。

3. 通过保密协议、“防火墙”、清洁团队等方式隔离敏感信息交换风险：在并购交易等商业活动中，交换敏感商业信息可能加剧共谋风险。建议企业签署保密协议、设置“防火墙”或者清洁团队，将信息交换控制在为实现交易目的的必要限度内。

4. 保密协议：通过与参与信息交换的相关人员签订保密协议可以最大限度地减少信息交换的反垄断风险并对相关责任进行合理分配，包括允许交换的信息种类和使用方式、以合理商业目的为限、使用后的妥善处理等。同时，在相关商业安排的其他各项法律文件中，也应谨慎设定、履行包含信息转移和交换义务的条款。

5. clean team：通常，在并购交易中，潜在买家会通过获取大量信息来评估目标公司，因此存在利用独立第三方或 clean team 处理竞争性敏感信息的安排。也就是说，签署保密协议后，clean team 可以访问竞争性敏感数据，然后只能以汇总和概括性信息的形式将其提供给潜在买家。clean team 可由非交易核心人士、律师、外部顾问等组成，除 clean team 外的任何人士，均不能接触到可能触犯反垄断法风险的竞争性敏感信息，保证并购交易过程的合规性。

6. 防火墙[①]：防火墙的本质是应尽可能减少敏感信息的接触者，并且根据信息交换的目的对信息进行合理分类，每类信息仅向从事该特定目的工作的人员开放，以控制敏感信息的扩散。需要考虑的问题包括：必须隔离的信息范围，敏感信息是否可以隔离，哪些人员可能接触或者需要接触敏感信息，是否可能设置独立的团队（人员数量、项目时间、专业知识），敏感信息汇报线及可以汇报的信息。

最后，就反垄断实务而言，有效防控违法交换竞争性敏感信息在反垄断合规体系中至少应包括以下几点：

1. 通过反垄断培训，使相关受训对象清晰了解竞争性敏感信息的范围、类型与风险点；

2. 通过反垄断合规举报热线与定期反垄断自查，例如邮件备份后进行关键词筛查制度，获知可能的违规线索，展开扎实调查，并予以奖惩；

3. 鉴于竞争性敏感信息交换大多数存在于日常经营活动或商业合作中，于

① 对敏感信息交换进行的限制，美国常称为防火墙制度（firewall），而欧盟称为栅栏隔离义务（ring-fencing）。

日常经营活动中或商业合作，例如并购开始前，应充分提示相关参与人员期间的竞争性敏感信息交换风险，并全程管控。

第六节　行业协会的横向垄断协议风险

一、行业协会风险释疑

（一）行业协会风险简述

行业协会是代表行业利益的合法组织，其有助于贯彻执行监管政策，保护会员单位利益，促进行业健康发展。但同时，行业协会为有竞争关系的经营者提供了信息交换、达成共谋的平台，也有可能成为会员单位达成垄断协议的“牵头人”。据不完全统计，2010 年以来，在反垄断执法机构查处的 100 余起横向垄断协议案件中，涉及行业协会的案件多达 40 余件，占到了总数的近乎一半。可见，涉及行业协会的横向垄断协议案件是反垄断执法机构的重点关注对象。

《行业协会价格行为指南》将“行业协会”定义为由同业经济组织和个人组成，实行行业服务和自律管理，在县级以上人民政府社团登记管理机关依法登记的社团法人，并列举“学会、商会、同业公会、联合会、促进会、联盟”等为符合定义的行业协会。尽管如此，在实践中，竞争者可以利用具有一定“行业协会”属性的组织或平台互相接触、交换信息，并利用这些竞争信息达成共谋，从而达成横向垄断协议或实施协同行为。因此，就企业自身风险管控的角度而言，对于行业协会的认定不应当局限于注册登记，只要是同业竞争者为业务合作而展开的磋商、谈判活动，均有可能被纳入行业协会的认定范畴。企业在参与行业协会、具有“行业协会”性质的机构所组织的会议、活动，或执行其相关安排时，应警惕其中可能暗含的反垄断风险。

（二）行业协会的违法行为类型

《反垄断法》第21条规定行业协会不得组织本行业的经营者从事本章禁止的垄断行为。国家市场监管总局《禁止垄断协议规定》第21条对行业协会可能涉及的垄断协议行为进行了细化，包括以下内容。

1. 制定、发布含有排除、限制竞争内容的行业协会章程、规则、决定、通知、标准等：行业协会通过直接下发通知、决定等方式对协会成员的经营行为进行限制。在这种情况下，行业协会一般对经营者之间垄断协议的达成起到了绝对的主导作用，并且这些规章、决定、通知等通常具有强制的性质。

【案例】

在亳州市某行业协会案[①]中，亳州市某行业协会与亳州市6家行政机关联合印发文件，要求全市安全生产责任保险业务由其指定的保险公司进行承保并统一保费价格。安徽省市场监督管理局认为，该行业协会与其他6家单位通过印发文件的方式固定统一全市安全生产责任保险保费价格，扰乱了亳州市保险市场的公平竞争秩序，违背了市场经济运行规律，因此构成组织本行业经营者达成垄断协议的行为。

在中山市某行业协会案[②]中，中山市某行业协会制定并执行了《中山市燃气行业自律一规二则》，禁止瓶装气供应站会员与多家燃气经营企业或外地的燃气经营企业合作经营，造成燃气供应企业对瓶装气供应站的分割控制，并通过强制燃气经营企业和瓶装气供应站加入协会、收取保证金、组建自律督察队等方式保障实施。广东省发改委认为，该行业协会的行为扭曲了正常的市场竞争，并导致了分割燃气行业下游瓶装气供应站供销市场的效果。

在广州市某行业协会垄断协议案[③]中，广州市某行业协会起草并组织21家

① 安徽省市场监督管理局行政处罚决定书，皖市监竞争处字〔2020〕5号。

② 广东省发展和改革委员会行政处罚决定书，粤发改价监处〔2018〕6号。

③ 广东省工商行政管理局处罚决定书，粤工商经处字〔2015〕第2号。

协会会员开会讨论通过了《展会联盟协议书》。包括与会企业在内，最终有52家会员企业签署了该协议书。该协议书要求签署的会员单位承诺，仅参加由该协会主导、主办或者承办的广州展会。如需参加非涉案协会主导、主办或者承办的其他广州展会，需经过涉案协会的书面批示。广东省工商局认为，上述约定对各协议签署企业参加展览会的选择权进行了限定，其实质是各签署企业联合抵制了广州市范围内除涉案协会主导、主办或者承办的动漫展会之外的其他动漫展会，这将排斥、限制动漫游戏展会行业本应有的自由竞争，对广州市动漫游戏展会市场的健康发展产生现实或潜在的危害。

2. 召集、组织或者推动经营者达成含有排除、限制竞争内容的协议、决议、纪要、备忘录等：行业协会在成员企业达成垄断协议的过程中起到组织帮助的作用，如组织企业对价格等敏感信息进行磋商，或为企业提供交流敏感信息、达成意思一致的平台等。

【案例】

在陕西省某行业协会垄断协议案[①]中，有竞争关系的经营者在陕西省某行业协会创立的微信群以及协会组织的线下会议中多次对涨价进行沟通并达成一致。陕西省某行业协会不仅促成各涉案企业达成统一涨价的垄断协议，还在实施阶段协调各涉案企业上调价格，提高了涉案企业对垄断协议的执行效率。

3. 其他本行业经营者达成或者实施垄断协议的行为：除上述行为外，经营者通过自发组织成立行业协会的方式，对达成横向垄断协议进行组织协调。在这种情况下，行业协会丧失了其本身实行行业服务和自律管理的作用，而变为横向垄断协议的实施工具。

① 陕西省市场监督管理局行政处罚决定书，陕市监反垄断处字〔2022〕6号。

【案例】

在丰城市某行业协会垄断协议案[①]中，涉案的数家建材企业首先通过签订《行业自律协议》的方式达成了固定商品价格、限制商品生产数量、分割销售市场和联合抵制交易等协议，并通过共同设置营销中心、销售业务组、督查组的方式监督垄断协议的实施。其后，涉案企业共同申请成立丰城市某行业协会，在协会的组织之下，又在各自经营活动中共同实施了多次上述横向垄断协议行为。江西省市场监督管理局认为，涉案企业成立该行业协会是为了使此前达成的垄断协议合法化，其主要目的是继续组织实施垄断协议，排除、限制当地预拌混凝土市场正当竞争。

二、防范建议

（一）基本原则

行业协会的会员单位通常属于同业竞争者，行业协会组织的会议 / 研讨会一般也会有互为竞争对手的公司参加。因此，行业协会具有成为经营者与其他竞争对手进行共谋的平台的天然风险。尤其是在参加行业协会组织的正式 / 非正式会议 / 研讨会时，更需要谨慎防范讨论竞争敏感信息的风险。

（二）注意事项（见表 3-7）

表 3-7　参与行业协会的注意事项

时间点	注意事项
事前	在参加任何行业协会的会议前，应请企业法律合规部审阅会议议程和讨论主题，避免该等活动涉及具有竞争性敏感信息交换或横向垄断协议风险的话题，如法律合规部认为行业协会会议的讨论议题可能涉及《反垄断法》下敏感性话题的，应拒绝出席本次会议，或向法律合规部寻求相关建议，例如由法律合规部人员陪同出席

① 江西省市场监督管理局行政处罚决定书，赣市监反垄断处〔2021〕1 号。

续表

时间点	注意事项
事中	应密切关注行业会议话题，如果任何其他公司的与会者开始讨论任何涉及竞争性敏感信息或建议任何共谋行为的，企业与会者应立即以该行为存在违反《反垄断法》的风险为由明确表示反对并立即离席，且及时将发生的情况向法律合规部报告。此外，企业员工还应尽可能确保其反对交换敏感信息或共谋行为、离席的情况及时间被记录在会议记录上，并核对会议记录是否准确反映了该会议上的讨论内容及企业的反对行为
事后	应及时上报会议记录或会议总结，尤其是应确认是否有超出事先审批的会议日程的话题被讨论。对于存在潜在风险的事项，与企业法律合规部商议后对外正式发布表明态度（如不认同、不参与相关一致行动）

第七节　其他竞争者间合作安排

竞争者之间商业合作的场景多元，一些常见类型的合作如果超过了必要的限度，产生排除、限制竞争的效果，就可能会构成横向垄断协议。这些合作安排在表现形式上并非传统的垄断协议，因此所涉及的反垄断风险可能会被忽略从而导致反垄断合规风险。以下为一些常见的可能构成横向垄断协议的合作安排。

一、轴辐协议

“轴辐协议”是指由数个有竞争关系的经营者（辐）通过与其他不具有直接竞争关系的经营者、中介机构、第三方平台等（轴）沟通竞争性敏感信息，并在轴心经营者的组织、协调下达成限制产品价格、数量、销售地区等横向共谋的现象，其同时具有横向和纵向垄断协议的特征。此类轴辐型的垄断协议的特点在于，达成横向共谋的竞争者之间往往没有直接进行联系，而是通过轴心经营者达成意思一致，因而具有较高的竞争损害性和隐蔽性（见图 3–2）。

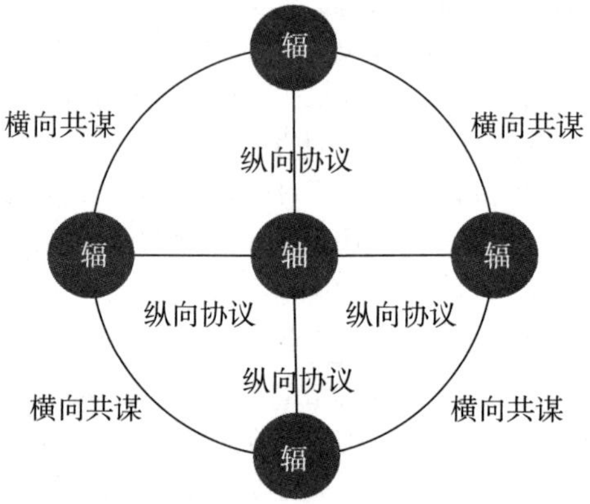

图 3–2　轴辐协议示意

我国《反垄断法》在修改之前，对垄断协议采用横纵二分法。即将垄断协议分为两类，一类是发生在竞争者之间的横向协议，另一类是发生在上下游企业之间的纵向协议。在实践中认定轴辐协议对前述二分结构造成了挑战。

为解决对于轴辐协议法律性质认定的难题，《反垄断法》第 19 条明确禁止经营者组织其他经营者达成垄断协议或者为其他经营者达成垄断协议提供实质性帮助，并在第 56 条确立了该等组织、提供实质性帮助行为的法律责任，填补了立法上的漏洞。

同时，作为配套法规，国家市场监管总局于 2023 年 3 月 10 日公布并于 2023 年 4 月 15 日实施的《禁止垄断协议规定》第 18 条对这一新行为进行了细化的规定，明确了“组织”和“实质性帮助”的基本情形。

“组织”包括：（1）经营者虽不属于垄断协议的协议方，但在垄断协议达成或者实施过程中，对协议的主体范围、主要内容、履行条件等具有决定性或者主导作用；（2）经营者与多个交易相对人签订协议，使具有竞争关系的交易相对人之间通过该经营者进行意思联络或者信息交流，达成横向垄断协议；（3）通过其他方式组织其他经营者达成横向垄断协议。

“实质性帮助”包括提供必要的支持、创造关键性的便利条件，或者其他重要帮助。但目前，就具体何种类型的支持行为为“必要”，何种程度的便利条件将被认定为“关键性”，何种帮助为“重要”，如何证明“因果关系”，以及被迫为“辐条”上的竞争者提供帮助是否被纳入考量等问题，法规未进行明确，仍有待后续的立法与执法实践进行阐释。

2024年6月24日发布的最高人民法院《2024年反垄断司法解释》，针对《反垄断法》第17条中规定的“实质性帮助”明确了认定标准：实质性帮助是“对垄断协议达成或者实施具有直接、重要促进作用的引导产生违法意图、提供便利条件、充当信息渠道、帮助实施惩罚等行为”。

案例评述 3-7-1　某德国汽车企业涉嫌垄断协议案（2015）[①]

在某德国汽车企业涉嫌垄断协议案中，该汽车企业工作人员通过电话、口头通知或者召开经销商会议的形式，限制江苏省不同区域内整车以及该汽车企业品牌的汽车相关配件的最低转售价格。对于不执行限价政策的经销商，该汽车企业通过加大对经销商的考核力度，进行约谈警告、减少政策支持力度等多种方式，促使协议得以实施。苏州、南京、无锡三地经销商，在该汽车企业组织下多次召开区域会议，达成并实施了固定部分配件价格的协议。江苏省物价局认定，该汽车企业违反《反垄断法》（2008年）第14条第2项的规定，达成并实施了限制整车和配件最低转售价格的纵向垄断协议。同时，认定苏州、南京、无锡三地经销商在该汽车企业组织下达成并实施了固定部分配件价格协议的行为，违反了《反垄断法》（2008年）第13条的规定。

启示： 本案属于较为典型的轴辐型垄断协议模式，即上游生产厂商与下游经销商分别签订了限定最低转售价格的纵向垄断协议，而下游经销商在生产厂商的组织、协调下达成并实施了带有横向价格限制效果的垄断协议。但由于处

① 新华社：《某德国汽车企业在江苏实施“价格垄断”被罚款3.5亿元》，载中央政府门户网，http://www.gov.cn/xinwen/2015-04/23/content_2852076.htm；另见江苏省物价局行政处罚决定书，〔2014〕苏价反垄断案2号。

罚作出时《反垄断法》（2008 年）并没有关于轴辐型垄断协议的规定，因此对于组织达成并促成实施横向协议的该汽车企业，执法机关仍旧按照达成实施纵向垄断协议进行了认定。但在《反垄断法》（2022 年修正）实施后，上游经营者组织下游经营者达成横向协议可以直接适用组织、帮助型垄断协议而非纵向垄断协议的规制条款，从而无法适用纵向垄断协议的安全港及豁免条件，因此更应高度关注达成轴辐协议所带来的法律风险。

二、合营方与合营企业的不竞争安排

设立合营企业时，由于合营方通常会将其自己的部分业务转移到合营企业，为保证合营企业设立后能成功进入市场并有效运营，避免合营方为了自身利益而损害合营企业的利益，一种常见的商业安排是合营方在合营协议中约定其在一定时间、地域内不与合营企业从事竞争性业务，即“不竞争”条款。

在新设合营企业的场景下，不竞争安排并不会当然地违反《反垄断法》。但是，对于超过合理、必要限度的不竞争条款，例如，相关不竞争安排超出了合营企业的业务范围和存续期间，用作合营各方消除竞争、划分客户或市场的工具，或是合营方借成立合营企业实现其在合营企业之外的业务活动的协调，则可能具有排除、限制竞争的负面效果，可能构成《反垄断法》所禁止的横向垄断协议。

我国反垄断相关法律、法规尚未明确对不竞争安排合法性评估的标准。在实践中，一般会参考欧盟认定不竞争条款合法与否的判断标准，即从是否为与集中直接相关且为交易所必要，以及主体、产品范围、地理范围和持续期限等要件对不竞争条款的合理性进行初步评估。根据欧盟相关规则，对于设立合营企业时签订的不竞争条款，如果不竞争条款与集中交易“直接相关”且为交易的“必要”安排，在集中交易本身不会引起竞争担忧的前提下，该限制竞争条款通常可视为正当的“附属性限制”（ancillary restraints）而不予禁止。[①]

与集中交易直接相关，是指在经济上与主要交易相关，并旨在帮助在交易后完成改变的公司结构实现平稳的过渡；为交易必要，是指如果没有此不竞争约定则该项集中无法实施，或只能在相当不确定的条件下、以相当高的成本、在相当长的时间内或以相当大的困难来实施。

此外，还要确保其期限、主体和适用的地理范围不超过实施集中的合理范围，具体如表 3–8 所示。

表 3–8　实施集中的合理范围限制

限制类型	限制内容
主体	一般仅限于由合营方向合营企业承担不竞争义务，约定合营方之间的不竞争风险较高。此外，没有控制权的合营方与合营企业之间的不竞争义务不属于与集中直接相关且为实施交易所必要的
产品范围	仅限于合营企业提供的产品或服务
地理范围	新设合营企业：合营协议约定的或法定的合营企业经营范围； 既存合营企业：以上范围加上交易时合营方意图进入的地理范围
持续期限	合营企业的存续期间

对于非与集中直接相关或必须的不竞争条款，以及超过必要限度的不竞争条款，则会落入垄断协议的范围，按照垄断协议相关规定进行审查。

三、竞争者之间的联合生产

为了实现规模经济，经营者之间可能会达成联合生产安排，通过生产技术和生产要素的协同互补，优化产能、节约成本、提升效率并加速创新。一般而言，联合生产安排的表现形式主要包括：（1）设立共同控制的生产型合营企业；（2）通过同时与分包商签订分包协议委托分包商共同生产等。

但值得注意的是，联合生产协议中一般会涉及各方相关产品的产量、产能、

① EU，*Commission Notice on Restrictions Directly Related and Necessary to Concentrations*，https://eur-lex.europa.eu/legal-content/EN/TXT/PDF/?uri=CELEX:52005XC0305(02).

市场投入时间等的协调安排，因而有可能产生限制产量、分割市场等反竞争效果，引发反垄断风险。

欧盟有明确的指南来界定和评估企业横向合作安排（包括联合生产安排及下文提及的联合采购安排）的反竞争效果。在欧盟委员会《关于〈欧盟运行条例〉第101条适用于横向合作协议的指南》（以下简称《横向合作指南》）[①]下，如经评估经营者之间联合生产或联合采购安排具有限制竞争的目的或效果，且不适用豁免情形，则会被认定为竞争法所禁止的垄断协议行为。

目前，我国的反垄断执法机构虽然尚未单独就联合生产安排这一行为作出过处罚，但从执法实践来看，该行为的确存在一定的反垄断风险，应予以充分关注。例如在经营者集中申报审查中，执法机关决定对两家医药化工企业新设合营企业作出附条件批准。[②]执法机关认为，由于联合生产安排的存在，竞争双方将成为更为紧密联系的合作竞争者，从而增加了协同涨价的可能性。因此，执法机关要求经营者双方保持竞争业务独立、合营企业运营独立。

四、竞争者之间的联合采购

为了降低企业的采购成本、提高规模经济效益，基于相同采购需求的多个企业可能会达成联合采购安排或者设立合营企业对原材料、技术、服务或人力资源进行联合采购。

与联合生产安排相似，欧盟在《横向合作指南》中为评估该等联合采购安排的反竞争效果提供了明确的指引。在我国，联合采购行为本身并不被《反垄断法》禁止，但其中某些特定的行为仍然存在违法的风险。譬如：

联合采购协议中的统一定价行为可能涉嫌构成《反垄断法》下“固定采购

① EU，*Guidelines on the Applicability of Article 101 of the Treaty on the Functioning of the European Union to Horizontal Co-operation Agreements*，https://eur-lex.europa.eu/legal-content/EN/TXT/PDF/?uri=CELEX:52023XC0721(01).

② 国家市场监管总局反垄断局公告，〔2019〕47号。

价格”的横向垄断协议；联合采购方为了实施联合采购协议，就竞争性敏感信息（如采购价格、采购数量）进行信息交换，可能构成《反垄断法》下的“协同”行为；若联合采购事实上导致在采购市场排除交易对手的情况，则可能涉及联合抵制交易这一违反《反垄断法》的行为；若联合采购的企业市场份额较高，则还可能存在共同滥用市场支配地位（详见本章第四节）的风险。

【案例】

上海某药品集采联盟垄断案（2018）[①]中，上海某药品集采联盟自行制定药品采购规则和药品采购目录，所有会员医院拒绝与未入选该采购联盟采购目录的企业进行交易，构成联合抵制交易，对市场竞争产生了不当影响。

五、竞争者之间的联合销售

联合销售安排有助于不同企业的资源整合互补、减少营销成本、拓展市场等，通常表现为：（1）多家企业共同达成联合销售协议；（2）设立合营企业负责销售业务。但是，竞争对手之间的联合销售安排可能减少合作方之间的竞争引发反垄断风险。尤其是当联合销售安排涉及统一销售价格、划分销售客户或区域、控制产量等，可能涉嫌构成横向垄断协议。另外，经营者之间就达成或实施联合销售安排进行的竞争性敏感信息交换行为，如果涉及价格、客户、成本等竞争性敏感信息，也有可能被反垄断机关认定为存在排除、限制竞争的效果。

就设立合营企业负责销售业务（销售型合营企业），从而整合合营双方产品销售能力的情形而言，设置销售型合营企业除可能涉及经营者集中审查外，还可能涉及合营各方是否通过销售型合营企业就相关产品的销售达成横向垄断协议的风险，例如协调价格、产量等。建议企业在设置销售型合营企业时，充分评估是否涉及反垄断风险，并视情况咨询外部专业反垄断律师意

---

① 国家市场监管总局竞争执法公告，2018 年 8 号。

见（见表 3-9）。

表 3-9 联合销售实践案例

类型	案例
达成联合销售协议	在河南濮阳工程质量检测案（2018）[1]中，三家工程检测服务公司签订战略合作协议，共同出资设立建设工程质量检测服务大厅，统筹分配、统一经营、统一管理、统一收费，集中开展检测服务，制定了统一的收费价格、管理制度和流程等。反垄断机构认定该行为构成违反《反垄断法》的分割销售市场的横向垄断协议，一方面排除了相互之间的竞争关系，破坏了濮阳市建设工程质量检测市场的竞争秩序；另一方面限制了建设工程企业选择样品收送方式、检测价格、检测时间等交易方式的权利，只能被动接受固定的、有利于检测方的交易方式，损害了相关建设工程企业的合法利益
设立销售型合营企业	尽管目前我国执法实践中尚无明确涉及“销售型合营企业”构成垄断协议的案例，但以合营企业的外观达成垄断协议的案例时有发生。2017 年，淄博 7 家水泥企业与 1 家资产经营公司发起设立一家联合公司，通过该公司共同达成且实施了固定商品价格等多项违法行为。执法机构最终认定联合公司实质上是涉案企业达成并实施横向垄断协议的平台。此外，在永州混凝土企业垄断协议案（2015）[2]和杭州市 13 家混凝土企业（2019）[3]涉嫌垄断协议案中，具有竞争关系的各合营方意图通过成立合营企业的方式协调各方的产品生产计划、产量、价格、市场等，被反垄断执法机构认定为达成了横向垄断协议并进行了处罚

〔1〕国家市场监管总局：《市场监管总局发布河南濮阳工程质量检测案行政处罚决定书》，载中国质量新闻网，https://www.cqn.com.cn/zj/content/2018-11/13/content_6458886.htm。

〔2〕湖南省工商行政管理局行政处罚决定书，湘工商竞处字〔2015〕1 号至 6 号。

〔3〕浙江省市场监督管理局处罚决定书，浙市监案〔2019〕12 号至 23 号。

有必要指出，在商业实践中，前述竞争者之间的具体商业合作安排并非相互排斥，而可能同时包括上述两个或三个商业合作安排。例如，一项商业合作协议既包括联合研发安排，也包括联合生产安排等。鉴于对属于特定若干范畴的协议所适用的反垄断分析原则具有比较高的一贯性，故而多数情况下，一份商业合作协议兼具多项合作安排并不会导致确定所适用的反垄断原则的困难。虽然如此，因各项商业安排的不同却可能导致特定事由产生变化，例如市场份额标准在不同商业安排下的不同，从而无法适用相关安全港规则。

对上述情势，欧盟《横向合作指南》第 1.1.7 项明确，经营者应依据能代表协议中相关商业安排的重心（center of gravity）确定所应适用的原则，并列明以下两点以助确定相关安排的重心：（1）合作的起始点；（2）各项职能合并的集中程度。以前述联合研发安排与联合生产安排为例，如果联合生产安排以联合研发产生的成果为前提，则重心应为联合研发安排；如果无论联合研发安排产生的成果如何，各合作方均要实施联合生产，或各合作方完全合并生产职能而只使用联合研发产生的部分成果，则重心应为联合生产安排。

第八节　横向垄断协议的豁免

在我国反垄断法体系下，对横向垄断协议采取“禁止 + 豁免”的认定思路。豁免，是指经营者能够证明所达成的协议符合《反垄断法》第 20 条规定的情形，从而不适用第 17 条（横向垄断协议）、第 18 条第 1 款（固定向第三人转售商品的价格）、第 19 条（组织、提供实质性帮助）的规定。

根据《反垄断法》第 20 条第 1 款的规定，法定可以申请豁免的情形包括以下几项：（1）为改进技术、研究开发新产品的；（2）为提高产品质量、降低成本、增进效率，统一产品规格、标准或者实行专业化分工的；（3）为提高中小经营者经营效率，增强中小经营者竞争力的；（4）为实现节约能源、保护环境、救灾救助等社会公共利益的；（5）因经济不景气，为缓解销售量严重下降或者生产明显过剩的；（6）为保障对外贸易和对外经济合作中的正当利益的；（7）法律和国务院规定的其他情形。

《禁止垄断协议规定》第 20 条进一步阐明，判断经营者的协议是否满足《反垄断法》第 20 条的豁免情形，应当考量以下因素：（1）协议实现法定豁免情形的具体形式和效果；（2）协议与实现该情形之间的因果关系；（3）协议是否是实现该情形的必要条件；（4）其他可以证明协议属于相关情形的因素。上述规定对垄断协议在实现豁免情形中要求的积极效果的必要性作出了进一步要求，且将《反垄断法》第20条第1款中规定的申请豁免的“目的性”要件进一步明确为更容易衡量的“形式和效果”要件，收紧了认定豁免情形的口径。

横向垄断协议排除、限制竞争效果显著，具有较高的反竞争风险。目前在中国的实践中尚未有成功适用豁免的执法或司法案例。

案例评述3-8-1　机动车交易市场横向垄断协议案（2013）[①]

在机动车交易市场横向垄断协议案中，达成协议的部分竞争者表示其属于中小企业，市场竞争力较弱，因此该协议可以适用提高中小企业经营效率的豁免情形。而执法机关表示，在本案中具有竞争关系的经营者达成划分市场的横向协议，导致竞争力弱的经营者依赖分配的份额，而不积极参与竞争，并未达到增强竞争的效果，反而影响经济运行效率，因此不满足适用豁免的条件。

启示：对于“为提高中小经营者经营效率，增强中小经营者竞争力”的法定豁免情形，不能简单理解为只要参与协议的是中小企业，就可以天然满足豁免的初步要求，而应当评估，该由中小企业达成的协议是否实质上提高了企业的竞争力，促进了中小企业与其他竞争者开展竞争。

案例评述3-8-2　13家水泥公司与辽宁省某行业协会横向协议案（2013）[②]

在13家水泥公司与辽宁省某行业协会横向协议案中，涉案经营者在辽宁省某行业协会的组织下达成了停窑限产的横向协议。涉案经营者主张，达成该协议是为了应对当地水泥行业经济不景气、产能过剩的现状，因此主张适用豁免。

① 工商总局竞争执法局竞争执法公告，2013年第3号。

② 工商总局竞争执法局竞争执法公告，2013年第4号。

而执法机关则认为，产能过剩是由当地产业布局不合理导致的，这属于正常的商业风险，不应成为适用豁免的理由。

启示：基于“经济不景气而缓解销售下降或生产过剩”的情形主张豁免的，该情形不能是由正常商业风险带来的结果。

在司法实践中，司法机关对于豁免情形的认定也采取严格的态度。

案例评述 3-8-3　“驾校联营”横向垄断协议纠纷案（2021）[①]

在“驾校联营”横向垄断协议纠纷案中。15家汽车驾驶培训单位签订联营协议及自律公约，约定共同出资设立联营公司，约定原先分散的辅助性服务（如报名、体检、理论学习培训等）均由联营公司统一办理。其中两家经营者向法院提起诉讼要求判决涉案协议无效，被告当事人则提出豁免申请，表示此协议可提高服务质量、降低成本、增进效率以及统一服务产品规格、标准或者实行专业化分工。此豁免理由被一审法院接受。

而最高人民法院在二审中则认为，经营者欲以有关协议具有《反垄断法》（2008年）第15条（对应现行《反垄断法》第20条）第1款第1项至第5项规定情形为由主张豁免，则其应当举证证明三项重要事实：

第一，有关协议具有上述五项法定情形之一；

第二，有关协议为实现上述五项法定情形之一所必需，因而不会严重限制相关市场的竞争；

第三，有关协议能够使消费者分享由此产生的利益。

对于上述三项重要事实，提出豁免的当事人应当提供充分证据证明相关协议具有上述五项法定情形之一项下所指积极的竞争效果或经济社会效果，且该效果是具体的、现实的，而不能仅仅依赖一般性推测或者抽象推定。具

① 最高人民法院知识产权法庭民事判决书，（2021）最高法知民终1722号。

体就该案中被诉13家驾培单位所援引的豁免情形而言，最高人民法院提出如下要求。

首先，该经营者需要提供相关证据（如达成固定价格等垄断协议之前与之后相关市场的服务质量、驾驶培训成本、驾驶培训效率情况等），以对比说明其通过统一服务规范、标准或者实现专业化分工等手段，切实达到提高服务质量、降低服务成本、增进效率的实际效果。

其次，该经营者需要提供相关证据证明为实现提高产品质量、降低成本、增进效率所必需，且并未严重限制台州市路桥区为中心的机动车驾驶培训服务市场的竞争。

最后，该经营者还需要提供相关证据（如垄断协议达成之前与之后消费者交费标准、参加培训服务的成本以及便利程度等）证明消费者确实从中受益。

最高人民法院认为，13家被诉驾培单位提供的证据不足以证明其行为构成《反垄断法》下的豁免情形，因而撤销了一审法院关于适用豁免的判决。

在满足上述豁免情形的情况下，经营者还需要承担所达成协议不会严重排除、限制相关市场竞争，并且能够使消费者分享由此产生的利益的证明责任。《2024年反垄断司法解释》第22条提供了认定被诉垄断行为是否具有排除、限制竞争效果的考虑因素："（一）被告在相关市场的市场力量和协议对相关市场类似不利竞争效果的累积作用；（二）协议是否具有提高市场进入壁垒、阻碍更有效率的经营者或者经营模式、限制品牌间或者品牌内竞争等不利竞争效果；（三）协议是否具有防止"搭便车"、促进品牌间竞争、维护品牌形象、提升售前或者售后服务水平、促进创新等有利竞争效果，且为实现该效果所必需；（四）其他可以考虑的因素。"此外，《禁止垄断协议规定》第20条第2款规定，可以从商品价格、质量、种类等方面考虑消费者是否分享了协议产生的利益。

在实践中，反垄断执法机构曾通过是否有其他经营者遭受实际损害作为协议行为是否严重排除、限制竞争评判依据。

【案例】

在淄博水泥企业横向垄断协议案[①]中，针对涉案经营者提出的豁免申请，执法机关认为，该案的举报来源为下游企业，而这正是因为涉案垄断协议损害了下游企业的经济利益所致，因此当事人无法达到不会严重限制相关市场竞争的豁免条件。

在湖南建材企业横向垄断协议案[②]中，执法机关作出了不能豁免说明，认为当事人之间达成并实施横向协议，已经造成市场机制被破坏，并且引起页岩砖产业链条上建筑及相关行业成本提高，相关企业难以维持，因此不满足不会严重限制相关市场竞争的豁免条件。

第九节　公司法律合规部有关横向垄断协议的合规实践

公司法律合规部是企业内部最熟稔反垄断法的部门，但代表企业对外实施商业行为的部门却是业务部门（在采购环节，亦有可能是采购部门）。因此，如何将反垄断法的规定"翻译成"业务部门听得懂的语言，并指导业务部门合规行事，是公司法律合规部的重要工作。在横向垄断协议范畴内，公司法律合规部首先需要审视本公司现有书面文件的合法性；其次应当针对横向垄断协议制备合规手册，让业务部门在未深入了解纷繁复杂的反垄断法律法规的情况下，亦能够便捷找到行为规范；最后应实时关注本公司业务模式，识别业务部门的理解误区，并及时纠正。

① 山东省市场监督管理局处罚决定书，鲁市监行处字〔2021〕11号。

② 湖南省工商行政管理局行政处罚决定书，湘工商经总案处字〔2015〕1号。

一、全面审阅公司现有书面文件，确保书面文件的合法性

（一）全面清理，定期更新

《反垄断法》执行至今已逾 17 载，令人吃惊但又不得不面对的现实是，仍然有企业会与竞争对手在横向关系上直接签订书面协议，用来固定或者变更商品价格，限制商品的生产数量或者销售数量，分割销售市场或者原材料采购市场，限制购买新技术、新设备或者限制开发新技术、新产品，联合抵制交易。鉴于前述，公司法律合规部仍有必要全面审阅公司现有书面文件，做一次彻底的清理工作；清理之后仍需定期更新合同模板，以保证书面文件的合法性。

（二）复杂模式下的个案处理

在实践中，企业不仅面临单一的横向关系或纵向关系，还面临更为复杂的双重关系（既有横向又有纵向）。在复杂模式下，没有一概而论的方法论，唯有个案分析，谨慎处理。

比如，在企业的销售模式中，既有直供又有经销，则原厂和经销商之间既存在纵向的上下游关系，又存在横向的竞争关系。那么，企业法律合规部在审查文件和业务部门行为时，需要综合考量横向和纵向的双重规制的因素。

又如，在委托加工关系中，加工方作为供应商出售产品给委托方，同时加工方也出售产品给其他客户。在此情形下，委托方和加工方既存在横向关系，又存在纵向关系，公司法律合规部在审查委托加工协议时，需要综合考量横向和纵向的双重规制的因素。如果在前述业务关系中，两家企业希望就某产品或技术进行联合开发，并准备签订《联合开发协议》，拟对各自的投入、知识产权归属、客户划分、地域划分、产品定价、独家安排等进行磋商。这种安排更加复杂，法律合规部需要打起十二分精神，仔细分析，审慎建议。这是对法律合规部法律技能结合业务模式的综合考验，如有必要，亦可征询外部专业反垄断律师的意见。

二、针对横向垄断协议，制备反垄断合规手册，设定与竞争对手相处的原则与流程管理

在反垄断合规手册的制备与实施章节，笔者详细介绍了如何制备与实施反垄断合规手册，在此不再赘述。

笔者在此单列本条，是为了强调在禁止横向垄断协议领域，最直接有效的方式就是让企业人员有章可依，且该“章”应当简单明了，具有执行性。一份高效的手册应当规定本企业人员与竞争对手相处的基本原则、红灯行为、绿灯行为，同时设定好与竞争对手接触的审批流程（如事先审批）。

三、深入了解业务模式，识别业务部门的理解误区并及时纠正

相较于外部律师，公司法律合规部与业务部门接触密切，更加了解本公司的业务模式，熟悉业务部门的日常工作方式。法律合规部应当加深对内部客户（业务部门）的理解，识别内部客户对横向垄断协议的误解，并实时纠正。

（一）常见误解一：本公司市场份额很低，所以根本不用考虑横向垄断协议

在实践中，反垄断法禁止的垄断协议行为，绝大部分跟市场份额无关。

（二）常见误解二：没有签订书面协议，就没有垄断

反垄断法下的“协议”并不局限于正式的书面协议，非正式沟通内容（如微信聊天，短信、电话交流，口头约定，非正式会议的私下交流）也可能被视为“协议”。仅进行非正式的信息交流，也可能构成协同行为，进而被认定为横向垄断协议。

（三）常见误解三：没有实施，就没有垄断

尽管未实施，仅达成垄断协议，同样违法。

（四）常见误解四：横向垄断协议有法定豁免条款，法律合规部可以抗辩

有些业务部门，甚至是有些通读过法条的法律合规部工作人员，在看到《反垄断法》第20条规定了众多豁免情形时，就试图将自身行为归入某种豁免情形中，并认为法律合规部可以据此抗辩。实践中，抗辩理由的证明要求非常高，极难适用，而且公司在证明“所达成的协议不会严重限制相关市场的竞争，并且能够使消费者分享由此产生的利益”时，多数需要引入经济学分析。总体而言会是一个成本很高的自证过程，且很难成功。

（五）常见误解五：没有和竞争对手联络，只是按照行业协会要求行事，不构成横向垄断协议

达成横向垄断协议并不要求竞争者之间直接达成协议，通过第三方（如协调、传话、斡旋）达成了协议，也可以构成横向垄断协议。

（六）常见误解六：和经销商之间是上下游关系，不涉及横向垄断协议

在直供和经销并存的双重关系下，原厂和经销商不能忽视潜在的横向垄断协议违法行为，比如统一向某一终端客户供货的价格就是典型的横向垄断协议违法行为。

（七）常见误解七：即使违法，也只是一个业务部门小范围的违法行为，不影响公司

如公司业务条线划分为多个事业部（SBU），有些事业部会认为，即使违法，也只是本事业部的小范围行为，不影响整个公司，所以本事业部的负责人可以特批。其实不然，罚款的基数并不限制在涉案事业部，而是全口径，即针对整个公司的销售额决定罚款数额。

（八）常见误解八：即使违法，也是公司承担责任，个人无须承担责任

根据相关规定，公司的法定代表人、主要负责人和直接责任人员对达成垄断协议负有个人责任的，可以处 100 万元以下的罚款。

在公司法律合规部视角下，横向垄断协议既是业内常常提及的“基础话题”，也是需要给业务部门强调并培训的内容之一。业务实践告诉我们，业务模式具有多样性、复杂性，业务行为具有创新性，法律合规部不能墨守成规，一成不变，而应当紧贴业务实践，及时洞察可能存在的横向垄断协议法律风险，并及时纠正。

第四章
CHAPTER 04

企业常见反垄断问题之二：纵向垄断协议

第一节　纵向垄断协议的底层逻辑——竞争损害理论

对公司法律合规部的反垄断合规实践而言，反垄断合规之难之吊诡，许多情况下并不在于对相关法律法规条文的理解，而在于前述法律法规条文背后的经济学理论、逻辑及相关模型。因此，欲透彻理解纵向垄断协议规制，必先在概览其规制框架基础之上掌握其底层逻辑——竞争损害理论。

纵向垄断协议是处于不同生产或销售环节的经营者之间达成的排除、限制市场竞争的协议、决定或协同行为。纵向垄断协议包括纵向价格限制和纵向非价格限制两大类。纵向价格限制即“转售价格维持”（固定下游经销商转售商品的价格或限制其最低转售价格）。常见的纵向非价格限制包括地域或客户范围限制、竞品销售限制、独家经销、指定购买渠道、选择性经销等（见图 4-1）。

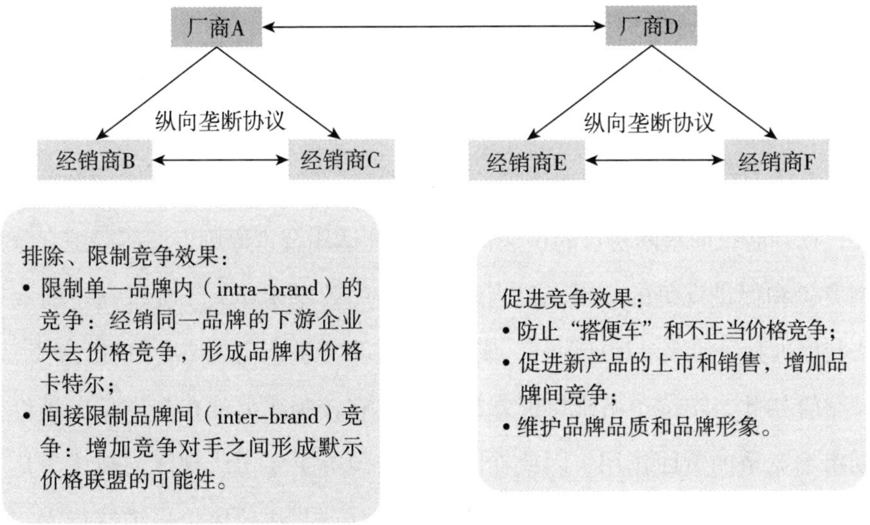

图 4-1　纵向垄断协议示例

纵向垄断协议对于市场竞争的影响往往具有双面性，既可能会排除、限制市场竞争，也可能具有促进竞争的效果。一方面，从对竞争的不利影响来看，相比于横向垄断协议这类直接限制竞争对手之间参与市场竞争的行为，纵向垄断协议更多地是限制单一品牌内的竞争，例如，维持转售价格直接导致经销同一品牌的下游企业失去价格竞争，形成品牌内的价格卡特尔。纵向垄断协议多数情况下不具有类似于横向垄断协议的直接限制竞争对手或品牌间竞争的效果；但其在特定情况下也会产生间接限制品牌间竞争的效果。又如，在相对集中的市场中，维持转售价格行为使得一个品牌的终端价格得以维持在比较稳定的水平，增加了产品价格的透明度，使竞争对手更易（自行或通过共用的经销商）观察到该品牌的价格水平，增加竞争对手之间形成默示价格联盟的可能性。从图 4-1 来讲，若厂商 A 和经销商 B、经销商 C 之间达成维持转售价格的纵向垄断协议，则将直接导致经销商 B、经销商 C 之间失去价格竞争，形成品牌内的价格卡特尔。如在相对集中的市场中，厂商 A 维持转售价格的行为使其品牌终端价格较为稳定、透明，竞争对手厂商 D 则更容易了解厂商 A 的价格水平，增加了厂商D和厂商A之间形成默示价格联盟的可能性。另一方面，纵向垄断协议可能还具有提高效率、促进竞争等积极作用，例如防止“搭便车”和不正当价格竞争；促进新产品的上市和销售，增加品牌间竞争；维护品牌品质和品牌形象等。总体而言，纵向垄断协议理论上对市场竞争的损害要弱于横向垄断协议。因此，在判断纵向垄断协议的违法性时，往往适用合理原则，即需要综合分析其限制竞争和促进竞争的效果，仅当限制竞争的效果明显大于促进竞争的效果或无法与促进竞争的效果相抵消时，该等行为才可能被认定为违反相关反垄断法。

尽管如此，转售价格维持通常被认为具有较为明显的抬高产品市场价格、限制市场竞争的负面作用，因此在欧盟、中国等主要司法辖区均被认为是严重违反反垄断法的行为。中国当下执法实践也重点关注转售价格维持行为，而鲜少单独就跨区销售限制、独家安排等非价格纵向限制进行执法和处罚。

Tips

公司法律合规部重点关注：就风险把控的角度而言，企业所采用的销售模式会直接影响企业评估自身涉及转售价格维持行为的风险程度。

1. 对于以通过经销渠道销售产品和提供服务为主要销售模式的公司，包括但不限于汽车、药品、食品等，应当以转售价格维持作为重点风险领域加以防范。尽管《反垄断法》（2022年修正）引入了安全港制度，且规定了企业如在个案抗辩机制中能够证明转售价格维持行为不具有排除、限制竞争效果的不予禁止，加之原《反垄断法》既有的效率抗辩机制，但三种豁免机制的适用仍然存在很多限制条件。因此采用经销模式销售产品和提供服务的企业仍应聘请外部专业反垄断律师与公司法律合规部共同审慎评估其能否适用前述三种豁免机制，并结合具体商业安排决定转售价格维持行为于商业实践中的执行尺度与合规口径。

2. 以直营为主要模式的公司相对而言涉及转售价格维持风险的可能性较低。

3. 对于平台商、中间商、代理商等销售模式下的价格管理，并非一定违反《反垄断法》，需要结合具体商业安排进行个案分析。对于区域限制、客户限制、排他性交易等其他纵向非价格限制，目前《反垄断法》并没有明确禁止，也需要更多地结合具体商业安排进行个案分析。

第二节　转售价格维持行为实务解析及合规建议

《反垄断法》第 18 条规定，禁止经营者与交易相对人达成固定向第三人转售商品的价格或限定向第三人转售商品的最低价格的垄断协议。根据《反垄断法》第 56 条，违反该条规定，可能导致企业面临上一会计年度中国境内集团销售额 1%~10% 的高额罚款。

自 2008 年《反垄断法》生效以来，转售价格维持一直是反垄断执法的重点，执法领域涵盖眼镜、汽车、轮胎、医疗器械、家电、医药等多个行业。认定转售价格维持行为主要需要解决三个问题：（1）何为转售商品，或如何认定经营者与交易相对人之间存在转售关系；（2）哪些行为构成转售价格维持行为；（3）认定转售价格维持行为违反《反垄断法》是否以其具有排除、限制市场竞争效果为前提条件。以下逐一分述之。

一、转售关系的认定

通常认为，《反垄断法》第 18 条所涉及的“交易相对人”是指从供应商处购买商品并独立对外销售，自行承担与转售活动相关的全部或大部分成本和风险的“独立经销商 / 分销商”。因此如果仅是接受经营者委托，以经营者的名义代为销售商品，以其向经营者提供的相关服务收取佣金或服务费，而不承担与销售活动相关成本和风险的代理商，则并不适用于《反垄断法》第 18 条的规定。

商业实践中，供应商的销售模式往往存在多种形式，有一些可能介于“纯代理”和传统经销模式之间（如医药行业中的平台商、汽车业中的中间商等）。

这成为经营者判断其管理销售渠道价格的行为是否违反《反垄断法》第18条的一道难题。解开此道难题的关键在于判断供应商与其交易相对人之间是否存在转售关系，而作出前述判断，通常需要结合商品的所有权是否转移、与商品销售相关的成本和风险主要由谁来承担等情况进行个案分析。

（一）独立经销商 / 分销商

独立经销商 / 分销商模式是目前商业实践中最为常见的销售模式，直接适用《反垄断法》第18条的规定。

传统经销模式中，供应商先将商品销售给经销商，再由经销商（直接或通过多层级的分销体系）将商品销售给终端客户。供应商向经销商出售商品时即将商品所有权及风险转移给经销商，经销商通过向终端客户销售商品赚取差价盈利，自负盈亏。经销商需要承担与转售活动相关的全部或大部分成本和风险，包括下游客户开发和维护、存货融资、市场营销投入、仓储成本、运输和售后服务等成本，以及商品丢失、损坏及商品无法售出的风险。

由于不同的行业和具体商业安排，供应商与其交易相对人在上述与转售活动相关的成本和风险方面的具体分担情况可能不尽相同。在交易相对人实际上承担了上述大部分的成本和风险的情况下，在《反垄断法》意义上其通常会被视为独立的经销商 / 分销商。

实务问答 4-2-1
PRACTICE Q&A

特许经营能够豁免适用《反垄断法》第18条规定吗?

在特许经营关系中，被许可人（加盟商）相对独立运营，从许可人处购买商品或服务后进行转卖并自负盈亏的，其在反垄断法意义上并不区别于传统经销商，因而并不能豁免适用《反垄断法》对纵向价格垄断协议的禁止性规定。

（二）代理销售模式

根据我国《民法典》的规定，代理销售是指一方（代理人）被授权或委托代表另一方（本人）以代理人或本人的名义销售商品，本人向代理人支付佣金作为报酬的销售模式。

条款示例

为支持合同商品的直接销售，公司有意指定某代理商作为其代理商，代理商亦有意接受公司的指定作为其代理商，根据本协议的条款和条件，就合同商品提供本协议下约定的服务，包括但不限于促成和辅助公司与客户之间有关合同商品的销售交易。

欧盟和美国的反垄断法规定和判例中均存在代理关系不适用垄断协议规定的例外规则。例如《欧盟运行条约》第 101 条不适用于构成“单一经济体”的两个或多个企业之间的协议，包括具有控制关系的母子公司，本人和代理人等。这是因为，存在真实代理关系的情况下，代理人通常不具有经济独立性，而垄断协议主体必须是两个及以上具有经济独立性的主体。

我国《反垄断法》中虽然没有代理例外规则的明确规定，但是根据我国《民法典》规定的代理民事法律制度，代理人的销售或购买行为，在法律上应当被视为是被代理人活动的一部分，其法律后果直接由被代理人承受。《民法典》第 162 条规定，代理人在代理权限内，以被代理人名义实施的民事法律行为，对被代理人发生效力。此外，《民法典》第 951 条规定，行纪合同是行纪人以自己的名义为委托人从事贸易活动，委托人支付报酬的合同。另外，就行纪关系（包括我们通常说的寄售）而言，《民法典》第 955 条第 1 款规定，行纪人低于委托人指定的价格卖出或者高于委托人指定的价格买入的，应当经委托人同意；第 3 款规定，委托人对价格有特别指示的，行纪人不得违背该指示卖出或者买入。因此，从民法规则来看，被代理人有权固定或者限定代理人销售商品的价格。

因此，如果经营者与交易相对人之间存在真实的代理关系，则经营者对于交易相对人转售价格的限制不应被认定为《反垄断法》第 18 条规定的转售价格维持行为。实践中，从我国反垄断执法机构公开的处罚案例来看，也未对代理关系中的转售价格维持行为进行过处罚。

尽管如此，商业实践中，代理和经销有时并没有清晰的界限，甚至因公司业务部门同事误解或错用存在许多名为“代理”实为“经销”的关系。因此，判断供应商与交易相对人之间的交易关系是否构成真实的代理关系，对于避免反垄断法下转售价格维持的风险至关重要。

实务问答 4-2-2
PRACTICE Q&A

如何判断供应商与交易相对人之间的交易关系是否构成真实的代理关系？

结合我国及国外主要司法辖区的反垄断执法实践，反垄断法意义上真实代理关系的主要特征包括以下几点：

1. 商品所有权的转移及相关风险的承担。代理人通常不取得所销售商品的所有权，或代理人仅是出于代表供应商销售产品的目的，在一段很短的时间内获得所有权（但不因取得所有权而承担相应的成本和风险）；

2. 不承担供应 / 购买合同商品或服务所产生的费用（包括产品运输费用），但在供应商承担费用的情况下可由代理人提供运输服务；

3. 不承担储存合同商品的费用或风险（包括存货灭失的风险），并且可以将未售出商品退给供应商而不承担费用，除非代理人存在过错（例如，代理人未采取合理的安全措施以避免存货损失）；

4. 除代理人的佣金损失以外，不因供应商的客户未履行合同承担任何责任，除非代理人存在过错（例如，代理人未采取合理的安全或防盗措施，未采取合理措施就失窃情况向供应商报告，未告知供应商该代理人可获得的有关客户财务信用状况的所有必要信息等）；

5. 对售出商品对第三方所引起的损害不承担责任（产品责任），除非其作为代理人就该损害存在过错；

6. 不负有对产品进行推广、促销的直接或间接义务（如分担供应商的广告预算），除非代理商受供应商的委托从事该等活动且所发生的成本由供应商补偿；

7. 不负担与销售产品直接相关的投资或投入，除非供应商对前述成本进行补偿；

8. 代理人可以接受供应商的委托提供其他服务或从事其他与销售产品有关的活动，但是这些活动产生的成本应由供应商进行补偿。

（三）“中间商”销售模式

在实践中，除了传统经销模式和纯代理模式外，还存在一些介乎于这两种模式之间的“中间商”模式。在这类“中间商”模式中，交易相对人仅具备独立经销商的部分功能，并且仅承担部分或有限的与销售商品相关的成本和风险；但相比纯代理模式，其可能完全获得商品所有权，所承担的成本和风险也会相应高一些。

条款示例

公司将作为中间商协助卖方和买方完成其《买卖协议》中约定的交易。就该交易的完成，公司仅按照本协议的约定承担有限的成本和风险。

《反垄断法》及相关法规没有明确第 18 条是否适用于这些“中间商”模式。2020 年 9 月 18 日国务院反垄断委员会发布的《关于汽车业的反垄断指南》（以下简称《汽车业反垄断指南》）规定，仅承担“中间商”角色向终端客户提供交车、收款、开票等服务的经销商，在适用第 18 条时，应与传统经销商区分开来。这意味着《汽车业反垄断指南》中规定的“中间商”可以在某种程度上豁免适用第 18 条。2025 年 1 月发布的《关于药品领域的反垄断指南》也规定，药品经营者负责药品销售、推广等业务并决定销售价格，其交易相对人仅提供进口、配送、收款、开票、技术支持等辅助服务的，不构成《反垄断法》第 18 条所规定的纵向垄断协议。虽然以上规定仅针对汽车和药品行业，但为我们了解中国反垄断执法机构就《反垄断法》第 18 条应如何区别对待“中间商”与独立经销商提供了一些思路。如果交易相对人构成与传统经销商相区别的“中间商”，或可主张豁免《反垄断法》第 18 条的适用。

在实践中，需要对经营者与交易相对人的销售安排进行个案分析，以判断交易相对人是否构成区别于传统独立经销商的中间商。一般而言，在认定中间商时通常需要结合以下因素综合进行判断：

1. 下游客户是否主要由供应商开发和维护，或由供应商主要承担此方面的成本；

2. 销售协议或关键交易条款（包括价格条款）是否由供应商直接和下游客户谈判达成，而中间商仅是协助供应商履行合同义务、完成供应商与下游客户之间的交易，主要包括提供运输、向下游客户收款和开票等服务；

3. 中间商仅承担相对有限的与销售供应商商品相关的成本和风险，现有法律对中间商可以承担哪些成本和风险并没有明确规定，实践中需要结合个案具体情况判断中间商承担的成本和风险是否能够达到“有限”的程度，分析相关成本和风险的维度可参考前述纯代理模式；

4. 对于商品的所有权，《汽车业反垄断指南》与《关于药品领域的反垄断指南》也没有明确规定供应商不可转移给中间商，并非和纯代理模式一样严格，即商品所有权的转移不实质性影响是否构成中间商的判断。

二、转售价格维持中“价格”的含义及行为表现形式

转售价格维持通常表现为供应商直接确定下游经销商转售商品的价格，或限定其最低转售价格；但实际上还存在大量以其他书面或非书面形式对价格相关要素进行固定或限定的不同方式。根据国家市场监管总局颁布的《禁止垄断协议规定》以及过往案例，转售价格维持中的“价格”可以体现为各类价格要素，而转售价格维持行为本身也具有不同的具体表现形式。

（一）转售价格维持中“价格”的含义

转售价格维持中的“价格”不仅是指经销商的实际销售价格，还包括经销商的线下或线上报价、招投标价格、促销价格、折扣或优惠力度、手续费、利润水平、价格变动幅度、价格计算公式等价格要素。

以具体行业为例：

1. 医药行业的招投标价格、经销商到院价格、经销商利润率、药店零售价格等价格要素，药品或医疗器械供应商可能通过限制参与招标采购的下级经销商的投标价格，限制下级经销商销售给医院的价格，或者限制药店的零售价格等方式维持转售价格；

2. 汽车行业中比较普遍的价格要素包括：整车或零部件的成交价格、网络或营业厅报价、车展价格、售后服务工时、整车或零部件的促销活动等；

3. 消费品行业中的一批价格、二批价格、门店零售价格、线上促销价格、划线价格、优惠或折扣幅度等。

（二）转售价格维持行为的表现形式

转售价格维持可以通过经销协议、价格政策 / 价格表、经销商承诺函等书面的方式达成，这类书面形式的转售价格维持要求通常构成最直接的违法证据；

同时也可以由供应商对下游经销商以口头或者如微信、QQ 等非正式沟通中提出转售价格维持的要求，同样存在被反垄断执法机构发现并认定违法的风险。

转售价格维持行为的具体表现形式多样，不一而足。根据现有法律规定和执法实践，其主要表现形式见表 4–1。

表 4–1　转售价格维持行为表现形式及案例

序号	主要表现形式	相关案例
1	直接规定经销商销售相关产品的转售价格或限制其最低转售价格，如： （1）制定价格表、设定价格下限或价格区间等； （2）规定经销商的促销价格、销售折扣或者限制经销商的最高折扣； （3）固定经销商的利润率或限定经销商的最高利润率	（1）2021 年 A 插座企业案[1]中，A 公司通过价格政策、经销合同、承诺书等方式达成固定和限定价格的垄断协议，并建立 QQ 群、钉钉群等发布产品价格表，要求群里的经销商按照价格表中标识的“销售价格”进行销售； （2）2019 年 B 汽车企业案[2]中，B 汽车公司与经销商达成了限定部分车型整车转售价格的协议，包括限制重点车型的最大优惠幅度、限制现金折扣等； （3）2016 年 C 医疗器械企业案[3]中，C 公司与其平台商通过协商，就平台商转售相关产品的毛利率达成约定，间接固定了相关产品的转售价格
2	要求经销商提交价格审批申请，如投标价格、销售价格或促销价格等需要事先获得厂商的审批或同意	前述 C 医疗器械企业案中，C 公司还分别限定了经销商最低投标价和到医院的最低售价，并要求经销商对其投标价进行变动或到院价格低于限定价格时报厂商进行审批
3	通过微信、口头等非正式沟通方式控价	2022 年 D 医疗器械企业案[4]中，D 公司通过经销商会议、销售人员微信告知、口头通知等方式，要求经销商销售涉案商品价格不能低于 D 公司制定的建议指导价的一定比例
4	设定建议转售价格，但变相要求或迫使经销商执行建议转售价格	2014 年 E 眼镜镜片企业案[5]中，E 公司发放零售价格表并要求经销商按照 E 公司规定的建议零售价进行销售，同时以门店价格巡视、接受处理零售商低价销售投诉和调价申请，采取惩罚和奖励等手段，保障经销商实施建议零售价

续表

序号	主要表现形式	相关案例
5	对不遵守厂商价格政策或其他价格要求的经销商进行处罚，如罚款、扣除返利、没收保证金、要求原价回购、暂停供货、取消或减少厂商支持、对经销商进行降级，甚至取消经销商资格等	2021 年 F 医药企业案[6]中，F 医药集团通过书面协议和调价函的方式与经销商达成了固定和限定价格的垄断协议，并对乱价经销商采取了包括扣发奖金、停止报销费用、断货、取消经销商资质等在内的惩罚措施实施上述价格垄断协议
6	以经销商遵守厂商建议销售价格或其他价格政策为条件，向经销商提供激励，如提供返利或折扣等	2017 年 G 电子设备企业案[7]中，G 电子设备公司在实施固定和限定价格垄断协议的过程中采取了根据经销商实际执行垄断协议的情况发放季度返利的激励措施

〔1〕浙江省市场监督管理局行政处罚决定书，浙市监案〔2021〕4 号。

〔2〕江苏省市场监督管理局行政处罚决定书，苏市监反垄断案〔2019〕1 号。

〔3〕国家发展和改革委员会行政处罚决定书，[2016] 8 号。

〔4〕北京市市场监督管理局行政处罚决定书，京市监垄罚〔2022〕06001 号。

〔5〕上海市物价局行政处罚决定书，第 2520140018 号。

〔6〕国家市场监管总局行政处罚决定书，国市监处〔2021〕29 号。

〔7〕上海市物价局行政处罚决定书，第 2520170031 号。

为监督经销商执行供应商的价格要求，供应商通常还会辅以多种形式的价格监控手段（见表 4–2），这些手段在反垄断执法机构进行调查和处罚时往往会被认定为加重情节。

表 4–2　供应商价格监控手段及案例

序号	价格监控手段	相关案例
1	成立竞争秩序规范小组、价格规范监督小组等对经销商的线下或线上转售价格或其他价格要素进行监督	2014 年 H 汽车企业案[1]中，H 公司下属的 H 公司销售事业部为了进一步实施与 10 家 H 公司经销商之间达成的整车销售及服务维修价格的垄断协议，成立了竞争秩序规范小组以督促经销商落实 H 公司的价格管理措施

续表

序号	价格监控手段	相关案例
2	检查经销商的发票、跟踪经销商销售流程、通过经销商管理系统进行价格监控等	前述B汽车企业案中，B汽车公司要求经销商上传发票至B的销售管理系统，组织专门人员对上传的发票进行检查，要求超出限价的经销商说明原因，并要求经销商就对外开票价格低于建议最低开票价格的情况进行报备
3	雇佣第三方价格监测机构进行经销商转售价格监测	前述G电子设备企业案中，G电子设备公司在实施固定和限定价格垄断协议的过程中聘请了第三方公司监控线上经销商的零售价格，并以“侵犯知识产权”的名义向电商平台举报“低价”商品，从而进一步强化了纵向价格垄断协议的实施
4	要求经销商举报其他不遵守厂商价格政策或其他价格要求的经销商	2022年北京I教育科技企业案[2]中，I教育科技公司在实施固定和限定价格的垄断协议的过程中，通过经销商之间相互监督举报降价行为并出面予以制止的方式，禁止品牌内的经销商之间进行价格竞争

〔1〕湖北省物价局行政处罚决定书，鄂价检免〔2014〕1号。

〔2〕北京市市场监督管理局行政处罚决定书，京市监垄罚〔2022〕06002号。

实务问答 4-2-3

PRACTICE Q&A

经营者对经销商的转售价格提出相应的建议价、指导价或者最高价的要求是否存在反垄断法风险？

供应商就经销商的转售价格提供建议、指导或者最高限价要求本身并不违反《反垄断法》。但是，如果供应商要求经销商按照其建议、指导或者最高价格执行或不得低于其建议价、指导价、最高价，在实质效果上等同于固定经销商转售价格或限定最低转售价格时，该等行为依然可能被反垄断执法机构认定为转售价格维持行为。

在实践中，最为常见的是通过返利、折扣等激励措施或采取罚款、断货等处罚手段迫使经销商执行建议价、指导价或最高价，变相地固定了经销商转售价格或限制经销商最低转售价格。这类激励或处罚措施有可能进一步加重违法情节，一旦反垄断执法机构进行调查，上述对经销商的惩罚或激励措施也可能导致当事人被从重处罚。例如：

1. J 汽车企业案（2014 年）[①]：J 汽车公司对电话报价低于厂商建议零售价的经销商以扣减返利、罚款等形式进行处罚，对实际成交价格低于或略高于批售价格的经销商，采取资源分配冻结（对于某些热销车型暂时推迟向经销商供货）或暂缓配置试驾车等措施进行惩罚。

2. A 插座企业案（2021 年）[②]：A 公司要求经销商遵守其公布的经销产品建议价格体系，对低于 A 公司设定的最低价格销售等违反 A 公司价格政策的经销商采取扣分、收取违约金、扣除返利或者保证金、取缔经销资格等惩罚措施。

3. D 医疗器械企业案（2022 年）[③]：D 公司要求经销商的销售价格不得低于其建议指导价的一定范围，将维护价格体系作为考核经销商的重要内容之一，对考核结果高的经销商给予更高的奖励，并以临时提高经销商的进货价格的方式来惩罚违反其价格政策进行低价销售的经销商。

三、认定转售价格维持违法是否以证明具有排除、限制竞争效果为前提要件

自 2008 年《反垄断法》生效以来，反垄断行政执法层面一直对转售价格维持采取严厉态度，遵循“原则禁止 + 例外豁免”规则，2022 年修正的《反垄断法》进一步确认了该等规则。

与此同时，我国司法领域也出现了一些具有影响力的转售价格维持案件。

① 上海市物价局行政处罚决定书，第 2520140077 号。

② 浙江省市场监督管理局行政处罚决定书，浙市监案〔2021〕4 号。

③ 北京市市场监督管理局行政处罚决定书，京市监垄罚〔2022〕06001 号。

在这些案件中，法院主要适用“合理原则”。在 2018 年 12 月 18 日，最高人民法院就 H 饲料公司与海南省物价局行政处罚纠纷案（以下简称 H 饲料企业案）作出的再审行政裁定[①]中，最高人民法院首次就转售价格维持垄断协议的违法认定规则阐明立场，在一定程度上协调了行政执法与司法在转售价格维持行为是否以“排除、限制竞争”为前提条件这一问题上的长期分歧。

（一）本身违法原则与合理原则简介

本身违法原则（per se rule）与合理原则（rule of reason）是国际反垄断司法实践中发展出来的认定垄断协议违法性的两个基本原则，其含义与举证责任见表 4–3。例如，美国对于转售价格维持的规制原则经历了由本身违法原则向合理原则的转变。而欧盟竞争法则仍然将纵向价格垄断协议作为核心限制（hard - core restriction），存在转售价格维持的事实即可认定违法，但当事人可根据《欧盟运行条约》第 101 条第（3）款申请个案豁免。

表 4–3　本身违法原则与合理原则的含义与举证责任

原则	含义	举证责任
本身违法原则	由于某些垄断行为具有明显的限制竞争效果，因此不需要额外考察和证明其对于市场竞争的实际影响	原告 / 执法机构仅需要证明被告 / 当事人实施了特定垄断行为即可，而被告 / 当事人需要对其行为不构成垄断行为进行抗辩，或者就责任豁免承担举证责任
合理原则	对于被指控违法的行为，不能当然认定其违法，而是需要原告 / 执法机构对行为的性质以及限制竞争的效果进行具体分析，以判断是否构成垄断行为	原告 / 执法机构不仅需要证明被告 / 当事人实施了特定垄断行为，还需要证明该行为具有排除、限制竞争的效果

（二）我国有关转售价格维持竞争损害要件的法律规定、执法实践及与司法的统一

《反垄断法》第 18 条规定，禁止经营者固定交易相对人向第三人转售商品

① 最高人民法院行政裁定书，（2018）最高法行申 4675 号。

的价格或限定交易相对人向第三人转售商品的最低价格，但经营者能够证明该等行为不具有排除、限制竞争效果的，不予禁止[①]。据此，《反垄断法》进一步确认了我国执法实践中对转售价格维持行为所采用的“原则禁止 + 例外豁免”规则，即反垄断执法机构在查明存在转售价格维持事实而无须额外证明行为具有排除、限制竞争效果的前提下，可认定转售价格维持行为违法，除非企业可以证明其行为不具有排除、限制竞争的效果（详见本书“纵向垄断协议的豁免制度”部分）。

就司法实践而言，长期以来我国司法机关对维持转售价格违法认定的思路与行政执法机构存在一定的差异。最高人民法院发布的《关于审理因垄断行为引发的民事纠纷案件应用法律若干问题的规定》（已失效）第 7 条规定：“被诉垄断行为属于反垄断法第十三条第一款第（一）项至第（五）项规定的垄断协议的，被告应对该协议不具有排除、限制竞争的效果承担举证责任。”关于横向垄断协议，最高人民法院的司法解释规定了举证责任倒置，即原告无需证明横向垄断协议存在排除、限制竞争效果。但是，对于转售价格维持行为，该司法解释并未规定举证责任倒置，而根据民事诉讼案件“谁主张，谁举证”的一般规则，对于转售价格维持这类纵向垄断协议案件，原告仍然应该承担被诉行为具有排除、限制竞争效果的举证责任。在相关民事诉讼案例中，法院也普遍认为，认定构成转售价格维持的纵向垄断协议，原告须证明其具有排除、限制竞争的效果。

2018 年的 H 饲料企业案是我国第一起纵向垄断协议行政诉讼案。最高人民法院在 H 饲料企业案中认可了涉及转售价格维持行为司法实践与行政执法实践之间的差异，即认同行政执法中可对转售价格维持采取“原则禁止 + 例外豁免”规则，而民事诉讼案件中因原告必须证明行为与其所受损害之间的因果关系，

---

① 当经营者能够证明其在相关市场的市场份额低于《反垄断法》及相关法规规定的标准（安全港），也可豁免适用《反垄断法》第 18 条的规定。详细分析和讨论可见本书“纵向垄断协议的豁免制度”部分。

因此需要证明行为产生了实际的损害竞争的效果，这在一定程度上弥合了司法与行政执法对维持转售价格违法认定的差异。

《2024年反垄断司法解释》进一步实现了与行政执法实体规则对维持转售价格违法认定的“统一”。《2024年反垄断司法解释》对转售价格维持反竞争效果的举证责任予以了明确，其在第21条第1款、第2款新增规定，被诉垄断行为属于《反垄断法》第18条第1款第1项、第2项规定的转售价格维持垄断协议的，应当由被告对该协议不具有排除、限制竞争效果承担举证责任。

四、针对纵向价格限制的合规建议

尽管《反垄断法》在修改后赋予了经营者适用豁免制度的更大空间（包括本书所介绍的安全港豁免、个案豁免机制及效率抗辩机制），但转售价格维持行为仍是《反垄断法》明确列举的禁止性垄断行为。总体而言，对于行业内具有一定规模或市场力量且采用经销模式销售的企业来说，尤其应防范转售价格维持行为的风险。

（一）防范转售价格维持风险的合规配套制度建设

如前所述，为确保反垄断合规在企业日常经营活动中的有效落实，建议企业在内部建立一套完整的反垄断合规体系（具体可参见本书第二章）。当企业通过经销模式销售时，建议将转售价格维持的风险防范纳入合规制度中，监督员工合规开展业务，持续防范涉嫌违法行为的发生。合规制度设置可主要囊括下述方面。

1. 合规指南及行为指引

合规指南中可总体性介绍转售价格维持的违法风险及合规要求，从而使员工能准确地理解和执行企业的相关合规要求。建议合规指南应至少包含下述方面的内容：

（1）与转售价格维持相关的基本原则：包括转售价格维持的违法性、转售价格维持的常见形式、建议价格和最高转售价格的反垄断风险等；

（2）与维持转售价格相关的典型执法案例：通过执法案例总结提炼转售价格维持的具体表现形式，使员工可以更直观地理解什么是转售价格维持行为以及执法机关关注的风险点；

（3）员工在日常经营活动中应注意的相关事项：可参照表 4–4 并结合企业的行业具体情况，归纳总结员工可从事的行为以及不得从事的行为；同时，建议针对可能具有更高合规风险岗位的员工（如与经销商直接打交道的一线业务人员）准备更为简洁精练的实操指引，例如员工与经销商在典型沟通场景下的建议和具体行为指引；

（4）公司法律合规部应联合公司相关部门（如销售部、经销商管理部、业务控制部等）建立起上述制度、指南、规则于公司商业实践中的定期（如年度）抽查及奖惩制度并付诸实施。

表 4–4　企业员工行为参照

不得从事的行为	可以从事的行为
①通过书面（包括政策协议、通知函、邮件、经销商会议/培训材料等）或口头（包括电话、微信、会议等）等方式，指示、要求或威胁经销商按照或不低于企业的建议转售价格销售产品或对外报价； ②固定经销商的利润率、折扣率，或限定经销商的最低利润率、最低折扣率； ③要求经销商的对外销售价格、报价或优惠力度必须事先通过企业的审批同意； ④要求经销商进一步管控其内部销售人员或下级渠道的低价销售行为； ⑤出于管控经销商转售价格目的，检查经销商的销售发票、订单、合同等涉及转售价格信息的书面文件材料； ⑥出于管控经销商转售价格目的，对经销商的转售价格进行监督，例如要求经销商上传成交价、成立价格规范监督小组、雇佣第三	①就经销商的销售价格和报价提供建议和指导，但不等同于变相的要求或威胁，应尊重经销商的自主定价权； ②就经销商最高销售价格提出要求，但应避免该等要求变相为固定转售价格； ③出于核实经销商交易的真实性或不存在违反其他法律规定（如商业贿赂）的销售行为之目的，以合规方式查验经销商销售发票、订单、合同等信息； ④出于了解市场行情之目的，了解经销商的历史转售价格； ⑤妥善处理经销商之间涉及转售价格的投诉问题，向经销商明确企业无权干涉经销商的自主定价； ⑥出于经销商存在不良信用记录、经营状况恶化、评级未能达标等正当理由，对经销商采取相关措施，但应向经销商说明该等正当

续表

不得从事的行为	可以从事的行为
方价格监督机构、要求经销商举报彼此的低价行为等； ⑦以经销商不按照或低于企业给定的建议转售价格或不遵守其价格政策为理由，对经销商采取惩罚措施，例如威胁警告、罚款、扣除返利、没收保证金、要求原价回购、断/控货、取消或减少支持、对经销商进行降级、取消经销商资格等； ⑧以经销商遵守企业的建议销售价格或价格政策为条件，向经销商提供额外的激励措施，例如返利、折扣、优惠福利等； ⑨以经销商低价跨区销售为由管理经销商的跨区销售行为	理由； ⑦基于保护经销商在本地的投入和努力、防止“搭便车”、提高本地经销商销售积极性及品牌竞争力等方面的正当理由管理经销商的主动跨区销售行为

2. 合规培训

建议将转售价格维持方面的风险防范作为员工反垄断合规培训的重点专题，培训内容可以结合上述合规指南及行为指引具体展开。这有助于强化员工对相关风险的进一步认知，从而使员工能够更好地在实操中防范、应对和处理相关问题。如有必要，可定期对具有更高合规风险岗位的员工进一步开展涉及转售价格维持方面的合规考核，并有针对性地对员工的认知薄弱环节加强合规指导。

3. 合规审核

建议对经销商协议、经销商管理政策（包括考评机制）、销售政策（包括价格表和促销方案）、经销商会议相关材料、窜货管理政策及相关处罚书面文件等可能在转售价格维持方面存在高风险的书面文件进行事先审核，未经事先审核，不得对外发布实施。

在审核中，重点关注企业是否涉及对经销商自由定价进行干预和限制的条款和安排，包括：

（1）是否要求经销商的对外销售价格（包括促销价格、投标价格）需事先经企业批准同意；

（2）是否对经销商低价销售 / 促销行为进行惩罚；

（3）是否通过额外的奖励机制促使经销商遵照企业的建议价格 / 最低价格或价格政策；

（4）是否无正当理由，对经销商的销售价格进行收集和监控（包括通过第三方价格监督机构）；

（5）是否通过限制跨区 / 跨渠道销售的形式防止经销商低价窜货的行为，并就此对经销商采取严格的惩罚措施；

（6）是否涉及可能存在维持转售价格风险的敏感措辞，例如红线价、全国最低价、底价、价格底线、价格管控、维护价格等。

4. 问询机制

在日常开展业务过程中，应鼓励员工，遇到转售价格维持方面的疑问时，特别是相关商业安排涉及经销商的转售价格制定、折扣、返利、奖惩措施、地域 / 客户 / 渠道销售限制等方面时，及时向公司法律合规部咨询。同时，企业应指派对转售价格维持具有比较充分认知的法务人员提供相关合规咨询和指导服务；如有必要，可进一步联合外部的专业反垄断律师进行相关商业安排的法律风险审核、评估及优化调整。企业有一定 AI 合规能力的，可以让 AI 系统学习企业内部反垄断合规制度和政策，并协助回答员工疑问。

5. 定期合规自查

除对于书面文件的合规审核外，建议企业内部定期开展反垄断合规自查，持续监督实际业务操作中转售价格维持方面的风险。比如，可以定期抽选业务部门涉及经销商管理、产品销售、市场营销等公司内部或对外的具体沟通文件（如邮件、微信、PPT 等）进行审阅，并通过与业务人员谈话，相应了解实际业务操作现状，从而对企业转售价格维持方面的合规风险情况进行实时判断和评估。基于自查情况，企业可以对相关不合规的业务操作进行进一步的调整和改进。

在定期合规自查工作中，公司法律合规部认为有必要的，也可以寻求外部专业反垄断律师的帮助。

（二）通过商业模式的调整降低转售价格维持方面的风险

如企业确对转售价格管理有现实商业需求，在商业上可行的前提下，或可通过调整商业模式来降低转售价格维持方面的风险，如将经销模式调整为直销模式，或将经销商转化为代理商或中间商来辅助企业开展终端销售。然而，商业模式的调整是较为复杂且对于公司实际商业运营构成相当大挑战的过程。比如，判断经营者与交易相对人之间是否构成真实代理 / 中间商的关系，需基于个案情况对双方的职责范围、客户关系、风险和成本分摊等诸多因素进行综合考量。因此，在决定对业务模式进行调整之前，建议企业聘请专业的外部反垄断律师进行风险评估，并就如何调整模式提供专业建议；同时应从公司合规准则与违规对业务部门管理层构成的违法风险与内部惩戒风险角度，对业务部门晓以利害，力争事先获得业务部门对商业模式调整可能构成的挑战与管理成本的充分理解与支持。

第三节　纵向非价格限制在实务中的法律风险及合规建议

一、常见的纵向非价格限制类型

商业实践中，除了转售价格维持这类典型的纵向限制外，还包括其他非价格方面的限制。如比较常见的地域或客户范围限制、竞品销售限制、独家经销、指定购买渠道、选择性经销等（具体可见表 4–5），从反垄断合规体系全面性角度亦应予以充分重视。

表 4–5　纵向非价格限制类型及条款示例

纵向非价格限制类型	限制内容	条款示例
地域或客户范围限制	通常表现为供应商对经销商转售商品的地域或客户范围进行限制。例如，供应商仅授权经销商只能在指定区域、渠道或客户范围内进行销售，不得跨区域、跨客户范围或跨渠道销售。另外，在供应商同时通过直销和经销模式销售同种商品的情况下，供应商往往要求经销商不得将商品转售给供应商的直销客户	甲方授权乙方在 [× 省 × 市 × 县 (区)] 线下渠道经销本协议所列产品，开展产品宣传、售后服务等相关工作。未经甲方同意，乙方不得向协议区域以外的任何其他客户供货
竞品销售限制	即供应商要求经销商只能经营供应商的品牌（又称单一品牌限制），而不能销售供应商竞争对手的产品	乙方不得陈列、演示或销售任何甲方以外的第三方提供的产品，亦不得从事任何销售甲方产品之外的商业活动
独家经销	即供应商授予经销商在一定区域或客户范围内的独家经销权，对于某一经销商的独家销售区域或客户范围，其他经销商或供应商自己均无权进行销售	甲方授权乙方在 [× 省 × 市 × 县 (区)] 独家经销本协议所列产品。未经乙方同意，甲方不得自行或者授权其他经销商在协议区域内经销协议所列产品
指定购买渠道	可能与独家经销相对应，即供应商或厂商为终端客户指定从特定的经销商处购买商品	对于本协议所列产品的零配件 / 售后配件，乙方仅能从甲方或甲方指定厂商处采购，不得外采
选择性经销	即厂商只授权数量有限的能够符合厂商特定标准的下游企业成为经销商，并仅向授权经销商供货。该等特定标准往往与如何维护及传递品牌的形象有关，比如对经销商店铺装潢、人员培训、服务质量等方面的要求	甲乙双方同意，在协议约定的期限和地域内，甲方仅向满足条件的授权经销商供应商品

二、我国关于纵向非价格限制的立法及执法实践

（一）关于纵向非价格限制的立法情况

《反垄断法》第 18 条并未明确规定纵向非价格限制违法。如前所述，根据国家市场监管总局颁布的《禁止垄断协议规定》，除了转售价格维持行为外，

其他协议、决定或者协同行为，国务院反垄断执法机构有证据证明排除、限制竞争的，应当将其认定为垄断协议并予以禁止。因此，从立法层面来看，认定纵向非价格限制构成垄断协议，需要反垄断执法机构首先证明其具有排除、限制竞争的效果，这与反垄断执法机构就转售价格维持行为可以推定其具有排除、限制竞争效果的规则不同。总体而言，纵向非价格限制相比纵向价格垄断行为的违法风险相对较低。

尽管如此，在企业具有市场支配地位或显著市场地位的情况下，企业实施的纵向非价格限制还可能构成《反垄断法》第 22 条所禁止的滥用市场支配地位行为。

实务问答 4-3-1
PRACTICE Q&A

具有市场支配地位的企业实施的哪些纵向非价格限制可能构成滥用市场支配地位行为?

纵向非价格限制行为与《反垄断法》所规定的滥用市场支配地位行为存在一定竞合，例如：

供应商对经销商的销售地域、销售对象进行限制，可能构成《反垄断法》第 22 条第 5 项下规定的没有正当理由对交易相对人附加不合理交易条件的滥用行为；

供应商向经销商或维修商强制搭售其未订购的商品、售后配件等，可能构成《反垄断法》第 22 条第 5 项下规定的“没有正当理由向交易相对人搭售商品”的滥用行为；

供应商实施的指定购买渠道和竞品销售限制等，可能构成《反垄断法》第 22 条第 4 项下规定的没有正当理由限定交易的滥用行为；

供应商实施的独家经销或者选择性经销，对于其他没有获得授权的经销商来说，可能构成《反垄断法》第 22 条第 3 项下规定的没有正当理由对交易相对人拒绝交易的滥用行为。

除一般性规定外，对于特定行业的纵向非价格限制，国务院反垄断委员会给出了进一步指引，《汽车业反垄断指南》中对经销商地域或客户范围限制的规定，或可为评估其他行业中的类似操作提供参考。

（二）关于纵向非价格限制的执法情况

从反垄断执法机构目前公布的垄断行为行政处罚案件来看（见表 4–6），并没有相关案例是仅涉及纵向非价格限制行为。但是，在 A 插座企业案、F 医药企业案等涉及厂商维持经销商转售价格行为的案件中，当厂商将纵向非价格限制作为管控经销商转售价格的一个手段或措施时（如管控经销商低价窜货），反垄断执法机构将该等限制作为维持转售价格违法行为的一个加重情节。

表 4–6　纵向非价格限制相关处罚案件

案件名称	涉及的纵向非价格限制行为及认定
I 轮胎企业案（2016）	禁止经销商窜货并进行处罚，执法机构将其视为当事人转售价格维持行为的一个实施手段
C 医疗器械企业案（2016）	当事人采取了限制经销商转售商品的销售对象和销售区域、禁止经销商销售具有竞争关系的其他品牌产品等措施，这些限制措施与纵向价格措施并用，进一步强化了固定转售价格和限定最低转售价格的实施效果
J 公司航空涡轮润滑油产品案（2017）	当事人限定经销商销售产品的对象，分割经销商的销售市场，强化了价格控制的实施效果
F 医药企业案（2021）	当事人通过限制销售区域、严禁不同销售区域窜货、违约惩罚等措施，进一步加强了其协议条款的强制性和惩罚性，使经销商只能遵守其产品价格要求，严重排除、限制了竞争
A 插座企业案（2021）	当事人通过惩罚经销商窜货等措施，进一步强化固定和限定价格协议的实施

续表

案件名称	涉及的纵向非价格限制行为及认定
D医疗器械企业案（2022）	当事人在限定经销商授权销售区域的基础上，通过禁止低价窜货、处罚经销商等措施，进一步加强垄断协议的实施效果，使经销商只能遵守其限定价格要求，不仅排除、限制品牌内的价格竞争，还在一定程度上导致不同品牌之间缺乏价格竞争的动力

实务问答 4-3-2
PRACTICE Q&A

1. 厂商可以要求经销商不将产品销售给厂商的直接客户吗？这会构成纵向非价格限制吗？

如果厂商同时采用直销和经销模式销售商品，理论上厂商和经销商之间存在品牌内的竞争关系。因此，对经销商进行销售区域或销售对象的限制，可能存在一定的竞争对手之间达成横向垄断协议（分割客户行为）的风险。但实践中，中国反垄断法执法机构目前公布的案例中，尚未有将厂商与经销商之间的该等安排以横向垄断协议的名义进行处罚的情况。虽然分割客户等横向垄断协议因具有明显的排除、限制市场竞争的效果而被认为是严重违反《反垄断法》的行为，但是，厂商对经销商销售区域或客户的限制，并不当然具有明显的排除、限制市场竞争的效果，反而在一定情况下具有促进竞争的作用。厂商发展经销商的主要目的往往在于协助厂商服务其无法直接触达和供应的下游客户，因此厂商通常会与经销商约定对于其无法直接供应的客户（厂商直销客户以外的其他客户）由经销商供应。该等安排使产品通过经销商可以触达更多的客户，增加了客户的选择，也为市场增加了新的竞争者 / 供应商，进而促进品牌间的竞争。因此，即使对于经销商进行一定程度的客户范围限制，也并不会显著损害市场竞争，反而还可能有助于增加经销商的经营效率（经销商仅需将其精力集中在服务好其划定范围内的下游客户）。因此，厂商对经销商销售客户范围的限制，不能完全等同于独立的竞争对手之间的分割客户行为。

2. 企业如何避免纵向非价格限制方面的风险？

（1）对于不能适用安全港制度的企业，应避免转售价格维持行为，且不能将纵向非价格限制作为转售价格维持的辅助或实施手段。针对很多企业普遍采用的跨区 / 跨客户 / 跨渠道销售管理制度，企业需要注意，在经销商政策和实操层面，都不能以管控经销商低价销售为目的，进行跨区 / 跨客户 / 跨渠道销售限制。建议企业在实操过程中对相关业务人员进行反垄断合规意识的培训，严格禁止业务人员在经销商管理政策或对经销商的日常管理、沟通过程中，将限制经销商跨区 / 跨客户 / 跨渠道销售作为管控经销商转售价格的一个手段。

（2）立法层面对纵向非价格限制的规制更接近于“合理原则”。因此，建议企业在相关经销协议或政策中，补充对经销商采取纵向非价格限制的合理商业理由并妥善做好保存内部决策依据与结论记录，以进一步降低违法风险。

（3）需要注意针对个别行业的反垄断指南中对于纵向非价格限制的特殊要求，例如前述汽车行业和原料药行业反垄断指南。

（4）如果企业在相关商品、服务或技术领域的市场份额较高，还需要注意，纵向非价格限制也可能存在构成滥用市场支配地位行为的风险。

三、纵向业务合作安排的注意事项

除上述在典型经销关系下的纵向非价格限制外，有时供应商与其上、下游企业也会进行更深入的业务合作，比如涉及联合开发产品、联合市场推广等方面的合作，平台型企业与商家的入驻合作及资源投入，以及供应商对下游企业进行一定的股权投资等。在该等业务合作中，供应商与其上、下游合作伙伴之间的一些业务合作安排可能也会涉及反垄断方面的风险，例如排他合作安排、最惠国待遇条款等。

条款示例

排他合作安排条款：合作期内，甲方将独家授权乙方运营其小程序，以期双方充分利用各自优势共同拓展业务的发展。

最惠国待遇条款：甲方承诺，在本协议期限内，其在其他竞争性平台上所销售产品的种类和价格不得优于其在乙方平台上所销售产品的种类和价格。

（一）排他合作安排

纵向业务合作关系中的排他性安排（有时业务双方也将其定义为“不竞争安排”）一般表现为，一方对另一方做出承诺或双方互相承诺，为本次合作之目的，不与对方的竞争对手在本次合作期间（或合作期结束后的一段时间内）就本次合作所涉及的相同或类似商品 / 服务或合作模式进行合作。排他性合作安排一般是出于一些正当的商业目的，如保护双方对合作项目的特定资金、资源投入，保护知识产权等。但是，当该等安排限制竞争的范围超出为保护本次合作目的必要限度，而具有明显的限制竞争的目的时，仍可能引起反垄断方面的风险。

排他性合作类似于独家交易安排，因此其反垄断风险分析的思路也与独家交易安排类似，主要涉及两个方面的反垄断风险：一是滥用市场支配地位，当施加限制的一方在相关市场中具有支配地位，并且该等限制对施加限制一方的竞争对手进入市场参与竞争造成不利影响时，该等安排可能构成《反垄断法》第 22 条所禁止的滥用市场支配地位限定交易行为；二是纵向垄断协议方面的风险，虽然目前《反垄断法》并没有将该等安排列为明确禁止的纵向垄断协议行为，但按照前述对纵向非价格限制的分析思路，如该等安排确实会产生排除、限制市场竞争的效果，特别是在施加限制一方具有显著或优势市场地位（虽未达到支配地位）的情况下，我们认为并不能完全排除《反垄断法》第 18 条下的风险。[①]

从降低反垄断风险的角度，企业在设计纵向合作关系下的排他性条款时，除了应充分体现该等安排的合理商业目的（如为保护对合作项目的特定资金、资源投入，保护知识产权和商业秘密，维护交易或信息安全等），还可对排他性条款做一定的调整。比如，将排他安排改为施加限制一方有优先合作权的安排，相比排他合作，优先合作并未完全限制合作方与施加限制一方竞争对手合作的机会。

条款示例

> 甲方同意并承诺，甲方应尽合理努力促使其合作方，在同等条件下，优先与乙方进行合作。

（二）最惠国待遇条款

“最惠国待遇”（most - favored - nation，MFN）原本是国际经济贸易中常用的一项法律制度，指在国际贸易中，一国给予另一国的优惠法律待遇不低于给予任何其他第三国的待遇。反垄断法语境下的 MFN 条款，通常是指经营者要求交易相对人给予本方在价格或其他商业政策等方面的待遇不低于该交易相对人给予任何其他第三方的待遇。随着数字经济的发展，MFN 条款开始与互联网结合，在电商、在线旅游、在线酒店预订等领域得到更加广泛的应用。我国《反垄断法》并未明确规定 MFN 条款是否违法，但国务院反垄断委员会发布的《关于平台经济领域的反垄断指南》第 7 条规定，“平台经营者要求平台

① 排他性合作安排还有可能违反《反不正当竞争法》中有关滥用相对优势地位的规定，本书重点关注涉及反垄断方面的风险，故不多做阐述。

内经营者在商品价格、数量等方面向其提供等于或者优于其他竞争性平台的交易条件的行为可能构成垄断协议，也可能构成滥用市场支配地位行为”。此外，《2024年反垄断司法解释》第25条也规定，互联网平台经营者与平台内经营者签订MFN条款有可能构成横向垄断协议（如两者存在竞争关系）、纵向垄断协议（如两者不存在竞争关系）或滥用市场支配地位行为（平台经营者具有市场支配地位的情况下）。因此，平台经营者实施的MFN条款在国内也具有一定的反垄断风险。

截至目前，我国反垄断执法机构和司法机关尚未在任何案件中认定MFN条款本身的违法性。参考欧美的反垄断执法实践，MFN条款并不必然违反反垄断法，对其违法性的认定更多采取“合理原则”。在以下情形中，MFN条款可能具有违法风险：（1）与其他安排相结合可能构成横向或者纵向垄断协议；（2）具有市场支配地位的企业实施该条款可能产生反竞争效果，构成滥用市场支配地位行为。

首先，包括MFN条款在内的相关安排可能构成横向垄断协议（或轴辐共谋）。MFN条款虽然是上游企业与下游企业（或平台企业与平台内经营者）签订的协议，但如果多个本身具有竞争关系的商家对平台给予最优惠条件，可能在事实上造成平台内经营者价格一致的结果。在此情况下，MFN条款可能成为促成平台内经营者价格共谋的工具。例如，在美国K公司电子书案（2015）中，法院认为尽管MFN条款的性质可能是完全合法的，但是MFN条款导致了电子书价格竞争的减少，最终认定作为轴辐中心的K公司积极、主动促成了与出版商之间涉及MFN条款的合同，促使出版商之间形成卡特尔，抬高电子书价格，损害了零售商之间的竞争和消费者利益。[①]

其次，MFN 条款可能被认定为滥用市场支配地位行为。在上海市市场监督管理局对 N 化工公司滥用市场支配地位的处罚决定中，N 公司与其直销客户之间签订了含有照付不议条款、MFN 条款的协议以及补充折扣协议。上海市市场监督管理局认定 N 公司通过 MFN 条款结合其他协议安排锁定了客户绝大部分的产品需求，产生了排除、限制竞争的效果。在德国联邦卡特尔局（Federal Cartel Office，FCO）对 L 平台的调查案中，[②]FCO 认定 L 平台与酒店经营者签订的服务协议中的 MFN 条款将削弱酒店经营者对不同平台进行区别定价的动机，限制了线上酒店预订平台之间的竞争；并且增加了新在线预订平台进入市场的壁垒，排斥潜在的市场竞争。基于 L 平台在酒店预订市场较高的市场份额，FCO 认定该等条款属于滥用市场支配地位的行为。

基于上述，企业在协议中使用 MFN 条款时需要综合考虑该等条款的以下反垄断风险：（1）是否可能在事实上造成下游企业或平台内经营者之间定价一致，从而成为促进下游企业或平台内经营者之间价格共谋的工具而被认定为构成横向垄断协议；（2）是否可能在事实上限制下游企业或者平台内经营者向客户销售商品或者服务的价格，从而构成纵向价格垄断协议。此外，当企业具有市场支配地位时，应当考虑 MFN 条款是否会（包括与其他的协议或者安排相结合的

---

① 美国 K 公司电子书案中，出版商与 K 公司之间签订了带有 MFN 条款的代理合同，采用由出版商直接定价的“代理模式”。作为代理商的 K 公司，要求每一家出版商在 iBook Store 上销售电子书的价格都不能够高于其在其他任何网站销售同类电子书的价格，并促使出版商终止与 M 公司的“批发模式”。在 K 公司的代理分销模式中，由 K 公司收取 30% 的佣金代理销售电子书，由出版商确定销售给客户的价格，且“出版商在 iBook Store 中的客户价格高于或变得高于在其他销售平台的标价时，出版商应对照该更低标价在 iBook Store 上制定新的低价”。而在 M 公司的批发模式中，是由出版商销售给 M 公司，再由后者销售给消费者，并统一定价为 9.99 美元。K 公司的代理模式导致出版商不能承受以 9.99 美元销售所有电子书，因此不得不与 M 公司终止了批发分销模式。全文可参见 https://www.leagle.com/decision/infco20150630133。

② Bundesgerichtshof，Bundesgerichtshof bestätigt Unzulässigkeit der “engen Bestpreisklauseln” von L 平台，Bundesgerichtshofs 2021.05.18， https://www.bundesgerichtshof.de/SharedDocs/Pressemitteilungen/DE/2021/2021099.html。

情况下）产生封锁客户或者竞争对手的效果，从而带来滥用市场支配地位方面的风险。因此，企业在考虑是否在协议中使用 MFN 条款时，需要结合具体的市场情况进行谨慎评估，尤其需要避免通过 MFN 条款达成价格共谋或者实施转售价格维持。此外，具有市场支配地位的经营者在采用 MFN 条款时，还是应当保持谨慎的态度，并尽可能单独使用 MFN 条款，避免与排他、忠诚折扣等限制竞争的安排结合。

第四节　纵向垄断协议的豁免制度

纵向垄断协议豁免制度规定了该等行为可以豁免适用于《反垄断法》的特定情形，前提是行为不会严重限制相关市场的竞争。总体而言，相比横向垄断协议，纵向垄断协议可能造成的竞争损害要弱，因此除了同样适用于横向垄断协议的效率抗辩机制外，就纵向垄断协议而言，企业在一些特定情形下还可适用安全港规则，并在个案中抗辩不具有排除、限制竞争效果（个案豁免机制）。

一、安全港制度

（一）安全港制度的法律和经济效益

安全港制度，即当经营者能够证明其在相关市场的市场份额低于《反垄断法》及相关法规规定的标准，且垄断协议无排除、限制竞争效果时，则可豁免适用于《反垄断法》有关纵向垄断协议的规定。

对企业（特别是中小企业）而言，安全港制度能够在一定程度上抑制反垄断法适用过宽的情况，降低合规成本，提高经营效益。我国当前的经济发展阶段决定了中小企业对于以转售价格维持为代表的垄断协议尚缺少充足的法律合规意识。在“原则禁止 + 个案豁免”原则下，一旦中小企业面临调查，则很可能面临高额处罚。然而，考虑到中小企业往往市场份额有限，其经营行为很难对于行业和市场造成实质性、全局性影响，相关垄断协议也并不必然产生严重的排除、限制竞争的效果。安全港制度的引入能够给企业在业务经营中的竞争合规提供相对明确的指引，有利于中小企业自我评估相关交易协议和业务安排的反垄断风险，提高行为后果和法律责任的确定性。

（二）《反垄断法》中的安全港制度

《反垄断法》第 18 条规定，如从事纵向垄断协议行为的经营者能够证明其符合国务院反垄断执法机构规定的市场份额标准及其他条件的，法律不予禁止该等纵向垄断行为。根据国家市场监管总局颁布的《禁止垄断协议规定》第 17 条，就经营者与交易相对人（如经销商）之间达成的协议，经营者能够证明参与协议的经营者在相关市场的市场份额低于国家市场监管总局规定的标准，并符合国家市场监管总局规定的其他条件的，不予禁止。目前，关于上述规定的市场份额标准具体如何及如何适用，反垄断执法机构还未出台具体标准，有待在实践中进一步明确。

另外，在知识产权、汽车等特定领域的相关反垄断指南中也涉及安全港相关规定，基于特殊法优先适用于一般法的原则，我们理解这些针对特定领域的安全港标准优先适用于《反垄断法》（2022 年修正）规定的安全港标准（见表 4–7）。

表 4–7　安全港标准相关规定

法规制度	安全港标准	行为范围
《关于汽车业的反垄断指南》	在相关市场不超过 30%	汽车业经营者的特定纵向地域限制和客户限制

续表

法规制度	安全港标准	行为范围
《关于知识产权领域的反垄断指南》	具有竞争关系的经营者市场份额合计不超过 20% 或者经营者与交易相对人在任一相关市场均不超过 30%，市场份额难以获得或难以反映市场支配地位时，要求至少存在 4 个替代性技术	知识产权领域中既有法律明确规定的横向、纵向垄断协议以外的其他横向、纵向垄断协议，具有排除、限制竞争效果的除外

二、个案豁免机制

（一）《反垄断法》中的个案豁免规定

根据《反垄断法》第 18 条的规定，企业能够在个案中证明行为不具有排除、限制竞争效果的，对其涉嫌纵向垄断协议行为不予禁止。中国的反垄断法律法规目前并没有对如何评估纵向垄断协议行为排除、限制市场竞争的效果作出具体规定。《禁止垄断协议规定》第 16 条关于认定除《反垄断法》明确规定的横向或纵向垄断协议之外的其他协议、决定或者协同行为是否具有排除、限制竞争效果时的因素，在一定程度上可以提供一些参考，包括：市场竞争是否充分，经营者在相关市场中的市场份额是否并不显著及对市场的控制力较弱，协议对商品价格、数量、质量，对市场进入、技术进步，对消费者、其他经营者等的影响是否有限等。

此外，就纵向价格垄断协议而言，结合最高人民法院《2024 年反垄断司法解释》第 22 条以及过往司法案例，纵向价格垄断司法案件中主要通过考察以下几个方面评估行为是否具有排除、限制竞争效果。

1. 相关市场竞争是否充分

主要考察是否面临足够的来自买方的价格竞争动力、竞争对手带来的卖方的价格竞争压力、用户是否由于使用习惯而形成品牌依赖、相关市场是否存在较高的进入壁垒、企业的定价能力、消费量与价格变化情况等。

2. 被告在相关市场是否具有显著的市场力量

主要考察被告在相关市场的市场份额、定价能力、品牌影响力、对经销商的控制力等。

3. 协议是否具有不利竞争效果

主要考察该协议是否提高市场进入壁垒，阻碍更有效率的经销商或者经销模式，限制品牌间竞争，导致产品价格长期维持在竞争价格水平之上，消费者的福利受损等。

4. 协议是否具有有利竞争效果

主要考察该协议是否防止“搭便车”，促进品牌间竞争或者品牌内竞争，维护品牌形象，提升售前或者售后服务水平，促进创新，是否具有其他促进竞争并可由消费者分享利益的效果等。

5. 被告实施转售价格维持的动机

主要考察企业实施转售价格维持的目的是否在于回避价格竞争、获取高额垄断利润，是否具有其他合理的动机，如优化内部管理体系、防止“搭便车”行为、提高产品的服务、稳定经销商销售秩序等。

在行政执法案件中，虽然执法机构可以推定转售价格维持行为具有排除、限制竞争效果而当然违反《反垄断法》，但在有些（特别是近年来的）处罚决定中也对竞争损害效果做一定程度的论证。不过，行政执法案件中对转售价格维持行为排除、限制竞争效果的评估同样关注是否排除、限制了品牌内经销商之间的价格竞争，损害经销商自主定价权，是否导致产品价格的上涨进而损害消费者利益。例如，在 F 医药企业案（2021）[①]、A 插座企业案（2021）[②] 和 D 医疗器械企业案（2022）[③] 中，反垄断行政执法机构主要评估了转售价格维持行为是否排除、限制品牌内的价格竞争、是否导致产品价格上涨进而损害消费者利益。

---

① 国家市场监管总局行政处罚决定书，国市监处〔2021〕29 号。

② 浙江省市场监督管理局行政处罚决定书，浙市监案〔2021〕4 号。

③ 北京市市场监督管理局行政处罚决定书，京市监垄罚〔2022〕06001 号。

（二）《汽车业反垄断指南》中的个案豁免规定

纵向价格垄断一直是汽车行业反垄断执法的重点之一。有鉴于《反垄断法》个案豁免制度下较高的证明要求，《汽车业反垄断指南》结合当前汽车行业竞争状况，进一步明确了几种可以基于《反垄断法》第 20 条主张个案豁免的纵向价格垄断类型。

1. 仅承担中间商角色的经销商销售

仅承担中间商角色的经销商销售是指汽车厂商与特定第三人或特定终端客户（如汽车厂商和大客户）直接协商达成销售价，仅通过经销商完成交车、收款、开票等交易环节的销售（判断中间商的考量因素，可参见前述有关“中间商销售模式”的分析和总结）。虽然“中间商”豁免规定目前仅针对汽车行业，在其他行业的适用性尚无法规依据，但该规定在一定程度上体现了执法机关在处理该等问题时的执法思路，对其他行业或具有一定的参考意义。需要注意的是，中间商的认定是一个较为复杂的过程，豁免申请的成功与否也基于个案情况会有所不同。企业如需评估其销售模式是否符合“中间商”制度，建议由从事反垄断合规工作的外部专业反垄断律师对企业的商业模式和风险程度进行具体评估，并在必要时协助企业准备向反垄断执法机构提交的个案豁免申请材料。

2. 汽车厂商电商销售

与经销商仅承担中间商角色的销售相似，实务中存在汽车厂商通过电商平台在一定时期内以统一价格销售汽车，与不特定的终端用户直接达成交易，仅通过经销商完成交车、收车、开票等交易环节。在这种情况下，经销商仅协助完成汽车厂商和终端客户之间的交易，与一般意义的经销商有所不同。在实务中，其他行业也存在与汽车厂商电商销售类似的模式（如消费者在厂商直营的官方旗舰店下单并支付定金，随后在经销商门店提货，由经销商完成收取尾款和向消费者开票的工作）。总体而言，该等商业模式在固定转售价格方面的风险相对较小，但由于每个行业及具体商业模式的不同，谨慎起见建议企业需要结合自身的情况进行个案分析。

3. 新能源汽车短期销售

为节约能源，保护环境，避免“服务‘搭便车’”，新能源汽车的短期的固定转售价和限定最低转售价对于激励经销商努力推广新能源产品，加大销售力度，扩大市场对新产品的需求是必要的，进而能够促进新产品成功上市，给予消费者更多选择。因此，新能源汽车厂商在9个月内维持转售价格的行为可被豁免，该豁免期限未来可能会根据新能源汽车产业和技术发展进行调整。该等豁免事实上为限期豁免，车企在根据此规定申请个案豁免时，还需充分考虑在豁免期结束后应如何对商业模式进行调整和过渡，从而避免后续产生维持转售价格方面的问题。考虑到该等豁免的目的具有较强的行业属性，其在其他领域的借鉴意义以及适用可能性存在较大的不确定性。

4. 政府采购

在实务中，政府采购项目通常要求参加联合投标的汽车供应商与其经销商协调后提供一致或固定的零售价格报价。对于全国范围的采购项目，政府采购部门有时与汽车供应商直接接洽，汽车供应商没有销售资质的，需要与特定经销商就零售价格达成一致，以实现对政府采购的报价。该等规定与医药领域的政府采购项目类似，虽然法律没有明确规定，但我们理解，实践中由医药厂商参加或厂商与经销商共同参加的政府招标项目中，由厂商和经销商共同协商投标价格的做法，并不是反垄断执法的关注重点。

三、《反垄断法》中的效率抗辩机制

与前述有关横向垄断协议的效率抗辩机制类似，如果经营者能够证明其纵向垄断协议行为属于《反垄断法》第20条规定的法定豁免情形，不会严重限制相关市场的竞争，并能够使消费者分享由此产生的利益，则该行为不适用《反垄断法》下针对纵向垄断协议的规定。换言之，当纵向垄断协议具有《反垄断法》

第 20 条所列情形中的正当性且能够抵消或大于该等行为损害市场竞争的效果并能够使消费者分享由此产生的利益时，企业的纵向垄断协议行为可以豁免适用于《反垄断法》第 18 条的规定。

尽管有上述规定，反垄断执法机构目前对于纵向价格垄断行为仍然持严厉态度。就执法机构目前已对外公布的纵向价格垄断案件而言，目前尚未有成功适用《反垄断法》第 20 条的案例。

案例评述 4-4-1　F 医药企业案（2021）

2021 年的 F 医药企业案是反垄断执法机构公开的首个当事人运用《反垄断法》第 20 条［《反垄断法》（2008 年）第 15 条］申请豁免的纵向垄断协议案件。

当事人以两个理由申请豁免：一是短期的转售价格限制符合（原）第 15 条规定的“为改进技术、研究开发新产品的”情形；二是当事人认为维持转售价格行为是为了防止经销商和药店低价竞争，从而鼓励经销商和零售药店加强经销环节的投入，保证药品产品质量，从而实现维护社会公共利益的目的，符合《反垄断法》（2008 年）第 15 条规定的“为实现节约能源、保护环境、救灾救助等社会公共利益的”情形。

国家市场监管总局认为，上述豁免理由均不成立：一是当事人控价的 5 个药品在 2015 年均已上市，维持转售价格持续时间较长，对市场价格影响较大，不属于“短期”和“为改进技术、研究开发新产品”的目的；二是保证药品产品质量是药品生产企业及经销商基本行为要求，不应以限定产品价格为前提。并且，（原）第 15 条还规定了适用豁免的前提是需要证明行为没有严重限制相关市场的竞争并且能够使消费者分享由此产生的利益，而当事人并未成功证明这一点。

综合上述，企业仍应对纵向垄断协议行为采取较为谨慎的态度。如持续性、系统性地从事纵向价格垄断行为，在被调查后申请豁免的难度极大，且较易被反垄断执法机构处以更高金额的罚款。对于纵向非价格限制，由于目前缺乏相关的执法案例，尚不确定个案豁免制度的适用程度。

第五节 公司法律合规部有关纵向垄断协议的合规实践

在实践中，纵向垄断协议的达成往往涉及品牌方与供应商、经销商、加盟商、中间商等不同交易主体之间的合作与竞争关系。且中国不同地区的法律环境差异和商业模式发展不一，加之公司采购和销售渠道管理中各种复杂环节，其合规性直接关系到企业整个商业运营生态的健康。因此，公司法律合规部门在制定和实施内部反垄断合规政策时，需结合公司的具体业务、所在行业的竞争环境等因素，量身定制反垄断合规策略，将合规的要点嵌入企业内部供应链和渠道管理的关键节点，确保企业的商业行为在法律框架内进行，避免潜在的反垄断法律风险和经济损失。下文将从公司法律合规部门的实务出发，探讨纵向垄断协议的合规要点，为公司法律合规部评估纵向限制措施提供操作性指南，助力企业在复杂多变的市场环境中稳健前行。

一、评估纵向垄断协议的前提条件

对于同时涉及生产、销售和分销的企业而言，构建有效的纵向反垄断合规策略的关键在于，公司法务合规人员充分掌握公司业务模式、公司所在的细分领域中的市场竞争动态、公司与交易对手之间的互动关系，以及公司在市场中的相对竞争地位。此外，公司业务模式中的操作实践也可能与分析特定分销安排和活动中的纵向反垄断风险息息相关，包括企业所销售的产品或服务的性质及其使用情况，公司与供应商和客户之间的议价能力、行业惯例，以及交易各方之间的历史往来等因素。以下为法务合规部门需协同业务部门厘清的核心问题（非穷尽），这些问题将直接决定纵向垄断协议风险评估的结果。

（一）关于公司业务模式

1. 公司的生产、销售和分销环节具体是如何衔接的（需要请公司业务人员详细描述从原材料采购到最终产品交付给消费者的整个业务流程，包括涉及的各个部门、主体和环节之间的关系）？

2. 公司在生产环节有多少家供应商？公司与这些供应商之间的合作模式是怎样的？是否存在独家供应、长期供应合同等特殊安排？

3. 在销售环节，公司是通过哪些渠道将产品推向市场的？是直接面向终端消费者，还是主要依靠经销商、零售商等中间环节？各渠道的销售占比大概是多少？

4. 对于经销体系，公司有多少层级的经销商？不同层级之间的权利和义务是如何划分的？是否存在特殊的激励机制或约束条件来管理经销商？

（二）竞争动态与市场地位（同样适用于横向垄断协议的风险分析）

1. 公司所处的竞争市场主要有哪些竞争对手，它们的市场份额、产品特点、价格策略等竞争的情况如何？

2. 公司在竞争市场中的细分领域是如何定位的？是主打高端市场、性价比市场还是其他特定市场定位？是如何通过业务操作来实现这种定位的？

3. 与竞争对手相比，公司的相对竞争优势和劣势分别是什么？特别是在产品质量、价格、服务、品牌等方面，这些因素如何影响公司与交易对手之间的互动？

4. 公司在过去一年（或其他特定时间段）内，市场份额是上升、下降还是保持稳定？导致这种变化的主要原因是什么？是否与公司和交易对手之间的关系调整有关？

（三）公司与交易对手的互动关系

1. 公司与供应商在价格谈判方面流程通常是怎样的？谁在议价过程中更占

据主导地位？这种地位是否会影响产品的采购价格、数量、质量等因素？

2. 在与经销商的合作中，公司是否会向经销商提供建议价格、价格指导或者价格保护等政策？如果有，这些政策是如何传达和执行的？是否存在经销商转售价格监控机制？公司是否会对不遵守建议价格的经销售采取惩戒措施？

3. 公司和客户（包括终端消费者和经销商）之间是否存在独家交易安排？如果有，这些安排的具体内容是什么？例如，是否限制客户从其他供应商采购同类产品？是否限制经销商向别的经销商采购产品？

4. 公司与交易对手之间以及交易对手（特别是经销商）相互之间是否有信息交换机制？交换的信息是否包括价格、产量、市场策略等敏感信息？这种信息交换是如何进行的，目的是什么？

（四）产品或服务的性质相关问题

1. 公司销售的产品或服务有哪些独特的性质？例如，是标准化产品还是定制化产品？是易耗品还是耐用品？这些性质如何影响产品的定价和销售策略？

2. 产品或服务的销售周期是怎样的？是否存在季节性、周期性等特点？这种销售周期对公司与交易对手之间的交易安排有什么影响？

3. 公司的产品或服务是否存在知识产权相关的问题？这些知识产权如何影响产品的市场竞争地位和与交易对手的合作（例如，是否强化市场地位或限制合作自由度）？

（五）行业惯例及历史往来

1. 在公司所处的行业中，常见的交易惯例有哪些？例如，价格调整频率、促销活动方式、售后服务标准等，公司是否遵循这些行业惯例？

2. 公司与供应商和客户之间的历史往来中，是否出现过关于价格、市场划分等相关问题的争议或者纠纷？如果有，请详细描述事件的经过、处理结果以及公司相应的制度调整。

3. 从历史数据来看，公司与交易对手之间的交易条件（如价格、数量、付款方式等）是如何演变的？这种演变是否与行业竞争环境的变化或者公司战略调整有关？

通过分析上述问题，公司法务合规部门可以深入洞察公司运营的各个关键环节，从而判断生产、销售、分销等环节有无隐藏的纵向限制行为（如是否存在不合理的独家销售、地域限制等情况）以及与供应商、经销商合作模式中的潜在纵向垄断协议的隐患（如合同条款中有无隐晦的价格限制、渠道排他性规定等），进而有针对性地制定合规审查要点和风险防控措施，及时纠正违规行为，提前化解潜在的纵向垄断协议相关的法律风险。

二、纵向价格限制的识别和防范

对于直接实施的纵向价格限制行为，考虑到以 2018 年 H 饲料企业案为肇始，最高人民法院已经认可了反垄断执法机构对纵向价格限制措施所采用的 “原则禁止 + 例外豁免”的认定规则，并且在后续司法解释中明确，应由被告对转售价格维持协议不具备排除、限制竞争的效果承担举证责任；同时，鉴于在行政执法和司法实践中，申请适用豁免从而减免责任的实际成功率较低。因此，法务合规部门在实务操作中一旦发现明显的纵向价格限制行为，必须立即终止相关措施，不用再深入探究企业在相关市场的地位以及实施该限制的商业动机，在最大程度上规避企业可能被认定为实施固定转售价格（固定最高转售价格除外）或限制最低转售价格的风险。

在公司日常运营流程里，法务合规部的审批通常是公司公章使用的前置环节。正因如此，一些直接的纵向价格限制措施，像经销协议中明确的价格限定条款、专门的限定转售价格协议以及向经销商发出的限价通知等，相对而言较容易被法务合规部察觉。然而，部分控价措施更为隐蔽，例如通过口头交流或者微信等非正式途径向经销商传达的控价要求。这类行为的随机性更强，不易被发现；此外，法务合规部一般不参与公司定价策略的制定过程，这就导致法务合规部对于一些变相限制转售价格的手段，比如固定经销商的利润率、规定特定的折扣幅度或返利条件等，往往难以在第一时间识别和发现。

针对上述情况，法务合规部门可实施以下管控机制，来有效避免业务部门以直接或间接的方式实施纵向价格限制。

（一）制定内部反垄断合规手册

1. 法务合规部门应当制定详细的公司反垄断合规手册，明确禁止员工通过任何形式实施限制经销商转售价格的行为。手册中要包含对纵向垄断协议法律风险的解释并提供相应的行为示例供员工参照。

2. 法务合规部门应就手册内容组织定期培训，确保员工充分理解纵向价格限制可能导致的严重后果。培训方式包括：典型案例剖析（如某企业因纵向垄断被处罚款 ×× 亿元）和法律后果量化说明（罚款金额、商誉损失）等。

（二）合同条款设计

1. 在与经销商签订的经销授权合同中，使用明确、合法的条款。避免出现任何可能被解释为固定转售价格的表述，如 “经销商不得以低于 ×× 元的价格销售产品”或 “经销商的利润率应保持某某区间”。

2. 如采用建议性的价格条款，比如 “公司建议经销商参考市场价格 ×× 元进行销售”，应同步在合同中明确规定，经销商完全享有自主定价的权利，并且公司不会干预经销商实际销售价格的决策。

（三）定制官方渠道沟通模板

法务合规部门应制定业务人员与经销商沟通的标准化模板（邮件 / 函件等），确保沟通内容规避任何价格限制暗示，并突出经销商自主经营原则。

例如，在产品推广沟通模板中，可以这样表述：“我们为您提供优质的产品和市场支持，希望您能根据市场需求和竞争态势，发挥自身的定价策略优势，以实现产品的最佳市场销售效果。”

（四）监督沟通记录

1. 对于涉及经销商的重要沟通渠道，如公司业务人员的工作微信、企业邮箱等，建立监督机制。在确保不侵犯业务人员隐私及个人信息的前提下，定期抽查沟通记录，筛查违规价格限制的相关表述。

2. 在法律允许的范围内，可以考虑采用技术辅助措施，对包含“价格限制”“转售价格” 等关键词的信息进行预警。同时，要求业务人员在与经销商沟通价格相关问题时，必须经过法务部门或上级业务决策部门的审核，避免出现违法的表述。

（五）风险预警机制

法务合规部门应建立法律风险预警系统，关注市场监管部门的执法动态、行业内的反垄断案例以及相关法律法规的变化。当发现有新的反垄断执法重点，可能影响公司的经营行为的执法案例时，及时向公司内部各部门发出预警。

例如，如果同行业企业因为纵向限制行为被调查或处罚时，法务合规部门应立即分析公司的业务行为是否存在类似风险，并提醒业务部门注意沟通方式和合同条款。

（六）应急处理预案

1. 法务合规部门制定应急处理预案，一旦发现公司内部存在可能限制经销商转售价格的不当沟通行为，可以迅速采取措施，包括及时纠正错误沟通内容，与经销商重新沟通明确公司立场，避免违法风险进一步扩大。

2. 如果已经被执法部门立案调查，应当积极配合调查，提供证据证明公司并无限制转售价格的主观故意，并且已经采取措施防止此类行为的发生。例如，收集公司的合规政策培训记录、合同条款设计的说明等材料，作为公司合法合规经营的证据（详见本书第七章“企业对行政执法的应对”部分）。

三、纵向非价格限制的风险提示

相较于纵向价格限制在立法层面相对明晰的界定和规范模式，纵向非价格限制措施在我国反垄断立法中未被以列举的方式详细阐释。我国现行《反垄断法》及相关配套法规并未对纵向非价格限制的具体类型和表现形式进行逐一罗列，这使公司法务合规部门在合规实践中对于此类限制措施的合规判断存在一定难度。虽然从执法实践来看，目前尚未出现单纯针对纵向非价格限制的行政执法案例，这一现象容易让企业产生错觉，误以为纵向非价格限制行为不会引起反垄断执法的关注，然而，对于公司法务合规部门来说，在公司商业活动中，绝不可对潜在的纵向非价格限制行为掉以轻心。以下就纵向非价格限制的相关风险进行一些提示，供法务合规部门在实际工作中参考。

首先，具有市场支配地位的企业如实施纵向非价格限制行为，较大概率被认定为构成滥用市场支配地位的行为。典型如某大型互联网平台企业凭借其市场优势，强制商家签订排他性协议，该非价格限制行为最终被认定为滥用市场支配地位并遭重罚。

其次，回顾过往大量涉及纵向限制的执法案例，其中不乏纵向价格限制与纵向非价格限制相互交织的情形。在这些案例中，反垄断执法机构普遍会将纵向非价格限制手段视为纵向价格限制的协同工具或情节加重因素，从而叠加处罚力度。如此前述多起案件中，品牌方对经销商施加的销售地域限制都被认定为起到了强化固定转售价格或限定最低转售价格的效果。

再次，在特定的商业场景下，当品牌方与多家经销商共同达成纵向非价格限制措施时，便存在演变为轴辐协议的潜在风险。轴辐协议是一种较为隐蔽的垄断协议形式，品牌方如同“轴心”，众多经销商则如同“辐条”，通过非价格限制措施将各方紧密连接起来，协同限制市场竞争。

最后，现行执法空白不代表未来豁免。伴随执法经验积累，监管部门可能援引《反垄断法》第18条对“实质性限制竞争”的非价格限制启动独立处罚。

需特别警示的是，我国安全港制度尚未形成可操作标准。即使是市场份额相对较低的中小企业，也不能盲目乐观，认为自身可以远离反垄断风险。

总结来讲，公司法律合规部在纵向垄断协议合规实践中，需要做到全面梳理企业业务流程，深入排查价格限制、非价格限制等各类潜在的纵向垄断风险；对于业务模式中涉及的供应商、经销商合作细节，要做到清晰掌握，精准定位公司在供应链中的角色；一旦竞争态势发生变化，亦能做到及时调整合规策略，高效纠正违规行为的苗头，确保企业能够在复杂的法律环境中稳健运营。

第五章
CHAPTER 05

企业常见反垄断问题之三：经营者集中

第一节　概述

经营者集中是企业经营过程中最可能接触到的竞争法业务之一。当一项并购交易达到了一定的标准，就需要在交割前向国家市场监管总局进行经营者集中申报。国家市场监管总局会审查这项并购交易是否可能产生排除、限制市场竞争的影响，并根据不同的审查结果导向交易的不同“命运”——无条件批准交易、附加一定的限制性条件批准交易，或禁止交易的实施。经营者集中事前申报是企业的强制性义务，如果一项并购交易达到申报标准而未向国家市场监管总局进行申报或者在国家市场监管总局未批准交易之前就已经全部或部分实施，则会构成未依法申报而面临相应的行政处罚。

经营者集中审查是我国反垄断执法活动中最为常见的类型。根据公开信息，国家市场监管总局在 2023 年共审理并结案了经营者集中案件 797 件，附加限制性条件批准 4 件。[①] 企业在开展并购交易前主动评估交易是否触发经营者集中申报义务、主动对并购交易是否具有排除、限制竞争效果进行评价，是防范经营者集中反垄断合规风险的必要措施。

---

① 国家市场监管总局：《2023 年市场监管总局经营者集中案件审查情况解读》，载国家市场监管总局官网 2024 年 1 月 23 日，https://www.samr.gov.cn/xw/zj/art/2024/art_626627829db34e92901f776931077f4e.html。

主要法律法规和参考指南

1. 法律：《中华人民共和国反垄断法》（2022）[①]

2. 行政法规：国务院《关于经营者集中申报标准的规定》（2024）[②]

3. 部门规章：

（1）《经营者集中审查规定》（2023）

（2）《金融业经营者集中申报营业额计算办法》（2009）

4. 其他配套规范性文件：

（1）国务院反垄断委员会《关于相关市场界定的指南》（2009）

（2）国家市场监督管理总局反垄断局《关于规范经营者集中案件申报名称的指导意见》（2018）

（3）国家市场监督管理总局反垄断局《关于经营者集中简易案件申报的指导意见》（2018）

（4）《经营者反垄断合规指南》（2024）

（5）《经营者集中反垄断合规指引》（2023）

（6）《横向经营者集中审查指引》（2024）

第二节　经营者集中审查的底层逻辑——竞争损害理论

经营者集中是市场经济活动中时常发生的现象。企业进行并购交易可能有诸多理由，其中最重要的理由之一是实现规模经济。规模经济可以提高经营者的市场竞争力，也将有利于提高整个社会的经济效益。然而，如果因并购交易而导致市场集中度提高，企业在市场中获得了相较于其他竞争对手压倒性优势（如可以控制市场价格和交易机会），进而其他市场参与主体和终端消费者都可能受到这种经济力量的负面影响，那么规模经济也将导致社会财富的不合理分配，对整个市场竞争造成损害，这也是竞争执法机构对经营者集中进行反垄

① 为免歧义，本章节提及《反垄断法》均指 2022 年 8 月 1 日生效版本。

② 为免歧义，本章节提及申报标准、营业额门槛均指 2024 年 1 月 22 日生效版本。

断审查的底层逻辑。

从产业与产品的角度来看，经营者集中可大致分为以下几个类型：（1）横向集中；（2）纵向集中；（3）混合集中。不同类型交易下的竞争损害理论各异。我们以一张示例图（见图 5–1）作为认识经营者集中竞争损害理论的起点。

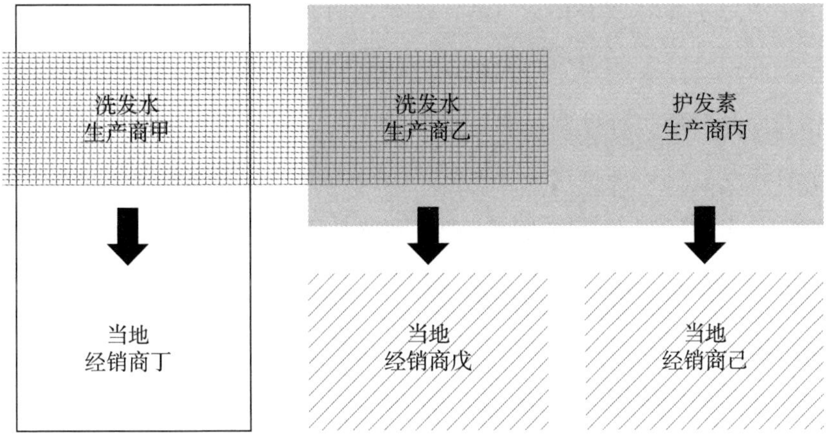

图 5–1　经营者集中基本类型示例

一、横向集中的竞争损害

横向集中泛指在产业链上生产或提供相同或同类产品 / 服务的经营者（包括计划生产或提供相同或同类产品 / 服务的潜在经营者）之间的并购交易。如图 5–1 网格状底纹部分所示，在同一个地区范围内，洗发水生产商甲与洗发水生产商乙之间的并购交易即为横向集中。

如前所述，横向集中能带来的显而易见的好处是实现规模经济，合并后的甲和乙拥有了进一步降低生产成本、扩大生产线的能力。然而，对于该地的洗发水市场来说，这项交易将直接导致市场上减少一个生产商。如果该区域内洗发水市场的生产商数量本身非常有限，那么市场集中度可能将会因这项交易而大大提高，无论对既存的其他洗发水生产商还是想要进入该领域的潜在生产商都将构成巨大威胁。

正是基于这种直接对市场结构产生影响的可能性，横向集中成为竞争执法机构最为关注的一种交易类型。概括来说，它可能会对市场竞争产生两个方面的损害。

（一）单边效应

根据《横向经营者集中审查指引》第31条的规定，单边效应，是指经营者通过集中消除了实际或潜在竞争者，使集中后实体的市场力量明显增强，受相关市场上其他经营者的竞争约束减小，其有能力和动机单方面实施直接或间接提高相关商品价格、降低商品质量或数量、削弱创新等行为，损害市场公平竞争和消费者利益的可能性增大。例如，假设在上述洗发水市场中，生产商甲和生产商乙是市场上仅有的两家洗发水生产商。在这种情况下，生产商甲在收购生产商乙之后市场上将没有其他生产商与生产商甲竞争，洗发水生产商甲拥有了市场上绝对的“话语权”，如果洗发水生产商甲单方面涨价，下游当地经销商由于采购渠道受限，最终可能会以涨价形式反映在洗发水产品终端零售价上，进而将成本转嫁给最终消费者，损害消费者的福利。

（二）协调效应

根据《横向经营者集中审查指引》第46条的规定，协调效应，是指经营者通过集中消除了实际或潜在的竞争者，使市场结构发生明显变化，更有利于集中后实体与其他市场参与者达成明示或默示协调行为，有能力和动机直接或间接实施提高商品价格、降低商品质量或削弱创新等行为，损害市场公平竞争和消费者利益的可能性增大。例如，假设在上述洗发水市场存在三家生产商，即生产商甲、乙、丙。那么在生产商甲收购生产商乙之后，生产商甲和市场上仅存的另一家生产商丙将可能更有动机，也更容易通过公开或秘密的手段进行协同，如通过共同涨价来实现共同的垄断利润。

二、纵向集中的竞争损害

纵向集中泛指在产业链上处于上下游的经营者之间的并购交易，交易各方不具有竞争关系，而是具有“供给—销售”的产业依存关系。如图 5-1 白色底纹部分所示，在同一个地区范围内，洗发水生产商甲与当地经销商丁之间的并购交易即为纵向集中。

纵向集中具有整合产业链、稳定供应渠道的规模优势，但是当这种优势超过合理限度，则可能会对产业链上游和下游产生不利影响，尤其是带来单边封锁效应——封锁效应是指因上下游企业的合并，导致未参与交易的企业被迫退出市场或者新的企业难以进入市场的情况。[①] 纵向集中发生后可能使原本的供应渠道减少，进而可能对上下游市场产生封锁效应。

（一）原料封锁

原料封锁指的是一项并购交易可能导致合并后企业所在的下游市场中竞争对手无法获取某种重要的原材料或者获取某种重要原材料的成本上涨。以图 5-1 为例，如果生产商甲在完成对经销商丁的并购之后不再向原先供应的下游其他经销商戊、己供应洗发水，将会导致经销商戊、己只能不得已放弃原先的采购渠道转而向洗发水生产商乙处采购，而渠道转换可能会产生较高的时间和资金成本，进而可能导致洗发水在零售环节涨价，不利于终端消费者。

（二）客户封锁

客户封锁指的是一项并购交易通过限制合并后企业的上游竞争对手接触下游相当数量的客户，从而降低这些上游竞争对手销售产品的能力。仍以图 5-1 为例，如果生产商甲在完成对经销商丁的并购之后，经销商丁不再向上游原先的采购渠道洗发水生产商乙采购洗发水，这可能会阻碍生产商乙的产品输出，并可能会阻碍其他新的洗发水生产商进入市场。

三、混合集中的竞争损害

如果一项并购交易既不属于横向集中也不属于纵向集中，但交易各方的业

① 王晓晔：《我国反垄断法中的经营者集中控制：成就与挑战》，载《法学评论》2017 年第 2 期。

务之间可能存在某种关联（如双方生产的产品可互补使用），则这种并购类型可被称为混合集中。洗发水与护发素是互补产品，如图 5–1 灰色底纹部分所示，在同一个地区范围内，洗发水生产商乙与护发素生产商丙之间的并购交易即为混合集中。[①]

混合集中能够带来范围经济，改善参与交易的企业之间的协作能力，比如通过搭售或捆绑销售双方互补产品获得更有竞争力的产品组合，最终也将有利于消费者。此外，混合集中也可以使不同产品的生产企业通过共同的销售渠道或共同研发新产品获益。[②]

通常情况下，监管机构不会特别对混合集中加以规制，除非混合集中可能对其所涉及的市场竞争造成明显不利影响，并将这种不利影响传导给消费者。根据过往案例来看，技术密集型产业的混合集中产生竞争损害的可能性相对更大，其中，受到监管机构最多关注的损害理论为捆绑和搭售所带来的负面影响。

捆绑 / 搭售：在并购交易完成后，合并后的企业有动机仅通过捆绑或搭售产品组合的形式来进行市场扩张，这样的好处在于可以把在一个具有优势地位的市场力量传递到相对弱势的市场，虽然实现“共赢”，但可能排挤其他竞争对手。例如，如果洗发水生产商乙是当地市场中最大的生产商，在当地市场份额可能超过 50%，而护发素生产商丙所在的当地护发素市场则完全属于竞争市场，洗发水生产商乙就有动机通过捆绑销售“洗发水 + 护发素”的产品组合来扩大消费者对护发素生产商丙的需求，如果这种需求大幅激增，就可能导致其他竞争护发素生产商的需求大幅降低，甚至被迫退出市场。

市场经济活动纷繁复杂，在一些情况下，一项并购交易可能同时具有上述横向、纵向和混合集中的特征，或者双方之间业务关系并不明显，在实践判断中并没有严格的区分标准。总体而言，经营者集中审查的目的在于对符合特定

① 在此假设情形下，护发素生产商仅生产护发素，不生产洗发水。洗发水生产商也一样。

② 王晓晔：《反垄断法》，法律出版社 2011 年版，第 257 页。

标准的并购交易进行事前审查，以防止该等并购交易产生排除、限制市场竞争的效果，进而对消费者福利产生不利影响。

第三节　如何判断一项交易是否需要进行经营者集中申报

根据《反垄断法》及配套法规规定，如果一项交易同时满足以下条件，即构成需要向国家市场监管总局申报的经营者集中：（1）控制权标准：该交易导致控制权发生变化，构成《反垄断法》下规定的“经营者集中”；（2）营业额标准：参与经营者集中的经营者营业额达到规定的申报门槛。

一、经营者集中的类型

经营者集中具体可以包括以下四种类型：

1. 经营者合并；

2. 经营者通过取得股权或者资产的方式取得对其他经营者的控制权；

3. 经营者通过合同等方式取得对其他经营者的控制权或者能够对其他经营者施加决定性影响；

4. 一项新设合营企业的交易导致至少有两个经营者共同控制该合营企业。

市场经济活动纷繁复杂，在四种类型的经营者集中范围内又涉及多种形态，企业合并、股权收购、新设合营企业、专利联营、交叉持股、资产购买、技术控制等均有可能构成经营者集中，其核心原理均是通过交易形式改变企业的控制权结构。

经营者集中四种类型的基本概念与形式可见表 5–1。

表 5-1 经营者集中的类型梳理

类型	基本概念	基本形式
经营者合并	两个或者两个以上的经营者依法变更为一个经营者	（1）吸收合并：一个经营者吸收其他经营者，接纳方存续，加入方不再存续（A + B → A） （2）新设合并：两个及两个以上经营者合并后设立一个新的企业，合并各方均不再存续（A + B → C）
通过取得股权或者资产的方式取得控制权	经营者通过取得其他经营者的股权或者资产，进而获得对其他经营者的控制权	取得被投企业的股权或者资产的控制权均可能构成经营者集中，可见，“其他经营者”除了包括具有法人人格独立的企业之外，也包括一个企业内部的业务部门或业务集群
通过合同等方式取得控制权或者能够施加决定性影响	经营者通过合同等方式取得对其他经营者的控制权或者能够对其他经营者施加决定性影响	常见的通过合同形式取得控制权或能够对其他经营者施加决定性影响的协议形式包括： （1）一致行动或表决权委托协议：通过一致行动安排或表决权委托安排使经营者能影响另一方董事会或股东会关键事项的决策； （2）资产或业务托管：通过托管协议导致被托管方的资产或业务的经营管理权直接转移至托管方，常见于房地产或零售行业； （3）重大商业合同 / 合作协议：通过协议使合同一方能够控制另一方的关键经营资源或关键分销渠道，进而达到取得其他经营者控制权的效果，如长期/独家供销协议、长期租赁协议、核心知识产权购买协议等
新设合营企业	两个或两个以上的经营者共同设立一个新的企业	当两个经营者共同设立一个新的企业并实施共同控制权，则构成一项经营者集中

实务问答 5-3-1
PRACTICE Q&A

1.A 公司拟收购一家在市场上表现良好的初创企业。A 公司目前控制的所有下属子公司都没有从事目标公司同类业务，同时目标公司或 A 公司均不存在任何显著的市场力量或垄断地位。该拟议交易是否需要进行经营者集中申报？

在《反垄断法》下，判断交易是否需要进行经营者集中申报仅从控制权标准和营业额标准两个条件予以考虑，无论交易双方是否具有以及是何种业务关系，也无论交易双方在市场上是否有任何市场力量或垄断地位，只要满足控制权标准和营业额标准两个条件且不属于法定豁免情形的即需要在交割前进行经营者集中申报。

2. 无论交易本身还是交易的某一方，如果涉及协议控制（VIE）架构，交易能否免除申报？

交易及交易方是否涉及VIE架构，与经营者集中申报是否触发没有关联，只要交易满足控制权标准和营业额标准两个条件且不属于法定豁免情形的，同样构成需要申报的经营者集中。

3. 若拟收购一家境外目标公司，是否需要考虑申报？

如果一项交易发生在境外，目标公司在中国没有从事经济活动（营业额为0），只要该交易本身满足控制权标准和营业额标准两项条件且不属于法定豁免情形的情况下，依然会触发申报义务。

4. 如果拟收购的目标公司经营亏损、濒临破产，是否需要进行经营者集中申报？

企业的盈亏状况并非经营者集中申报是否触发的条件，在控制权标准和营业额标准两项条件达成且不属于法定豁免情形的情况下，交易依然需要申报。

5. 当交易仅导致原有股东的数量减少，而未导致任何新股东取得控制权，在营业额达标的情况下需要进行申报吗？

该交易导致目标公司的控制权发生变化，因此构成一项经营者集中，在营业额达标的情况下，仍然需要进行申报。只是在股东退出的情形下，一般可以适用简易程序，交易可以相对高效通过审批。

二、经营者集中的控制权标准

构成一项“经营者集中”的判断基准是一项交易是否导致经营者的控制权发生变化。

什么是控制权?《反垄断法》对于“控制权”并无明确定义，在实践中国家市场监管总局在认定控制权时拥有较大的自由裁量权。一般来说，国家市场监管总局会从以下两个层面和角度认定取得控制权。

1. 股权、表决权或者类似权益：收购方取得目标公司50%及以上有表决权的股权，或拥有董事会席位过半数，很可能会被推定取得了对目标公司的控制权。

2. 对企业重大经营决策和管理的影响：即便收购方未取得目标公司超过50%有表决权的股权，但能够对目标公司的重大经营和管理事项拥有单方决定权或否决权，也很可能会被认定为取得了对目标公司的控制权。

实践中，国家市场监管总局在判断控制权时会考察多种因素。2023年发布并实施的《经营者集中审查规定》（以下简称《审查规定》）相较于征求意见稿版本，删除了曾列举的触发“控制权”的“黑名单事项”（高级管理人员任免、财务预算、经营计划）。根据《审查规定》第5条的规定，判断经营者取得控制权或能够对其他经营者施加决定性影响的因素包括以下几个方面：

1. 交易的目的和未来的计划；

2. 交易前后其他经营者的股权结构及其变化；

3. 其他经营者股东（大）会等权力机构的表决事项及其表决机制，以及其历史出席率和表决情况；

4. 其他经营者董事会等决策或者管理机构的组成及其表决机制，以及其历史出席率和表决情况；

5. 其他经营者高级管理人员的任免等；

6. 其他经营者股东、董事之间的关系，是否存在委托行使投票权、一致行动人等；

7. 该经营者与其他经营者是否存在重大商业关系、合作协议等；

8. 其他应当考虑的因素。

在2023年9月发布的《经营者集中反垄断合规指引》（以下简称《合规指引》）这一指导性文件中，“黑名单事项”再次回归。国家市场监管总局在其中以案例形式明确，反垄断法下的“控制权”不只包括收购企业多数股权、表决权的形式，也包括在少数股权收购情况下否决企业“红线事项”（年度商业计划、财务预算、高级管理人员任免等）的形式。尽管《合规指引》不具有法律约束力，但对于企业合规仍然具有重要的参考意义。

实务问答 5-3-2

PRACTICE Q&A

收购多少比例的股权能够免予触发控制权标准进而无须进行申报？

我国现行《反垄断法》并没有设置任何经营者集中持股比例的安全港（在收购多少股权的范围内可以不被认定为取得控制权进而免予申报）。在实践中，也有多起少数股权投资中，股权比例低于25%甚至低于10%，但因取得对目标公司重大经营决策和管理的否决权，需要进行申报却未申报而被处罚的实例，例如，在某未依法申报违法实施经营者集中案件中，收购方仅收购了目标公司6.67%股权但取得了目标公司控制权，因满足申报标准而未提前申报而遭到50万元人民币的罚款处罚；[①] 再如，在另一起未依法申报违法实施经营者集中案件中，收购方仅收购了目标公司11.9%股权但取得了目标公司控制权，因满足申报标准而未提前申报而遭到50万元人民币的罚款处罚。[②] 因此，即便在少数股权投资交易中，企业仍应

① 国家市场监管总局反垄断局行政处罚决定书，国市监处〔2021〕33号。

② 国家市场监管总局行政处罚决定书，国市监处〔2021〕14号。

进行控制权分析，如企业仅希望作为财务投资人，并无实际参与、控制目标公司日常经营的意图，可对否决权安排进行调整以避免触发经营者集中申报。

（一）对企业重大经营决策和管理的影响：否决权角度

在少数股权投资或者新设合营企业中合营双方持股比例悬殊的情况下，需要考虑以下因素进一步判断持股比例较低的一方是否可能被认定为取得对被投企业的控制权。

1. 股东会或董事会的组成、表决事项、表决机制、历史出席情况以及特定事项否决权

通常，在股东会层面，除股权结构外，国家市场监管总局还会审查股东会的法定人数要求（如要求合计持有半数以上股权的股东出席股东会）、表决事项和表决机制，从而判断是否有任一股东取得单方面通过或否决股东会表决事项的能力。同样地，对于董事会而言，国家市场监管总局会审查各股东在董事会中可提名的董事人数以及董事会的法定人数要求和表决机制，新的《审查规定》下还新增了对董事会会议历史出席率和表决情况的审查，从而判断是否有任一股东可以通过其提名的董事单方面通过或否决董事会表决事项。

Tips

国家市场监管总局尤其关注任一股东是否能在股东会或董事会层面对影响目标公司日常运营的战略性事项获得决定权或否决权。

根据《合规指引》，如果任一股东可以决定或否决以下事项（通常被称为黑名单事项），则很大可能会被国家市场监管总局认定为取得了对目标公司的单独或者共同控制权：

（1）高级管理人员任免；

（2）年度商业计划；

（3）财务预算。

与之相反，任一股东对于下述事项（通常被称为白名单事项）的决定权或否决权在《公司法》下属于通过“资本多数决”对小股东利益的保护事项，一般不太可能被认定为取得目标公司的控制权：

（1）修改公司章程；

（2）对公司增加或者减少注册资本作出决议；

（3）对公司合并、分立、解散、清算或者变更公司形式作出决议。

在黑名单事项与白名单事项之间存在“灰色地带”，国家市场监管总局还会综合考虑其他可能影响目标公司日常运营的事项（通常被称为灰名单事项）。一般而言，任一股东享有决定权或否决权的灰名单事项越多，灰名单事项设置的金额门槛越低（越容易触发），则越有可能被国家市场监管总局认定为取得了对目标公司的单独或共同控制权。当然，因为灰名单事项属于“灰色地带”，在实践中是否仅依靠取得对灰名单事项的单独决定或否决权就认定构成控制，尚存在争议。需要个案评估的灰名单事项包括但不限于：

（1）对外投资活动，包括股权投资及设立合营企业（评估时，须考虑批准/否决权适用的投资金额标准以及在目标公司总资产的占比，标准越低，取得控制权的风险就越大）；

（2）费用及支出（评估时，须考虑批准/否决权适用的金额标准，标准越低，取得控制权的风险就越大）；

（3）商业交易及其他合作安排的达成（评估时，须考虑商业交易和合作的性质，如对目标公司的日常运作构成影响，则有可能被认定为取得控制权）；

（4）知识产权使用（评估时，须考虑知识产权的性质，如知识产权的对外授权本身为目标公司的业务组成部分，或者知识产权对目标公司业务具有重大影响，导致通过对知识产权使用的决定或否决可以对目标公司业务经营造成影响，则有可能被认定为取得控制权）。

2. 股东之间的默契度，以及是否为一致行动人等

在股东会股权结构和表决机制之外，另一个较为重要的因素则是股东之间是否存在一致行动人安排或者一致投票承诺，使几个持有少数股权的股东在全部或部分事项的表决上约定保持一致从而能够共同对部分事项享有决定权或否决权。

3. 高管的提名、任命等

综上所述，对目标公司高级管理人员任免的决定权或否决权通常被认为是黑名单事项。若任一股东享有对被投企业包括首席执行官、首席财务官、首席运营官、总经理或其他同级别高级管理岗位的提名权或委派权，则该股东被认定为享有对目标公司控制权的可能性较大。

（二）特殊场景下的控制权判断：私募投资基金的设立

基金一般由一家基金管理公司或其关联实体作为普通合伙人（General Partner，GP），负责基金的发起设立，决定基金募集规模及投资领域，制定基金投资策略，并决定基金的具体投资项目。尽管通常情况下 GP 持有的基金份额极小（如基金规模的 1%），但由于其对基金的运营、管理和投资活动具有广泛的决策权，通常认为 GP 对基金拥有控制权。而基金的有限合伙人（Limited Partner，LP）尽管持有较大的基金份额，但通常 LP 仅作为消极投资人出资认购基金份额，不参与基金的具体运营管理和投资决策。在此情况下，基金一般认为由 GP 一方单独控制，LP 对于基金没有控制权，因而单一投资人（GP）控制的新设基金不构成“经营者集中”，也不会触发反垄断申报。但是，不能排除如果 LP 实质性参与到基金的投资决策中，则可能会与 GP 构成对投资基金的共同控制的情形。

在实践中，LP 可能会从以下几个维度参与到私募基金的决策中。

1. 在合伙人会议表决：LP 可以通过合伙人会议表决的方式参与决定 GP 入伙、退伙、对私募基金的经营管理提出建议、参与选择承办私募基金审计业务的会计师事务所等事项的决策，这些权利一般属于 LP 保护性权利，一般不构成控制权。

2. 作为有限合伙人咨询委员会（Limited Partner Advisory Committee，LPAC）成员：LPAC 通常主要对私募基金运营过程中所涉及的重大风险事项进行决策，一般决策权限可能包括 GP 的关联交易和利益冲突事项、突破私募基金投资限制的事项等，这些事项通常属于 LP 保护性权利，一般不构成控制权。但是，如果 LPAC 的决策权超过 LP 保护性权利范畴（如可以就具体投资项目进行决策），则有可能会触发 LP 对基金的控制权，需要具体分析。

3. 作为投资委员会（Investment Committee，IC）观察员或成员：IC 往往是基金的核心决策机构，通常由 GP 的投资决策人员组成，LP 基于合规或商业目的可能会参与到 IC 中，委派无表决权的观察员或有表决权的成员。无表决权的 IC 观察员通常只享有知情权，不参与具体决策，一般不构成控制权；有表决权的 IC 成员有可能会触发 LP 对基金的控制权，需要判断 LP 具体在 IC 中取得的权利，最为关注的是对具体投资项目的决策权利，如果有涉及上述黑名单事项的批准或否决权，LP 作为 IC 成员有较大风险被认为构成对基金控制。

实践中，在基金设立过程中可能存在多种触发经营者集中的形式，包括但不限于：

1.GP 与 LP 共同控制、双 GP 或多 GP 共同控制；

2. 多个投资基金共同设立联合投资载体，或者单个投资基金与其他投资方共同设立联合投资载体。

实务问答 5-3-3
PRACTICE Q&A

1. 除了董事会外，如果在目标公司中还参与了薪酬委员会、审计委员会、战略委员会等内设决策机构（如有），并拥有席位，是否也存在取得控制权的风险？

对于目标公司内设决策机构设置席位是否会有触发控制权的风险，取决于：（1）该内设决策机构的决议事项；（2）该内设决策机构的权限；（3）该内设决策机构的人员委派机制；（4）该内设决策机构的表决机制。如果内设决策机构决议的事项包括黑名单事项，通过在该机构中的席位可以否决相应事项的通过，并且该机构是相关事项是否可以进一步通过的“瓶颈”，其他更高层级的组织机关不能绕过该机构而通过相关事项，则可能被认为通过在该机构中的权利设置而取得对于目标公司的控制权。商业实践中，薪酬委员会、审计委员会通常负责的事项多为白名单事项（如高管的薪酬、关联交易的审核等），因此触发控制权的风险较小；战略委员会通常会负责与日常经营管理更加密切的事项，包括年度预算、业务计划等，风险相对更高。

2.《反垄断法》下的控制权，与上市公司、会计准则相关规定中的控制权概念是否相同？

中国证券监督管理委员会和证券交易所对于上市公司的相关规定，以及财政部的《企业会计准则》等均涉及与控制权相关的表述。

（1）《上市公司收购管理办法》第 84 条规定：“有下列情形之一的，为拥有上市公司控制权：（一）投资者为上市公司持股 50% 以上的控股股东；（二）投资者可以实际支配上市公司股份表决权超过 30%；（三）投资者通过实际支配上市公司股份表决权能够决定公司董事会超过半数成员选任；（四）投资者依其可实际支配的上市公司股份表决权足以对公司股东会的决议产生重大影响；（五）中国证监会认定的其他情形。”

（2）《企业会计准则第 33 号——合并财务报表》第 7 条第 2 款规定，控制，是指投资方拥有对被投资方的权力，通过参与被投资方的相关活动而享有可变回报，并且有能力运用对被投资方的权力影响其回报金额。第 13 条规定：“除非有确凿证据表明其不能主导被投资方相关活动，下列情况，表明投资方对被投资方拥有权力：（一）投资方持有被投资方半数以上的表决权的；（二）投资方持有被投资方半数或以下的表决权，但通过与其他表决权持有人之间的协议能够控制半数以上表决权的。”

《反垄断法》下的控制权认定与上述控制权认定不尽相同。《反垄断法》下的控制权认定，除了涵盖上述法规中积极控制权认定标准外，也涵盖消极控制权（否决权）的认定标准，同时包括通过订立与生产经营相关的核心商业合同等方式控制目标公司的认定标准。因此，即使根据上述法规认定不构成对上市公司的实际控制或不涉及合并财务报表，同样可能构成《反垄断法》下的消极控制权。国家市场监管总局对控制权的认定拥有较大的自由裁量权。

三、经营者集中的营业额标准

自 2024 年 1 月 22 日起，新版国务院《关于经营者集中申报标准的规定》（以下简称《申报标准规定》）正式生效，我国经营者集中申报的营业额申报标准调整如下：

1. 参与集中的所有经营者上一会计年度在全球范围内的营业额合计超过 120 亿元人民币，并且其中至少两个经营者上一会计年度在中国境内的营业额均超过 8 亿元人民币；

2. 参与集中的所有经营者上一会计年度在中国境内的营业额合计超过 40 亿

元人民币，并且其中至少两个经营者上一会计年度在中国境内的营业额均超过 8 亿元人民币。

值得注意的是，该申报标准的征求意见稿拟对超大型企业收购初创或新兴企业的并购交易引入全新审查标准。对于该等“扼杀式并购”[①]，即便未达上述营业额申报标准，但同时满足下列条件的，也应当事先向国家市场监管总局申报：

1. 其中一个参与集中的经营者上一会计年度在中国境内的营业额超过 1000 亿元人民币；

2. 参与集中的经营者或目标公司的市值 / 估值不低于 8 亿元人民币，且其上一会计年度中国境内营业额占全球营业额 1/3 以上。

上述“市值 / 估值”申报门槛在正式版本的《申报标准规定》中已被删除。删除这一规定可能也正是因为以企业“市值”或“估值”作为申报标准存在较大争议。事实上，市场的波动性以及动态化，可能涉及的多种股票类别或复杂的资本结构以及对无形资产估值的复杂性，都将导致准确计算企业的“市值”或“估值”具有挑战性。因此，依靠市值或估值来判断交易是否达到经营者集中的申报标准将存在很大的不确定性。

（一）谁是参与集中的经营者？应当看哪些交易方的营业额？

确定参与集中的经营者是判断营业额标准是否达到的第一步，在实践中需要根据交易具体情况进行甄别。我们通过表 5-2 展示需要被计算营业额的“参与集中经营者”在不同类型交易中的形态。

① 扼杀式并购，是指企业为了终止目标企业创新项目的开发并抢占未来竞争优势而进行的并购活动。该等收购行为最早讨论于医药领域，后来常见于数字经济领域的并购活动。

表 5-2　不同类型交易中的集中经营者形态

情形	谁是参与集中经营者（需要判断营业额的主体）	举例（黑色部分为参与集中经营者）
经营者合并	合并各方	A 公司与 B 公司合并。参与集中的经营者为 A 公司和 B 公司 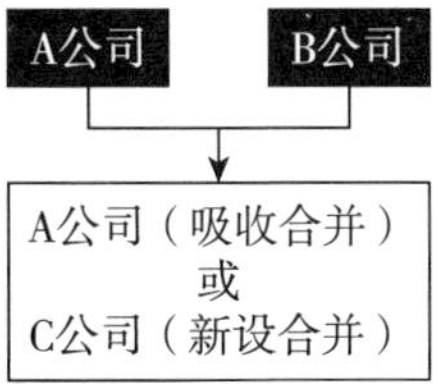
新设合营企业	共同控制合营企业的合营各方	A 公司与 B 公司共同成立合营企业 C 公司，并对 C 公司形成共同控制。参与集中的经营者为 A 公司和 B 公司，C 公司不是参与集中的经营者 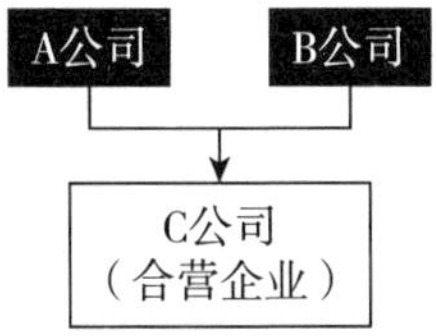
交易后，经营者取得目标公司的单独控制权	取得控制权的经营者、目标公司	A 公司收购 B 公司持有的 C 公司全部或部分股权或资产，使 A 公司取得对 C 公司的控制权，B 公司丧失对 C 公司的控制权。参与集中的经营者为 A 公司和 C 公司，B 公司不是参与集中的经营者 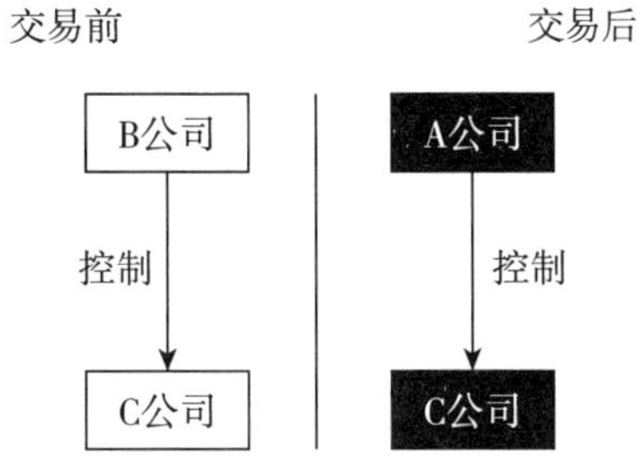

续表

情形	谁是参与集中经营者（需要判断营业额的主体）	举例（黑色部分为参与集中经营者）
交易后，两个或两个以上经营者取得目标公司的共同控制权，原股东丧失控制权	取得控制权的经营者、目标公司	A 公司和 B 公司共同收购 C 公司持有的被投企业 D 公司全部或部分股权或资产，使 A 公司和 B 公司取得对 D 公司的共同控制权，C 公司丧失对 D 公司的控制权。参与集中的经营者为 A、B、D 公司，C 公司不是参与集中的经营者 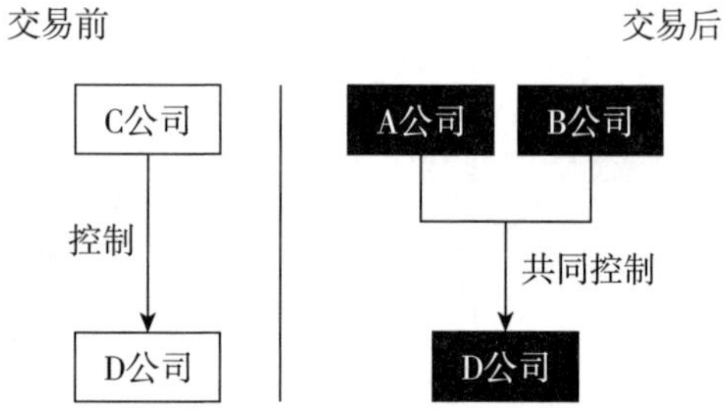
交易后，目标公司的控制权由单独控制变为共同控制，原股东方仍具有控制权	具有共同控制权的所有经营者	交易前，C 公司由 A 公司单独控制，交易后，A 公司与 B 公司对 C 公司形成共同控制。参与集中的经营者为 A 公司与 B 公司，C 公司不是参与集中的经营者（因为 A 公司的集团营业额中，应当包含了 C 公司的营业额） 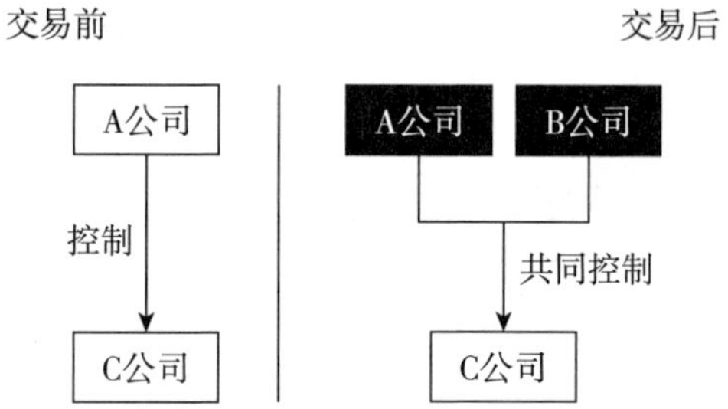
交易前后，目标公司的控制权均为共同控制，但有控制权的股东发生变化	具有共同控制权的所有经营者、目标公司	交易前，C 公司由 A 公司和 B 公司共同控制，交易后，B 公司将其股份分别转让给 D 公司和 E 公司，A 公司、D 公司和 E 公司对 C 公司形成共同控制。参与集中的经营者为 A 公司、D 公司、E 公司和 C 公司。B 公司不是参与集中的经营者

续表

情形	谁是参与集中经营者（需要判断营业额的主体）	举例（黑色部分为参与集中经营者）
		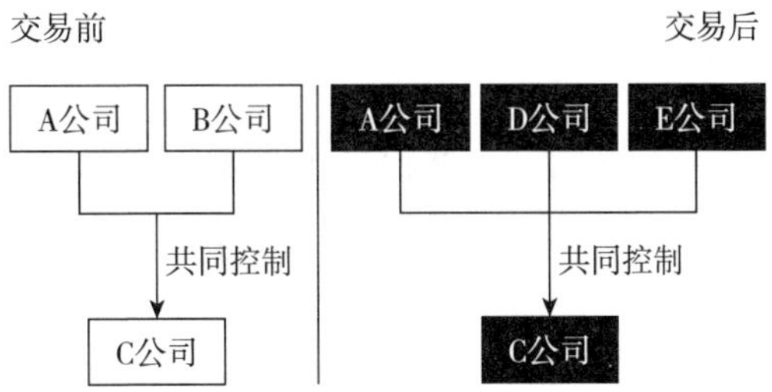

（二）怎么计算上一会计年度营业额？

根据2024年国家市场监管总局向广大经营者所编订的《经营者集中反垄断申报指导手册》（以下简称《指导手册》）中的定义，营业额包括经营者上一会计年度内销售产品和提供服务所获得的收入，扣除相关税金及附加。其范围具体如下。

1. 企业范围：营业额需要追溯到最终控制人的“集团”营业额。在计算营业额时，不仅包括参与本次交易的交易方自身的营业额，也包括该交易方最终控制人的营业额，以及该最终控制人直接或间接控制的所有其他经营者营业额之和，包括所有直接和间接的母公司、子公司和兄弟公司。集团内部交易往来所产生的营业额可以扣除。《审查规定》第10条进一步明确，在共同控制状态下时，被共同控制的经营者与第三方经营者之间的营业额在有共同控制权的参与集中的经营者之间平均分配。

2. 地域范围：根据《指导手册》，中国境内的营业额是指经营者产品或服务的买方所在地在中国境内，包括经营者从中国之外的国家或地区向中国的出口，但不包括其从中国向中国之外的国家或地区出口的产品或服务。对于这一点，举例说明，零部件由欧洲总部全球采购，但是大部分运往中国工厂，则尽管买方为欧洲总部，仍然可能被认定为是在中国取得的营业额。在全球范围内的营业额也包括在中国境内的营业额。

3. 时间范围："上一会计年度"是指集中协议签署日的上一会计年度。

我们通过图 5-2 展示一个单独的经营者营业额应当包含的范围。

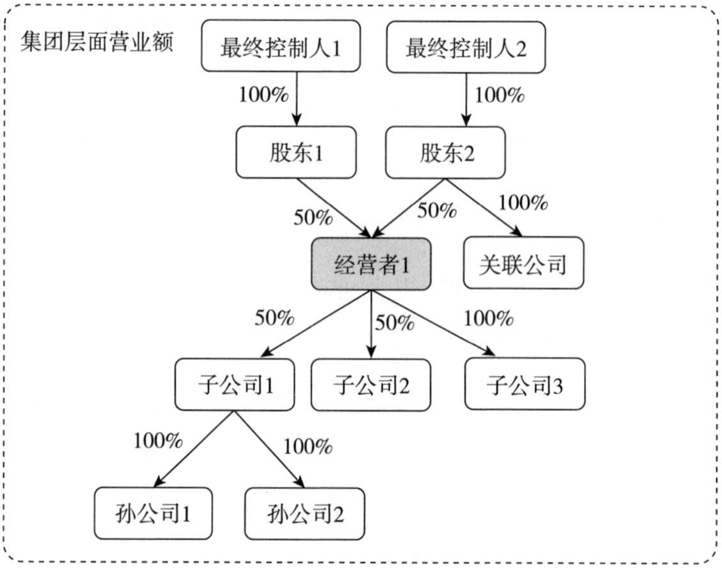

图 5-2　经营者营业额计算示意

参与集中的单个经营者的营业额应当为企业集团内各经营者的营业额总和［但不包含具有控制关系的经营者之间发生的营业额（内部营业额）］即：

（1）经营者 1；

（2）经营者 1 直接或间接控制的其他经营者（图中的子公司 1、子公司 2、子公司 3、孙公司 1 和孙公司 2）；

（3）直接或间接控制经营者 1 的其他经营者（图中的股东 1、股东 2、最终控制人 1、最终控制人 2）；

（4）股东直接或间接控制的其他经营者（图中的关联公司）。

总结上述，经营者 1 的营业额等于图 5-2 中每个经营者营业额之和减去内部营业额（如有）。如交易涉及金融业经营者（银行业金融机构、证券公司、期货公司、基金管理公司和保险公司），根据《金融业经营者集中申报营业额计算办法》，应适用特别的营业额标准，简要概括如下：

（1）银行业金融机构、证券公司、期货公司、基金管理公司的营业额 =（营业额要素累加 – 营业税金及附加）× 10%。其中，营业额要素根据不同机构的属性包含多种形式；

（2）保险公司的营业额 =（保费收入 – 营业税金及附加）× 10%。其中，保费收入 = 原保险合同保费收入 + 分入保费 – 分出保费。

需要注意的是，通常来说私募基金的营业额计算不适用上述金融业经营者的特殊标准。在计算基金的集团营业额时，应注意以下几点：

（1）基金的集团营业额既包括参与交易的单支基金的营业额，也包括该基金最终控制人[①]旗下控制的其他所有关联基金的营业额，而不论其他关联基金与本次交易的投资领域是否相关；

（2）基金的营业额不仅包括该基金集团的管理费收入和手续费及佣金净收入，也包括该基金控制的所有被投企业产生的营业额（这里的控制适用《反垄断法》项下控制权判断标准），无论该被投企业所在行业是否与本次交易的投资领域相关。但是投资获得的收益及分红由于属于投资收入，一般可认为不构成基金的收入；

（3）基金每完成一项取得控制权的投资交易，均需要将取得控制权的被投企业营业额加入基金的“集团”营业额中，并重新评估是否会导致该基金上一年度营业额达到中国反垄断申报标准，当然在退出被投企业后，也需要将该被投企业的营业额剔除，重新评估基金的营业额。

---

① 对合伙制基金而言，一般基金管理公司或其关联实体作为 GP 对基金的运营、管理和投资活动具有广泛的决策权，因此通常被认为对基金拥有控制权，进而基金的实际控制人通常为 GP 向上穿透到最后的最终控制人。

就一项并购交易是否需要申报，图 5-3 的流程图可以帮助企业在实践中更好进行判断。

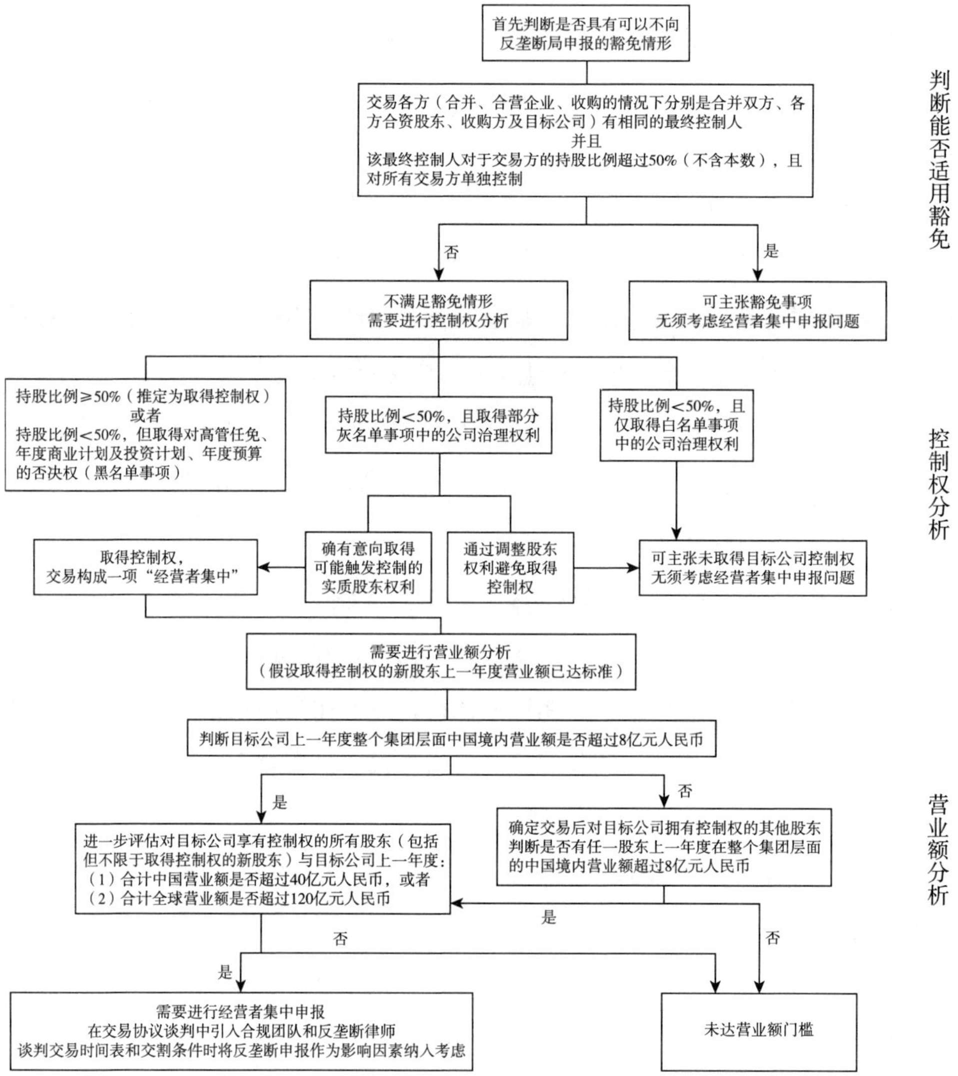

图 5-3　经营者集中申报判断流程（依照新营业额标准）

实务问答 5-3-4
PRACTICE Q&A

1. 目标公司为初创公司，营业额不高，是否可以认定未达到营业额门槛？

在实践中，对于天使轮或其他中前期轮次的风投项目，目标公司常常设立时间较短，营业额不高，可能未达到营业额标准。然而，反垄断申报中“参与集中的经营者”不仅限于本轮交易中的投资人自身与目标公司，同一轮次中取得控制权的多家投资人，或者前一轮次已取得控制权并在本轮交易结束后将保留控制权的投资人亦属于参与集中的经营者。也就是说，在判断交易是否达到申报标准时，需要先整体判断目标公司在交易前后的控制结构，再综合判断所有对目标公司拥有控制权的投资人的营业额是否达标。

2. 一项经营者集中如果没有达到申报门槛，是否还需要主动申报？

我国《反垄断法》规定经营者集中事前申报制度，对于满足控制权标准和营业额标准的交易未申报不得实施。对于未达到申报标准的交易，需要注意的是，如果国家市场监管总局认为相关交易可能具有排除、限制竞争效果，同样可能主动发起调查。现行《反垄断法》第26条规定，未达到国务院规定申报标准，但有证据证明其具有或者可能具有排除、限制竞争效果的经营者集中，国家市场监管总局可以要求经营者申报。特别需要提及的是，《审查规定》新增了第三方对未达申报标准交易的举报制度，“任何单位和个人发现未达申报标准但具有或者可能具有排除、限制竞争效果的经营者集中，可以向国家市场监管总局书面反映，并提供相关事实和证据”，明确了第三方举报可以作为国家市场监管总局启动调查的触发原因，增加了具有社会关注度的交易暴露在国家市场监管总局“雷达”的可能性。

例如，根据《关于平台经济领域的反垄断指南》，国家市场监管总局对于以下交易关注较高：（1）参与集中的一方经营者为初创企业或者新兴平台；（2）参与集中的经营者因采取免费或者低价模式导致营业额较低；（3）相关市场集中度较高，参与竞争者数量较少等类型的平台经济领域的经营者集中。再如，根据《关于药品领域的反垄断指南》，由于药品品种市场规模相对较小或者药品经营者处于早期发展阶段，经营者年度营业额可能没有达到申报标准。但如果有证据证明该经营者集中具有或可能具有排除、限制竞争效果，国家市场监管总局可以要求经营者申报并书面通知经营者。

第四节　如何进行一项经营者集中申报

在确定一项并购交易需要进行经营者集中申报后，要开始着手对申报材料的准备和向国家市场监管总局提交经营者集中申报材料，并准备应对国家市场监管总局对于并购交易可能的提问和信息 / 材料的补充要求。

一、确认申报方

申报方是具有经营者集中申报义务的经营者，也可称为“申报义务人”。并购交易中其他经营者对经营者予以配合，申报方主要涉及：

1. 通过合并方式实施的经营者集中，由参与合并的各方经营者申报；

2. 其他方式的经营者集中，由取得控制权或能够施加决定性影响的经营者申报（包括股权收购、资产收购、新设合营企业、通过合同等方式取得控制权）。

同一项经营者集中有多个申报义务人的，可以委托一个申报义务人申报。被委托的申报义务人未申报的，其他申报义务人不能免除申报义务。申报义务人未进行集中申报的，其他并非申报义务人的参与集中的经营者（包括交易后保留控制权的卖方、既有股东和目标公司）可以提出申报。

二、经营者集中申报材料的准备

一项反垄断申报需要交易方提交的信息包括公司基本信息、交易信息以及市场竞争相关信息，以及相关的文件材料，用来填写《经营者集中申报书》，相关内容可见表 5–3。

表 5–3　经营者集中申报材料内容简介

材料和信息类目	具体内容
公司基本信息	包括参与集中经营者的地址、联系方式、注册地、重大历史变更、主营业务、上一年度营业额、股权结构与最终控制人的基本情况、关联实体基本情况等
交易信息	包括并购交易的基本描述、标的额、签约方、交易结构、预期交割时间、交易的背景与合理性、市场计划，以及交易是否需要在其他辖区进行反垄断申报或是否需要取得其他部门批准等，如果涉及新设合营企业，还需要披露合营企业的内部治理结构，各合营方的投资金额，与合营企业的业务关系等
市场竞争相关信息	需要根据交易各方之间的业务关系界定相关产品市场和相关地域市场，并相应提供交易各方及前五大竞争者上一年度在各相关市场的市场份额，进而分析交易是否可能对相关市场产生排除、限制竞争的影响。以 A 拟议收购 B 的 100% 股权这一交易为例： 1. 如果 A 和 B 的业务为竞争关系（横向），则需要围绕 A 和 B 之间该等竞争性业务界定相关市场； 2. 如果 A 和 B 的业务为上下游关系（纵向），则需要围绕 A 的上游业务以及 B 的下游业务分别界定相关市场； 3. 如果 A 和 B 的业务不存在竞争关系或上下游关系，但 A 和 B 的产品或服务可搭配互补使用（如打印机与墨盒），则需要围绕 A 和 B 的该等可互补使用的产品分别界定相关市场； 4. 如果 A 和 B 的业务之间不存在任何上述业务关系，则需要围绕被收购企业 B 的主营业务界定相关市场。 这部分材料是最核心的部分，需要结合法律和业务两方面的专业知识进行准备，市场数据的搜集和整理也是材料准备过程中的难点之一

续表

材料和信息类目	具体内容
相关的文件材料	包括营业执照/注册登记证明（境外企业需要提交当地相关机构出具的公证认证文件）、对交易信息披露真实性的声明函、上一年度经审计的财报和年报、签署版本的交易协议等
普通程序额外信息和材料	如果交易方在相关市场的市场份额很高，可能无法适用简易程序，需要适用普通程序（见下文判断标准），那么除上述材料外，还需要进一步补充交易方完整的关联实体清单（境内企业需要提供营业执照）、供应商和客户信息、相关市场的进入难易程度等补充信息

实务问答 5-4-1
PRACTICE Q&A

经营者集中申报的交易协议必须是正式签署的版本吗？

根据国家市场监管总局的要求，经营者申报时应提供经正式签署的集中协议。实践中，如经营者因特殊原因确实无法提供正式签署的集中协议，可以基于其他如框架协议、公开要约等文件进行申报。[①] 不过在这种情况下，国家市场监管总局通常需要交易方就拟进行的交易的确定性进行说明和确认。

三、经营者集中申报程序

（一）概述

经营者集中申报程序分普通程序和简易程序。满足《审查规定》第 19 条所列标准的案件（简易案件）可以适用简易程序申报，无法适用简易程序的案件（普

① 根据国家市场监管总局对经营者集中申报书的规范指导，经营者能够提供充分证据证明因交易的特殊安排、其他法律法规规章或政策的强制性要求、其他司法辖区的强制性规定或其他合理的理由，申报时无法提供经正式签署的集中协议，或者在集中协议签署后申报将无法遵守《反垄断法》第 30 条、第 31 条关于审查期限的规定的，可以在集中协议签署前向国家市场监管总局申报，但应当提供相关材料如备忘录或框架协议、集中协议草稿、公开要约等，同时提供交易的主要条款和条件，以确保交易的确定性。无论审查是否结束，一旦签署集中协议，申报方都应及时向国家市场监管总局提供签署后的集中协议，并说明集中协议与原申报材料的异同。

通案件）则必须按照普通程序申报。

如上一节所示，简易案件和普通案件在申报材料以及审查程序等方面存在差异。一般而言，简易案件申报信息材料要求和审查流程更简化，审查时间也较普通案件更短。例如，简易案件在立案后仅需要在国家市场监管总局网站上进行为期 10 日的公示，公示期内没有第三方提出异议，案件一般可在立案后 30 日内或者更快获得批准。而普通案件则需要征求第三方意见，审查耗时也更长。关于简易案件和普通案件审查流程和时限的区别，详见下文。

（二）哪些交易可以适用简易程序？

根据《审查规定》第 19 条的规定，符合以下标准的案件通常可以适用简易程序：[①]

1. 在同一相关市场，所有参与集中的经营者所占的市场份额之和小于 15%；

2. 存在上下游关系的参与集中的经营者，在上下游市场所占的份额均小于 25%；

3. 不存在上述两种情况，参与集中经营者在每个市场所占的份额均小于 25%；

4. 合营企业不在中国境内从事经济活动；

5. 被收购的境外企业不在中国境内从事经济活动；

6. 由两个以上经营者共同控制的合营企业，通过集中被其中 1 个或 1 个以上经营者控制（但是如果合营企业在交易后被其中的 1 个经营者控制，并且该经营者与合营企业属于同一相关市场的竞争者，且市场份额之和大于 15%，将不被视为简易案件）。

由于《反垄断法》及相关法规下不存在将案件从简易程序转移到普通程序的制度，如果国家市场监管总局不予认定简易案件或是撤销简易案件的认定，交易方需要按照普通程序重新申报，交易的审查程序也会重启。因此，在决定

① 在特殊情况下，如果涉及的相关市场难以界定、相关交易可能产生限制市场竞争、阻碍经济、技术发展以及损害消费者权益等影响，即使满足文中所列条件，国家市场监管总局也不予认定简易案件。

是否按照简易程序进行申报前，交易方需要谨慎评估其适用简易程序的理由是否充分，尤其是其市场界定方式或市场份额数据是否可能被国家市场监管总局或第三方质疑，从而导致其简易案件被撤回而耽误申报时间。

（三）经营者集中案件的审查流程

一项经营者集中申报会经历立案前审查阶段以及立案后审查阶段，目前《反垄断法》仅对立案后审查阶段进行了规定，而立案前审查阶段的时长没有法律规定。表 5–4 列出了立案后审查阶段的时长，并基于近期的实践列出了立案前审查阶段的时长。

表 5–4　经营者集中审查流程及时长

审查阶段	所需时间
立案前审查阶段	（1）简易程序：2~4 周； （2）普通程序：4~8 周； （3）如果案件可能引起竞争关注则可能更长
初步审查阶段（第一阶段）	30 个自然日（绝大部分简易案件在此阶段审结）
进一步审查阶段(第二阶段）	90 个自然日
延长审查阶段（第三阶段）	60 个自然日

注：法定最长审查期限：自立案起 180 个自然日。如超过法定最长审查期限案件还未审结，交易方需要与国家市场监管总局达成协议，撤回并重新提交申报。

（四）普通案件的申报及审查流程与时间

普通案件的申报审查过程可以分为以下几个阶段：

1. 申报准备阶段

具有申报义务的经营者通常会聘请专业的反垄断律师全程负责经营者集中申报工作，包括：准备全套申报材料，与国家市场监管总局进行沟通，管控整个申报及审查进程等。经营者集中申报材料的准备可以说是比较繁重的工作。其中，最核心的部分就是界定相关产品市场和相关地域市场，提供市场份额以及分析相关市场竞争情况。此外，如果参与集中的经营者对于是否需要申报、申报的具体细节等问题存在疑问，还可在此阶段就相关问题向国家市场监管总局申请申报前商谈。对于商谈申请人提出的问题，国家市场监管总局通常会给出建议性的意见，但该等意见不具有法律上的约束力。

2. 立案前审查阶段（4~8 周，无法定限制）

提交经营者集中申报材料并不意味着国家市场监管总局立即会对申报正式立案审查。收到申报材料后国家市场监管总局通常会进行初步审阅，并可能提出多轮补充问题，要求申报人及各交易方对相关问题进行解答或提供补充材料。根据《反垄断法》及相关法规的规定，只有在国家市场监管总局认为申报材料已经完备的情况下，才会对申报正式立案审查。需要注意的是，法律对于国家市场监管总局立案前初步审查这一阶段并无法定时限规定。一般而言，简易案件的初步审查阶段为 2~4 周，普通案件的初步审查阶段为 4~8 周，但如果案件可能引起竞争关注则可能需要更长的时间。

3. 初步审查阶段 / 正式审查第一阶段（30 个自然日）

《反垄断法》规定第一阶段审查时限为正式立案之日起 30 个自然日。在正式审查第一阶段，国家市场监管总局开始对申报材料进行实质审查，并征求有关政府部门、行业协会、上下游经营者、消费者等单位或个人对申报交易的意见。由于需要征求第三方意见，普通案件一般不太可能在第一阶段审结。因此，在第一阶段结束前，国家市场监管总局通常会向申报方发出进一步审查（进入审查第二阶段）的书面通知。

4. 进一步审查阶段 / 正式审查第二阶段（90 个自然日）

《反垄断法》规定的第二阶段审查时限为 90 个自然日。取决于国家市场监管总局在征询意见期间有无收到实质意见，国家市场监管总局可能会要求申报方提供补充信息或说明。如果第三方反馈无意见，则案件可能更快得以审结（如第二阶段的前 45 天内）。对于可能引起竞争关注的案件，国家市场监管总局最快可能会在第二阶段后半期与交易方讨论竞争关注和解决竞争关注的救济措施，基于近期的实践经验，大部分引起竞争关注的案件，国家市场监管总局通常在第三阶段或之后与申报方沟通竞争关注。

5. 延长审查阶段（第三阶段）（60 个自然日）

在 90 个自然日的法定期限结束后，第二阶段可以再延长 60 个自然日。对于大部分引起竞争关注的案件，国家市场监管总局通常在第三阶段或之后与申报方沟通竞争关注、承诺方案以及利益相关方对承诺方案的意见。在此阶段，国家市场监管总局可能提出更多问题并要求举行面对面会议以澄清问题。在实践中，有重大竞争关注的案件可能无法在《反垄断法》规定的时限内审结。在这种情况下，申报方需要与国家市场监管总局达成协议，撤回并重新提交申报，以重新开启审查期(撤回重报)。在以往部分附条件批准的交易中，申报方经历了不止一次的撤回重报。在引入停钟制度（详见下文）后，交易的审查流程将具有更多灵活性，未来有望减少撤回重报程序的适用。

普通案件的申报及审查流程与时间见图 5–4。

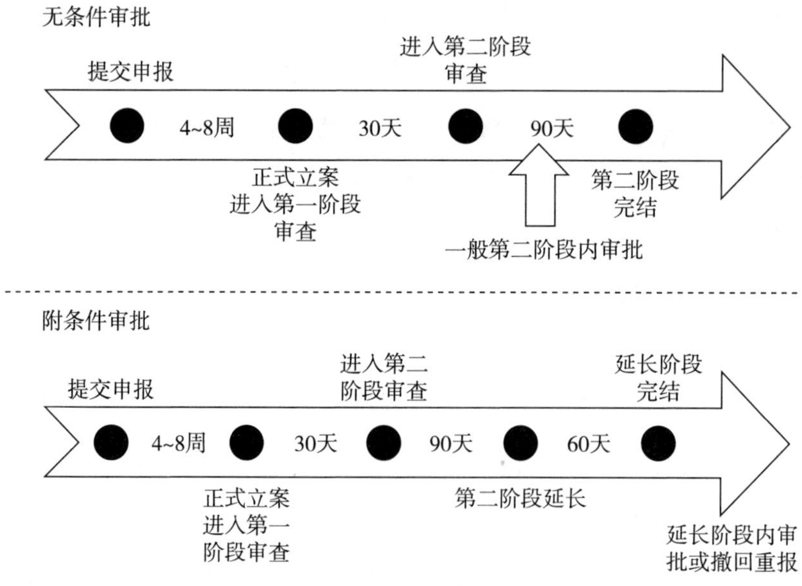

图 5–4　普通案件的申报及审查流程与时间

（五）简易案件的申报及审查流程与时间

简易案件的申报审查流程可以分为以下几个阶段（见图 5–5）。

1. 申报准备阶段

与普通案件一样，交易方需要预计准备申报材料所需时间。与普通案件相比，简易案件的申报材料所需的信息较少。在准备简易案件申报时，需要着重评估相关市场界定方式和市场份额数据是否合理可靠以及申报有无可能被要求撤回按照普通程序重新申报。

2. 立案前审查阶段（2~4 周，无法定限制）

与普通案件一样，在正式立案前，国家市场监管总局通常需要对申报材料进行大致的初步审阅，并至少会发出一轮补充问题清单，要求申报人及各交易方对相关问题进行解答或提供补充材料。法律对于国家市场监管总局立案前初步审查这一阶段并无法定时限规定。一般而言，简易案件的立案前审查为 2~4 周。

3. 初步审查阶段 / 正式审查第一阶段（30 个自然日）

在国家市场监管总局正式立案后，国家市场监管总局将在其官方网站上发布简易案件公示表，就案件是否适用简易程序征询公众意见，公示期为 10 个自然日，该公示期包含在第一阶段审查期内。 如果公示期内没有第三方提出任何异议，则国家市场监管总局一般会在第一阶段内审结。

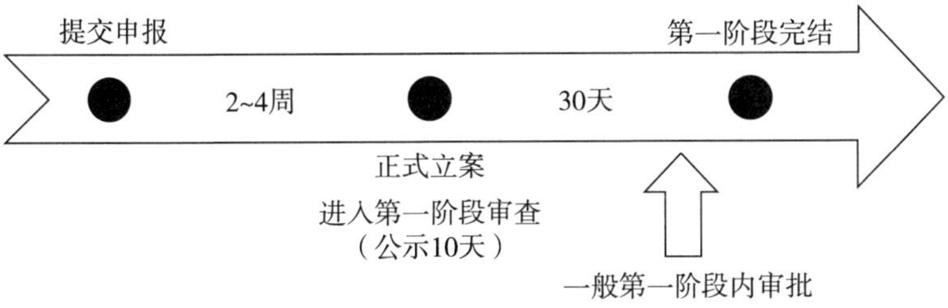

图 5–5　简易案件的申报及审查流程和时间

（六）停钟制度

《反垄断法》第 32 条在经营者集中审查中引入了停钟制度，规定了三种可以中止计算经营者集中审查期限的情形，包括：

1. 经营者未按照规定提交文件、资料，导致审查工作无法进行；

2. 出现对经营者集中审查具有重大影响的新情况、新事实，不经核实将导致审查工作无法进行；

3. 需要对经营者集中附加的限制性条件进一步评估，且经营者提出中止请求。

《审查规定》在此基础上对每种情形下决定停钟和恢复计算审查期限的具体条件和程序进行了补充。根据实践观察，国家市场监管总局已在 2022~2023 年的部分案件中适用了停钟制度。然而，由于目前的《反垄断法》和《审查规定》并未对停钟次数和最长时限作出规定，企业仍将面临一些审查时间方面的不确定性。另外，对于可能需要被附条件的案件，停钟制度的引入也不一定代表审查时间比之前更短。在 2023 年国家市场监管总局附条件批准的四起经营者集中案件中，3 起交易均适用了停钟制度，在第四起交易中，申报方在法定审查时限到期后撤回并重新提交了申报。在适用停钟制度的 3 起交易中，停钟时间为 2 个月至 6 个月，审查期限通常是在国家市场监管总局临近作出附条件批准决定前才恢复计算。

（七）地方委托审查试点

《反垄断法》建立了经营者集中案件的分类分级审查制度。国家市场监管总局在 2022 年 8 月 1 日至 2025 年 7 月 31 日试点期限内委托北京、上海、广东、重庆和陕西的省级市场监督管理局开展部分经营者集中简易程序案件的审查，符合下列标准之一的案件将由这些试点地方执法机构负责审查：

1. 至少一个申报人住所地在该部门受委托联系的相关区域（以下简称相关区域）的；

2. 经营者通过收购股权、资产或者合同等其他方式取得其他经营者的控制权，其他经营者的住所地在相关区域的；

3. 经营者新设合营企业，合营企业住所地在相关区域的；

4. 经营者集中相关地域市场为区域性市场，且该相关地域市场全部或主要位于相关区域的；

5. 国家市场监管总局委托的其他案件。

试点省级市场监督管理局所负责的相关区域如下所示：

1. 北京市市场监督管理局：北京、天津、河北、山西、内蒙古、辽宁、吉林、黑龙江；

2. 上海市市场监督管理局：上海、江苏、浙江、安徽、福建、江西、山东；

3. 广东省市场监督管理局：广东、广西、海南；

4. 重庆市市场监督管理局：河南、湖北、湖南、重庆、四川、贵州、云南、西藏；

5. 陕西省市场监督管理局：陕西、甘肃、青海、宁夏、新疆。

截至 2023 年年底，委托地方试点已有超过一年时间。在 2023 年国家市场监管总局无条件批准的简易案件中，共有 352 起为委托地方审查的经营者集中案件，占比 50%，可以看出，已经有相当比例的简易程序案件下放到地方层面审查。

关于经营者集中申报审查流程见图 5-6。

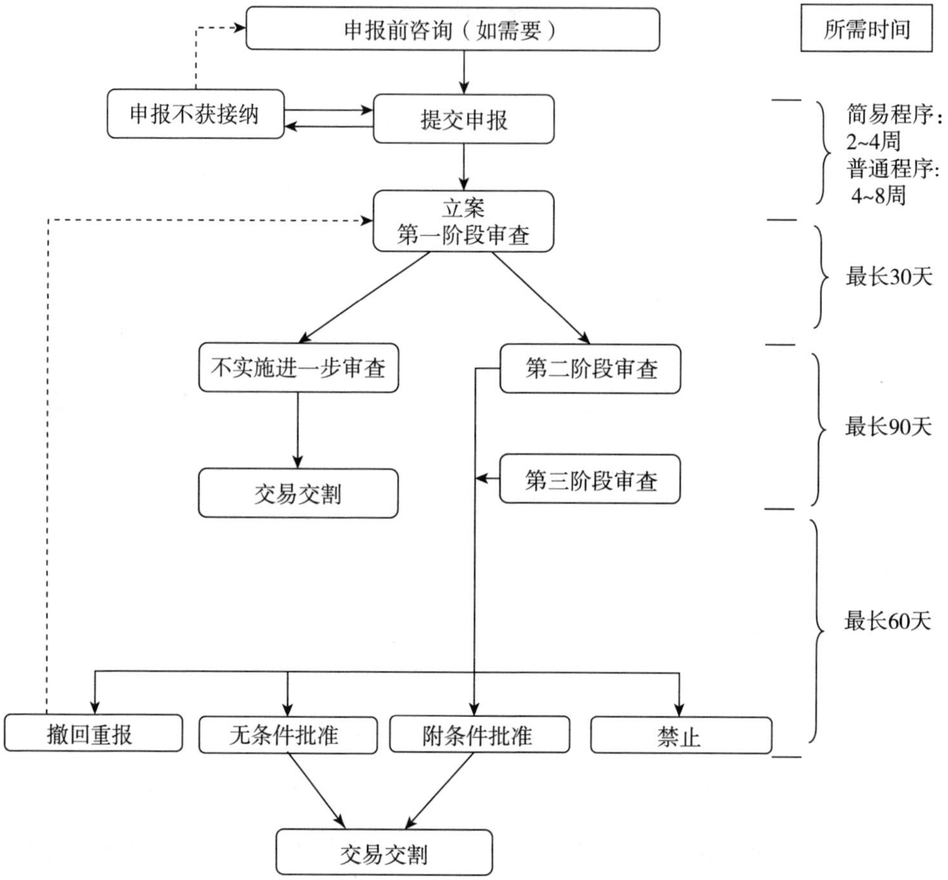

图 5-6　经营者集中申报审查流程

实务问答 5-4-2

PRACTICE Q&A

1. 甲公司和乙公司都在 A 行业活跃，二者拟进行并购交易。甲公司和乙公司认为，其均非 A 行业中的龙头企业，市场份额非常有限，本次申报是否一定可以适用简易程序？

相关市场的市场份额情况是判断交易是否能够适用简易程序的关键考量因素之一。在经营者集中申报中，申报方需要基于充分的需求替代性和供给替代性分析，进而界定恰当的产品市场和地域市场范围。而这种相关市场的界定并非一定与行业一般性分类一致。如相关市场界定为行业某一细分领域市场，且交易方在该等细分市场的市场力量较强，则不排除申报将适用普通程序的可能性。

2. 如果在简易程序案件公示期内，国家市场监管总局收到第三方异议会怎么处理？

国家市场监管总局在收到第三方异议后将对第三方的意见和证据进行核实。在核实过程中，国家市场监管总局可能会要求申报人补充相关信息。如果经核实国家市场监管总局发现案件不应被认定为简易案件，国家市场监管总局将撤销简易案件认定，并要求申报人按非简易案件重新申报。

四、经营者集中审查的实质性标准和审查结果

国家市场监管总局在审查经营者集中时通常考虑以下因素。

1. 参与集中的经营者在相关市场的市场份额及其对市场的控制力：评估参与集中的经营者对市场的控制力，可以考虑参与集中的经营者在相关市场的市场份额，产品或者服务的替代程度，控制销售市场或者原材料采购市场的能力、财力和技术条件，相关市场的市场结构，其他经营者的生产能力，下游客户购买能力和转换供应商的能力，潜在竞争者进入的抵消效果等因素。《审查规定》进一步补充了参与集中的经营者“掌握和处理数据的能力”，是评估其市场控制力时可以考虑的因素之一。这也是《关于平台经济领域的反垄断指南》中所列出的评估平台经济领域经营者集中竞争影响时可以考虑的因素之一。

2. 相关市场的市场集中度：评估相关市场的市场集中度，可以考虑相关市场的竞争者数量及市场份额等因素。

3. 经营者集中对市场进入、技术进步的影响：评估经营者集中对市场进入

的影响，可以考虑经营者通过控制生产要素、销售和采购渠道、关键技术、关键设施等方式影响市场进入的情况，并考虑进入的可能性、及时性和充分性。评估经营者集中对技术进步的影响，可以考虑经营者集中对技术创新动力、技术研发投入和利用、技术资源整合等方面的影响。

4. 经营者集中对消费者和其他有关经营者的影响：评估经营者集中对消费者的影响，可以考虑经营者集中对产品或者服务的数量、价格、质量、多样化等方面的影响。评估经营者集中对其他有关经营者的影响，可以考虑经营者集中对同一相关市场、上下游市场或者关联市场经营者的市场进入、交易机会等竞争条件的影响。

5. 经营者集中对国民经济发展的影响：评估经营者集中对国民经济发展的影响，可以考虑经营者集中对经济效率、经营规模及其对相关行业发展等方面的影响。

6. 国务院反垄断执法机构认为应当考虑的影响市场竞争的其他因素：评估经营者集中的竞争影响，还可以综合考虑集中对公共利益的影响、参与集中的经营者是否为濒临破产的企业等因素。

国家市场监管总局对于并购交易是否会产生排除、限制竞争效果的实质性判断将导致不同的结果，即：（1）无条件批准（包括简易程序无条件批准和普通程序无条件批准）；（2）附加限制性条件批准；（3）禁止集中（自 2008 年《反垄断法》最初生效至 2022 年 8 月新《反垄断法》生效仅作出 3 起禁止交易决定）。在我国，实践中绝大多数经营者集中案件都获得无条件批准。例如，根据公开数据统计，2023 年国家市场监管总局共计无条件批准简易案件 707 件，无条件批准普通案件 75 件，附条件批准案件 4 件。

顾名思义，对于审查后认为不会产生排除、限制竞争效果的交易，国家市场监管总局将批准交易；对于审查后认为会产生排除、限制竞争效果的交易，企业可以向国家市场监管总局提出附加限制性条件承诺方案。企业提出的附加限制性条件承诺方案能够有效减少集中对竞争产生的不利影响的，国家市场监管总局可以作出附加限制性条件批准决定；企业未能在规定期限内提出附加限制性条件承诺方案，或者所提出的承诺方案不能有效减少集中对竞争产生的不利影响的，国家市场监管总局将作出禁止经营者集中的决定。

国家市场监管总局会对承诺方案的有效性、可行性和及时性进行评估。限制性条件的种类如下：

1. 剥离有形资产、知识产权、数据等无形资产或者相关权益等结构性条件；

2. 开放其网络或者平台等基础设施、许可关键技术（包括专利或者其他知识产权）、终止排他性协议、保持独立运营、修改平台规则或者算法、承诺兼容或者不降低互操作性水平等行为性条件；

3. 结构性条件和行为性条件相结合的综合性条件。

截至 2023 年年底，国家市场监管总局共附加限制性条件批准了 62 起并购交易，其中 12 起附加了结构性条件，49 起则是附加了行为性救济或同时附加了结构性救济和行为性救济。表 5–5 以 2023 年的附条件批准交易为例，简述相应的竞争损害理论和限制性条件。

表 5–5　2023 年中国附条件批准的经营者集中的竞争损害理论和限制性条件

案件名称	竞争损害理论	限制性条件
A 化工公司收购 B 化工公司股权案	（1）横向集中：交易将显著提高中国境内甲苯二异氰酸酯市场集中度，短期内无法出现新的有效竞争者 （2）纵向集中：下游客户无法构成有效买方制约	（1）向中国境内客户的供应价格不高于交易前水平 （2）保持或扩大中国境内产量 （3）依据公平、合理、无歧视原则向中国境内客户继续供应产品 （4）无正当理由不得强制中国境内客户排他性采购或进行搭售

续表

案件名称	竞争损害理论	限制性条件
C半导体公司收购D半导体公司股权案	混合集中：目标公司在NAND闪存主控芯片市场的市场力量以及下游客户对交易后目标公司产品供应的依赖	（1）继续依据公平、合理、无歧视原则向中国境内供应产品； （2）不得实质性改变目标公司现有业务模式和运营； （3）保留目标公司在中国台湾地区的研发； （4）保留目标公司在中国境内的现场应用工程师，向客户提供支持； （5）不得在中国销售的相关产品中加入任何恶意编码
E医药公司收购F公司股权案	（1）横向集中：可能消除中国境内巴曲酶注射液市场潜在进入者，巩固目标公司在该市场的支配地位； （2）纵向集中：可能实施原料药封锁，对中国境内巴曲酶注射液市场产生排除、限制竞争效果	（1）剥离下游业务，向剥离买方承担原料药供应义务； （2）解除买方与全球巴曲酶浓缩液原料药唯一供应商在中国境内独家、排他供应原料药的协议约定； （3）下调下游产品终端价格不少于当前挂网价格的20%（如果未按时解除独家协议约定、未按时剥离或剥离买方未按时实施研发，下调价格不少于当前挂网价格的50%）； （4）保障下游市场用药需求
G半导体公司收购H半导体公司股权案	（1）横向集中：交易将导致集中方在非公有云虚拟化软件、光纤通道适配器、存储适配器和以太网网卡市场的市场力量较强； （2）混合集中：可能具有搭售或对其他产品降低互操作的动机和可能	（1）无正当理由不得搭售或附加不合理交易条件，不得阻碍或限制客户单独购买或使用相关产品，不得在服务水平、价格或功能等方面歧视单独购买相关产品的客户； （2）保证互操作性； （3）对第三方制造商的保密信息采取保密措施

第五节　如何判断并购是否可能触发其他司法辖区的经营者集中申报

除中国外，全球逾百个司法辖区均颁布了经营者集中申报的相关规定。因此，一项交易除可能触发中国反垄断申报之外，也可能会同时触发境外其他司法辖区的申报。如果交易方在多个司法辖区开展业务，建议对交易是否需要在境外司法辖区申报进行全面评估。

一、何种交易可能在其他司法辖区构成经营者集中？

在多数司法辖区，企业的合并、股权 / 资产收购、新设合营企业以及通过合同等方式取得其他企业控制权的交易均有可能构成一项经营者集中。虽然确认交易是否构成经营者集中通常取决于交易前后是否存在控制权变化，但不同司法辖区对于“控制权”的解读可能存在差异。

1. 一些司法辖区对控制权认定的整体口径和中国比较类似，例如欧盟以及大部分的欧盟国家。

2. 一些司法辖区对控制权的认定相比中国更为广泛。例如，在德国申报中，收购 25% 以下股权的交易是否发生控制权变化有可能取决于收购方是否对目标公司带来重要的竞争影响，过往交易中的相关参考因素就包括：收购方是否有权任命目标公司董事会代表、收购方是否具备对目标公司业务有利的专门知识等。

3. 还有一些司法辖区对控制权的认定相比中国更为狭窄。例如，在越南申报中，控制权仅包含“积极控制”，即收购方仅在对特定重大事项能够单独作出决策时，才会被认为取得了对目标公司的控制权。

此外，部分司法辖区并不将控制权的变化视为构成“经营者集中”的标准。

1. 一些司法辖区仅以收购的股权是否达到一定比例作为股权收购交易是否发生“经营者集中”的判断标准，即使交易前后并未发生一般意义上的控制权变化，例如日本（20%）、韩国（通常为 20%，收购上市公司则为 15%）、以色列（25%）、中国台湾地区 （1/3）、吉尔吉斯斯坦（50%）等。

2. 一些司法辖区则仅以申报门槛的达标与否判断交易是否需要申报，并不对交易本身的性质进行额外评估，例如埃及、沙特阿拉伯。

就合营企业的设立而言，不同司法辖区对其是否会触发申报也有不同标准。例如，欧盟将合营企业区分为全功能合营企业（full - function joint venture）和非全功能合营企业（non full - function joint ventures）。欧盟及大多数的成员国仅要求对设立全功能合营企业的交易进行申报，而例如中国、德国等个别司法辖区则对非全功能合营企业的设立具有相关申报要求。

二、其他司法辖区的申报门槛是如何设置的?

不同司法辖区设置了不同的申报门槛，具体可分为下述几类。

1. 营业额标准: 类似于中国，大多数司法辖区同样基于营业额设置申报门槛。因此，在开展多司法辖区申报分析之前，建议交易方提前准备好其在交易上一财政年度全球及各司法辖区的营业额信息以供评估。

需注意，与中国要求交易各方均在当地产生营业额的标准不同的是，在一些司法辖区，仅交易一方在当地产生营业额即可触发申报，例如越南；还有一些司法辖区仅对交易方的全球营业额提出要求，并无涉及交易方当地营业额的标准。因此，即便交易方在相关司法辖区并没有产生营业额，也不能完全排除交易在当地触发申报的可能性。

2. 除营业额标准以外，部分司法辖区还会设置其他的申报标准。

（1）资产价值标准：一些司法辖区还另行设置了针对交易方当地资产的门槛，例如加拿大、印度、巴基斯坦、越南、南非等。换言之，即使交易方并未达到该司法辖区的营业额标准，交易方也还需要就当地资产情况另行确认。

（2）市场份额标准: 中国台湾地区、英国、澳大利亚、西班牙、葡萄牙、越南、阿联酋等司法辖区涉及有关市场份额的申报门槛。总体而言，多数司法辖区所关注的市场份额即为交易方在交易所涉及相关市场的市场份额，但也有一些司法辖区会同时考察交易方在非交易所涉相关市场的市场份额情况，例如中国台湾地区。

（3）交易价值标准：美国基于交易价值设置不同的申报门槛。具体而言，交易价值超过 5.058 亿美元的交易（在不能满足豁免条件的前提下）均需要进行申报，而交易价值低于该数值的交易，则需基于交易方的营业额或资产价值等信息进行进一步评估。此外，将交易价值作为申报门槛的司法辖区还包括如越南、菲律宾、墨西哥等。

（4）特定行业标准：一些司法辖区仅要求涉及特定行业的交易进行申报，例如中国香港（电讯行业）、玻利维亚（能源、电讯和金融行业）等。此外，一些司法辖区则对特定行业规定了不同的申报门槛，例如，希腊和冰岛均对涉及媒体行业的交易规定了更低的营业额标准。

同时，一些司法辖区采取自愿申报的机制，例如英国、澳大利亚、新加坡等。但是，自愿申报并不等同于无须就申报与否进行任何评估。如交易确对当地相关市场的竞争造成影响但却未进行事先申报的，当地的反垄断审查机关 / 法院同样有权对交易进行审查，甚至进一步采取措施恢复交易前的状态。

此外，一些司法辖区对纯境外交易采取豁免机制（foreign - to - foreign exemption），即境外交易即使达到申报门槛，交易方也有空间主张交易不会对当地市场产生任何影响而无须进行申报。存在该等豁免机制的司法辖区包括克罗地亚（其中一方在当地持有资产或者设立子公司才需要申报）、坦桑尼亚（目标公司需在当地开展实体经营互动）等。

三、何时以及如何开展其他司法辖区的经营者集中申报分析？

如果交易一方或多方在除中国之外的多个司法辖区产生营业额或持有当地资产的，建议交易方在交易初期就着手开展多司法辖区申报的分析评估，以避免后续因境外申报事项耽误整体交易进程。如前所述，该等分析评估一般要先准备交易各方按国别细分的营业额信息，后续基于初步分析结果，可能需要进一步补充资产、市场份额等其他相关信息。

类似于中国，大多数司法辖区采取事先申报机制。需注意的是，部分司法辖区（如欧盟）就申报审查设置了停表机制（补充问题答复时间不计入审查时限），因此补充问题反馈的情况也可能实质影响审查时间。此外，在当地可能产生竞争影响的交易一般需较长的审查时间，有些交易还可能因为无法在限期前获得审批而终止。例如，2018 年两家航空公司新设合营企业的交易（至交易协议规定的收购期限届满时，交易仍未获得欧盟委员会的批准，交易方最终宣布终止该交易）；2019 年 I 半导体公司收购 J 半导体公司的交易（由于中国反垄断审查机关迟迟未批准，交易双方在对交易的收购期限延期了三次之后最终宣布放弃该交易）。因此，如交易可能涉及多司法辖区申报时，交易方应当在设计交易时间表时充分考虑多司法辖区分析以及申报所需的时间，避免影响后续按时交割。

鉴于上述，对一项交易而言，多司法辖区申报的分析以及后续申报准备是极为烦琐和复杂的综合性工作。在实践中，交易方通常会聘请富有经验的反垄断律师负责各司法辖区申报的分析、统筹及协调工作。作为交易方以及当地律师之间的桥梁，反垄断律师可以高效协调各司法辖区的申报工作并对整体申报进度进行有效把控，以促使多个司法辖区的申报可以尽快顺利获批。

第六节　交易磋商过程中值得注意的问题

经营者集中在整个并购交易周期中如影随形，扮演着重要的角色，有时甚至作为并购交易能否交割的先决条件。如图 5-7 所示[①]，在企业进行并购交易包括交易架构、交易条件等具体细节的设计时，就需要考虑是否涉及经营者集中申报的问题，在交易条款的谈判和起草环节需要考虑是否为反垄断设计专门条款，并将经营者集中申报的时间纳入整个交易交割周期中进行通盘考虑。

① 在交易磋商过程中还可能涉及信息交换风险和业务合作安排的风险，可参考本书“横向垄断协议”部分，此处不赘述。

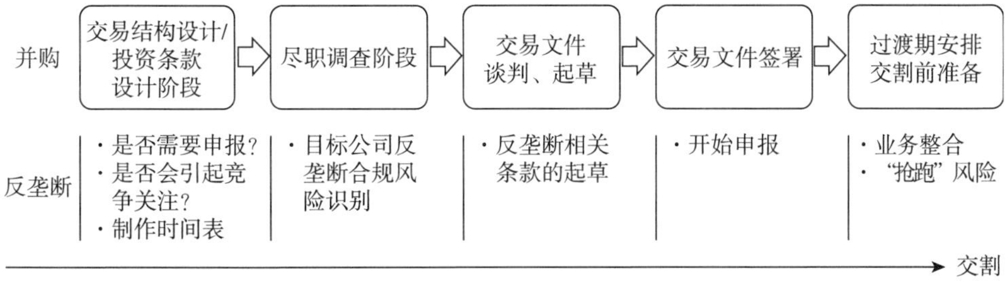

图 5-7　并购交易与经营者集中的关系

交易文件与经营者集中申报相关的条款设计

在交易文件起草时，需要考虑的经营者集中申报因素包括：（1）经营者集中申报对交割时间安排的影响；（2）申报方的义务以及其他交易方的配合义务；（3）交易可能会附加限制性条件或者被禁止时的反垄断风险分配。

在实践中，并购交易中常见的经营者集中申报条款及范例如下。

（一）经营者集中申报的批准作为交割条件

即并购交易的顺利交割应以取得反垄断监管部门（通常包括各个应当进行申报的司法辖区）对交易审查的无条件批准作为先决条件。这一条款在交易涉及跨国并购交易时比较常见，为了提高交易的可预期性和合规性，往往需要将反垄断和其他政府审批作为交割的条件。交割条件又分为先决条件（conditions precedent，CP）和后决条件（conditions subsequent，CS），前者是作为交易交割义务的前置条件，例如将在交易终止日之前取得反垄断审批作为交易可以如期顺利交割的条件，若未达成则无法交割，甚至可能涉及相关责任方的违约责任和赔偿；后者则是作为交割后买卖双方解除合同义务的解除条件。在实践中，很少有交易文件会约定后决条件，因为往往先交割在出现问题之后再解除合同的交易成本较大。

条款示例

反垄断批准作为先决条件：（1）《HSR 法案》（美国现行的经营者集中审查的主要法规）规定的任何适用的等待期应已到期或提前终止；（2）根据任何其他反垄断法可能要求的政府当局的任何肯定性批准应已获得或被视为已根据该适用的反垄断法获得批准。

（二）经营者集中申报义务方、交易方配合和参与经营者集中申报的程度

即如果并购交易触发经营者集中申报，需要在交易文件加入交易各方需要配合在合理时间内提供必要的资料、推进经营者集中审批程序的义务。既可以为单独的反垄断合作义务条款，也可以以“进一步保证”条款方式，确保交易各方履行反垄断申报义务。

条款示例

在签署本协议后，各方应立即向所有相关政府当局提交根据其他适用的反垄断法要求提交的与交易有关的通知和其他信息（如有）。

为实现本协议的意图和目的以及完成本协议预期的交易，每方均应按另一方的合理要求进行和执行或促使进行和执行所有其他行为和事务，并应签署和交付所有其他协议、证书、文书和文件。

（三）义无反顾条款（hell or high water）

即为了避免买方由于经营者集中审批带来的问题和困难进而在交易交割前放弃交易，卖方可能会根据情况在交易协议中通过“义无反顾”条款来要求买方有绝对义务采取所有必要的行动来获得反垄断执法机构的经营者集中审批，这些必要的行动一般会包括接受政府部门提出的任何交易交割必要条件，例如，

资产剥离要求、修改交易架构等限制性条件。

条款示例

买方应当尽其最大努力采取一切必要的措施来避免或消除相关政府审批导致的、影响交易最后交割的障碍，包括但不限于取得反垄断审批。

（四）业务 / 资产剥离限制

与上条相对应，为了确保交易的顺利审批，交易各方除了有“义无反顾”条款外，可能还会对“满足交易通过审批的任何必要条件”进行限制，确保交割各方的核心利益诉求能够得以保障，例如，协议规定为推进经营者集中审批的所有必要努力中“不得要求或者变相要求剥离被出售企业的业务或资产”等。

条款示例

本协议下，不得要求买方或其任何关联方提议、谈判、实施或同意对买方或任何买方关联方（包括目标公司）的任何资产或业务进行出售、剥离、许可或其他处置，或采取任何行动限制与买方或任何买方关联方（包括目标公司）的任何业务、产品线或资产有关的行动自由或其保留能力。

（五）反向分手费

即交易由于某项交割条件（如经营者集中审批）未得到满足而无法完成，根据交易协议约定买方向卖方支付的一笔补偿费用。部分交易协议中会在反向分手费的基础上加入等待费（ticking fee）的机制，即反向分手费会随着卖方等待交割时间的延长而逐渐递增。

条款示例

如果交易由于未获得反垄断批准而导致其在 × 年 × 月 × 日前终止，则买方应在 × 年 × 月 × 日后的 × 个工作日内向卖方支付金额为 × 亿元的不可退还的费用。

（六）交易最后期限

即为了早日促成交易，避免交割无限拖延，设置交易最后期限（long-stop date）制度，在该日期之前如果交割条件（包括经营者集中获批）不能满足，非责任的一方有权终止协议或协议自动终止（也可延期协议），而协议从签署日至“交易最终期限”到来前的这段时间又被称为“过渡期”（interim period），其长度根据实际需要协商确定。在计划投资时间表时，需要充分考虑各个司法辖区所需要的经营者集中申报时间，以确保交易文件中的交易最后期限实际可行。

条款示例

交易的完成应以买方满足第 × 条规定的所有先决条件为前提。如果在执行日期（交易最后期限）起 × 个月内没有成交，任何一方都有权在书面通知另一方后终止本协议（但如果未能成交是由于某一方的原因造成的，则有过错的一方无权终止本协议）。

在交易条款中设置或者协商与经营者集中相关的条款需要注意以下事项。

1. 条款的设置一定是充分利用尽职调查成果、着眼于协议目的针对包括监管审批在内的重大关切而设置，条款的设置如果对一方过于倾斜或受其完全控制，控制方利用该条款不正当地阻止条件达成时，被条款约束一方则可能处于不利地位；

2. 促成交易交割条款实现的责任分配是交易各方进行协商和谈判的重点，需要充分考虑交割条件达成的风险和不可控因素，必要时需要反垄断律师介入评估，不可不切实际地设置条件。

第七节　未依法申报的认定和法律风险

一、未依法申报的法律责任

如果交易需要进行经营者集中申报，但在交易交割前未向国家市场监管总局进行申报，则可能构成“未依法申报”的行为，面临行政处罚。

有义务提交反垄断申报的经营者被认定构成未依法申报而交割的。自《反垄断法》（2022 年修正）生效后，对于具有排除、限制竞争效果的交易，罚款金额最高为经营者上一年度销售额的 10%；对于不具有排除、限制竞争效果的，罚款金额最高达 500 万元人民币，并可责令被调查的该经营者采取措施恢复到交易前的状态，包括停止实施集中、限制处分股份或资产、限期转让经营或其他必要措施。

此外，根据《反垄断法》，受到行政处罚的企业还将被计入信用记录并面向社会公示，也提高了对于未依法申报违法行为的威慑力度和长期影响。

在实践中，如果未依法申报交易不会引起竞争关注，则反垄断执法机构不太可能要求交易方采取措施恢复到集中前的状态。正如国家市场监管总局主要负责人曾在三起互联网公司未依法申报案件处罚情况答记者问中说明：“恢复到集中前的状态对企业发展和经济运行都会产生较大影响，从我国违法实施集中执法情况和域外执法经验看，一般仅在交易具有排除、限制竞争效果时适用。”①尽管如此，在“K 互联网公司收购 L 音乐公司股权违法实施经营者集中案”中，

① 国家市场监管总局：《三起未依法申报案件处罚情况答记者问》，载国家市场监管总局官网 2020 年 12 月 14 日，https://www.samr.gov.cn/xw/zj/art/2023/art_ce3663c787754e02bcc10cac9458026d.html。

国家市场监管总局首次附加限制性措施要求交易双方恢复到集中前状态。

案例评述 5-7-1　K 互联网公司收购 L 音乐公司股权违法实施经营者集中案（2016）

［案件简介］2016 年 K 互联网公司以业务（主要是其相关音乐业务）投入 L 音乐公司，获得 L 音乐公司 61.64% 的股权并取得了对 L 音乐公司的单独控制权。2016 年 12 月，整合后的 L 音乐公司更名。2017 年 12 月 6 日，交易完成股权变更登记手续。2021 年 1 月 25 日，国家市场监管总局对本案进行立案调查。2021 年 7 月 24 日，国家市场监管总局公布了行政处罚决定书。

［市场界定］本案相关市场界定为交易双方存在横向重叠的中国境内网络音乐播放平台市场。本项集中在相关市场具有或者可能具有排除、限制竞争效果：（1）集中后实体在相关市场具有较高市场份额。2016 年，集中双方在相关市场按照月活跃用户数和用户月使用时长分别计算的市场份额合计超过 80%。2016 年集中双方在相关市场的销售金额合计约占相关市场总收入规模的 70%。以音乐版权核心资源占有率计算，集中双方的曲库和独家资源的市场占有率均超过 80%。（2）集中减少相关市场主要竞争对手。交易前集中双方居市场前两位，竞争实力相当，彼此竞争较为紧密，集中减少相关市场主要竞争对手，进一步削弱市场竞争。（3）集中可能进一步提高相关市场进入壁垒，包括可能提高版权资源壁垒、可能增加用户转换成本、集中后市场进入活跃度不高。

［采取恢复市场竞争的相关措施］（1）在一定条件下不得与版权方达成或变相达成独家或排他性授权；（2）不要求不合理的最惠国待遇；（3）合理定价，不得通过高额预付金等方式变相提高竞争对手成本。

［其他处罚］（1）50 万元罚款；（2）责令对后续经营者集中依法进行申报；（3）依法合规经营，建立健全公平参与市场竞争的长效机制。

二、“抢跑”

除了达到申报标准未进行申报即实施的交易会面临处罚，在取得国家市场监管总局批准决定前就提前实施的交易也同样会面临与未依法申报同样罚款力度的处罚，这类交易即“抢跑”。

（一）“抢跑”在实践中的表现形式

“抢跑”在实践中表现为多种形式，包括在取得国家市场监管总局批准交易的决定前：（1）提前实施交易架构的部分步骤；（2）实质性取得目标公司/合营企业控制权；（3）提前交换竞争性敏感信息等。尽管从商业角度，这些举措可能对于实现交易目的的可预期性具有一定合理性，但是从《反垄断法》的角度，“抢跑”行为将面临监管的处罚风险。

1. 提前实施部分交易步骤

在实践中，部分交易可能设计复杂的交易结构通过多步骤完成，并在取得反垄断机构的批准前提前实施部分交易，这一行为又被称为“分步骤交易”，有构成“抢跑”的风险，详见下文所述。

2. 实质性取得目标公司/合营企业控制权

为了促成交易目的尽快实现防止目标公司价值贬损，交易方可能会采取一定措施实质性取得目标公司控制权，特别是约定过渡期保护性权利时如果超出一定限度，可能构成交易方取得了对目标公司的控制权。例如，要求目标公司在过渡期内的日常交易需经买方股东批准，或者过渡期内要求买方股东独家代理目标公司未来业务等。

3. 提前交换竞争性敏感商业信息

同样为了尽快促成交易目的，交易方与目标公司提前进行信息交换的行动有可能超过必要限度，特别是交换竞争性敏感商业信息（产品价格、折扣政策、客户信息、市场区域、供应商信息、销售条款或条件、研发计划、业务发展计划等）

可能加剧构成“抢跑”的风险。此外，交换竞争性敏感商业信息有可能加剧共谋构成“横向垄断协议”的风险。详见“横向垄断协议”部分。

《审查规定》对“抢跑”行为的列举

交易各方在获得国家市场监管总局作出的批准决定之前，不得实施经营者集中，但长期以来，“何为实施集中”并没有明确的法律规定。由于缺少对于“起跑线”概念的明确共识，企业在并购交易中对于“抢跑”行为可能不会自我察觉。

《审查规定》非穷尽式地列举了如下几种“实施集中”的具体情形：

1. 完成市场主体登记或者权利变更登记；

2. 委派高级管理人员；

3. 实际参与经营决策和管理；

4. 与其他经营者交换敏感信息；

5. 实质性整合业务等。

（二）应注意的点

为防范企业“抢跑”的风险，企业在交易获得经营者集中审批之前应当注意以下几点：

1. 交易方应当保持独立，不得转移业务 / 资产 / 员工，不得参与对方日常经营活动；

2. 可以在特定情况下交换为取得经营者集中审批之目的所必要的特定信息，但不得交换竞争性敏感商业信息或从事业务协调；

3. 交易方可分开进行一定准备工作，或制订高度概括的整合计划或日程，但不得采取实际整合措施，也不得联合进行准备工作或联合与客户、供应商等进行沟通。

三、分步骤交易

实践中，部分并购交易可能会分多步骤进行。在这种情况下，如果交易方未能在应当申报的交易步骤实施前进行申报，同样可能会引起国家市场监管总局对于未依法申报的关注。对于分步骤交易应当在什么时间申报，《反垄断法》没有明确规定。《合规指引》首次明确，相同经营者之间在一定时间内分多个步骤实施未达到申报标准的“一揽子”交易，如该等分步骤交易整体构成一项达到申报标准的经营者集中,需要在第一步实施之前进行申报。对于判断分步骤交易是否构成一项集中，《合规指引》在案例中给出一定的参考标准：

1. 各步骤为同一经济目的而实施，且确定会发生；

2. 各步骤之间相互关联、互为条件。

四、如果企业存在历史未依法申报交易应当进行处理？

部分企业由于反垄断合规意识不足，可能在并购交易时并未考虑经营者集中审查因素，历史交易中可能存在未依法申报的“定时炸弹”。对此，我们建议企业法务团队或聘请专门的反垄断律师对企业历史交易进行整体梳理，从经营者集中申报的控制权标准和营业额标准整体排查历史交易的未依法申报风险，企业内部调动业务部门、投资部门等通力配合提供材料和必要支持。及时把握风险敞口是进行风险防控和应对的第一步。

对于基本确定构成未依法申报的历史交易，企业可考虑结合具体情况主动向国家市场监管总局报告并补充申报该等交易，或者采取其他风险缓释措施，例如退出被投企业或放弃对被投企业的控制权等，以终止未依法申报的违法状态。

第八节　公司法律合规部有关经营者集中的合规实践

一、首“梗”概述

对于公司法律合规部而言，在反垄断合规实务领域，首“梗”便是经营者集中申报。之所以为首“梗”，大致有以下几个方面原因。

1. 高度专业性与复杂性。从相关市场的界定到市场份额的测算、市场集中度指数反垄断经济分析中常用的行业集中率（CRn）、赫芬达尔—赫希曼指数的测算与研判、交割前后市场竞争情况分析乃至如何避免“抢跑”（gun－jumping），都是高度专业性的问题，需要公司法律合规部具备相当的反垄断法理论与实务素养，以便与外部反垄断专业律师无缝高效合作。言及复杂性，如果法律合规部所在行业为反垄断角度重点关注行业，如2022年的《反垄断法》第37条所述的国计民生等重要领域，或者技术与商业模式发展的日新月异，导致风起云涌的商业实践一下子汇集所有聚光灯的行业（如原材料行业、金融科技行业、TMT行业），则反垄断法之外的产业政策因素乃至国家安全因素都很可能会叠加，从而使经营者集中申报的利益相关方的格局更为复杂乃至诡谲动荡。

2. 一定程度上的不确定性对于公司法律合规部工作计划、时间及资源的投资构成挑战，从而可能导致法律合规部与交易团队乃至公司最高管理层的张力乃至冲突。试以中国《反垄断法》为例，虽然有“30+90+60”的法定审查期限与第32条规定的“停钟”机制，以及国家市场监管总局反垄断执法二司及其前身（国家市场监管总局反垄断局经营者集中审查一、二、三处及之前商务部反垄断局）在缩短经营者集中审查时间提高审查时效方面已经取得的举世瞩目的成就，然而就公司法律合规部而言，在整个经营者集中申报进程中，自申报文件上交后，其便时时待命，等待审查机关要求说明或进一步提交补充资料；而申报文件被审查机关正式确认受理后，仍需等待审查机关的各项要求，或者出席会议说明问题，或者再收集相关市场调研报告以佐证自身立场。审查决定一日不出，交易项目就一日无法交割（除其他交割的先决条件外），自是很有压力，却不时还要面对交易团队与公司最高管理层的追问。前述种种时间紧任务急的情势下，对于外部反垄断专业律师的使用与律师费用控制，便非常考验公司法律合规部的反垄断专业经验与素养，更考虑公司法律合规部的项目管理与成本控制技巧。

二、经营者集中申报中的两套核心概念 +X 因素：营业额与控制权变更 +X 因素

根据笔者多年研习与若干实务经验，一如诸多法律实务领域都有核心概念与分析框架，经营者申报实务领域亦有两套核心概念与一个 X 因素。两套核心概念是指营业额的归集和精准计算与相关交易或商业计划是否导致取得对其他经营者控制权，或者能够对其他经营者施加确定性影响（以下合并简称“控制权变更”）。一个 X 因素意指相关交易或商业计划是否会触发相关行业内的反响乃至反对从而导致经营者集中申报主管机关的关注与调查。这方面最典型的例子便是早先年法国 SEB 收购苏泊尔与汇源果汁拟被可口可乐收购案。消息一出，一时间民族品牌被跨国公司品牌收购的论调便甚嚣尘上。

就公司法律合规部与外部反垄断律师配合协作进行经营者集中申报而言，把握与应对上述第一个核心概念即营业额的归集与精准计算，只要是吃透并熟稔国务院《关于经营者集中申报标准的规定》（2024 年修订）、《金融业经营者集中申报营业额计算办法》、《关于经营者集中申报的指导意见》（2018 年修订）、《经营者集中审查规定》、《关于经营者集中简易案件申报的指导意见》（2018 年修订）、《关于经营者集中申报文件资料的指导意见》（2018 年修订）等一系列核心法规、规章中关于营业额计算的规定，特别是关联公司之间营业额的计算处理、经营者取得对其他经营者的部分资产或业务的控制权时的营业

额计算、参与集中的经营者之间以及与未参与集中的经营者之间有共同控制的经营者与第三方之间营业额的计算，等等，基本上出错的概率会比较低。

作为对比，更令人“抓狂”的是第二套核心概念，即控制权的变更。虽然《经营者集中审查规定》第 4 条对经营者集中的各种情形做了列举式说明、第 5 条对于控制权变更的判断因素做了若干列举式说明及兜底式说明，然而实务之中将前述归纳情形与判断因素进行精准运用和审慎评估，并非易事。例如，实务之中已有上海汉涛收购领健股权案。此案中，虽然上海汉涛仅获得了领健6.67%股权，但是由于上海汉涛具有关键事项否决权等而被认定为取得了对领健的控制权，故因未申报即交割构成“抢跑”被处罚。针对此等挑战，笔者建议公司法律合规部依据《经营者集中审查规定》第 4 条与第 5 条规定以及实际商业计划与安排，全面收集相关信息，并客观如实告知外部反垄断专业律师，并与外部反垄断专业律师共同探讨研判是否构成控制权变更。此等商讨研判在交易对象与交易结构大致确定后尽早进行比较好，原因在于：其一，外部反垄断专业律师理论素养一般较强，案例实操经验丰富，而且其对经营者集中审查机关最新实践与动态比较熟悉，掌握得比较准；其二，从公司法律合规部责任与风险分配角度，外部反垄断专业律师的研究与结论也有助于在一定程度上降低公司法律合规部独自背锅的风险。而对于控制权变更概念，如果公司法律合规部希望成为某项交易或商业计划的战略咨询者，则应首先与公司商业决策层共同商讨取得或者共同取得控制权（适用于合资交易情形）是否是商业上必须要实现的目的？从经营者集中申报角度来看，前述商业目的的价值是否远远大于经营者集中申报可能隐含的风险，比如被禁止或附条件批准？如果不是，则相应的交易条件、文本及条款则是否应做相应调整以及如何调整？此等问题，于交易团队“千军万马”上相关项目之前，如果经过充分讨论厘清，且在团队内统一思想与决定，可以大大避免在后续交易中因经营者集中申报发生变故，比如公司内部产生的各种掣肘与埋怨乃至内耗。

X 因素指针对公司特定交易或商业计划，存在来自社会上或商业共同体内的不同声音，使经营者集中申报机关关注并进行调查。值得注意的是，X 因素于经营者集中未达到申报标准时亦有一定的法律支撑，即国务院《关于经营者集中申报标准的规定》（2024 年修订）的第 4 条规定，“经营者集中未达到本规定第三条规定的申报标准，但有证据证明该经营者集中具有或者可能具有排除、限制竞争效果的，国务院反垄断执法机构可以要求经营者申报”。有位法总曾与笔者分享过经历：他们曾与一家香港上市公司设立合资公司从而需要向包括中国商务部在内的诸多反垄断法域申报。鉴于合资伙伴在上游原料市场的寡头支配地位，合资双方出于审慎考虑并未就目标合资公司即将进入下游行业进行事先说明澄清，故设立合资公司的风声一传到市场，不少竞争对手便到商务部举报。重重舆论之下，受理机关也是很有压力，因此审理期限到期时，他们只能撤回重新申报，最终结果仍然是附条件批准。这位法总后来总结道：“合资项目启动之初，对于坊间下游行业的反应这一 X 因素应该早有预见并准备好应对。”

在当前世界大背景下，中国社会与经济发展挑战巨大，各种经济思潮与判断冲突迭现，各项商业交易或商业计划可能面临的相关群体的不利评论以及相关市场内其他经营者的不同立场与挑战，这都构成对经营者集中申报的挑战。因此，公司法律合规部在第一时间介入相关交易项目或商业计划时，应基于自身作为公司法律合规部对公司所处外部运营环境与相关市场的全面深入洞察，敏锐预判可能影响经营者集中申报的 X 因素，并早作准备应对。未雨绸缪，方为审慎之策。

第六章 CHAPTER 06 企业常见反垄断问题之四：滥用市场支配地位行为

第一节 滥用市场支配地位的底层逻辑——竞争损害理论

《反垄断法》第 22 条禁止经营者滥用市场支配地位的行为。其基本原则是，具有市场支配地位的经营者不得滥用其市场支配地位，以损害市场竞争或消费者利益。有别于禁止排除、限制竞争的协议、决定或协同行为即所谓垄断协议，第 22 条针对的是经营者运用其市场支配地位所实施的旨在排挤其他竞争者、提升市场进入门槛或剥削性损害终端消费者利益的单边行为。

为避免疑问，有必要指出，反垄断领域通说认为，反垄断法不规制经营者通过自身优势获取的市场支配地位，而规制的是无正当理由时对市场支配地位的滥用。法律人士在从事反垄断实务工作时，务必明确此概念。

就经济学角度而言，企业从事滥用行为（如收取不合理高价）一方面可能会提升自身的利润，限制竞争者和消费者的权利；另一方面也会导致相关产品销量的下降，降低企业的总收益，给竞争者让出更多市场机会。因此不具备市场支配地位的经营者从事滥用行为，未必能达到损害竞争的效果；但具备市场支配地位的经营者，因为有足够的经济实力和对市场的掌控力，所以被附加了更多的反垄断合规义务，没有正当理由不能从事滥用的行为。

在实践中，第 22 条的适用可以分为以下三步（见图 6–1）：

1. 界定相关市场，即对市场支配地位的范围进行评估；

2. 判断有关经营者是否具有市场支配地位——不具有市场支配地位的经营者不受禁止滥用市场支配地位条款的规制；

3. 评估是否存在滥用市场支配地位的行为，如有，判断该行为是否存在正当理由。

图 6–1　《反垄断法》第 22 条适用步骤

滥用市场支配地位行为可分为：（1）排他性滥用（exclusionary）（指占市场支配地位的企业策略性地寻求排除其竞争对手，从而限制竞争）；（2）剥削性滥用（exploitive）（指占市场支配地位的企业利用其市场力量剥削其他经营者或消费者以获取利益）。排他性滥用包括掠夺性定价、拒绝与交易相对人进行交易、限定交易行为、搭售等。剥削性滥用则主要包括不公平高价。《反垄断法》第 22 条列举了六种滥用行为。由于滥用市场支配地位行为无法穷尽，同时引入了“国务院反垄断执法机构认定的其他滥用市场支配地位的行为”的兜底条款。

第二节　相关市场界定

一、界定相关市场是否必须

市场支配地位是一个相对的概念，并非独立存在，而必须于整体市场以及与其他竞争者之间进行比较来确定，因此引入“相关市场”的概念可以作为评估市场支配地位的起点。

相关市场是指经营者在一定时期内就特定商品或者服务进行竞争的商品范围和地域范围。在反垄断法发展中，界定相关市场是判断企业是否存在市场支配地位的一个至关重要的步骤。相关市场的概念起源于20世纪40年代至60年代美国法院的一系列裁决，这些案例帮助确立了相关市场界定作为评估企业市场力量的一个有效手段。随着时间的推移，这一理论得到了进一步的发展并获得各国反垄断机关的认可与运用。在2009年，中国国务院反垄断委员会颁布了《相关市场界定指南》，指出市场界定可以用于评估企业是否存在滥用市场支配地位情况。在中国，众多知名的滥用市场支配地位案例，例如某无线通信企业案[①]、某包装企业案[②]、某中文外卖平台案[③]等，都将相关市场界定作为判定被调查企业是否拥有市场支配地位的起点。这些案例展示了相关市场界定在反垄断执法中的实际应用及其在评估市场竞争状况中的关键作用。

尽管相关市场界定可以作为认定市场支配地位的起点，但是否必须先界定相关市场才能认定市场支配地位，反垄断行政执法机关与司法机关的观点略有差异。

（一）反垄断行政执法观点与实践

在行政执法中，界定相关市场是认定市场支配地位的统一起点。2021年发布的国务院反垄断委员会《关于平台经济领域的反垄断指南（征求意见稿）》中曾提出："在特定个案中，如果直接事实证据充足，只有依赖市场支配地位才能实施的行为持续了相当长时间且损害效果明显，准确界定相关市场条件不足或非常困难，可以不界定相关市场，直接认定平台经济领域经营者实施了垄断行为。"但是，该思路在最终版本的指南中并未被采纳。截至目前，反垄断执法机构在所公布的针对滥用市场支配地位行为的案件中，均明确界定了

① 国家发展和改革委员会行政处罚决定书，发改办价监处罚〔2015〕1号。

② 反垄断与反不正当竞争执法局竞争执法公告，工商竞争案字〔2016〕1号。

③ 国家市场监管总局反垄断局行政处罚决定书，国市监处〔2021〕74号。

垄断行为所涉及的相关市场，前述执法特点值得经营者于反垄断实务中高度重视。

（二）反垄断民事诉讼观点与实践

在涉及滥用市场支配地位行为的反垄断民事诉讼中，一般也需要界定相关市场，但存在例外情况。

根据最高人民法院于2012年公布的《关于审理因垄断行为引发的民事纠纷案件应用法律若干问题的规定》（以下简称《2012年反垄断法司法解释》），通常由原告对相关市场的界定承担证明责任；在相关市场界定不清的情况下，原告关于被告滥用市场支配地位的指控通常难以得到法院的支持。作为例外情形，在诉讼程序中，如果确实难以明确而清楚地界定相关市场（特别是在涉及互联网产品和服务的案件中），原告也可以尝试请求法院通过排除或者妨碍竞争的直接证据对被诉经营者的市场地位进行评估。

【案例】

最高人民法院曾在两家互联网企业滥用市场支配地位纠纷案[①]中指出："尽管在反垄断案件中界定相关市场通常是重要的分析步骤，是否能够明确界定相关市场取决于案件具体情况，尤其是案件证据、相关资料的可获得性、相关领域竞争的复杂性等。在滥用市场支配地位案件的审理中，界定相关市场是评估经营者的市场力量及被诉垄断行为对竞争的影响的工具，其本身并非目的。即使不明确界定相关市场，也可以通过排除或者妨碍竞争的直接证据对被诉经营者的市场地位及被诉垄断行为可能的市场影响进行评估。因此，并非在每一个滥用市场支配地位的案件中均必须明确而清楚地界定相关市场。"

① 最高人民法院：《最高人民法院关于发布第16批指导性案例的通知》（法〔2017〕53号），指导案例78号。

《2024年反垄断法司法解释》也采纳了上述思路，在其中明确相关市场界定在反垄断民事诉讼审理中的作用和必要性。其第14条规定，原告以被诉垄断行为人在相关市场的市场份额为由主张其具有显著的市场力量或者市场支配地位的，应当界定相关市场并提供证据或者说明理由。原告提供证据足以直接证明被诉垄断协议的经营者具有显著市场力量、被诉滥用市场支配地位的经营者具有市场支配地位或者被诉垄断行为具有排除、限制竞争效果的，原告可以不再对相关市场的界定承担证明责任。

虽有上述反垄断行政执法与司法的差异，在实践中，很少能在未定义相关市场的情况下就确定企业的市场支配地位。因此，合理界定市场仍显得尤为重要。从企业反垄断实务角度看，企业法律合规部应与企业业务部门例如市场部门、销售部门、战略拓展部门收集并清晰评估其所处的市场环境与竞争态势，了解自身在该市场中的份额以及其他相关市场条件，如竞争者名单、市场集中度等，并定期予以更新，以便积累关于相关市场界定与竞争态势的基础性资料。前述基础性资料将大大有助于准确评估企业是否具有市场支配地位，并科学制定实施合规策略。

二、相关市场如何界定

（一）一般方法

相关市场通常包括产品和地域两个维度。在竞争法的案例分析中，产品维度重在划定因产品特性、价格及预定用途而被买方视为可以互换或替代的所有产品的范围；地域维度则在于划定买方能够或愿意寻找相关产品替代品的区域或地域范围。

相关市场界定一般参考《关于相关市场界定的指南》依次进行需求替代分析和供给替代分析。在无法清楚框定市场范围时，可使用“假定垄断者测试”来确定相关市场。以商品市场为例，首先从反垄断审查关注的经营者提供的商品（目标商品）开始考虑，假设该经营者是以利润最大化为经营目标的垄断者（假定垄断者），那么要分析的问题是，在其他商品的销售条件保持不变的情况下，分析垄断者能否持久地（一般为 1 年）小幅（一般为 5%~10%）提高目标商品的价格。目标商品涨价会导致需求者转向购买具有紧密替代关系的其他商品，从而引起假定垄断者销售量的下降。如果目标商品涨价后，即使假定垄断者销售量下降，但其仍然有利可图，则目标商品就构成相关商品市场。

如果涨价引起需求者转向具有紧密替代关系的其他商品，使假定垄断者的涨价行为无利可图，则需要把该替代商品增加到相关商品市场中，该替代商品与目标商品形成商品集合。接下来分析，如果该商品集合涨价，判断垄断者是否仍有利可图。如果答案是肯定的，那么该商品集合就构成相关商品市场；否则还需要继续进行上述分析过程。

随着商品集合越来越大，集合内商品与集合外商品的替代性越来越小，最终会出现某一商品集合，假定垄断者可以通过涨价实现盈利，由此便界定出相关商品市场。

（二）相关市场界定需结合个案进行具体分析

虽然需求替代分析和供给替代分析是相关市场界定的一般方法，但是在遵循上述基本原则和思路的基础上，需同时结合考虑个案的具体情况进行分析。例如，即使是在相同行业领域的滥用市场支配地位处罚案件中，对相关市场的界定也可能存在一定差异。前述特点对企业反垄断实务而言，意味着针对个案中相关市场的界定，企业法律合规部需要与企业业务部门配合，基于个案中的相关市场实际情况与竞争态势乃至下文所述的市场特性，比较精准地界定相关市场，避免出现相关市场界定过宽或过窄的问题，这也是企业反垄断合规实务中的基础性工作之一。

案例评述 6-2-1　某中文外卖平台滥用市场支配地位案（2021）[①]与某英文外卖平台滥用市场支配地位案（2020）[②]

国家市场监管总局于2021年查处的某中文外卖平台滥用市场支配地位案（以下简称某中文外卖平台案）与上海市市场监督管理局（以下简称上海市监局）查处的某英文外卖平台滥用市场支配地位案（以下简称某英文外卖平台案），尽管从表面上来看，似乎都涉及网络/在线餐饮外卖平台服务，但是鉴于涉案企业及案情的差异，国家市场监管总局和上海市监局在两个案件中对相关市场的界定并不相同。

1. 就相关产品市场而言，某中文外卖平台案的相关产品市场被界定为网络餐饮外卖平台服务市场，并未作出进一步细分。而在某英文外卖平台案中，在线餐饮外送平台服务被进一步细分为提供英文服务的平台服务，并且与提供中文服务的在线餐饮外送平台服务之间不具有替代关系。这是因为，在需求替代方面，语言是用户选择在线餐饮外送平台的一个重要考虑因素。在用户群体和消费特征方面（如消费水平、饮食偏好、点餐习惯等）方面，提供英文服务的在线餐饮外送平台与提供中文的平台具有较显著差异；在供给替代方面，从页面设计、合作餐厅选择、售前售后服务、配送服务等方面看，提供英文服务的平台与提供中文服务的平台存在较大区别。两种平台相互转型成本较高，并且在线餐饮外送平台服务市场本身存在技术、用户黏性高等进入障碍。因此，提供英文服务的在线餐饮外送平台服务和提供中文服务的在线餐饮外送平台服务不具有替代关系。

2. 就相关地域市场而言，某中文外卖平台案的相关地域市场被界定为中国境内市场，而某英文外卖平台案的相关地域市场则被界定为上海市。从业务范围来看，某英文外卖平台的业务范围仅覆盖上海市、北京市、苏州市三地，而某中文外卖平台覆盖的城市超过1000个。并且，包括某中文外卖平台在内的中国境内主要网络餐饮外卖平台经营者普遍定位为全国性的网络餐饮外卖平台，

① 国家市场监管总局反垄断局行政处罚决定书和行政指导书，国市监处〔2021〕74号。

② 上海市市场监管局行政处罚决定书，沪市监反垄处〔2020〕06201901001号。

从全国层面制定竞争策略，在全国范围布局并开展竞争。由此可以看出，鉴于某英文外卖平台的英文服务在线餐饮外送平台和某中文外卖平台的网络餐饮外卖平台的这些差异，执法机关结合具体情况进行个案分析，得出了不同的结论。

三、界定市场时的特殊问题

在评估市场时，某些市场的特性可能会对市场定义带来特殊挑战。

1. 招标市场：招标市场指企业根据买方的招标通过投标来竞争的市场。在识别某企业所面对的竞争约束时，关注点必须放在识别那些有能力参与竞标和未来招标的供应商上。在招标市场内，相关市场将包括所有被视为在相关地理范围内有能力就相关产品投标的可靠竞争者。

2. 季节性市场和时间因素市场：对于某些市场来说，时间是一个重要的考量因素。例如，繁忙与非繁忙时段的服务可能被视为不同的市场，如平日早晨的火车票与周末的火车票可能属于不同市场。此外，对于季节性产品，定义市场时也应考虑时间因素。

3. 双边 / 多边市场：双边 / 多边市场是指企业同时针对两组或以上互相关联需求的客户群体进行竞争的市场。例如，企业在平台的不同侧，同时向两个不同的购买群体销售产品。例如，网络拍卖平台既要吸引卖家在其平台上销售产品，也要吸引买家购买这些产品。提高对卖家的收费不仅会导致卖家的流失，也可能会因为拍卖品的减少而导致产品购买侧买家数量的减少。其他双向市场的例子包括报纸，需要同时吸引愿意购买报纸的读者和愿意在报纸上投放广告的广告客户。多边市场的市场定义比大多数传统的单边市场更为复杂，评估时必须同时考虑市场内两端的竞争约束。

4. 价格差异化市场：如果供应商能够根据不同类别的买家设定不同的价格，这些买家可能被视为处于不同的市场。企业可能出于各种原因能够对不同类别的买家进行价格区分，例如软件产品的商业用户与个人用户可能需要支付不同的价格，或者某些用户因高昂的转换成本而被锁定在特定产品上。

四、特定行业领域的相关市场界定指引

国家市场监管总局曾为某些特定行业领域制定反垄断指南，包括知识产权领域、汽车行业、原料药、平台经济等。该类指南为特定领域的市场界定方式也提供了有益指引。

（一）知识产权领域

知识产权在反垄断法律领域中具有特殊地位。“知识产权”包括了专利权、著作权和商标权等，它们为权利人提供了对其创新成果的独占使用权。然而，在反垄断法的实施中，必须在保护知识产权与维护市场公平竞争之间找到恰当的平衡点。在实际案例中，知识产权尤其在通信和医药行业显示出其重要性，因为这些行业的技术创新直接关系到经济的持续增长。音乐和出版行业中的著作权问题也频繁触及反垄断法问题。

国务院反垄断委员会于 2019 年发布的《关于知识产权领域的反垄断指南》（以下简称《知识产权反垄断指南》）为涉及知识产权领域的市场界定提供了指导，强调在定义相关市场时，除了传统的“商品市场外”，还可以考虑技术市场。如果知识产权和相关商品分开交易，如技术许可或技术转让，被交易的技术可能构成单独的技术市场。界定相关技术市场时，需要考虑下列因素。

1. 技术特征：技术特征包括技术的功能性、效率、稳定性等，这些特点直接影响技术的竞争力和市场接受度。例如，具有独特性能或更高效率的技术可能会形成单独的市场。

2. 应用范围：指的是技术可被应用于多少种不同的产品或服务中。技术应用范围广泛可能意味着其市场边界更为广阔，因为它能满足更多种类的市场需求，从而减少其他技术的替代可能性。

3. 许可费用：技术许可费用的高低直接影响到采纳该技术的成本效益比，进而影响市场参与者的选择。如果某一技术的许可费过高，即使该技术在功能上较为先进，市场参与者也可能因成本因素而寻找替代技术。因此，许可费用的设置需要充分考虑市场竞争状况和潜在用户的支付能力。

4. 技术兼容性：是指一个新技术能否与已存在的系统或其他技术产品很好地配合使用。例如，如果一种新的手机操作系统能够轻松地与现有的应用程序和服务兼容，那么它更容易被市场接受。反之，如果这种操作系统需要开发全新的应用程序才能使用，那么用户可能会因不便而避免使用这种新技术。因此，技术的兼容性对于其市场成功而言至关重要。

5. 技术的有效期 : 技术的有效期指的是一种技术从被创造出来到过时的这段时间。在技术更新换代非常快的行业里，比如手机、电脑，新技术很快就会被更先进的技术取代。这种快速的技术更迭意味着公司需要不断创新才能保持竞争力。在分析市场时，了解一个技术的预期有效期有助于预测市场动态和企业的投资价值。

6. 技术市场与其下游商品市场的关系：有时，一种技术可能只用于一个非常特定的商品，这时技术市场和商品市场几乎是一样的；但有时，一种技术可能用于多种商品，这时技术市场就比任何单一的商品市场都要大。此外，如果一种商品可以由多种不同的技术生产，那么这些技术之间的替代性也会影响市场的界定。

7. 市场参与者转向其他可替代技术的可能性和经济成本：市场参与者是否会选择使用替代技术，在很大程度上取决于转换成本和需求的弹性。如果替代技术的成本较低而且容易获得，用户可能很快就会转向使用新技术。然而，如果用户已经在某种技术上投入了大量的成本，比如特定的设备或软件，他们就可能不愿意或不能轻易改用其他技术，这种现象被称为“用户锁定”。需求弹性是指用户对价格变化的敏感程度，需求弹性高意味着用户对价格变化的敏感度低。

8. 技术标准和标准必要专利：在技术行业中，很多产品和服务都需要遵循特定的技术标准，这样不同公司生产的设备或软件才能互相兼容。标准必要专利是指为了遵循某个技术标准而必须使用的专利技术。拥有这种专利的公司在市场上通常拥有较强的影响力，因为其他公司若想生产符合标准的产品，必须获得这些专利的授权。

在《反垄断法》的框架下，标准必要专利（Standard Essential Patent，SEP）构成了一个独特的议题。这类专利在确定行业标准中起着关键作用，因此被视为“不可或缺的专利”。它们具有标准的属性和实施上的必要性。专利持有人因其专利在标准制定中的中心位置，往往具有显著的市场影响力，这可能导致市场垄断的风险。SEP 通常被视为构成了独立的许可市场，尤其是在通信行业。这些专利对实施特定通信标准非常重要，因此在市场中构成了独立的技术领域。在这个领域中，SEP 的专利持有人可以对技术实施方施加特定的许可条件。如果这种市场力量不受适当的监管，可能导致滥用市场支配地位，从而影响市场的公平竞争。因此，在进行反垄断市场定义时，必须特别注意 SEP 所构成的市场力量和潜在的垄断风险，以确保技术进步和市场竞争的平衡得到适当维护，从而产生了下文所述针对 SEP 专利持有人所承担的“公平、合理、无歧视”（fair, reasonable and non - discriminatory，FRAND）义务。

案例评述 6-2-2　某无线通信企业滥用市场支配地位案（2015）[①]

在国家发改委于 2015 年查处的某无线通信企业滥用市场支配地位案中，国家发改委认为，由于不同无线通信技术标准之间不存在现实可行的替代关系，因此，每项无线通信的标准必要专利许可均是一个单独的相关产品市场。具体而言：

① 国家市场监管总局行政处罚决定书，发改办价监处罚〔2015〕1 号。

1. 从需求替代性角度分析，无线通信终端制造商生产特定的无线通信终端，纳入相关技术标准的每一项无线通信标准必要专利都不可或缺，都是必须要实施的技术专利，任何一项无线通信标准必要专利的缺失，都会导致无线通信终端不能完全符合相关技术标准，不能满足市场需求。

2. 从供给替代性角度分析，每一项无线通信标准必要专利都具有唯一性，在被相关无线通信技术标准采纳、发布和实施后，不存在实际的或者潜在的替代性供给。因此，每一项无线通信标准必要专利许可均单独构成一个独立的相关产品市场。

在确定地域市场的主要考虑因素时，由于知识产权密集型行业市场的虚拟性和无边性，产品和服务的提供受地域限制较小，因而更可能构成全球市场；但是也需要考虑一些特殊的法律和权利限制，如知识产权保护的地域性。在界定涉及知识产权的相关地域市场时，通常需要考虑相关知识产权的授权地域范围或权利使用的地域范围，以及相关技术或未来创新活动可能影响的地域范围。

（二）汽车业领域

国务院反垄断委员会 2019 年发布的《汽车业反垄断指南》为界定汽车领域内的相关商品市场和地域市场提供了明确的指导。该指南指出，鉴于汽车产业链条的延伸和业务类型的多样性，相关市场的界定应遵循《反垄断法》及《相关市场界定指南》的一般原则和方法，并结合汽车行业的特点及具体案件进行细致分析。

在商品市场方面，《汽车业反垄断指南》区分批发和零售两个环节。其中批发环节是汽车供货商与经销商之间的交易，而零售环节则是经销商直接面向最终用户。根据案件的具体情况，可能需要将汽车批发和零售分别视为独立的相关商品市场。此外，汽车售后市场可以根据实际需要进一步细分为售后配件经销市场和售后维修保养市场，甚至可以根据替代性分析进行更精细界定。关于整车市场的细分，《汽车业反垄断指南》提出可能需要根据车辆型号和用途进一步细化，将整车市场进一步划分为乘用车和商用车两大类别，并可以根据车辆的大小、载重能力和特定应用场景进行更为细致的分类，以更精准地识别市场的竞争格局和消费者需求。

在地域市场界定上，《汽车业反垄断指南》认为，由于不同国家的竞争环境存在显著差异，乘用车制造市场可以按国别界定。乘用车批发市场通常也是全国范围内的业务，因此批发地域市场同样可以按国别界定。而在零售层面，受到汽车牌照、通行限制、售后服务和保修条款等因素的影响，以及考虑到选购汽车的时间和交通成本，乘用车零售市场可能被界定为省级或地区性市场。

针对售后市场，考虑到品牌锁定效应对消费者选择的影响，《汽车业反垄断指南》认为，可能需要按照品牌对售后市场进行细分，意味着特定品牌的汽车售后配件经销和维修保养服务可能被界定为独立的相关商品市场，以反映品牌在汽车售后市场中的实际影响力及对消费者的重要性。

（三）药品领域

国务院反垄断反不正当竞争委员会《关于药品领域的反垄断指南》（以下简称《药品反垄断指南》）为药品市场的界定提供了明确的指导。在界定药品领域相关市场时，该指南强调需求替代分析的重要性，即综合考虑药品的用途或者功效（适应证或者功能主治），价格，疗法（给药途径、用药次序等），产品特性，禁忌和不良反应，医患用药偏好，监管和医保政策等因素进行细致评估。同时，供给替代分析也被纳入考量，这涉及市场进入的难易程度、生产能力、生产设施改造的可行性以及技术壁垒等因素。

其中，就原料药而言，原料药对生产化学药制剂的特殊作用意味着一种原料药通常构成单独的相关商品市场。然而，市场的具体细分需根据实际情况进行。假设不同品种的原料药在治疗相同疾病时具有替代性，也不能完全排除将多种原料药认定为构成同一相关商品市场的可能性。此外，原料药的化学成分、可获得性、价格敏感度、治疗效果和安全性等都是影响市场界定的关键因素。

在实际操作中，药品（包括原料药）市场界定需综合考虑上述因素，以确保相关市场的划分既准确又具有实际意义。通过这种细致的分析，可以更好地评估药品市场的竞争状况，保护消费者利益，并促进行业的健康发展。《药品反垄断指南》的发布，为监管机构、企业和市场参与者提供了清晰的框架，以识别和评估市场中的反竞争行为，确保市场的公平竞争和有效监管。

【案例】

在河南省市场监督管理局于2021年查处的某苯酚原料药公司滥用市场支配地位案[①]中，考虑到苯酚原料药用途单一，是苯酚制剂类药品（如鸡眼膏）的主要原料，其需求方一般是制剂生产厂家和医院。含苯酚原料药制剂的处方中，苯酚及苯酚的含量是通过复杂、漫长的新药研发程序确定下来的，不能使用其他药物替代，其含量也不能改变。只有使用药品标准处方生产制剂，才能保证制剂的安全、有效、合法。根据药品标准，鸡眼膏制剂生产厂家只有使用苯酚原料药才能生产出鸡眼膏。因此，苯酚原料药在含有苯酚的制剂中具有不可替代性，苯酚原料药构成单独的商品市场。

（四）平台经济领域

国务院反垄断委员会《关于平台经济领域的反垄断指南》（以下简称《平台经济反垄断指南》），为界定平台经济领域的相关市场提供了指导性框架，明确在界定平台经济领域的相关市场时，结合个案具体情况，可以基于平台功能、商业模式、应用场景、用户群体、多边市场、线下交易等因素进行需求替代分析；当供给替代对经营者行为产生的竞争约束类似于需求替代时，可以基于市场进入、技术壁垒、网络效应、锁定效应、转移成本、跨界竞争等因素考虑供给替

① 上海市市场监督管理局行政处罚决定书，沪市监反垄处〔2021〕3220190101511号。

代分析。

在这一领域,市场界定的难点在于市场边界的模糊性,主要体现在两个方面:(1)平台应用程序(App)在核心功能之上不断演化出新功能以满足多样化的用户需求,例如微信从即时通讯起步,逐步扩展到朋友圈、视频号、微商平台等多元化服务;(2)市场的持续分化,催生了更多专注于特定功能细分领域的应用程序,如视频平台最初没有任何差异化,后续逐渐分化出中长视频与短视频。

平台经济的另一个复杂性在于其多边市场特性,涉及平台内经营者、消费者和服务提供商等多个参与方,他们各自有不同的需求和利益考量。在进行需求替代和供给替代分析时,如何综合考虑这些不同参与方的需求成为一个重要问题。

由于平台经济的动态性和创新性,一些理论或讨论认为,在平台经济的反垄断案件中,可以考虑跳过市场界定这一步骤,直接对经营者的市场支配地位进行认定。然而目前尚未有案例在没有界定相关市场的前提下认定任何互联网经营者具有市场支配地位。

综合而言,平台经济领域的市场界定需要细致分析平台的功能演变、用户需求的多样性、多边市场结构的复杂性以及供给替代的实际可能性,这要求监管机构在评估市场力量和竞争状况时,采取更为灵活和创新的方法,以适应平台经济的独特性,并同时确保市场的公平竞争和消费者的利益。

从企业反垄断合规实务角度看,针对特定领域例如知识产权领域或平台经济领域的相关市场界定,企业法律合规部应充分借助外部专业反垄断律师的丰富智识与实践经验,指导企业相关部门准确理解相关市场的界定,据之以有效指导相关市场或业务合作活动。

第三节　评估市场力量

一、如何判断经营者是否具有市场支配地位

依据国家市场监管总局所发布的《禁止滥用市场支配地位行为规定》（以下简称《禁止滥用市场地位规定》），市场支配地位是指经营者在相关市场内具有能够控制商品或者服务（以下统称商品）价格、数量或者其他交易条件，或者能够阻碍、影响其他经营者进入相关市场能力的市场地位。[①]

在反垄断法中，认定企业是否具有市场支配地位，市场份额是一个重要但非唯一的考量因素。市场份额通常根据企业在相关市场的销售额（或销售量）与整个市场的总销售额（或销售量）之比计算得出，具体公式为：

市场份额 =［特定企业的销售额（或销售量）/ 相关市场的总销售额（或销售量）］× 100%。

根据《反垄断法》第 24 条的规定，市场份额达到一定比例的企业可以被直接推定具有市场支配地位，如一个经营者市场份额达到 50%，两个经营者合计市场份额达到 2/3，或三个经营者合计市场份额达到 3/4。但如果其中经营者的市场份额低于 10%，则不应推定其具有市场支配地位。目前为止在实践中，共同市场支配地位的案例数量很少，主要还是单独企业被认定具有市场支配地位，因此企业市场份额是否超过 50%，是判断其是否具有市场支配地位的一个重要指标性参考。当然如果一个企业市场份额接近 50%（如 45%），排名市场第一，并且其他竞争者份额远低于这家企业，那么这家企业被认定具有市场支配地位的风险也会比较高。

企业如果在市场上拥有较高的份额，可能会被初步推定为具有市场支配地位。但是，高市场份额并不一定意味着企业具有市场支配地位，因为市场份额

① 《禁止滥用市场支配地位行为规定》第 6 条。

只是一个表面的量化指标，它不能全面反映市场的竞争状况和企业的实际影响力，单纯依赖市场份额推定可能以偏概全。例如，在两家互联网企业垄断纠纷案[①]中，最高人民法院曾经表示，“市场份额只是判断市场支配地位的一项比较粗糙且可能具有误导性的指标。在市场进入比较容易，或者高市场份额源于经营者更高的市场效率或者提供了更优异的产品，或者市场外产品对经营者形成较强的竞争约束等情况下，高的市场份额并不能直接推断出市场支配地位的存在”。

因此，法律允许企业通过提供相反的证据来反驳这种推定。在最高人民法院审理的某医药企业滥用市场支配地位纠纷案[②]中，尽管被诉企业最终未能成功推翻市场支配地位的认定，但最高人民法院承认其市场支配地位受到下游市场的间接竞争约束这一因素的削弱。最高人民法院指出，由于被诉企业在中国的枸地氯雷他定原料药市场拥有 100% 的市场份额，但其市场支配地位因受到来自下游二代抗组胺药制剂市场的间接竞争约束而在某种程度上受到削弱。最高人民法院特别强调，中间投入品与下游产品需求之间的紧密关联性越强，下游市场对上游经营者施加的间接竞争约束也越应受到重视，包括其财力、技术能力、控制交易条件的能力及相对方的依赖程度。

在评估企业是否具有市场支配地位时，除了考虑市场份额外，还需要细究若干关键因素。[③]这些因素通过具体例子来解释，可更易于理解其重要性和应用。

1. 控制销售市场或原材料采购市场的能力：例如，如果一家企业是特定原料药的唯一供应商，该企业在制剂领域可能具有较强的市场支配地位。这是因为，如果该企业选择不向其他制剂厂商供货，将极大影响后者的生产能力和市场竞争力。控制销售渠道或采购渠道的能力、影响或决定价格、数量、合同期限等交易条件的能力，以及优先获取关键原料和资源的能力，均可加强企业在市场

① 最高人民法院：《最高人民法院关于发布第 16 批指导性案例的通知》（法〔2017〕53 号），指导案例 78 号。

② 中国法院网：《最高法发布 2023 年人民法院反垄断和反不正当竞争典型案例》，（2020）最高法知民终 1140 号，2023 年 9 月 14 日。

③ 《禁止滥用市场支配地位行为暂行规定》第 7~13 条。

中的控制力。

2. 经营者的财力和技术条件：例如，一家企业如果拥有庞大的资产规模、强大的盈利和融资能力，辅以先进的研发和技术装备，便能够有效扩张业务并巩固市场地位。拥有的知识产权如专利、商标等，也能提升其在市场中的竞争优势和排他性，进一步加强其市场地位。

3. 其他经营者对该经营者在交易上的依赖程度：如果多数交易者高度依赖某一主导企业，且难以在合理时间内找到替代交易对象，依赖性会使主导企业在市场上具有较高的控制力。买方力量和买方市场结构可能防止供应商具有相当程度的市场权势。买方力量并非仅仅是买方规模上的问题，也需要考虑买方的议价能力和买方是否可以选择不同供应商的问题。例如，如果买方具有多渠道供应商储备，因而，可有效主导交易，则显示其具有买方力量。

4. 市场进入的难易程度：是指阻止或妨碍准备进入市场的新竞争者进入市场，或以其他方式迫使该名新竞争者处于相较固有市场参与者而言的显著竞争劣势的各种因素。市场准入门槛高、必要资源获取困难、技术壁垒显著、品牌依赖度高、用户转换成本大等因素，都会限制新竞争者的进入，使现有企业能更容易维持或增强其市场支配地位。

5. 市场结构：市场结构描述了一个市场中竞争者的数量、大小分布以及进入和退出市场的难易程度。市场结构的类型主要包括完全竞争、垄断竞争、寡头竞争和纯垄断。市场结构影响企业定价、产量、投资和创新等决策，进而影响消费者福利和市场效率。

6. 相关市场透明度：市场的透明度指的是市场信息的可获得性和透明度，包括价格、产品特性、供应条件等信息。高透明度意味着所有市场参与者都能轻易地获取关于市场的重要信息，这有助于增加市场的竞争程度，减少信息不对称造成的市场失灵。

7. 相关商品同质化程度：相关商品的同质化程度高，意味着不同供应商提供的产品或服务在消费者眼中几乎没有差别，通常价格成为唯一的竞争因素。高度同质化的商品往往会产生激烈的价格竞争，可能导致较低的利润率和较高的市场效率。

8. 经营者行为一致性：经营者行为的一致性指的是市场上主要经营者在定价、产量设置、市场策略等方面的行为是否表现出相似或一致的模式。高度一致的行为可能是市场协调的结果，这种协调可以是违法的（如卡特尔）或合法的（所谓的“默契协调”或“平行行为”）。

即使企业的市场份额未达到《反垄断法》下的推定标准，也并不意味着它无市场主导地位。举例而言，一家企业某一年的市场份额可能低于50%，但如果其在定价、供应或技术上有显著影响力，或者市场进入难度大，那么它可能仍被视为具有市场主导地位。

在实践中，企业为了初步自我评估是否具有市场支配地位，通常会先行判断其市场份额。如果市场份额低于50%，则该企业较大可能不会被认定为具有市场支配地位，但仍需考虑是否存在共同支配地位的情况及上述的“其他”因素。在评估市场份额时，企业首先需要评估其在较大范围市场中的份额，这通常涵盖了所有相似或可替代的商品。然而，仅关注较大市场的份额并不足以全面评估，因为在滥用市场支配地位的案件中，司法和执法机关很可能进一步细分市场，如按细分地域、产品功能、消费者偏好等因素。在这些更精细的市场细分中，企业的市场份额可能会显著提高，甚至达到市场支配地位。因此，企业在进行市场支配地位的自我评估时，应特别注意这种市场细分的可能性与客观性，并分析自身在所有相关的、可能被定义为独立市场的细分领域中的市场份额。

此外，企业在计算市场份额时必须采用可靠的数据来源和方法，确保数据收集的权威性、程序的合法性及计算逻辑的合理性。例如，在某信息服务公司诉某互联网公司滥用市场支配地位纠纷上诉案[①]中，原告主张被告占据相关市场

① 北京市高级人民法院民事判决书，（2010）高民终字第489号。

支配地位，但法院认为其未能充分证明其市场份额计算的数据来源、收集程序及计算逻辑，因此无法确信该市场份额的确定源于科学和客观的分析，最终未采纳该证据。这在企业反垄断实务中，许多情形下会成为“痛点”，即由于数据来源渠道或数据量有限，无法进行有效分析与计算。其解决办法是可以考虑通过行业协会数据、采购专业市场调研机构的数据、合法收集相关公开信息的方式来进行弥补。

二、“共同支配地位”的判断方法

《反垄断法》第 24 条对市场支配地位的规定，不仅涵盖了单一经营者的市场支配地位，还详细说明了如何评估两家或以上企业共同市场支配地位。如果两家经营者的市场份额合计超过 2/3（66.67%），或三家经营者的市场份额合计超过 3/4（75%），则这些经营者可以被推定为具有市场支配地位。

在评估共同市场支配地位时，关键问题是判断企业之间是否存在有意的联系或协调行为，以及是否存在非正式的同步行为，也称为“默契协调”或“平行行为”。这种平行行为通常表现为企业在没有明确协议的情况下，在价格设定、市场策略等关键商业决策上表现出高度一致性。

需要注意的是，共同市场支配地位的认定及其滥用虽然在理论上适用于所有行业，但实际上这是一个相对特殊的情况。例如在产品差异化程度低，或者高度集中市场（如汽车燃油市场、手机通信市场）中，企业间的市场力量相互依赖更加明显，即使不存在合作协议，也可能导致企业在实际操作中往往会展现出一种默契的一致行动。

【案例】

河南省三家电信公司于 2022 年被最高人民法院认定具有共同市场支配地位。[①]2015 年，马某与某电信企业河南公司（以下简称某电信企业）签署《“特

① 最高人民法院知识产权法庭民事判决书，（2021）最高法知民终 1977 号。

需号码”客户协议》。2021 年，马某在郑州市中级人民法院起诉并指控某电信企业与其他两家电信企业具有共同市场支配地位，在此基础上，某电信企业从事了限定交易和差别对待客户的滥用市场支配地位行为。经历一审后，最高人民法院于 2022 年 6 月作出二审判决，维持了郑州市中级人民法院认定某电信企业不构成滥用市场支配地位的一审判决并驳回马某起诉。但是，最高人民法院在判决中认定了某电信企业的市场支配地位。在市场界定方面，最高人民法院将本案涉及的相关市场，界定为河南省洛阳市移动通信服务市场；在市场支配地位方面，最高人民法院根据相关市场内上述三家企业合计达到 100%，且三家运营商长期存在一致性经营行为，认定被告与其他两家公司在相关市场中具有共同市场支配地位。

《2024 年反垄断法司法解释》规定，经营者可以基于以下任意一项证据，来推翻对共同支配地位的推定：（1）被认为可能具有共同支配地位的多个经营者之间不具有行为一致性且存在实质性竞争；（2）被认为可能具有共同支配地位的多个经营者作为整体，在相关市场受到来自其他经营者的有效竞争约束。据这一抗辩规则可以从反面推理出，仅在多个经营者采取相同行为、经营行为具有一致性时才有考虑适用共同支配地位推定的必要性，上述规定也与欧盟等司法辖区的认定路径保持一致。

三、特定领域的市场支配地位认定指引

与相关市场界定类似，在评估认定市场支配地位的考虑因素时，也需要考虑不同行业的特点和案件具体情况。国家市场监管总局在为特定行业领域制定的反垄断指南中阐述了相关考虑因素。

（一）知识产权领域

《反垄断法》下的基本原则是，拥有知识产权并不必然导致获得市场支配

地位，但这并不意味着所有涉及知识产权的行为都可以免受《反垄断法》规制。

在知识产权领域，判断一家企业是否具有市场支配地位的方法与传统市场中的判断方法有所不同。首先，知识产权如专利或版权所赋予的市场力量，很大程度上来自该知识产权产品的创新性和市场的接受度。这意味着，一个企业如果拥有一个独特且广受欢迎的专利或版权，其市场影响力可能远超过其他普通商品的生产商。其次，与普通商品不同，知识产权产品往往难以找到直接的替代品，这使相关市场的范围通常较小。例如，如果一个专利产品在市场上没有相似的竞争产品，那么拥有该专利的企业就可能成为市场上的唯一供应商，自然就拥有了市场支配地位。最后，由于知识产权的特殊性，权利人不仅对其创新产品拥有控制权，还能影响该产品的使用方式，从而在市场中占据更为强势的地位。这种控制力的强度，使知识产权权利人在市场中通常拥有较强的市场支配地位。因此，在知识产权领域内，一个企业或个人通过其独特的知识产权很容易形成市场支配地位，对市场竞争和消费者选择产生重大影响。这也是监管机构在处理涉及知识产权的反垄断案件时特别谨慎的原因。

《知识产权反垄断指南》阐述了涉及知识产权领域的市场支配地位认定的考虑因素。结合知识产权的特点，具体包括以下因素：

1. 交易相对人转向具有替代关系的技术或者商品的可能性及转换成本：当一项知识产权被滥用以排除或限制竞争时，其他交易方是否有能力转向其他技术或商品。例如，如果某专利药品存在滥用市场支配地位的情况，其他制药公司或消费者能否转向其他具有同样或类似治疗效果的药品。转换成本可能包括时间、金钱或技术上的投入。这些成本的高低将影响交易相对人转向替代品的难易程度。

2. 下游市场对利用知识产权所提供的商品的依赖程度：此因素涉及知识产权所涉商品或服务在下游市场中的重要性。如果下游市场高度依赖于某项知识产权，例如特定专利技术是生产某个产品所不可或缺的，则该知识产权的持有者可能具有较大的市场影响力。例如，SEP是实施某个行业标准所必需的，因此，下游制造商对该专利技术的依赖度很高。

3. 交易相对人对经营者的制衡能力：考虑的是交易对方是否有能力对滥用知识产权的行为进行制衡。例如，如果一个专利持有者试图通过不公平的许可条款来滥用其市场支配地位，其他企业是否有能力通过谈判、诉讼或其他手段来对抗这种行为。制衡能力可能与企业的规模、资源、技术能力或市场上的竞争状况有关。①

如前所述，每个SEP可能会被定义为一个单独的市场。因此，持有SEP的企业被认为具有市场支配地位的风险较大。在这种情况下，SEP持有者需要遵守FRAND义务，以避免被视为滥用市场支配地位。

（二）汽车业领域

《汽车业反垄断指南》对汽车行业市场支配地位的判断提出了明确的指导原则。该指南强调，评估市场支配地位时，必须综合考虑汽车产业的特点，例如产业链长、上中下游业务类型多样等；界定相关市场亦应考虑汽车业的特点，结合个案具体分析。

此外，新车销售市场的竞争可能较为激烈，而汽车售后市场可能因锁定效应和兼容性问题面临竞争限制，这些因素均需纳入考量。锁定效应指的是消费者在购买特定品牌汽车后，可能由于原厂配件的专有性、维修技术的专业性或保修政策的限制，而难以转向其他品牌的维修服务或配件；兼容性问题则涉及不同品牌汽车零部件的互换性问题，不同品牌汽车的零部件可能因为设计和制造标准的差异而无法互相替换使用。

因此，在界定汽车售后市场时，汽车品牌成为一个重要的考虑因素。即使某汽车厂商在新车销售市场上没有支配地位，但如果其品牌的汽车售后市场存在锁定效应，且原厂配件和服务具有唯一性，汽车厂商也可能对特定维修服务

① 《关于知识产权领域的反垄断指南》第14条。

或配件供应拥有控制力，从而影响该细分市场的竞争格局。在这种情况下，该厂商可能在其品牌汽车的售后市场上被认定为具有市场支配地位。

（三）药品领域

根据《药品反垄断指南》的规定，在认定市场支配地位时，除了上述评估市场支配地位的一般因素外，还会结合药品领域特点，考虑药品经营者拥有专利等知识产权情况、控制药品供应链情况、监管法律法规和政策影响、交易相对人的制衡能力等因素。其中就原料药领域的市场支配地位评估而言，可能需要重点考虑以下因素。

1. 原料药经营者的实际产能和产量：指经营者在原料药生产方面的实际能力和产出水平。产能较大的经营者可能对市场供应有更大的控制力，而产量则直接影响到市场上原料药的流通量。

2. 原料药经营者控制原料药销售市场或采购市场的能力：这涉及经营者是否能够影响或决定原料药的销售条款、价格、分销渠道等，以及是否能够控制原料药的采购来源和成本。控制力较强的经营者可能会对市场价格和供需产生较大影响。

3. 交易相对人对原料药经营者的制衡能力：指交易相对人是否有能力对经营者的市场行为进行有效的制约和平衡。例如，如果交易相对人能够轻易转向其他经营者或有足够议价能力，那么单一经营者的市场支配地位就可能受到限制。

【案例】

在国家市场监管总局于2018年查处的某湖南原料药销售企业扑尔敏原料药滥用案[①]中，国家市场监管总局就将该湖南原料药销售企业具有较强的控制扑尔敏原料药销售市场的能力作为认定市场支配地位的重要考虑因素。该湖南原料

① 国家市场监管总局行政处罚决定书，国市监处〔2018〕21号。

药销售企业掌控扑尔敏原料药进口权，实施了大批量囤货行为，并基于潜在收购意图和《战略合作协议》对一家河南扑尔敏原料药销售企业具有一定控制力。这两家原料药销售企业在中国扑尔敏原料药市场占有绝对市场份额，是下游相关药品生产厂商采购扑尔敏原料药的最主要对象。因此，上述两家原料药销售企业具有较强的控制扑尔敏原料药销售市场的能力，在很大程度上能够控制扑尔敏原料药的价格、数量或者其他交易条件。

（四）平台经济领域

如前所述，市场份额是认定市场支配地位最重要的考虑因素之一，而根据《平台经济反垄断指南》，在确定平台经济领域经营者市场份额时，除了销售额、交易金额、交易数量等传统指标，还可以考虑活跃用户数、点击量、使用时长或者其他指标。

在平台经济领域，由于免费营销模式的普遍存在，市场份额的计算不应仅依据销售额，还应考虑用户黏性等其他指标。例如，一个社交媒体平台可能没有直接销售收入，但其用户基数和用户活跃度高，可以视为在该市场具有较大的影响力。

此外，在平台经济领域中，创新和速度都极其重要。因此，数字经济领域技术的极速进步对市场结构和竞争环境产生了深远的影响。在奇虎案[①]中，最高人民法院的判决强调了在互联网环境下市场竞争的高度动态性对支配地位认定的影响。法院指出，“高的市场份额并不能直接推断出市场支配地位的存在。特别是，互联网环境下的竞争存在高度动态的特征，相关市场的边界远不如传统领域那样清晰，在此情况下，更不能高估市场份额的指示作用。而应更多地关注市场进入、经营者的市场行为、对竞争的影响等有助于判断市场支配地位的具体事实和证据”。

① 最高人民法院：《最高人民法院关于发布第16批指导性案例的通知》（法〔2017〕53号），指导案例78号，2017年3月6日。

根据国家市场监管总局的指引[①]，评估数字市场和平台经济中的市场支配地位时，应考虑以下因素。

1. 竞争特点：市场的进入障碍和退出的难易程度等因素可以显著影响新竞争者的参与及现有企业的市场退出决策，从而影响市场竞争的整体态势。

2. 经营模式：平台的用户吸引策略（如免费模式）和收入模式（如直接收费、广告支持或数据货币化）直接关系到其可持续性和市场吸引力。

3. 用户数量和增长速度：用户基数的规模和增长速度，尤其是强大的网络效应，是评估平台市场力量的重要指标，反映了平台对用户的吸引力和市场渗透率。

4. 锁定效应：分析用户更换平台的成本，包括时间、金钱和学习成本。高锁定效应可能导致用户即使不满意服务也难以转移，从而影响市场竞争。

5. 技术特性：平台使用的技术是否先进，以及这些技术是否容易被竞争对手模仿或替代，是决定其市场地位的关键因素。市场创新企业在产品或服务上的创新频率和质量，包括技术创新、商业模式创新和用户体验创新，都是其保持市场竞争力的重要表现。

6. 数据处理能力：大数据分析能力是否为企业提供了特别的竞争优势。尤其在数据驱动的市场环境中，数据处理和分析能力成为关键的竞争资源。

7. 关联市场的影响力：企业在其主要市场之外，在相关联的市场上的影响力。这可以显示一个企业的市场力量是否已经扩展到其他领域。

【案例】

在某英文外卖平台案[②]中，上海市监局即以平台用户数、日订单量、合作餐厅商户数量和销售额等能够反映在线餐饮外送平台经营状况的四个重要指标计算了被调查的在线餐饮外送平台的市场份额，并查明了该平台在相关市场内市场份额

① 《禁止滥用市场支配地位行为规定》第 12 条。

② 上海市市场监督管理局行政处罚决定书，沪市监反垄处〔2020〕06201901001 号。

均高于其他经营者，且达到 1/2 以上。因此，该英文外卖平台具有市场支配地位。

第四节　滥用市场支配行为分析

《反垄断法》明确禁止具有市场支配地位的经营者滥用其市场地位，从事下列行为。

一、不公平的高价销售商品

《反垄断法》禁止具有市场支配地位的经营者从事以不公平的高价销售商品的滥用市场支配地位的行为。

（一）损害理论

在不具有市场支配地位的情况下，企业若试图单方面提高价格，其结果往往是产品销量下降，因为消费者可以轻易转向其他竞争者的产品。在这种情况下，高价策略对企业自身不利，也不会对市场造成持续的损害，因为市场的竞争机制仍在发挥作用。然而，当企业具有市场支配地位时，情况则大为不同。由于消费者和交易对手可能缺乏有效的替代选择，或者现有的替代品无法完全满足他们的需求，这些企业能够通过提高价格来获取超额利润，这种行为是以剥削消费者和其他市场参与者为代价的。此外，市场上的其他经营者可能会跟随这一定价策略，导致整个行业的价格普遍上涨。

考虑企业是否以不公平的高价销售商品，还需分析其实质竞争损害效果，具体可以从扰乱市场竞争秩序、损害上下游经营者合法利益和损害消费者利益等方面进行分析。

（二）行为的构成要素

在市场经济中，确立一个明确的价格基准（benchmark）用以判断价格是否过高是一项挑战。主要的问题在于统一价格标准的缺乏和买方对价格评价的主观性。因此，反垄断机构通常采用以下几种方法来客观评估价格是否过高。

1. 竞争者之间价格比较法：此方法通过比较同一市场内其他竞争者在相似市场条件下销售或购买同种或可比较商品的价格，来判断企业的定价是否存在异常。“明显高于”通常指的是有显著的价格差距，并不意味着轻微或正常的市场价差。例如，在某制药集团滥用市场支配地位案[①]中，当事人销售左卡尼汀原料药的平均价格是其他经营者平均价格的 1.51~1.88 倍。

2. 历史价格成本比较法：这种方法考虑两个主要方面，在成本基本稳定的情况下，销售价格是否超过正常幅度提高——这要求分析价格上涨与成本变化之间是否成合理比例。销售商品的提价幅度是否明显高于成本增长幅度——这里的“成本”不仅包括生产成本，还应包括研发和销售成本。任何导致成本增加的合理因素，如研发新技术或提高市场覆盖率的销售策略，都应考虑在内。因此，经营者在计算成本时，可以客观地将研发、销售、营销成本等包括在内。例如，在某医药企业滥用市场支配地位案[②]中，当事人在成本基本稳定的情况下，超过正常幅度提高销售价格。2016 年 1 月至 2017 年 6 月上旬，销售卡莫司汀注射液价格为 100~245 元 / 支，而截至调查前，卡莫司汀注射液平均价格超过 1500 元 / 支，相比 2016 年提高约 7.5 倍。

3. 区域价格比较法：针对在不同区域运营的企业，此法评估同一企业在相似市场条件下在不同区域的价格是否存在显著差异。对于跨国公司，地区间的价格差异可能由多种因素造成，如税收、物流成本、市场需求不同等。在这种情形下，企业可以通过提供这些客观因素的证据进行辩护，说明价格差异是合理的。

通过上述方法，司法和执法机关可以在多个维度上评估价格是否合理，确保价格定位的客观性和公平性。这些方法不仅帮助监管机构判断价格是否过高，

① 辽宁省市场监督管理局行政处罚决定书，辽市监反垄断处罚〔2023〕1 号。

② 天津市市场监督管理委员会行政处罚决定书，津市监垄处〔2023〕1 号。

还为企业提供了在价格审查中进行合理抗辩的依据。

（三）可能的正当理由

与针对其他滥用行为规定了可能存在的正当理由不同，以不公平高价销售商品的滥用行为在《反垄断法》下并不存在正当理由抗辩。

虽然如此，在面对不公平高价的指控时，企业可以通过比较竞争对手的价格进行抗辩。例如，在某供热企业滥用市场支配地位纠纷[①]中，被告公司展示其价格与其他同地区竞争者相比较低的证据。这些竞争者的地理和市场条件与被告类似，所以这种比较具有说服力。最终，法院接受了被告的证据，认定其价格合理，驳回了原告的诉求。

【案例】

2022年12月，国家市场监管总局公布了对某学术数据库涉嫌滥用市场支配地位行为的处罚决定。[②]

在滥用行为构成方面，国家市场监管总局通过采取历史价格成本比较和竞争者之间价格比较等方法认定某学术数据库实施了不公平高价行为，并明确了该学术数据库为提高其价格所采取的“不公平”手段。此外，根据处罚决定，该学术数据库还实施了限定交易的滥用行为，通过独家合作限定学术期刊出版单位、高校只能向其提供学术文献数据。

国家市场监管总局责令该学术数据库停止违法行为，并处以其2021年度中国境内销售额17.52亿元的5%的罚款，共计8760万元（不涉及没收违法所得）。

（四）合规建议

反垄断合规实践中，如果企业已发现其拥有50%及以上的市场份额（被推

---

① 宁波市中级人民法院民事判决书，（2020）浙02知民初182号。

② 国家市场监管总局行政处罚决定书，国市监处罚〔2022〕87号。

定具有市场支配地位），或者结合多方面因素发现其可能拥有市场支配地位，则其在考虑直接或间接提高产品或服务价格前，应谨慎行事。企业提价计划应事先与企业法律合规部评估潜在的法律风险与防范措施后方可予以实施。

二、以低于成本的价格销售商品

《反垄断法》禁止具有市场支配地位的经营者没有正当理由，以低于成本的价格销售商品。

（一）损害理论

根据企业的市场地位，低于成本定价策略（掠夺性定价，predatory pricing）影响各异。对于非市场支配地位的企业，实施此策略可能短期内吸引消费者，消费者因价格降低而受益，但同时企业自身可能因持续的资金流问题而难以维持运营，可能最终导致其退出市场。相反，具有市场支配地位的企业由于其雄厚的资本和资源，能够承受较长时间的财务压力，通过低于成本的定价来排挤竞争对手，尤其是那些资金不足的小企业。而一旦竞争对手因无法持续亏损而被迫退出市场，这些支配地位的企业则可能会提高价格，以弥补之前的损失。这种行为不仅长期损害消费者利益，还会破坏市场竞争，并剥削下游企业，在一个几乎无竞争的环境中获得更高的利润。

（二）行为的构成要素

在处理低价销售商品的行为时，《禁止滥用市场地位规定》中特别强调了价格是否低于其平均可变成本作为一个重要考量因素。平均可变成本指的是那些随着生产量的增减而变化的单位成本，这通常包括原材料费用、能源费用等直接变动成本。对于平台经济领域的免费模式，这种情况下的成本与收益分析将更为复杂。平台通常通过提供免费的服务或商品来吸引用户，然后通过其他方式（如广告、数据出售或升级付费服务）来盈利。在这种模式下，应当综合考虑经营者提供的免费商品及其相关的收费商品来评估其经济行为的性质。此外，仅仅因价格低于平均可变成本，并不能说明存在不正当竞争。还需要考虑市场上是否存在后续提价的行为，即所谓的“掠夺性定价”策略。虽然当前法规中并未明确指出必须有后续提价行为才能构成违法，但这仍是评估是否构成滥用市场地位行为的重要因素之一。对于没有市场支配地位的企业，即便以低于成本的价格销售，也可能构成《反不正当竞争法》下的违法行为。这是因为，即使没有支配地位，企业的低价销售行为也可能影响市场竞争的公平性，从而构成不正当竞争。

（三）可能的正当理由

《禁止滥用市场地位规定》列明的“正当理由”包括：（1）降价处理鲜活商品、季节性商品、有效期限即将到期的商品或者积压商品的；（2）因清偿债务、转产、歇业降价销售商品的；（3）在合理期限内为推广新商品进行促销的；（4）能够证明行为具有正当性的其他理由。

（四）合规建议

反垄断合规实践中，如果企业在市场具有或可能具有市场支配地位，需要特别留意定价策略，以避免被控实施掠夺性定价（故意将价格定得低于成本，以排挤竞争对手或阻止新竞争者进入市场）。在制定低价策略时，企业业务部门应事先与法律合规部协商确定相关低价策略的合法性与支持性文件与证据，方可实施。

三、拒绝与交易相对人进行交易

《反垄断法》禁止具有市场支配地位的经营者没有正当理由而拒绝与交易相对人进行交易。

（一）竞争损害理论

通常情况下，企业无论是否具有市场支配地位，均享有自由选择交易对象的权利。这意味着企业可以基于合理的商业理由，自行决定与哪些交易相对人开展或终止业务关系。例如，如果一家企业对另一家企业的信用存在合理疑虑，它完全有权选择不与其进行交易。

然而，对于拥有显著市场优势的企业而言，其拒绝交易的行为可能在特定情况下构成市场支配地位的滥用。例如，一个市场中具有支配地位的原材料供应商如果拒绝与下游市场的企业进行交易，可能会导致这些企业无法获得关键原材料。这种所谓的"原材料封锁"（input foreclosure）行为会使下游市场的企业难以正常运营或有效竞争，进而损害市场的整体竞争环境。同样，一个具有市场支配地位的下游客户如果拒绝与上游供应商交易，也可能会给上游市场的供应商带来寻找客户的困难。这种"客户封锁"（customer foreclosure）会阻碍上游市场的竞争，从而对整个供应链的健康和竞争力产生负面影响。

（二）行为的构成要素

在实践中，拒绝交易行为可能表现为多种形式。根据《禁止滥用市场地位规定》，包括：（1）实质性减少与交易对方的现有交易量；（2）延迟或中断与交易对方的现有交易；（3）拒绝与交易对方进行新的交易；（4）通过设定对方难以接受的价格、回购商品或其他限制性条件，使交易难以进行；（5）拒绝在合理条件下，让交易相对方使用必需设施进行生产和经营活动。在认定是否构成"必需设施"时，应当综合考虑以合理的投入另行投资建设或者另行开发建造该设施的可行性，交易相对人有效开展生产经营活动对该设施的依赖程度，该经营者提供该设施的可能性以及对自身生产经营活动造成的影响等因素。

（三）可能的正当理由

《禁止滥用市场地位规定》规定了拒绝交易行为的正当理由，具体包括：（1）因不可抗力等客观原因无法进行交易；（2）交易相对人有不良信用记录或者出现经营状况恶化等情况，影响交易安全；（3）与交易相对人进行交易将使经营者利益发生不当减损；（4）交易相对人明确表示或者实际不遵守公平、合理、无歧视的平台规则；（5）能够证明行为具有正当性的其他理由。

【案例】

2021年1月22日，国家市场监管总局对某原料药企业拒绝交易滥用市场支配地位的行为作出了行政处罚决定。[①]在该案中，该原料药企业通过与境外巴曲酶原料药生产企业签订合作协议取得了中国境内巴曲酶原料药的全部货源，成为中国市场上唯一可以销售巴曲酶原料药的公司。国家市场监管总局认为，该原料药企业在控制中国境内巴曲酶原料药销售市场后，拒绝向下游制剂企业销售原料药的行为排除了下游巴曲酶注射液市场的竞争，使下游制剂企业因无原料药供应而停产，无法继续向市场稳定供应巴曲酶注射液，构成滥用市场支配地位的行为，并且其所主张的正当理由（包括库存不足、影响交易安全、存在商业纠纷等）经国家市场监管总局审查后均无法成立。

（四）合规建议

对于具有或可能具有市场支配地位的企业，在考虑停止或大幅减少向某些交易伙伴供应产品或提供服务时，企业应慎重行事。在进行此类决策前，企业业务部门应先与法律合规部共同评估该决策的合理性和合法性，考虑其对市场竞争和消费者利益的影响，并保留前述评估分析的详细书面记录。在有客观正当理由如交易方违约或逾期付款等情况下，拥有市场支配地位的企业可以减少或停止供应。同时，这些企业在设置相对严苛的供应条件时，应向交易方清晰解释条件的商业合理性，并充分考虑对方的诉求和反馈，以展示诚意并促进谈判的进展，对于前述释明与磋商过程应保留有详细书面记录。例如，在云南盈鼎生物能源股份有限公司诉中国石油化工股份有限公司云南石油分公司、中国

① 国家市场监管总局行政处罚决定书，国市监处〔2021〕1号。

石油化工股份有限公司拒绝交易纠纷案[①]中，最高人民院认为，被告公司在发现原告产品不符合标准后，才作出不进一步协商的行为，这种做法并未违反合同法精神或构成《反垄断法》中的非法拒绝交易行为。这表明在供应和商业谈判过程中，合理的沟通和书面记录对避免法律风险至关重要，特别是如果企业拒绝与供应商或客户交易是基于合理的理由，应当将合理理由与支撑性证据资料予以妥善记录，这样就可以在发生商业纠纷，被客户或供应商质疑存在滥用市场支配地位拒绝交易行为时，进行有效的抗辩。

四、限定交易行为

《反垄断法》禁止具有市场支配地位的经营者没有正当理由，限定交易相对人只能与其进行交易，或者只能与其指定的经营者进行交易。

（一）损害理论

独家交易是一种较为常见的商业安排，在大多数情况下不会损害竞争。不过，具有相当程度市场力量的经营者可能会通过独家交易安排来阻止客户向其他竞争对手采购产品，从而对这些竞争对手进行客户封锁，或阻止供应商向竞争对手销售产品，以妨碍竞争对手获取原材料。

（二）行为的构成要素

根据《禁止滥用市场地位规定》，对交易限制的表现形式主要包括以下几种情况：（1）限定交易对方只能与特定经营者进行交易；（2）限定交易对方只能与指定的经营者进行交易；（3）限定交易对方不得与某些特定经营者进行交易。

从事上述限定交易行为可以是直接限定，也可以采取惩罚性或者激励性措施等间接方式进行变相限定（例如，利用忠诚返利等商业条款间接促使独家采购，也可能构成限定交易行为）。在实践中，间接形式的限定交易更值得引起注意，因为此类限定交易行为通常不包含强制性的独家要求的特征，在实施的过程中，

① 最高人民法院民事裁定书，（2017）最高法民申 5063 号。

也不涉及严厉的惩罚性措施，并且在很多情况下，相关行为还是交易双方可以共同获益的商业安排，例如采购返利等激励安排。反垄断执法机构在判断一项（或多项组合实施的）商业安排是否构成间接形式的限定交易行为时，通常会评估其对相对交易方的“锁定效果”的程度。从反垄断实务角度，前述间接限制往往是企业业务部门与法律合规部门内部博弈的“焦点”与“难点”，企业法律合规部应事先收集相似或相近的案例，以确保能够有效提示业务部门相关风险并调整相关商业安排。

（三）可能的正当理由

《禁止滥用市场地位规定》列举了部分“正当理由”的情形，包括为满足产品安全要求所必需，为保护知识产权、商业秘密或数据安全所必需，为保护针对交易进行的特定投资所必需，以及为维护平台合理的经营模式所必需等。

案例评述 6-4-1　某化工企业滥用市场支配地位案（2019）[①]

在上海市监局2019年查处的某化工企业滥用市场支配地位案中，上海市监局认定该化工企业在中国境内醇酯十二成膜助剂市场具有市场支配地位，并且其通过与交易相对人达成的具有较强锁定效果的照付不议条款和最惠国待遇安排实施了限定交易行为。具体而言：

1. 照付不议条款：该化工企业首先与客户约定了达到客户醇酯十二成膜助剂实际年需求量60%以上的最低采购数量条款。为保证最低采购数量条款的实施，该化工企业还在合同中对客户附加了关于在任何情况下都应当按照合同约定之年度最小采购量付款的格式条款，即照付不议条款。

2. 最惠国待遇：该化工企业还以最低采购数量为生效条件和客户签订并实施了“最惠国待遇”协议，包括：采购数量达到客户全球总需求量的某比例以

① 上海市市场监督管理局行政处罚决定书，沪市监案处字〔2019〕第000201710047号。

上可以在涉案化工企业全球销售区域内享受最惠国待遇；客户及其中国境内关联公司采购量达到预定数量可以享有销售折扣。

上海市监局认为，上述两项安排均属于排他性协议，其主要内容是要求或诱导购买商主要从一个供应商处购买某特定类型的产品。在本案中，该化工企业在相关市场内实施的排他性协议促使交易相对方向该化工企业及其关联公司购买大部分甚至全部醇酯十二成膜助剂，限制了交易相对方与其他竞争对手的交易，进而损害了相关市场的竞争。

（四）合规建议

对于具有或可能处于市场支配地位的企业而言，在与其他交易方达成可能具有排他性效果的商业安排前，必须先行评估这些安排是否基于正当理由，并审视其是否可能排除或限制市场竞争。特别是对于如供水、供电和供气等公用事业企业，以及其他法律规定的独占经营者，由于这些企业既参与市场经营又承担行业管理职责，其对市场竞争的潜在影响更为显著。因此，这类企业在提供服务时，应特别注意避免偏袒某些特定交易对象的情况，不应强制要求消费者必须购买指定交易对象提供的产品或服务，或者作出可能引发消费者产生被强制指定交易对象误解的表示。这不仅有助于保持市场的公平竞争环境，也符合法律规定和行业标准，避免因排他性商业行为而面临法律风险。在实施相关商业安排前，这些企业应进行充分的市场和法律风险评估，确保所有商业决策都在合法合规的框架内进行。

五、搭售商品 / 在交易时附加其他不合理的交易条件

《反垄断法》禁止具有市场支配地位的经营者没有正当理由搭售商品，或者在交易时附加其他不合理的交易条件。

（一）损害理论

搭售及捆绑销售是常见的商业做法，一般不会损害竞争，反而可能会促进

竞争，例如降低生产、交易及信息成本，并为消费者提供更多选择及方便。

然而，具有市场支配地位的经营者有可能通过搭售来损害被搭售市场内的竞争对手，影响被搭售市场的竞争。通过搭售，该经营者能够减少被搭售市场内的竞争对手本身可以赢得的潜在买家数量，即封锁了被搭售市场的客户，从而削弱被搭售市场竞争对手的竞争力，甚至迫使竞争对手退出被搭售市场。

（二）行为的构成要素

根据《禁止滥用市场地位规定》，搭售/不当交易行为主要表现为以下几种形式：(1)违反交易惯例和消费习惯，或忽视商品的功能，通过使用合同条款或者弹窗、操作必经步骤等难以选择、更改、拒绝的方式，将不同的商品进行捆绑销售或者组合销售；（2）对合同期限、支付方式、商品的运输及交付方式或者服务的提供方式等附加不合理的限制；（3）对商品的销售地域、销售对象、售后服务等附加不合理的限制；（4）在价格之外附加不合理的费用；（5）附加与交易标的无关的交易条件。

进一步就搭售行为而言，构成要件一般体现为：（1）在该销售行为中存在两种以上可以分别销售的独立产品；（2）销售者在销售时采取不分别销售的方式；（3）违反了消费者的购买意愿。

（三）可能的正当理由

《禁止滥用市场地位规定》列明的“正当理由”包括：（1）符合正当的行业惯例和交易习惯；（2）为满足产品安全要求所必需；（3）为实现特定技术所必需；（4）为保护交易相对人和消费者利益所必需；（5）能够证明行为具有正当性的其他理由。

【案例】

2022年，宁夏回族自治区市场监督管理厅（以下简称宁夏市场监管厅）对某燃气公司滥用市场支配地位无正当理由搭售的行为作出了行政处罚。[①]该燃气公司是宁夏吴忠市红寺堡区管道燃气供应服务市场唯一的经营者，具有市场支配地位。其在提供管道燃气供应服务时，将本身也可由居民在市场上自由购买的报警器和波纹管设置为燃气开通流程中的必需品，强制居民用户购买其销售的报警器和波纹管，否则就会以存在安全隐患为由拒绝开通燃气。

宁夏市场监管厅认为，报警器和波纹管并非该燃气公司提供燃气供应服务的必备条件，并且报警器和波纹管与其提供燃气供应服务的安全性之间并无关联。用户在使用燃气时可以根据自身需求，自主选择是否购买、向谁购买。该燃气公司的上述搭售行为实质上是借助在当地民用管道燃气供应市场上的支配地位，将影响力延伸到报警器和波纹管销售市场，排除、限制了同类产品经营者的公平竞争。

（四）合规建议

对于具有或可能具有市场支配地位的企业，在实施捆绑销售和组合销售策略之前，应细致评估这些策略是否可能被视为《反垄断法》下的搭售行为，是否有合理的商业理由，以及是否可能排除或限制市场竞争。以下是评估搭售行为的步骤。

首先，判断捆绑或组合销售的商品是否能够单独销售。如果这些商品在功能上无法独立使用，或者单独销售在商业上无意义，且通常不会被单独购买，这种情况下通常不构成搭售行为。

其次，如果商品可以单独销售，需考察是否同时提供了单独销售的选项，以及是否对单独销售的商品有合理的供应和定价。提供足够数量和合理定价的单独销售商品，可以减少构成搭售行为的法律风险。

最后，注意是否有消费者或交易对手明确要求单独购买商品。如无此类要求，则捆绑销售的风险可能降低。在确认形式上的搭售行为后，企业还需进一步评

① 宁夏回族自治区市场监督管理厅行政处罚决定书，宁市监处〔2022〕2号。

估其是否基于正当理由，以及这种做法是否可能限制或排除竞争。如果捆绑和组合销售基于合理理由并且不会对竞争产生负面影响，那么通常不会违反《反垄断法》的相关规定。

六、对条件相同的交易相对人在交易条件上实行差别待遇

《反垄断法》禁止具有市场支配地位的经营者没有正当理由，对条件相同的交易相对人在交易价格等交易条件上实行差别待遇。

（一）损害理论

差别待遇本身是十分正常的商业行为，往往是由追求利润最大化的企业之间相互竞争所驱动，因而其经济效果在很多情况下是正面的。但在特定市场条件中差别待遇也会造成排除、限制竞争的效果，从而违反《反垄断法》。一方面，企业可能通过实行差别待遇打压其同级竞争对手（这类行为的主要表现形式是给予新老客户不同的待遇，吸引竞争对手的客户），从而损害其所处市场的有效竞争；另一方面，纵向一体化的企业可能通过对其他产业链层级的不同客户实施差别待遇，使某些客户处于不利的竞争地位，进而扭曲该市场的有效竞争。

（二）行为的构成要素

《禁止滥用市场地位规定》列举了以下差别待遇的具体情形：（1）实行不同的交易价格、数量、品种、品质等级；（2）实行不同的数量折扣等优惠条件；（3）实行不同的付款条件、交付方式；（4）实行不同的保修内容和期限、维修内容和时间、零配件供应、技术指导等售后服务条件。

需要注意的是，认定构成差别待遇行为的构成要件之一就是交易相对人“条件相同”。而对于“条件相同”的认定，向来是差别待遇的分析难点。根据《禁止滥用市场地位规定》，反垄断行政执法部门对此采取了“实质性差异”的认定标准，即交易相对人之间在交易安全、交易成本、规模和能力、信用状况、

所处交易环节、交易持续时间等方面不存在实质性影响交易的差别。此外，针对平台经济的特点，交易中依法获取的交易相对人的交易数据、个体偏好、消费习惯等方面存在的差异不影响认定交易相对人条件相同。

（三）可能的正当理由

《禁止滥用市场地位规定》列明的“正当理由”包括：（1）根据交易相对人实际需求且符合正当的交易习惯和行业惯例，实行不同交易条件；（2）针对新用户的首次交易在合理期限内开展的优惠活动；（3）基于公平、合理、无歧视的平台规则实施的随机性交易；（4）能够证明行为具有正当性的其他理由。

【案例】

2018年，原湖北省工商行政管理局（以下简称湖北工商局）对某码头服务企业滥用市场支配地位，实施差别待遇的行为作出了行政处罚。[①] 湖北工商局认定，该码头服务企业作为川江（库区） 宜渝线（上行）载货汽车滚装运输码头服务市场唯一一家公司，利用在该市场上完全的市场支配地位，未按照交通运输部长江航务管理局《调度规程》对滚装船码头运输调度的明确要求，平等对待各滚装船公司，而是对与其有关联的公司与非关联公司的滚装船实行差别待遇，优先配载关联公司的船舶，为关联公司优先安排“更有价值”的车辆。上述差别待遇行为不仅妨碍了非关联公司公平参与市场竞争的机会，并且损害了货运车辆的权益，使车辆出现不必要的等待，甚至出现车辆排成长龙的极端现象。

（四）合规建议

对于具有或可能具有市场支配地位的企业，在实施差异化定价及销售策略时，必须确保这些策略基于客观和合理的因素。这些因素包括但不限于交易安全、交易成本、规模和能力、信用状况、交易所处的环节以及交易的持续时间等。

① 湖北省工商行政管理局行政处罚决定书，鄂工商处字〔2018〕201号。

以下是企业可以采取的具体合规措施。

1. 设立客观评分机制：企业应建立一套公正且透明的评分系统，用以评估每个交易相对人的各项指标。这个评分系统应基于数据和实际交易表现，确保评估的客观性和公平性。对于评分相近的交易相对人，应避免给予差别待遇。所有类似条件的交易方应享有相同的定价和销售条款，以保证市场竞争的公平性和行为合规性。

2. 考虑优惠条款的合理性：对于评分较高的交易相对人，可以基于其高评分的客观因素（如较低的交易风险、较高的交易量、良好的信用记录等），提供更优惠的交易条款。这种差异化的待遇是基于客观业务考量，有助于优化资源配置。

企业应定期审查其评分机制和定价策略的实施效果，确保这些策略的实施依然基于客观合理的商业考量，同时符合反垄断法律和市场规则。

总之，企业在实施差异化定价和销售策略时，必须确保策略的透明性和公平性，避免因策略实施不当导致的市场竞争扭曲或法律风险。

七、其他滥用行为

滥用市场支配地位导致排除、限制竞争的情况可能复杂多样，无法穷尽。《反垄断法》第 22 条对滥用行为做出具体列举的同时，也规定了“国务院反垄断执法机构认定的其他滥用市场支配地位的行为”的兜底条款。同理，《禁止滥用市场地位规定》第 20 条规定了反垄断执法机构认定其他滥用行为的构成要件：（1）经营者具有市场支配地位；（2）经营者实施了排除、限制竞争的行为；（3）经营者实施相关行为不具有正当理由；（4）经营者相关行为对市场竞争具有排除、限制影响。由此可见，对其他滥用行为的认定思路与前文所述数种类型的滥用行为类似，需遵循“合理原则”（rule of reason），对相关行为的市场竞争影响（是否具有排除、限制竞争的效果）根据个案情况的市场特定条件和相关背景进行具体分析。

案例评述 6-4-2　某包装企业滥用市场支配地位案（2012）[①]

在 2012 年查处的某包装企业滥用市场支配地位案中，原国家工商行政管理总局（以下简称工商总局）认定该企业滥用市场支配地位。

该包装企业是一家在全球范围内提供液体食品包装设备、技术服务、包装材料，以及为液体食品生产企业提供生产线设计方案的大型跨国集团。经查，该企业在中国境内纸机无菌包装设备市场、纸基无菌包装设备的技术服务市场、纸基无菌包装材料市场（以下简称包材市场）具有市场支配地位。2009 年至 2013 年，该包装企业实施了追溯性累计销量折扣和个性化采购量目标折扣等具有排除、限制竞争效果的忠诚折扣行为，妨碍了包材市场的公平竞争。2016 年 11 月 9 日，工商总局做出行政处罚决定，认定该包装企业通过叠加运用忠诚折扣，对竞争对手造成封锁，其实质是凭借其在包材市场的支配地位实施排除、限制竞争行为。该包装企业的忠诚折扣构成《反垄断法》所禁止的“其他滥用市场支配地位的行为”。本案是自《反垄断法》实施以来反垄断执法机构查处的唯一一起构成“其他滥用市场支配地位的行为”的案件。

此外，工商总局认定该包装企业还实施了没有正当理由进行搭售以及没有正当理由限定交易的行为。工商总局责令该企业停止违法行为，并处以其 2011 年度在中国境内相关商品市场销售额 7% 的罚款，合计约 6.68 亿元人民币。

有必要指出，从企业反垄断实务角度，对于具有或可能具有市场支配的企业，业务部门基于业务创意作出的新商业安排可能会落于上述六种滥用市场支配地位行为之外，但企业法律合规部对此切不可掉以轻心而忽略对该等新商业安排的反垄断合规评估，任何时候均不应低估前述“兜底性”条款。易言之，只要相关新商业安排实质上属于滥用市场支配地位排除、限制竞争，则被反垄断执法机关调查乃至处罚的风险并不低于前述六种滥用市场支配地位行为。

① 国家工商行政管理总局行政处罚决定书，工商竞争案字〔2016〕1 号。

此外，自《反垄断法》（2022年修正）颁布后，反垄断法也明确规定了“具有市场支配地位的经营者不得利用数据和算法、技术以及平台规则等从事前款规定的滥用市场支配地位的行为”。与互联网行业相关的滥用行为包括自我优待、屏蔽封禁、大数据杀熟、最惠国待遇等。更多具体分析和讨论，参见本书第八章第一节。

第五节　公司法律合规部有关滥用市场支配地位的合规实践

依据反垄断法的规制框架，公司法务合规人员在评估某种商业行为是否构成滥用市场支配地位以及衡量相应的合规风险时，往往面临相较于应对其他排除、限制竞争行为更大的挑战，主要有以下两点原因。

其一，隐蔽性更强。相较于以经营者之间达成并实施协议、决定或协同行为（垄断协议）作为必要条件的情形，滥用市场支配地位行为具有显著差异，通常属于单边行为，一般由一家经济实力雄厚或者占据市场优势地位的经营者独自实施。这种特性使该行为“隐藏”于公司商业实践中，难以被法务合规部门发现。以公司定价策略为例，法务合规人员通常不会参与其中，即便偶尔参与，也大概率无法获取如协议类的书面文件进行深入审核，以精准评估潜在风险，仅能依赖业务人员的口头描述来展开初步评估，这无疑为风险把控增添了诸多困难。

其二，市场界定难度高。判定滥用市场支配地位行为的前提是确认相关经营者拥有市场支配地位，这就要求法务合规人员先行界定相关市场，进而明确是否具有市场支配地位。然而，对于公司法务合规人员而言，即便他们熟知界定相关市场的方法论，在实践中，也可能因专业知识不足、数据获取困难或部门协作不畅，难以独立完成市场界定，通常需依赖外部专业机构（如反垄断律师、经济学家）协助。

上述诸多挑战，致使公司法务合规人员难以套用行政执法和司法部门评估滥用市场支配地位时所惯常采用的分析框架，即先行界定相关市场，再评估相关商业行为是否构成滥用市场支配地位行为。为此，本章将提供一套高效的初步评估框架，助力公司法务合规人员在缺乏外部专业机构协助的场景下，用相对有限的信息和资源，独立且高效地针对可能的滥用市场支配地位行为展开初步研判，快速识别其中潜藏的风险，并依此审慎决定是否可以继续推进相关商业行为，或在必要时引入外部专业机构进行深入评估。

需着重说明的是，此评估框架初衷并非替代常规的滥用市场支配地位行为分析方法。事实上，如果公司法务合规部门自身已然具备进行相关市场分析所必需的资源，诸如专业的人力储备、完备的数据信息库以及能够精准洞察市场动态的业务团队的配合等，又或是所涉相关商业行为具有一定的典型性、复杂性，适宜运用传统模式剖析时，依然应当遵循常规的评估路径。即首先对相关市场予以清晰、准确界定，并在此基础上更为精细、深入地对滥用市场支配地位行为所衍生的各类风险进行全方位扫描与评估。

一、滥用市场支配地位行为的简明评估框架

（一）法务合规部门适用常规评估方法的困境

实践操作中，相关执法机构针对滥用市场支配地位行为的评估流程，通常遵循以下三个关键步骤：

1. 界定相关市场，即评估市场支配地位的范围；

2. 判断有关经营者是否具有市场支配地位；

3. 评估是否存在滥用市场支配地位的行为，如有，再判断实施该行为是否存在正当理由。

在此分析框架下，首先需要界定相关市场，并以此作为对滥用行为展开合

规性分析的前提与基础。但从公司法务合规人员的实操角度审视，当针对可能构成滥用市场支配地位的行为进行合规研判时，起初便投入大量资源去界定相关市场未必是明智之举，主要原因有三。

其一，公司的法律合规部作为业务支持部门，虽然对公司所处市场的竞争特性以及细分领域的竞争态势有一定认知，但在实践中往往难以完整掌握界定相关市场所需的全部市场信息。

其二，相关市场的界定对专业性要求颇高，涵盖的考量因素繁杂多样，尤其对于那些业务广泛、产品和服务种类繁杂的大型企业而言，倘若要进行严谨的相关市场界定，常常需要寻求外部专业机构的协助，诸如专业的反垄断律师团队、行业权威专家，甚至经济学专家学者等。这一过程耗时且成本高昂，可能延误业务推进，以致错失商机。

其三，一旦相关商业行为引发行政调查或司法介入，执法、司法机构所界定的相关市场与经营者自行界定的结果或许会存在差异，如此一来，针对该行为合规性的经营者自行分析得出的结论便可能受到挑战。

（二）调整后的评估步骤

鉴于上述情形，为契合法务合规部门的工作特性，有必要对常规的评估步骤加以针对性调适，助力法务合规人员快速突破市场分析的困境，直接进入核心、法律风险分析以及商业决策环节。调整后的滥用市场支配地位初步分析框架步骤如下。

1. 根据有限信息初步判断是否存在市场支配地位的可能，并快速排除无此可能的情形；若不存在明显排除因素，先假定具有市场支配地位。

2. 评估相关商业行为是否构成滥用市场支配地位行为。若构成，判断有无实施该行为的正当理由；若不存在正当理由，则应作出不得实施相关商业行为的评估意见。

3. 若存在正当理由，且该商业行为具有较高的潜在商业价值，才需精准界定相关市场，进行深入评估。

在以上评估流程中，若法务合规部门能确切判定经营者明显不在相关市场具有市场支配地位，并且相关商业行为显然不符合《反垄断法》规定的滥用行为构成要件，或者存在充分证据，足以证实该行为具有合理商业的正当性，那么便可直接、高效地排除该商业行为构成滥用市场支配地位的嫌疑，无须再耗费精力进行相关市场的界定工作。

反之，倘若在评估进程中发现经营者具有市场支配地位的可能性较高，同时相关商业行为已然符合滥用行为的构成要件，且不存在正当理由，法务合规人员同样无须启动相关市场界定，而应适时叫停相关行为，以规避显而易见的反垄断法律风险。

唯有当确实存在合理且依据充分的商业理由为该行为正当性背书时，法务合规部门才有必要审慎考虑开展相关市场界定工作（界定相关市场的具体方法请参见本书相关章节）。然而，进行这一考量存在一个前提条件，即该商业行为需蕴含较高的潜在商业价值，其预期收益须足以覆盖开展相关市场界定工作所需投入的成本。只有满足此条件，才具备尝试为该行为在反垄断法框架下的合法性展开论证的必要性。

在实施上述评估框架时，最为关键的两个步骤分别是对市场支配地位进行初步研判，以及针对是否存在滥用市场支配地位展开分析。以下将对这两个步骤的具体实施方式进行简要阐述。

二、相关市场的初步研判——判断是否具有市场支配地位

（一）与业务团队的信息协同

作为滥用市场支配地位风险分析的首要环节，在评估经营者是否具备市场支配地位时，法务合规人员须与相关业务团队，如销售、市场、价格部门，进行深入沟通。除非业务团队已就相关产品或服务建有翔实的市场竞争数据库，

否则此时掌握的信息通常难以达到精准界定相关市场的目的。不过这不影响法务人员对市场状况做初步研判。实施该步骤时，法务人员仍要尽可能深入了解相关商业行为或项目涉及的产品或服务市场状况，并参照界定相关市场时的产品、地域两个维度，进行信息和数据收集，用于评估分析。

（二）市场综合要素研判

通常来说，长期保持较大的市场份额可以被初步视为存在市场支配地位的初步迹象。然而市场支配地位的认定本质上是定性分析，而非单纯依赖市场份额的定量标准。即使企业的市场份额未达到法律规定的标准，也并不能当然排除具有市场支配地位。因此有必要考量市场份额之外的其他一些市场要素。大型公司的业务团队特别是市场部门一般都会对公司相关产品的市场份额和市场竞争状况有相当程度的认知。法务合规部门可以根据以下要素，向业务部门获取相关的信息，以便对经营者是否具备市场支配地位做出初步研判。

1. 市场力量：公司的相关产品 / 服务占有较大市场份额（比如超过 30%），且绝大多数竞争对手在该市场的份额有限。

2. 竞争优势：与竞争对手相比，公司在供应链中拥有相对强势的竞争地位（如议价能力）以及显著的技术优势、专利权优势、知名品牌优势、生产规模优势或其他竞争优势。

3. 市场壁垒：由于品牌忠诚度、技术优势或需要大额前期投资等因素，公司所处的市场具有较高的进入门槛，并且竞争对手在市场中立足面临客观障碍。

如果依据法务合规人员手头掌握的信息，能够初步发现公司所在市场呈现出以上一项或多项特征时，公司法务合规人员不妨先假定公司在相关市场具备市场支配地位，进而迈入下一步骤，即开展对相关商业行为是否构成滥用市场支配地位行为的合规性评估。

三、具体商业行为的合规性分析——判断是否构成滥用市场支配地位行为

进入这一阶段，法务合规人员需要严格依据反垄断法律法规所规定的滥用行为的构成要件，全面评估公司的相关商业行为。实践中滥用市场支配地位行为往往与经营者不合理的价格策略或交易行为密切相关。鉴于本书相关章节已经对具体滥用市场支配地位行为的构成要件和司法实践作了详细阐述，此处仅就分析这两个大类的滥用行为的考量要点作简要概述。

（一）价格策略合规审查

在价格策略方面，法务合规人员需着重关注公司的定价行为是否具有商业合理性。原则上，具有市场支配地位的经营者，其定价既不能过低而具有掠夺性，妄图通过低价排挤竞争对手，也不能过高而带有歧视性，损害交易相对方和消费者的合法权益。折扣与优惠的运用也需谨慎，若其真实目的是通过特定价格机制或返利折扣而维持市场支配地位，变相阻碍其他竞争者进入市场，同样可能引发合规问题。

法务合规人员虽在通常情况下不直接参与公司产品的定价决策，但应与销售、市场等业务部门就此保持定期沟通，一方面积累相关市场的基础信息，另一方面通过制定公司反垄断手册、开展合规培训以及政策宣讲等，有效传递不当的价格策略可能构成滥用市场支配地位行为的理念。当价格决策部门意识到公司某项定价策略与产品经济价值显著背离且缺乏合理商业理由时，应警惕并及时咨询法务合规部门的意见，以尽早评估潜在风险及制定防范措施。

（二）交易行为合规性评估

对于交易行为，基于契约自由原则，经营者一般有权自主选择交易对象与确定交易条件。但具备市场支配地位的经营者需履行特殊合规义务。例如，削减或终止供应时，必须基于客观、公正的商业理由；不得因交易对象与竞争对

手合作，即单方面拒绝交易（构成不合理歧视）。

法务合规人员审查交易行为合规性时，关键着力点仍在于与业务部门密切沟通以洞悉行为背后的商业逻辑，从而识别诸如因交易对象曾与竞争对手有合作便予以拒绝往来这类不合理的拒绝交易情形。与此同时，还需防范在交易过程中增设不合理的交易条件，如强制捆绑搭售不相关的产品或服务，又或是要求交易相对人接纳不公平的付款期限、严苛的违约责任等不公平条款等。需要指出的是，某些纵向非价格限制措施在形式上与滥用市场支配地位行为高度类似，因此，即使法务合规部门经过初步评估已经可以确认企业的相关产品不具备市场支配地位，仍然有必要评估特定交易行为是否存在构成纵向垄断协议的风险。

当完成这一阶段的分析评估后，如果已可以初步确认相关商业行为满足滥用市场支配地位行为的构成要件，且业务部门无法提供支持该行为正当性的合理商业理由，法务合规部门理应从职责出发，明确建议不得实施该行为。但如果业务团队就该商业行为所给出的商业理由具有一定的合理性，法务合规人员则应针对该商业理由予以审慎评估，并依据国家市场监管总局颁布的《禁止滥用市场地位规定》以及最高人民法院公布的《2024年反垄断司法解释》等相关法律法规、司法解释中所详细列举的正当理由，剖析其是否足以构成法律层面抗辩滥用市场支配地位行为的合法依据。

四、滥用市场支配地位行为的公司合规清单

在实践中，为方便公司业务部门在日常商业活动中随时自我对照检查，法务合规部门可考虑为其编制一份简洁明晰的合规清单，以清晰易懂、便于执行的形式呈现绿灯行为与红灯行为（dos and don'ts）。以下提供一份适用于具有市场支配地位的经营者的合规清单作为参考。虽该清单无法穷尽所有情况，但主要目的在于从公司业务部门视角出发给出实例，以便其理解特定商业情境下

可能触发的滥用市场支配地位的行为。

（一）价格策略

1. 绿灯行为（dos）

（1）依据成本变动、市场供需合理调整价格，确保价格调整有客观、翔实的数据支撑，并做好相应记录留存，保证价格策略的合理性与透明度。

（2）定期对成本结构进行深度分析，覆盖原材料采购、生产加工、人力成本等核心环节，以便精准定位价格调整节点。

（3）针对相关产品或服务的不同等级、销售渠道、功能特性制定差异化价格体系，以便向市场和客户清晰阐释价格差异的依据，坚持价值导向定价。例如，高端定制产品因投入更多研发成本、采用优质材料，可合理设定较高价格。

2. 红灯行为（don' ts）

（1）不得利用市场支配地位，在没有合理成本依据的情况下，短期内频繁大幅度抬高或降低价格。

（2）避免对具有同等交易条件的客户实施无正当理由的价格歧视，除非基于合理的商业理由，如批量采购折扣、长期合作优惠等有明确政策且一视同仁执行，保障公平交易环境。

（3）避免基于非商业因素的差异化定价，若提供折扣，需统一审批标准。

（4）不得利用价格手段打压竞争对手，如在竞争对手推出新品或有潜在竞争对手可能进入相关市场时，不计成本地大幅降价，试图将其挤出市场，而自身并无可持续的成本优势支撑该低价策略。

（5）不得设置忠诚度折扣，即以客户在一段时间内从供应商处购买全部或大部分需求为条件的折扣。这限制了客户转向其他供应商的能力，从而使竞争供应商无法向这些客户进行销售。

（二）交易行为

1. 绿灯行为（dos）

（1）根据自身商业战略和风险评估，自主选择交易对象、确定交易条件，如交易规模、交付期限、付款方式等，但要确保过程公平、公正、公开，以促进市场良性竞争。

（2）在评估交易对象如新供应商时，全面考察其产品质量、供应能力、价格竞争力等，综合打分后择优合作。

（3）与上下游合作伙伴开展正常的商业合作促销活动，例如联合推广新品，并按约定比例分摊费用，共同开拓市场，提升产业整体竞争力。

2. 红灯行为（don' ts）

（1）不得无正当商业理由拒绝与交易对象进行交易，如不得因交易对象曾与竞争对手合作过，便拒绝与其开展业务往来，除非涉及商业机密泄露等正当风险。

（2）不得在交易过程中附加不合理的交易条件，如强制搭售无关产品、服务，或要求交易相对人接受不公平的付款期限、违约责任等霸王条款，保障交易相对人的合法权益。

（3）不得利用市场支配地位限制交易对象的采购渠道或销售范围，例如要求经销商只能从公司指定的供应商进货，限制其自主采购权，以维护公司的附属利益，破坏市场的自由竞争生态。

有必要再次强调的是，在反垄断法的规制框架下，经营者拥有市场支配地位这一客观事实自身并不天然具有违法属性，只有当已然具备市场支配地位的经营者，在特定的相关市场领域之中，实施了旨在排除、限制竞争的不当行为，才会踏入法律明令禁止的红线范围之内。而对于那些处于市场非主导地位的经营者而言，实施同样行为却可能并不构成违法。这背后的逻辑在于，非主导地位经营者的市场力量相对薄弱，即便实施某些类似行为，往往也难以对市场竞争格局造成实质性的扭曲、破坏，也无法达到反垄断法所重点规制的危害程度。反垄断法所秉持的宗旨与监管的核心要义在于，经营者获取市场地位的途径必须依托公平竞争的手段，例如：凭借卓越超群的产品质量，在同类竞品中脱颖而出，赢得消费者的青睐与信任；依靠显著的成本优势，以更合理的价格为市场提供产品或服务，进而逐步积累优势、占据更大市场份额。

第七章 CHAPTER 07 企业对行政执法的应对

第一节　行政执法概况简介

一、反垄断执法机构及其执法权限

（一）政府调查概述

政府调查，是指行政主体为了实现行政目的，依法定职权，对行政相对人遵守法律、法规、规章等情况进行检查、了解、监督的行政行为。不同政府部门按其职责分工负责不同领域的监管、执法及调查。

2021年11月18日，国家市场监管总局挂牌国家反垄断局，设置反垄断执法一司、反垄断执法二司和竞争政策协调司三个司局。国家反垄断局承担反垄断执法职责，并可以授权省、自治区、直辖市人民政府相应的机构（一般为市场监督管理局）负责有关的反垄断执法工作。其中，反垄断执法一司负责垄断协议，滥用市场支配地位，以及滥用知识产权排除、限制竞争等反垄断执法工作；组织实施数字经济领域垄断协议、滥用市场支配地位执法；指导地方查处垄断协议、滥用市场支配地位案件，组织协调跨省（自治区、直辖市）垄断协议、滥用市场支配地位案件查处。随着国家反垄断局的成立，中央和地方的执法力量不断加强，反垄断调查和处罚的案件持续攀升，企业应当努力提高合规能力以应对反垄断合规挑战。

（二）反垄断行政调查的执法权限

根据《反垄断法》[①]，反垄断执法机构依法对涉嫌垄断行为进行调查，并享有广泛的调查权，[②]包括：

1. 进入被调查的经营者（以下简称企业）营业场所内调查；

2. 要求企业员工提供相关协议、会计账簿、电子数据等文件、资料，并进行查看、复制，或要求带走相关文件；

3. 要求企业员工提供手机（通常为工作手机，但如果私人手机中包含工作内容，也有可能要求提供私人手机）；

4. 通过“镜像”采集电子数据信息；

5. 对企业员工进行现场询问和访谈；

6. 查封、扣押相关文件；

7. 查询企业银行账户。

近年来，反垄断现场调查的案例屡见不鲜，例如：

> 2016 年 12 月，原上海市物价局对某航空涡轮润滑油产品公司的价格及相关行为展开调查。原上海市物价局组织了多位官员对该公司的办公室进行突击检查，调取材料并对部分员工进行询问。该公司及其子公司因达成并实施“固定向第三方转售商品价格”的垄断协议被处以人民币 237 万元的罚款。
>
> 2020 年 12 月，国家市场监管总局进驻某互联网公司在杭州的经营场所进行现场检查，调查询问相关人员，查阅复制有关文件资料，获取大量证据材料。最终对该公司滥用市场支配地位对商家进行“二选一”的行为处以人民币 182.28 亿元的罚款。

从执法机构的角度来看，行政调查是执法机构收集证据、查清事实的重要

① 为免歧义，本章节提及《反垄断法》均指 2022 年 8 月 1 日生效版本。

② 参见《反垄断法》第 46、47、50 条规定。

手段。而站在企业角度，则需要考虑如何应对好反垄断现场调查。

（三）触发行政调查的情形

触发反垄断执法机构行政调查的情形包括反垄断执法机构依据职权主动发起调查，或者通过第三方举报 / 投诉、上级机关交办、其他机关移送、下级机关报告、经营者主动报告等途径发现涉嫌垄断行为；此外，反垄断执法机构也会基于国家行业政策导向、监管舆论导向对特定行业给予重点关注，除正式启动行政调查外，还会通过行业调研等方式对市场情况作全面梳理和排查。[①]

在既往案例中，根据反垄断局公布的处罚决定书，反垄断执法机构通过以上途径展开调查的案件见表 7–1。

表 7–1　触发反垄断调查的途径举例

序号	触发反垄断调查的途径	举例
1	举报	（1）某互联网公司在中国境内网络零售平台服务市场垄断案； （2）某外卖服务公司在中国境内网络餐饮外卖平台服务市场垄断案； （3）某插座公司达成并实施垄断协议案
2	公安机关移送线索	（1）丰城市预拌混凝土协会及其会员企业垄断协议案； （2）重庆市丰都县 2 家商砼生产企业垄断协议案
3	中央级执法机构致函地方局，提供案件线索或者要求其开展核查	在某医药公司滥用市场支配地位案中，国家市场监管总局来函要求依法对氯解磷定价格涨幅较大问题开展核查，上海市监局经初步核查发现该公司涉嫌实施垄断行为并立案调查

从企业角度来看，除了日常做好企业反垄断合规保障工作，还应关注自身相关舆情发展，并且在接受其他领域的调查、问询时，灵敏、全面地感知潜在反垄断风险，有助于企业做好风险防控。

① 《反垄断法》第 46 条规定：“反垄断执法机构依法对涉嫌垄断行为进行调查。对涉嫌垄断行为，任何单位和个人有权向反垄断执法机构举报。反垄断执法机构应当为举报人保密。举报采用书面形式并提供相关事实和证据的，反垄断执法机构应当进行必要的调查。”《禁止垄断协议规定》第 22 条规定：“反垄断执法机构依据职权，或者通过举报、上级机关交办、其他机关移送、下级机关报告、经营者主动报告等途径，发现涉嫌垄断协议。”《禁止滥用市场支配地位行为规定》也有类似规定。

（四）反垄断执法的形式

反垄断执法形式多样，除了最典型的黎明突袭之外，还包括问询、问卷、告诫会等多种类型。通常而言，执法初期，为了充分了解行业、市场实际情况，执法机构有时会发放调查问卷，征求相关经营者、竞争者、消费者、行业协会意见；有时会有针对性地就某个行业的特定问题要求企业展开自查，或者委托第三方进行市场调查，召开相关行业告诫会、约谈会等。例如：

> 2019 年 11 月，浙江省市场监督管理局召开全省快递行业涉嫌垄断行为告诫会，通报部分快递行业企业存在的协同涨价、滥用市场支配地位拒绝交易等涉嫌垄断的违法行为。①
>
> 2020 年 4 月，九江市市场监督管理局召开规范机动车检测行业价格行为约谈会，对 12 家机动车检测机构发放并宣读《关于规范机动车检测行业价格行为提醒告诫书》，告诫各机动车检测机构经营者应当遵守价格、反不正当竞争及反垄断等方面的法律法规。②
>
> 2021 年 5 月，四川省市场监督管理局召开告诫会，通报对 6 家川酒企业现场核查情况，宣讲反垄断有关法律法规。③

2023 年 12 月，国务院反垄断反不正当竞争委员会办公室和国家市场监管总局联合发布了关于建立反垄断“三书一函”制度的通知，规定了提醒督促、约谈和正式立案调查三种不同程度的执法手段的适用情形。“三书一函”制度将

① 浙江省局反垄断处、消保分局：《串通涨价？不行！浙江省市场监管局召开全省快递行业涉嫌垄断行为告诫会》，载微信公众号“浙里好市监”2019 年 11 月 6 日，https://mp.weixin.qq.com/s?__biz=MzIyNjYzMDE5MA==&mid=2247502081&idx=1&sn=0044f70412e7a54b011edcab33c852bd&scene=21#wechat_redirect。

② 九江市市场监督管理局（知识产权局）：《市市场监管局召开规范机动车检测行业价格行为约谈会》，载九江市市场监督管理局（知识产权局）官网，https://amr.jiujiang.gov.cn/zwzx_200/xwbd/gzdt/202004/t20200414_3248721.html。

③ 四川省市场监督管理局：《四川省市场监管局告诫部分川酒企业别搞垄断》，载中国质量新闻网，https://www.cqn.com.cn/zj/content/2021-05/08/content_8690751.htm。

成为全链路、常态化监管的重要手段，有利于增强反垄断监管效能。

二、企业如何应对反垄断调查

做好企业日常的反垄断合规建设，是避免企业被调查和处罚的根本。通过建设反垄断合规管理体系、组织合规培训，提高员工对反垄断合规的重视，为员工在日常工作中的行为提供反垄断合规指导及实践方向，保障企业合法合规展开业务，以从根源上降低从事垄断行为的风险。

而在出现垄断风险时，企业应当有相应的制度引入企业法务及外部律师，及时评估风险范畴和程度，考虑如何通过内部整改的方式纾解风险。企业如果可能或者已经面临行政调查，从行政程序的角度，则应确立配合执法的基本原则、制度和流程，以避免企业在既有潜在法律问题之外，因抗拒或不配合执法而招致更为严重的法律后果。

（一）企业配合反垄断调查的义务

《反垄断法》规定，企业应当配合反垄断执法机构的调查，不得拒绝、阻碍反垄断调查。2022 年修正的《反垄断法》进一步提高了违法成本，对于拒绝、阻碍反垄断调查的企业或个人，将企业的罚款上限调整为上一年度销售额的 1%，上一年度没有销售额或者销售额难以计算的，处 500 万元以下的罚款；将个人的罚款上限提高至 50 万元；情节特别严重、影响特别恶劣、造成特别严重后果的，将被处以法定罚款数额的 2 倍至 5 倍罚款；构成犯罪的，依法追究刑事责任。[①]另外，拒绝、阻碍调查也将给企业的声誉带来损害，并可能导致企业因违反《反垄断法》被加重处罚，处以更高的罚款。

【案例】

2019 年，国家市场监管总局执法人员进入三家医药企业经营场所进行反垄

① 参见《反垄断法》第 62、63、67 条规定。

断突击检查，当事人极度不配合调查，并抗拒执法，具体行为包括：故意拖延时间、谎称相关材料丢失、切断公司办公网络、删除电脑文件资料、暴力抢夺、隐匿、转移、撕毁证据材料、暴力阻挠执法人员，造成部分执法人员受伤、拒绝在《调查通知书》送达回证上签字，强硬拒绝提供票证、单据、会计账簿等资料、拔除U盘并隐匿等。国家市场监管总局对抗拒执法的企业分别处以100万元罚款，对带头抗拒执法的法定代表人分别处以10万元罚款并依法追究刑事责任，对其他抗拒调查的数名员工分别处以2万~5万元罚款。同时，三家医药企业的滥用市场支配地位行为分别被处以2018年销售额10%（顶格罚款）、9%、7%的罚款，罚没共计3.255亿元。

2021年，宁夏回族自治区市场监管厅在对某天然气有限公司滥用市场支配地位案调查过程中，该公司的综合管理部负责人拒不配合案件调查工作，故意隐瞒事实，提供虚假的产品价格、随货清单、票据，并指使相关人员出具虚假证据，阻挠执法人员调查取证，情节严重，宁夏回族自治区市场监管厅决定对该负责人处以5万元罚款，并对涉案公司处以2020年度销售额2%的罚款。

（二）在调查中，企业如何与行政机关沟通

概括而言，企业在与行政机关调查人员沟通时，应当始终保持礼貌、友好、诚恳的态度，保持与行政机关的有效沟通。一方面，企业可以有效传达企业将在能力范围内协助执法，愿意接受行政机关的指导、不断提升自身合规建设水平的意愿。另一方面，企业应实事求是地回答事实性问题。对于确不了解的情况，企业也可以向行政机关进行真实反馈；如对事实细节或者专业评估有疑问的，应及时咨询企业法务或外部律师，避免出现会被调查人员误以为不配合调查的行为。

实务问答 7-1-1
PRACTICE Q&A

1. 企业代表应当如何与行政机关接洽?

反垄断调查中，通常需要至少一名企业代表负责与行政机关的沟通和接洽工作。企业的法务合规部门负责人、政府关系负责人、分支厂区的主要负责人等，通常会担当企业代表的角色。在与行政机关接洽之初，企业代表应当首先进行礼貌的自我介绍，然后与调查人员沟通了解行政执法的基本情况，包括：请求调查人员出示执法证件和程序性文书，了解调查人员的身份、职位、执法事项范围，例如，调查依据是反垄断法，还是反不正当竞争法。

2. 在参与行政执法活动的过程中，企业方面有权了解哪些信息?

在参与行政执法活动的过程中，企业有配合执法机关调查的义务，但同时也有权了解当前执法调查的背景、目的、企业所处的情况，例如，是被调查主体，还是为执法机构提供协助。企业应当把握在调查中享有的正当权利，了解执法机构重点关注的问题、行为，以便企业能够协助给予更有针对性的回答；了解执法机构的现场调查或者行业调研计划，例如，现场调查时间与安排、行业调研要求回复的时间表等，以协调和调动内部资源。

3. 企业应当如何回应行政机关出具的问题清单?

如果行政机关向企业出具问题清单或类似文件，要求企业以书面形式提供信息或对相关问题进行答复，并明确规定截止日期，企业应当仔细阅读、准确理解问题，在与企业法务、外部律师、相关业务人员讨论后统一答复口径。对于关键信息，建议企业从不同角度反复核对，以确保提供信息的准确性、一致性、及时性，并在提交的材料中明确标注为保密信息。

4. 企业应当如何协助执法机构的调查？

执法机构在对第三方展开正式或非正式的反垄断调查过程中，可能会要求企业提供协助。企业有义务协助调查，但在提供重要文件或信息前，考虑征求外部律师意见，提供简短、客观、准确的信息，不得对外泄露与协助调查有关的情况。

三、黎明突袭

黎明突袭，是反垄断执法中的一种典型调查手段，经常运用于执法机关对企业潜在违法行为开展调查的过程中，以突然现场检查的方式，收集、获取相关证据。下文我们将就企业如何应对黎明突袭各环节提供具体指引，而这些指引同样可以参照适用于企业在一般执法过程中的应对。

（一）黎明突袭的特殊性和对企业的潜在影响

黎明突袭又称突击检查，是指反垄断执法机构为调查行政违法行为，在未事先通知的情况下对企业的场所、财产、员工、文件资料进行突然检查，以获取违法行为的证据。黎明突袭中，调查人员要求立即进入企业营业场所、办公室，接触企业设施和财物，获取文件资料，接触员工等，以实施搜查、检查、询问、查封、扣押等行动。根据具体案件的调查目的，执法机构不仅会对企业总部发起调查，也可能视实际情况对企业各地的子公司、分支机构等发起调查，甚至对多地分支机构同时开展黎明突袭。

黎明突袭与常规执法活动相比，最大的特点在于其不可预期性。执法机构常通过黎明突袭，在企业尚无准备的情况下进行执法调查，从而获取大量的企业涉嫌潜在违法行为的证据材料。在企业缺乏日常自查和内部监督的情况下，黎明突袭往往在短时间内使企业暴露于重大的不确定性和潜在违法风险中，企业因此面临高额罚款以及声誉危机。此外，如果企业缺乏事先培训和配合意识，各个部门往往会在被调查现场陷入忙乱，甚至因为恐慌情绪而出现应激性过度反应。一旦企业员工与执法官员之间发生冲突，则将进一步导致局面失控，可能使企业遭受更大损失。因此，企业应当对黎明突袭予以高度重视，通过建立事先预案和开展公司培训建立恰当对接流程，尽可能降低现场发生意外的风险。

需要注意的是，具体案件情况千差万别，本部分仅为原则性指引，企业应根据案件的具体情况调整各阶段的应对策略。

实务问答 7-1-2
PRACTICE Q&A

企业受到黎明突袭等反垄断调查后，员工应当如何对外发声?

当企业受到黎明突袭等反垄断调查后，企业应当确定消息发布途径，统一口径对外发布声明。其他员工不应对外发布任何与调查相关的言论，并应当对现场情况及企业被调查的信息承担保密义务。

（二）黎明突袭的应对指引

为了避免企业在受到黎明突袭时过于被动，企业可以通过事先设立黎明突袭应对指引，使员工提前了解黎明突袭流程及正确的应对措施。在发生黎明突袭时，企业各部门员工按照黎明突袭指引行事，积极配合调查，稳定现场秩序，留存执法记录；黎明突袭结束后及时复盘并评估风险，降低黎明突袭对企业经营和效益的影响。以下内容为企业各部门员工提供了简要的黎明突袭应对指引，以供参考。

Tips

适用于所有员工的基本原则

1. 应做的事

（1）态度礼貌友好：始终保持冷静、礼貌、友好的态度，积极配合调查。

（2）答复客观有节：在回答调查人员的问题时，有礼有节、恪守事实；对于确实不知道、不清楚答案或超出职责范围的问题，请如实回答。若可能，在向调查人员提交文件前礼貌地询问是否可以由企业法务或外部律师先行审阅文件。

（3）尽量记录过程：包括复制和记录所有被调查人员复制或扣押的文件或数据；记录调查人员搜索电子数据时使用过的关键词；记录所有调查人员的问题和自己的回答；尽量从调查人员处获得尽可能多的信息，以发现他们关注的问题。

（4）争取要求陪同协助：可以要求企业法务或外部律师的协助；按照现场协调员的要求和安排，确保始终有随同人员陪同调查人员。

2.不应做的事

（1）转移、删除、隐藏或以任何方式损毁任何保存在服务器、电脑、电话或者其他电子设备和储存支持产品上的文件、电子邮件、信息／微信、档案或其他材料（包括手机等个人设备中的上述信息）。

（2）阻碍调查或采取对抗态度，包括不尊重调查人员。

（3）超出调查人员要求的范围自行、主动提供未要求的文件、材料或信息。

（4）在企业法务或外部律师确认前，擅自签署调查人员提供的任何文件或者在文件上加盖公章。

（5）与除现场协调员或其指定的人员以外的其他无关人员讨论检查有关情况。

（6）与调查人员进行任何其他对话。

（7）主动提供任何额外的信息或观点，试图回答不知道答案或超出职责范围的问题。

（8）未经事先允许，损坏调查人员查封使用的封条。

（9）向任何公司外人员披露或以其他方式使其知悉有关黎明突袭的任何信息。

（三）黎明突袭下企业各部门的职责分配

为应对黎明突袭，企业应当在黎明突袭的事前、事中、事后都做好充足的准备，企业各部门员工应当各司其职，互相配合。

1. 事前准备

黎明突袭发生前，企业应设立专门应对黎明突袭的现场协调员及调查应对小组。现场协调员一般由企业法务部门、合规部门或政府关系部门的负责人担任。调查应对小组包括企业的法务人员 / 合规人员 / 政府关系人员（以下简称企业法务）、外部律师、随同人员及其他支持人员（如 IT、人事、财务人员、行政人员）。发生黎明突袭时，由现场协调员负责统筹协调调查应对小组、向高级管理人员汇报。相应地，调查应对小组、高级管理人员应当支持、配合现场协调员的工作。

如果企业存在其他关联实体或在各地的分支机构、办公室，总部现场协调员也应及时通知关联实体现场协调员做好应对黎明突袭的准备。关联实体现场协调员收到总部现场协调员的通知后，协调关联实体的调查应对小组，并及时向关联实体以及总部的高级管理人员、总部协调员汇报情况，关联实体调查应对小组及高级管理人员应支持、配合关联实体现场协调员的工作。

应对黎明突袭的汇报线示例及事前各部门人员的指引示例如图 7–1 与表 7–2 所示。

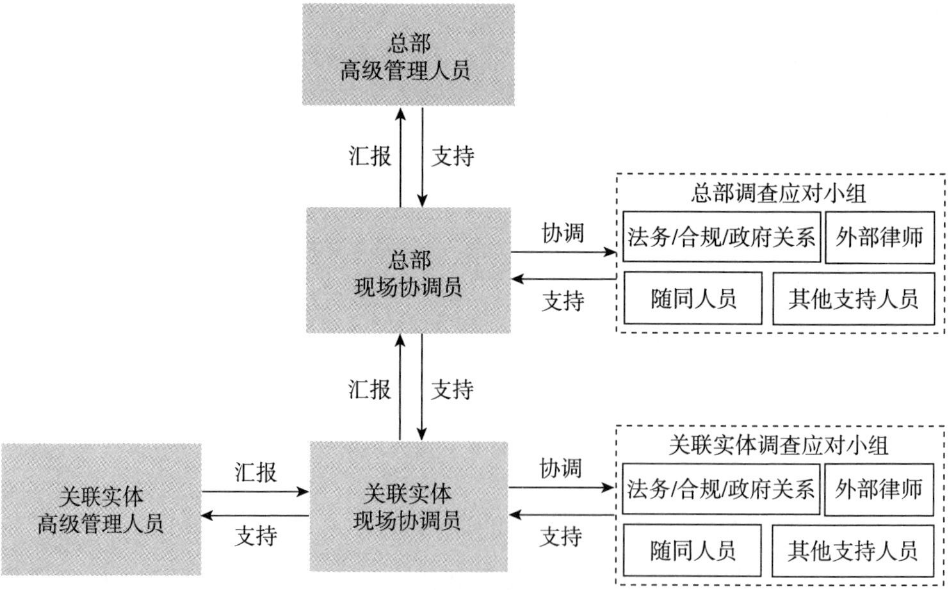

图 7–1　应对黎明突袭汇报线

表 7-2　黎明突袭事前应对指引

涉及人员	应对指引
高级管理人员	（1）确定现场协调员并安排组建调查应对小组； （2）向企业所有员工强调正确应对政府调查的重要性； （3）推动员工熟悉应对政府调查的政策； （4）组织应对政府调查的员工培训； （5）建立企业内部合规文化
调查应对小组	（1）明确小组内每位员工的职责分工； （2）知悉黎明突袭等政府调查的重要性、流程与应对措施； （3）参与应对政府调查的员工培训，为黎明突袭做好准备
现场协调员	存有调查应对小组成员的联系方式，熟悉各部门人员的职责

2. 黎明突袭发生时

黎明突袭发生时，企业的主要应对事项为提供调查人员要求的纸质文件、电子数据等材料，配合调查人员的访谈、查封扣押等行动。各部门人员都应当始终保持礼貌、友好的态度，全力配合调查人员，支持、配合现场协调员的安排。任何情况下，避免与调查人员发生争执，但可以记录企业员工和调查人员间的分歧。

应对黎明突袭的流程图及事中各部门人员的应对指引见图 7-2 与表 7-3。

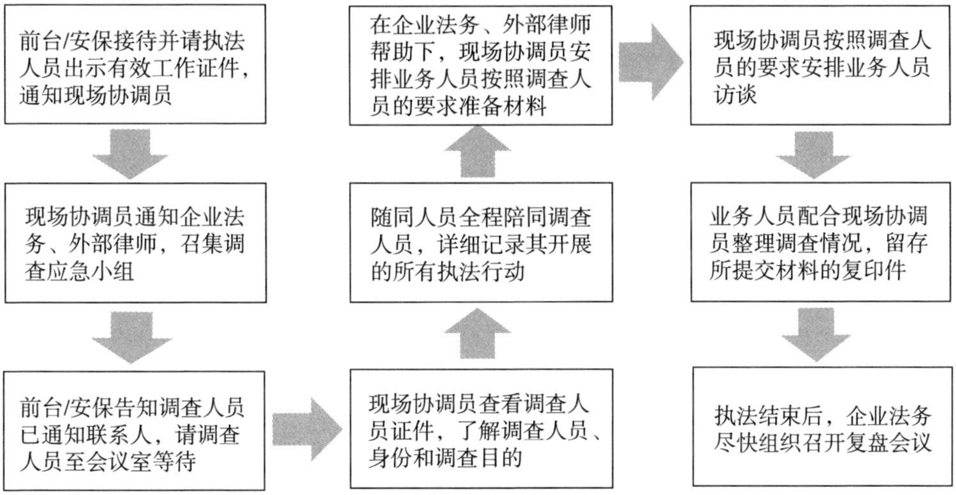

图 7-2　应对黎明突袭流程

表 7–3　黎明突袭事中应对指引

涉及人员	应对指引
前台 / 安保人员	发生黎明突袭时，调查人员首先抵达前台 / 安保处，前台 / 安保人员应礼貌友好地接待调查人员： （1）礼貌请求调查人员说明身份、出示证件，并为其做访客登记、制作访客胸牌； （2）立即联系现场协调员，告知其调查人员的人数和所代表的政府机构，并要求其到前台来，或等候现场协调员的指示； （3）安排调查人员在前台或专属会议室等待现场协调员到达
现场协调员	（1）及时与调查人员接洽沟通，礼貌询问调查的目的、重点、企业在调查中的角色等； （2）安排供调查人员使用的专属会议室； （3）尽可能为每一位调查人员配备一位随同人员； （4）第一时间电话通知调查应对小组成员、外部律师，要求其前往调查现场； （5）核查调查人员的执法证件及授权文件（如《调查通知书》等），核查文件内容，询问是否可以复印备存； （6）请高级管理人员向员工发出邮件通知，不得转移、删除或损毁任何文件、数据或信息； （7）若员工与调查人员发生冲突，及时与调查人员沟通解决； （8）与调查人员确定次日是否继续调查，以及当夜是否将查封任何办公区、房间或文件柜，将被查封的房间上锁或以其他方式禁止进入，告知员工不得进入房间、不得触碰封条； （9）核对调查人员带走的物品清单是否与调查应急小组的清单一致
随同人员	（1）全程跟随调查人员，记录调查情况，包括提取过的文件、扣押的证据（并请求保留副本）等； （2）必要时，根据调查人员或现场协调员的要求提供协助
调查应对小组	（1）对于数据量较大的企业，为提高效率，可以向调查人员建议，由调查应对小组先行调取相关材料和数据，随后交由调查人员检查； （2）如果提供信息或文件存在困难，可以提出合适的替换或解决方案

续表

涉及人员	应对指引
被询问员工	（1）礼貌请求允许企业法务或外部律师在询问现场陪同，携带纸笔简要记录调查人员提出的问题以及所作的回答； （2）仅在工作职责范围内实事求是地回答事实性问题，回答简短和切题，不要推测或提供未要求的信息，如有疑问可以请求咨询企业法务或外部法律顾问的意见； （3）不要隐藏或损毁任何文件、数据或信息； （4）不要主动提供文件或电子文档或系统访问权限，如果检查官员要求提供访问权限，应请求咨询企业法务或外部法律顾问的意见； （5）仔细审查询问笔录，必要时礼貌请求将询问笔录发给企业法务 / 外部律师审阅，审查后再签字
IT 团队	（1）立即暂停可能影响数据查看和完整性的任何常规性预定程序，特别是任何定期删除文件的操作； （2）如果被要求提供涉及所要求信息的管理人员访问权和密码，联系现场协调员和外部律师，不要提供超出要求范围的访问权； （3）如果被要求禁用任何电子邮箱账户（如恢复任何备份拷贝）、切断正在运行的电脑的网络连接或拆下电脑的硬盘，应首先咨询现场协调员、企业法务或外部律师

3. 黎明突袭结束后

黎明突袭结束后，企业应尽快召开复盘会议，所有参与黎明突袭的员工都应当参加复盘会议，并提供所有与本次调查相关的文件复印件、书面记录等供企业法务、外部律师进行风险评估，研究制定下一步应对策略（见表 7–4）。

表 7–4　黎明突袭事后应对指引

涉及人员	应对指引
高级管理人员	（1）及时组织召开复盘会议； （2）决定下一步应对策略
调查应对小组	（1）提交所有调查相关文件副本给现场协调员 / 企业法务 / 外部律师，如《调查通知书》、调查人员执法证、被查阅 / 复制 / 扣押的所有文件、询问笔录、随同人员记录等； （2）及时准备需要补充提供的材料（如有）； （3）持续关注新闻媒体及执法机构网站有无与调查相关的信息

续表

涉及人员	应对指引
现场协调员 / 企业法务 / 外部律师	（1）参加复盘会议，收集汇总所有材料，以确定潜在的法律问题、评估风险和解决存在争议的问题，讨论是否应当申请宽大等问题，向管理层汇报； （2）考虑是否与执法机构作进一步沟通
随同人员	整理记录的信息、保留的副本并及时完整地交给现场协调员

（四）黎明突袭的演习

黎明突袭的不可预知性导致许多未经培训的企业及员工难以及时灵活应对。面对黎明突袭，员工可能错失或遗忘重要信息，不便于事后复盘；或可能作出让调查人员误解为拒绝、阻碍调查的行为，给企业带来更严重的法律责任和声誉损害。

必要时，企业可以在法务和外部律师的指导下组织黎明突袭演习，帮助员工全面了解黎明突袭的流程，掌握应对黎明突袭的策略。比如，提供具有针对性的事前培训，让员工了解反垄断调查和黎明突袭；设立演习计划、安排演习时间和人员，制定演习打分表；安排企业法务或外部律师全程监控打分，记录演习中出现的问题；在演习结束后进行评价并提供改进建议。如此方能协助企业更好地应对黎明突袭，避免在突发情况下因为缺乏协调和对执法程序的预先了解而导致冲突或意外，使企业面临更严重的法律责任。

第二节　救济性程序：承诺制度及宽大制度的选择和考量因素

一、承诺制度及宽大制度的介绍与对比

如果企业存在涉嫌违反《反垄断法》的行为，可以选择适用承诺制度以争取获得中止及终止调查，或选择适用宽大制度以获得从轻、减轻乃至免除处罚

的可能。

《反垄断法》第 53 条第 1 款规定了承诺制度："对反垄断执法机构调查的涉嫌垄断行为，被调查的经营者承诺在反垄断执法机构认可的期限内采取具体措施消除该行为后果的，反垄断执法机构可以决定中止调查。"

《反垄断法》第 56 条第 3 款规定了宽大制度："经营者主动向反垄断执法机构报告达成垄断协议的有关情况并提供重要证据的，反垄断执法机构可以酌情减轻或者免除对该经营者的处罚。"

但《反垄断法》中没有具体说明企业应当如何申请承诺和宽大，例如承诺和宽大的适用范围、企业申请的时间、方式、内容等。《禁止垄断协议规定》和《禁止滥用市场地位规定》，对适用宽大制度的具体考量因素以及承诺制度申请方式作出进一步规定。2019 年 1 月，国务院反垄断委员会发布了《垄断案件经营者承诺指南》（以下简称《承诺指南》）[①] 和《横向垄断协议案件宽大制度适用指南》（以下简称《宽大指南》）[②]，分别为企业申请承诺和宽大作出具体指引。

（一）承诺制度

企业可在反垄断执法机构调查过程中，在其尚未掌握足够认定违法行为的证据时，通过书面承诺在其认可的期限内采取具体措施消除行为影响，提出中止调查的书面申请。反垄断执法机构将根据企业的中止调查申请，综合考虑行为的性质、持续时间、后果、社会影响、承诺的措施及预期效果等具体情况，决定是否中止调查。企业应接受反垄断执法机构对履行承诺情况的监督。在承诺期间结束后，反垄断执法机构可以决定是否终止调查，企业可能因此免予行政处罚。但如果企业未履行承诺，或作出中止调查决定所依据的事实发生重大

---

① 国务院反垄断委员会：《垄断案件经营者承诺指南》（国反垄发〔2019〕2 号），2019 年 1 月 4 日。

② 国务院反垄断委员会：《横向垄断协议案件宽大制度适用指南》（国反垄发〔2019〕2 号），2019 年 1 月 4 日。

改变，又或者中止调查的决定是基于企业提供的不完整或者不真实信息作出的，反垄断执法机构将恢复调查。承诺制度不适用于固定或者变更商品价格、限制产量或者销售数量、分割销售市场或者原材料市场的核心卡特尔案件。

举例而言，曾经通过适用承诺制度获得终止调查的案例有：两家隐形眼镜公司要求互联网线上零售药房执行两家公司提出的有关产品最低转售价格，上海市监局于2016年6月对两家企业开展了初查，并于2017年11月正式立案调查，随后两家公司提交了中止调查申请书，承诺认真自查整改、依法展开业务、组织法律培训，积极配合调查。上海市监局于2018年3月决定中止调查。中止调查期间，两家公司采取的具体整改措施符合承诺，上海市监局于2019年4月决定终止调查。[①]

（二）宽大制度

企业可通过主动报告反垄断执法机构尚未掌握的、对启动调查或者对认定垄断协议起到关键性作用的证据（包括参与垄断协议的经营者、涉及的商品范围、达成协议的内容和方式、协议的具体实施等情况），并持续配合反垄断执法机构直至调查终结，以此申请适用宽大政策。反垄断执法机构将根据企业主动报告的时间顺序、提供证据的重要程度，以及达成、实施垄断协议的有关情况，决定是否减轻或者免除处罚。这是企业应对反垄断风险、争取获得减轻或者免除处罚的重要方式，目前仅适用于垄断协议案件。2019年《宽大指南》进一步明确，宽大制度当前适用于《反垄断法》明确规定的横向垄断协议。

曾经适用宽大制度的案例包括汽车零部件案：2014年8家汽车零部件日企及4家轴承生产企业价格卡特尔案中，其中两家企业因率先主动报告达成垄断协议的情况被免除处罚，另外几家企业分别被减除60%、40%、20%的

① 上海市市场监督管理局终止调查决定书，沪价检终止〔2019〕1号。

罚款。[①]

二、衡量和选择承诺制度与宽大制度的考虑因素

为便于企业了解和对比分析承诺制度与宽大制度的特点以及企业实务问题的适用性，我们在表 7–5 中总结对比了两种制度的异同。

表 7–5　承诺制度与宽大制度对比

对比项	承诺制度	宽大制度
法律依据	1.《反垄断法》第 53 条； 2.《垄断案件经营者承诺指南》； 3.《禁止垄断协议规定》； 4.《禁止滥用市场支配地位行为规定》	1.《反垄断法》第 56 条； 2.《横向垄断协议案件宽大制度适用指南》； 3.《禁止垄断协议规定》
目的	1. 提高执法效率和透明度、节约执法资源； 2. 有效实现保护市场公平竞争、维护消费者利益和社会公共利益	1. 降低发现违法成本、提高执法效率、节约执法成本、维护消费者利益； 2. 宽大的额度与协助查处案件的贡献程度相匹配
适用范围	除核心卡特尔外的其他行为，包括滥用市场支配地位行为、纵向垄断协议、其他横向垄断协议（限制购买新技术 / 新设备或限制开发、联合抵制交易、其他协议）	1. 核心卡特尔（固定或变更商品价格、限制商品生产或销售数量、分割销售市场或原材料采购市场）； 2. 其他横向垄断协议（限制购买新技术 / 新设备或限制开发、联合抵制交易、其他协议）
基本要求	1. 承诺采取措施消除不利影响； 2. 在承诺履行期间履行承诺； 3. 按期向执法机构报告	1. 主动报告； 2. 立即停止违法行为； 3. 迅速、持续、全面、真诚配合调查； 4. 妥善保存提供的证据信息
申请时间	执法机构采取调查措施之后、作出行政处罚事先告知之前	作出行政处罚事先告知前的任何时间均可申请，包括立案之前

① 国家发展和改革委员会：《日本十二家企业实施汽车零部件和轴承价格垄断被国家发展改革委罚款 12.35 亿元》，载国家发展与改革委员会官网，https://www.ndrc.gov.cn/xwdt/xwfb/201408/t20140820_955897.html?code=&state=123。

续表

对比项	承诺制度	宽大制度
申请内容	书面形式，内容包括： 1. 涉嫌垄断行为及其潜在影响； 2. 具体承诺（可以是结构性措施、行为性措施和综合性措施）及其能够消除涉嫌行为后果的说明； 3. 履行承诺的时间安排及方式	书面或口头形式： 1. 申请免除处罚： （1）须承认违法并详细说明垄断协议的具体情况； （2）提供重要证据：执法机构尚未掌握的，足以使执法机构立案或者启动调查，或者能够认定存在垄断协议的证据。 2. 申请减轻处罚： （1）垄断协议的参与者、涉及的产品/服务、达成和实施的时间、地域等； （2）提供重要证据：执法机构尚未掌握的，对认定垄断协议行为具有显著证明效力的证据
减免范围	如果企业获得中止或终止调查，则可免除处罚	1. 立案/启动调查程序之前：第一顺位免除罚款； 2. 立案或启动调查程序之后，处罚事先告知之前：第一顺位减轻 80%~100% 罚款；第二顺位减轻 30%~50% 罚款；第三顺位减轻 20%~30% 罚款； 3. 可以对没收违法所得进行相应的减免处理； 4. 经营者组织、胁迫其他经营者参与达成、实施垄断协议或者妨碍其他经营者停止该违法行为的，执法机构不对其免除处罚，但可以相应给予减轻处罚； 5. 一般在同一垄断协议案件中最多给予三个经营者宽大；如果案件重大、复杂且涉及经营者众多，可以考虑给予更多的经营者宽大
审查考虑因素	1. 实施涉嫌垄断行为的主观态度、性质、持续时间、后果及社会影响； 2. 承诺的措施及其预期效果	1. 主动报告的时间顺序； 2. 提供证据的重要程度； 3. 达成、实施垄断协议的情况

续表

对比项	承诺制度	宽大制度
效果	1. 承诺被接受后，执法机构书面决定中止调查，给予经营者履行承诺的期限； 2. 经营者须报告承诺的履行情况； 3. 承诺履行完毕，执法机构终止调查；如果经营者未履行承诺，或者作出中止调查决定所依据的事实发生重大变化的、中止调查的决定是基于经营者提交的不完整或不准确的信息作出的，则重新恢复调查； 4. 中止和终止调查决定将向社会公布	1. 免除或减轻处罚； 2. 行政处罚决定将向社会公布
其他问题	1. 承诺 ≠ 经营者承认违法： （1）中止 / 终止调查决定 ≠ 执法机关认定行为合法性；不视为合法性的相关证据； （2）但公示的中止 / 终止调查决定将包含涉嫌垄断行为的事实，可能引起民事赔偿诉讼的风险。 2. 承诺是否应征询公众意见： 如涉嫌垄断行为已经影响到其他不特定多数的经营者、消费者或社会公共利益，执法机构可以在 30 日的期限内向社会公开征求意见；经营者必须进行修改、提出可行替代方案或合理解释	1. 申请宽大成功 = 承认行为违法： （1）未经宽大申请人同意，其提交的信息不得向公众公布，且不得向任何其他组织或个人披露； （2）但公示的宽大决定所包含的违法事实和执法机关对相关行为违法性的认定，将可能在民事诉讼中被作为证据引用。 2. 不同司法辖区的联动执法： 如果企业在其他司法辖区的卡特尔调查被公布后，很可能也会同样引起中国反垄断执法机构的关注，因此在任何一个司法辖区申请宽大前应当综合考虑企业全球情况

第三节　行政处罚的风险评估

一、行政处罚的类型与罚款额度的影响因素

《反垄断法》中规定对达成并实施垄断协议的处罚主要包括：责令停止违法行为、没收违法所得、罚款、撤销行业协会登记。对违法实施经营者集中的处罚主要包括：责令停止实施集中、限期处分股份或者资产、限期转让营业以

及采取其他必要措施恢复到集中前的状态、罚款。

其中，《反垄断法》作为经济法领域的主要法律，其强大的威慑力主要体现在巨额罚款数量上。《反垄断法》对于达成并实施垄断协议或滥用市场支配地位的企业的罚款额度为上一年度销售额的 1%~10%；《反垄断法》进一步提高了特定情形的垄断协议的最高罚款额度，并增加了对企业员工的罚款，即“上一年度没有销售额的，处五百万元以下的罚款；尚未实施所达成的垄断协议的，可以处三百万元以下的罚款。经营者的法定代表人、主要负责人和直接责任人员对达成垄断协议负有个人责任的，可以处一百万元以下的罚款”。情节特别严重、影响特别恶劣、造成特别严重后果的，可处 2 倍以上 5 倍以下的罚款。值得注意的是，此处的罚款基数不仅是单个企业的单个涉案产品或部门的上一年度销售额，而是企业所属的整个集团的上一年度销售额总和，该等重罚措施对企业更具威慑作用。

根据公开可得的数据统计，截至 2023 年，中国反垄断执法机构已公布垄断协议案件 157 件，滥用市场支配地位案件 90 件，累计罚款金额超过 350 亿元人民币。罚款金额最高的十二大案例见图 7–3。

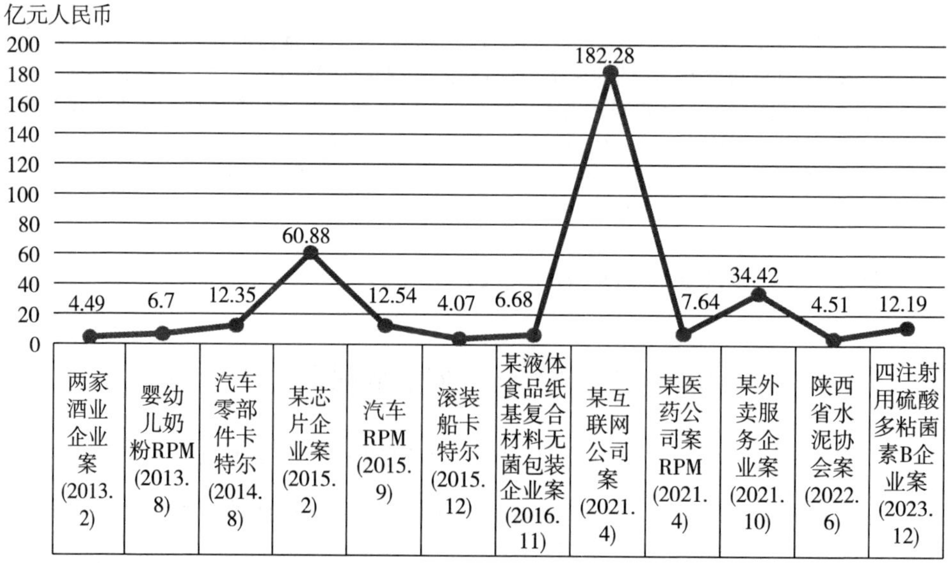

图 7–3　罚款金额最高的十二大案例

反垄断执法机构的罚款考虑因素包括违法行为的性质、程度、持续的时间，以及对调查执法的配合情况。如前所述，拒绝、阻碍反垄断调查不仅会导致执法机构对企业的垄断行为从重处罚，拒绝、阻碍调查的单位和个人也会被处以额外的罚款。

二、行政处罚的其他影响

违反《反垄断法》不仅会给企业及员工带来行政处罚、民事责任及刑事责任，还会产生难以弥补的商业风险。

（一）耗费巨额成本

反垄断调查耗时较长，耗费较多的人力、财力成本。包括黎明突袭在内的现场调查更是需要企业花费大量人力、物力在公司正常业务经营活动之外调动企业内部资源应对、协助、配合调查。即使企业未被处罚，其正常经营活动和运行秩序也会难以避免地受到干扰。

（二）商誉受损

企业一旦遭受行政调查乃至处罚，名誉和形象即受到损害，甚至对其后续从事经营活动造成直接影响。具体而言，《反垄断法》第 64 条新增了失信惩戒制度："经营者因违反本法规定受到行政处罚的，按照国家有关规定记入信用记录，并向社会公示。"企业遭受处罚后，在参与竞标或者面临客户资质考核时，都会继续承受持续性负面影响。此外，对于上市公司而言，还可能在被调查直至受处罚期间面临严重的股价波动乃至异常下跌，损害上市公司的正常经营秩序。

（三）后继诉讼

企业一旦受到处罚，将可能面临潜在的后续诉讼和额外索赔的风险。以往在自发性民事垄断纠纷案件中，原告因为面临过重的举证责任而很难通过民事诉讼寻求权益保障。相比之下，行政处罚决定为潜在的利益受损方提供了向被处罚企业进一步寻求民事权益救济的基本方向。随着近年来国家对反垄断的高度关注和民众的反垄断意识普遍增强，公众对通过诉讼等法律救济维护自身权益的意识也逐步提升。尤其是，《反垄断法》第60条新增了关于公益诉讼的规定："经营者实施垄断行为，给他人造成损失的，依法承担民事责任。经营者实施垄断行为，损害社会公共利益的，设区的市级以上人民检察院可以依法向人民法院提起民事公益诉讼。"可以预见，未来企业一旦面临行政处罚，除了需要考虑因为处理行政调查和承担行政责任所导致的违法成本外，也应当对后继诉讼下可能承担的高额赔偿给予足够重视。

（四）交易终止

反垄断调查结束后，企业如果被执法机构或者法院责令停止违法行为，可能导致相关交易合同无法履行；交易相对方有权解除合同并要求相关赔偿，致使企业遭受重大损失。

第四节　公司法律合规部应对行政执法的合规实践

相较于税务稽查、用工合规检查等行政执法而言，反垄断行政执法具备自身的特点，比如，反垄断行政执法的高度专业性与涉及资料准备与信息提供的广泛性与时限性，使反垄断行政执法的应对工作对一些公司法律合规部而言一直是痛点与难点。笔者从公司法律合规部的实践角度出发，梳理了日常工作中反垄断行政执法应对工作的误区，并在介绍法律合规部应对反垄断行政执法要做的基本准备工作基础上，总结反垄断行政执法应对工作如何落地。

一、反垄断行政执法应对工作的误区

由于反垄断行政执法的高度专业性（所谓"小众话题"），公司业务部门，

甚至有些公司的法律合规部对反垄断行政执法的应对工作存在一些误区。

（一）常见误区一：本公司规模小，不必关心反垄断行政执法

有些公司业务部门甚至法律合规部工作人员误认为，本公司规模小、行业竞争激烈、市场份额低，不在反垄断行政执法的执法范围内，不必关心反垄断行政执法。但事实是反垄断法下的违法行为，有些与市场地位相关，有些与市场地位无关，并非具有垄断地位的企业 / 行业才会受到反垄断法的规制。因此，无论公司规模如何、所在行业竞争是否激烈、市场份额如何，公司均需关心反垄断行政执法。

（二）常见误区二：应对反垄断行政执法是公司法律合规部的工作，与公司其他部门无关

有些公司业务部门和其他职能部门误认为，反垄断行政执法是公司法律合规部的工作，与公司其他部门无关，公司其他部门也做不了什么。其实，反垄断行政执法针对的是经济行为，首先被调查的重点部门就是公司业务部门。除了业务部门，行政执法机关通常还会接触以下部门。

1. 前台行政：尤其在突击检查时，执法部门会在毫无预告的情况下拜访公司，前台的专业接待将给执法人员留下第一印象。

2. 人力资源部：执法部门通常需要了解公司的组织架构和相关负责人，以便确定配合调查的人员范围，因此可能会要求人力资源部提供组织架构图和相关人员名单。

3. 财务部：涉及财务数据、发票处理等事宜时，执法部门也会调查询问财务部的工作人员。

4. 客服部、物流部：涉及业务运转流程，比如订单处理、发货信息等，执法部门也会调查询问客服部、物流部的工作人员。

以上部门并非穷尽式列举，可能涉及的部门需要结合具体案件具体看待，

但基本原则非常明晰，即反垄断行政执法涉及公司各部门，而非仅仅是公司法律合规部的工作。

（三）常见误区三：应对工作是应对行政检查现场，在没有发生检查时，公司也做不了什么

一旦提及反垄断行政执法的应对，很多人会误认为应对工作针对的是行政检查现场，其实不然。行政现场检查必然是反垄断行政执法最激烈的战场，且其具有不确定性、不可掌控性等特点，因此，公司法律合规部能够自行掌控的内容更多是针对潜在行政执法而进行的准备工作，这也是应对行政执法的基础工作。

二、反垄断行政执法的应对——制度建设

（一）公司制备《应对反垄断调查指引》的必要性

在公司正常经营过程中，执法机关的执法调查具有太多未知性，比如是否会发生调查未知，调查时间、调查范围、调查对象未知等。在面对如此多未知的情况下，公司法律合规部的事先准备工作尤为重要，其中一项重要内容便是制备本公司的《应对反垄断调查指引》（以下简称《应对指引》）。

《应对指引》可以作为本公司应对反垄断行政执法的指南，一旦发生执法调查，公司各部门可以通过《应对指引》，迅速查找到负责人员、处理流程及注意事项。有无一套成熟的《应对指引》是检验公司法律合规部日常工作是否扎实、到位的标准之一。

有必要强调：《应对指引》的制备与实施的真正目的在于确保公司依法充分、及时履行自身在反垄断法项下的配合义务，并依法行使权利，而绝非利用《应对指引》来对抗或阻碍调查。

（二）《应对指引》的主要内容

1. 突击检查的一般流程

本部分内容简要介绍行政执法机关在突击检查时的惯常工作流程及权力，

以便公司对接人员快速了解突击检查是什么以及即将面对的状况是什么。这些基础内容通常包括以下内容：

（1）调查人员将会在未经事先通知的情况下进入公司的场地以及其他相关场地进行调查；

（2）调查人员可能会向公司的相关员工、利害相关方以及其他相关人员进行询问，并要求在询问笔录上签字；

（3）调查人员可以查阅、复制公司、利害相关方以及其他相关人员的相关证书、协议、财务报表、商业信函、数字数据以及其他文件、资料；

（4）调查人员还可能会核实公司的银行账户，查阅相关人员的邮件、微信。

2. 对所有员工的一般指引

（1）关于调查和搜查

①调查人员有权在公司的场地进行现场搜查，并制作现场照片和视频记录。

②公司有义务提供全面配合，不得拒绝或妨碍调查。实践中，配合调查包括提供被要求提供的文件和资料以及回答提出的问题，禁止主动地抵制搜查或者销毁、隐藏或更改文件。

③对于调查内容和范围，如有疑问，应与调查人员澄清，不能似是而非、胡乱猜想，以免引起误解。对于与被调查的具体事项无关的信息或文件，不必提供。

④任何类型的文件均不享有保密特权，不能以包含商业秘密为由拒绝提供文件，但可以向调查人员说明该等文件的保密性。

⑤调查人员有权检索IT系统和存储介质（电脑、平板电脑、手机、USB闪存盘、硬盘等），包括放置在办公室以及调查现场的个人物品。员工可以明确说明哪些物品是个人物品，并未储存公司的任何信息。

（2）关于扣押

①原则上，所有与检查有关的文件、物品、电子数据及电子数据的存储介

质均有可能被扣押。

②调查人员可以收集、调查和带走原件，如果带走原件存在困难或者没有必要，调查人员可能会要求提供复制件或手写件，并可能要求被调查人写下“经核对确认与原件一致”的声明、提供日期和证据来源，并在上面签字或盖章。

③调查人员扣押财物和证据时，应当当场清点并出具清单。公司可以要求持有一份清单复印件，以供存档。

（3）关于查封场地

如果调查人员认为某一场地包含证据，调查人员可以查封该场地。查封场地在实践中发生的概率不大，但是如果一项调查需要几天时间或者被调查公司出现抵制调查的情形，该情况可能发生。

（4）与被调查人（通常是公司员工）面谈

①根据中国法律，被调查公司或个人有义务如实向调查人员提供证据。

②当被询问或要求提供信息时，被调查人必须对调查人员提出的问题给出完整、真实和准确的回答，并且配合如实提供相关文件。回答应简洁、真实、准确。

③如果被调查人不理解问题或不知道答案，切忌猜测或推测，而应当清楚地如实告知调查人员。如果对某文件是否与具体要求相关存在疑问，应尽可能寻求获得法律意见，不应提供虚假信息或说谎。

④调查人员可能会制作书面记录 / 笔录，被调查人应在签字之前仔细审阅，并在每一页上签字。如果被调查人所述内容与该记录 / 笔录之间有不一致之处，则应要求对该记录进行相应修改。

⑤尝试记住调查人员的问题。面谈结束后，应尽快把问题和回答记录下来。

3. 对特殊部门的任务分工和指引

（1）前台人员的工作指引

①抵达。前台人员应礼貌地要求调查人员出示关于即将进行的调查 / 搜查的身份证件（如执法证），并询问本次调查小组由几位成员组成。如果条件允许，

复印前述身份证件，以便随后交给公司法律合规部。如果调查人员不允许复印，请尝试获取关于调查人员的身份和人数、调查性质的简要细节。

②通知法律合规部和公司发言人。前台人员确认是反垄断执法部门的工作人员后，应立即打电话通知公司法律合规部的工作人员和公司发言人（人员名单及紧急联系方式，应列在《应对指引》上），不间断联系直至通知到位。

③接待。前台人员应将调查人员带至单独的会议室，让调查人员在会议室等候，直到法律合规部工作人员或者公司发言人到达现场。在等候过程中，前台人员应告知调查人员，其已经和公司法律合规部取得了联系，调查人员的要求将得到最重要和最紧急的处理。

（2）公司发言人的工作指引

①《应对指引》应当确定公司发言人名单及其紧急联系方式。原则上，发言人是指定的可以代表公司发言的工作人员。每家公司的组织架构不同，可以根据本公司的具体情况指定发言人。通常，公司发言人可以包括公司法定代表人、法律合规部负责人、政府关系部负责人、企业资讯传播部负责人。

②发言人与调查人员会面之后，应核实调查人员身份并要求他们出示执法证和调查通知书（如有）。调查人员既可能会出示，也可能不出示，无论是否出示，发言人均应礼貌配合调查人员的要求。

③在法律合规部工作人员到达现场后，听从法律合规部的工作安排，共同商讨下一步的调查配合工作。

（3）法律合规部的工作指引

①通知相关工作人员。公司法律合规部接到调查消息后，应立即通知相关工作人员，包括公司发言人、外部律师、法律合规部的所有工作人员，并要求他们迅速到达现场。

②成立应急小组并分配工作任务，统一协调调查配合工作。特别重要的是，迅速成立并确定陪同团队（shadow team），陪同团队最好由法律合规部成员和

外部律师组成，人数应至少和调查人员的人数相同，负责从始至终协助应对现场调查。

除了针对前台、公司发言人、法律合规部的特别指引，公司还可根据本公司的组织架构及业务模式，进一步对IT部门、企业资讯传播部（涉及资本市场及总部沟通时，尤为重要）等部门设定专门的指引。

三、反垄断行政执法的应对——针对《应对指引》的培训

公司反垄断合规培训的范围、方式、频率可以多样化，有些公司将针对行政执法应对的内容并入大的反垄断合规培训中，作为反垄断合规培训的一部分。而有经验的公司法律合规部，除了进行常规的反垄断合规培训外，还会针对现场调查举办更具针对性的专题培训。

（一）对所有员工的指引，可以并入常规的反垄断合规培训

常规的反垄断合规培训可以在整个公司层面进行，作为日常培训的内容之一，强制要求所有员工必须参加，并做完培训涉及的考题，以保证学而有效、培训到位。也可以根据事业部的不同业务模式，针对各事业部定制培训。

（二）对特殊部门的指引，更建议按部门进行专题培训

正如前文所述，前台人员、公司发言人等特殊部门是直面现场检查的部门，为避免应对现场检查出现不知所措甚至混乱的局面，可以按照部门，对每个部门进行专题培训，重点放在该部门的职责、应对流程和dos and don’ts。如跨国公司在国内设立多家法律实体/工厂，亦可将各法律实体/工厂的前台人员集中在一起进行培训。

四、反垄断行政执法的应对——实战演练：模拟突击检查

（一）模拟突击检查的必要性衡量

模拟突击检查是指，在未通知公司相关部门、人员的情况下，公司法律合

规部安排专门人员（通常是面生的外部律师）突然到访公司，扮演行政执法调查人员的角色，与公司相关部门、人员交流，从而发现、总结公司《应对指引》是否被各部门有效执行。笔者需要声明，并非建议所有公司开展模拟突击检查，公司法律合规部需根据本公司业务实际及面临的潜在风险，衡量其必要性。

（二）模拟突击检查的注意事项

1. 模拟突击检查是否需要预先告知

通常，模拟突击检查无须预先告知列入检查范围的工作部门和人员，否则模拟突击检查的效果难以实现。但公司法律合规部仍需视情况预先告知必要的管理层，避免发生不必要的恐慌和混乱。

2. 模拟突击检查时，公司法律合规部如何配合

当检查人员抵达公司现场后，公司法律合规部人员应密切关注、记录公司各部门所作的应对工作和反应速度，以供事后复盘和加强培训。如希望检验其他部门（如前台人员）的处置能力，公司法律合规部人员亦可适当隐身，不接收前台人员的电话通知，观察前台人员的应变能力。

3. 模拟突击检查后，公司法律合规部应及时澄清本次检查的性质

模拟突击检查结束后，为避免发生不必要的恐慌和消息扩散，公司法律合规部应及时通知被调查人员本次检查为公司内部安排的模拟检查，并非行政执法机关的检查。除此之外，公司法律合规部应与参与模拟突击检查的外部律师合作，总结、分析模拟突击检查发现的待完善事项，并据此安排针对性的加强培训。

（三）模拟突击检查与合规体检的有机结合

模拟检查除了现场的突击检查，亦可针对公司业务部门进行合规体检（health check），即按照行政执法人员的执法方式，选取某事业部的特定业务、相关负责人，进行外围数据（邮件、公司系统、合同等）分析，根据分析结果选定员工进行访谈，

即在没有通知相关员工的情况下，先进行数据分析，根据分析结果锁定访谈员工的范围，采取模拟突击检查的方式进行访谈。

总之，对于公司法律合规部而言，反垄断行政执法的应对既需要扎实的制度建设，又需要充分的准备工作，还需要实战演练。如果公司真的被执法部门突击检查，除了前述事项，在现场调查后的很长一段时间内，公司法律合规部还需持续配合行政执法部门不时的要求，比如进一步访谈、提供资料、补充说明等，亦需要指派专门人员对接执法部门、外部律师或经济学家。这是一场考验公司法律合规部综合实战能力的“马拉松”。

第八章 CHAPTER 08 特别行业和领域的反垄断重点问题

第一节 互联网行业

一、概述

自2020年起，国家市场监管总局针对数字经济领域采取了一系列立法及执法行动，标志着反垄断监管常态化、执法严厉化将成为未来中国数字经济所共同面对的“达摩克利斯之剑”。在立法方面，国务院反垄断委员会于2021年发布了《平台经济反垄断指南》；全国人民代表大会常务委员会于2022年通过的新《反垄断法》中加入了对数字经济领域监管机制的特殊规定。在执法方面，2021年至2022年，四家互联网平台相继因实施“二选一”等垄断行为被开具巨额罚单，一大批互联网并购交易因未依法申报而遭到处罚。2023年，数字经济领域的反垄断执法大潮相对回落。执法机关开始更多从制度供给和监管效能的角度对竞争政策进行宏观统筹，对数字经济企业的监管进入“常态化”时代。

本部分对近年来数字经济领域反垄断监管的重点问题及合规趋势进行了如下总结与分析。

二、互联网行业的垄断协议问题

平台经营者对数据、算法、平台规则等技术手段的运用使平台经济领域的垄断协议行为与传统行业相比更具隐蔽性，因此发现和判定平台经济领域的垄断协议对监管机构而言变得更加困难。具体而言，数据、算法、平台规则等技术手段可能帮助经营者迅速、高频地交换价格等敏感信息，并及时监督共谋者履约的情况。与此同时，由于算法等技术手段取代了电话、会议、邮件等传统沟通方式，平台经营者可能通过数字信号的传输即可实现交换特定敏感信息，这无疑进一步增加了监管机构发现及调查取证相关垄断协议的难度。

为了应对取证困难的问题，《平台经济反垄断指南》提出：认定平台经济领域协同行为，如果难以获取直接证据，可以按照逻辑一致的间接证据，认定经营者对相关信息的知悉状况，判定经营者之间是否存在协同行为。但经营者可以提供相反证据证明不存在协同行为的，也可以以此进行抗辩。

（一）横向垄断协议

《反垄断法》第 9 条规定："经营者不得利用数据和算法、技术、资本优势以及平台规则等从事本法禁止的垄断行为。"此外，《平台经济反垄断指南》第 6 条也明确规定，横向垄断协议是指具有竞争关系的平台经济领域经营者利用技术手段进行意思联络或者利用数据、算法、平台规则等实现协调一致行为的方式达成的固定价格、分割市场、限制产（销）量、限制新技术（产品）、联合抵制交易等协议。此外，《禁止垄断协议规定》第 13 条也规定，具有竞争关系的经营者不得利用数据和算法、技术以及平台规则等达成横向垄断协议行为。

目前我国还未出现关于平台经济利用算法达成横向垄断协议的相关反垄断执法案例，但美国司法部曾于 2015 年分别针对某美国互联网平台网站上两家售卖海报的商家的高管展开反垄断调查：

美国司法部诉两家美国海报商家高管案①：美国司法部指出，两家海报商家高管及其他合谋者利用数据与算法实现合谋，利用特定定价算

① Office of Public Affairs, *Former E-Commerce Executive Charged with Price Fixing in the Antitrust Division's First Online Marketplace Prosecution*, Justice.gov (April 6,2015), www.justice.gov/opa/pr/former-e-commerce-executive-charged-price-fixing-antitrust-divisions-first-online-marketplace.Office of Public Affairs, *Online Retailer Pleads Guilty for Fixing Prices of Wall Posters*, Justice.gov (Aug.11,2016),https://www.justice.gov/opa/pr/online-retailer-pleads-guilty-fixing-prices-wall-posters.

法与计算机软件达成动态价格垄断协议，协调海报价格的变动。两者被司法部起诉至美国地区法院，指控其因固定价格而违反《谢尔曼法》第1条。最终两家海报商家高管均认罪。A高管获判20,000美元的罚款。B高管被判处6个月监禁。

（二）轴辐协议

互联网平台经营者更易于实施轴辐协议行为。具体而言，平台经营者多承担着市场组织者的角色，在经营活动中可以组织双边或多边群体进行交互和匹配，并能够从中对价格机制、交易机制以及竞争规则等进行设置和干预。因此，对于平台经营者而言，以其自身为轴心，平台内经营者为辐条，再借助算法等技术工具，达成和实施垄断协议将更为容易。根据《平台经济反垄断指南》第8条的规定，由平台经营者组织、协调并达成的具有横向垄断协议效果的轴辐协议也是反垄断法体系下所禁止的垄断行为。对于正致力于数字化转型从线下转向线上的平台内经营者来说，由于平台经营者的相对强势地位以及各平台经营者之间的残酷市场竞争，平台内经营者应充分关注自身因平台经营者商业影响力而与平台经营者及其他竞争者达成并实施轴辐协议的风险，采取相应措施予以防范。

【案例】

美国司法部诉某电子书平台公司轴辐协议案[①]：美国司法部于2012年对某电子书平台公司利用其电子书平台和五家大型图书出版商达成价格垄断协议的行为进行了反垄断调查，指控该公司通过与出版商达成协议，通过将原先的零售商定价模式转变为代销模式（由出版商直接制定电子书的价格）来调整图书价格，导致电子书的价格大幅提高。并且设置了最惠国待遇条款与最高售价限制条件，保证该公司电子书平台中销售的电子书价格相较其他第三方平台是最

---

① United States Court of Appeals for the Second Circuit, *United States v. Apple, Inc.*, *Case* 13-3741,（June 30,2015）, https://cases.justia.com/federal/appellate-courts/ca2/13-3741/13-3741-2015-06-30.pdf?ts=1435674605.

低的。美国法院判决该公司与五家出版商合谋抬高电子书价格，构成轴辐协议，违反了《谢尔曼法》。此外，目前也已经有诸多反垄断司法辖区表达了对数字平台可能利用算法达成轴辐协议的担忧。

三、互联网行业的滥用市场支配地位行为

互联网行业普遍存在“马太效应”，赢者通吃。因此大部分的互联网应用领域经过多年发展后，只会剩下两到三家头部的企业，甚至出现一家独大的情形。因此互联网行业也是滥用市场支配地位行为的重灾区。监管机构就国内互联网平台企业所作出的处罚决定（其中包括某互联网公司“二选一”案、某中文外卖平台“二选一”案、某英文外卖平台“二选一”案，以及某学术数据库垄断案）皆是针对其滥用市场支配地位的行为。

总体而言，平台经济领域的滥用市场支配地位行为的分析路径和构成要件与一般行业基本一致，即以界定相关市场为起点，评估相关平台经营者是否具有市场支配地位，再分析相关平台经营者是否存在相关滥用行为，该等行为是否排除和限制相关市场竞争以及平台经营者是否具有合理理由。尽管如此，由于平台经济领域的固有特性，相关滥用市场支配地位行为的每一构成要件的具体考量因素又相较于一般行业有其特殊之处。

（一）相关市场界定

在实践中，平台经济领域的市场定义面临诸多挑战，包括市场边界的模糊性、多边市场的复杂性以及平台经济的动态性和创新性。界定市场时，需要对平台的功能演变、用户需求的多样性、多边市场结构的复杂性以及供给替代的实际可能性进行深入分析，并采取更灵活和创新的方法，以适应平台经济的特性。

为给予更明确的指引，《平台经济反垄断指南》指出，平台经济业务类型复杂、竞争动态多变，界定平台经济领域相关商品市场和相关地域市场需要遵循《反垄断法》和《关于相关市场界定的指南》所确定的一般原则，同时考虑平台经

济的特点，结合个案进行具体分析。

1. 相关商品市场界定

《平台经济反垄断指南》首先确认了《反垄断法》和《关于相关市场界定的指南》中所规制的界定相关商品市场的一般方法仍然适用于平台经济领域的相关商品市场界定，即替代性分析仍是基本方法，在个案中界定相关商品市场时，可以基于平台功能、商业模式、应用场景、用户群体、多边市场、线下交易等因素进行需求替代性分析，并可以基于市场进入、技术壁垒、网络效应、锁定效应、转移成本、跨界竞争等因素进行供给替代性分析。在此基础之上，《平台经济反垄断指南》特别指出，“可以根据平台一边的商品界定相关市场，也可以根据平台所涉及的多边商品，分别界定多个相关商品，并考虑各相关商品市场之间的相互关系和影响。当该平台存在的跨平台网络效应能够给平台经营者施加足够的竞争约束时，可以根据该平台整体界定相关商品市场”。[①] 某中文外卖平台案中有关市场界定的内容可见表 8-1。

① 在某互联网公司“二选一”案、某中文外卖平台 “二选一”案以及某学术数据库垄断案中，国家市场监管总局均在界定相关市场时指出需要关注平台各边用户之间的关联影响，并明确了在考虑市场边界之时需要从不同边用户的角度分别进行需求替代分析和供给替代分析。值得注意的是，国家市场监管总局虽然在该等案件中考虑了平台的各边用户，但是均仅界定了一个整体市场。

（1）某互联网公司“二选一”案界定了网络零售平台服务市场。监管机构认为，“网络零售平台服务市场属于双边市场，服务平台内经营者和消费者两个群体，其显著特征是具有跨边网络效应，使双边用户对网络零售平台服务的需求具有紧密关联。因此，界定本案相关市场，需要考虑平台双边用户之间的关联影响。从经营者和消费者两个角度分别进行需求替代分析和供给替代分析，界定本案相关商品市场为网络零售平台服务市场”。

（2）某中文外卖平台“二选一”案界定了网络餐饮外卖平台服务市场。监管机构认为，“网络餐饮外卖平台服务属于多边市场，主要服务餐饮经营者和消费者两个群体，其显著特征是具有跨边网络效应，使各边用户对网络餐饮外卖平台服务的需求紧密关联。因此，界定本案相关市场，需要综合考虑平台各边用户之间的关联影响，并主要从餐饮经营者和消费者的角度综合进行需求替代分析，同时进行供给替代分析”。

（3）某学术数据库垄断案界定了中文学术文献网络数据库服务市场。监管机构认为，“中文学术文献网络数据库服务市场属于多边市场，主要服务中文学术期刊出版单位、高校、科研院所、公共图书馆、个人用户等拥有学术资源和使用数据库服务的两类群体，其显著特征是具有跨边网络效应，各边用户对中文学术文献网络数据库服务的需求紧密关联。因此，界定本案相关市场需综合考虑各边用户之间的关联影响，并主要从用户的角度进行需求替代分析，同时进行供给替代分析”。

表 8-1 某中文外卖平台案处罚决定书内容与分析

<table>
<tr><th colspan="2">互联网领域相关市场界定的特殊考虑因素</th><th>某中文外卖平台案处罚决定的具体内容</th></tr>
<tr><td rowspan="3">需求替代分析</td><td>多边市场</td><td>网络餐饮外卖平台服务属于多边市场，主要服务餐饮经营者和消费者两个群体，其显著特征是具有跨边网络效应，使各边用户对网络餐饮外卖平台服务的需求紧密关联。因此，界定本案相关市场，需要综合考虑平台各边用户之间的关联影响，并主要从餐饮经营者和消费者的角度，综合进行需求替代分析，同时进行供给替代分析</td></tr>
<tr><td>平台功能和商业模式</td><td>从餐饮经营者的角度来看，网络餐饮外卖平台服务与线下餐饮服务的经营效率不同，不具有紧密替代关系。网络餐饮外卖平台服务通过大数据、算法等互联网技术手段，为消费者提供多功能搜索及个性化推荐服务，为餐饮经营者提供商品信息展示、网络营销推广、配送安排和调度、消费评价反馈等服务，可以降低交易各方搜索、比较以及完成交易的成本，提升餐饮经营者的经营效率。由于缺少相应的互联网技术支持，线下餐饮服务在挖掘潜在消费者、供需匹配等方面的效率通常低于网络餐饮外卖平台服务</td></tr>
<tr><td>应用场景和用户群体</td><td>从消费者的角度来看，就网络餐饮外卖平台服务与线下餐饮服务而言，网络餐饮外卖平台服务主要满足消费者随时随地点餐及“足不出户”用餐需求，并为消费者提供众多不同的餐饮经营者及丰富的餐饮商品选择。线下餐饮服务主要满足消费者现场餐饮服务消费需求，包括餐饮消费场所、设施及环境、现场用餐及相关服务，以及社交等方面需求。
此外，从餐饮经营者的角度来看，网络餐饮外卖平台服务面向餐饮需求各异的不特定消费者，可以较大程度拓展餐饮经营者可触达的消费者范围，并可借助网络营销推广、大数据分析和算法等互联网技术手段，将餐饮经营者及其餐饮商品推送给更多潜在消费者，为餐饮经营者创造更多的交易机会。线下餐饮服务受到信息传播、营业场所地理位置等方面限制，餐饮经营者的交易机会相对有限</td></tr>
<tr><td>供给替代分析</td><td>市场进入、技术壁垒、网络效应、锁定效应、转移成本、跨界竞争等</td><td>有效进入网络餐饮外卖平台服务市场，不仅需要满足提供网络餐饮外卖平台服务所需的大量资金、基础设施、技术支撑等方面要求，还需达到平台经济所必需的临界规模，线下餐饮服务转化为网络餐饮外卖平台的成本较高。近年来，线下餐饮服务实际发展为网络餐饮外卖平台的情况较少，两者之间不具有紧密替代关系</td></tr>
</table>

2. 相关地域市场界定

《平台经济反垄断指南》指出："平台经济领域相关地域市场界定同样采用需求替代和供给替代分析。在个案中界定相关地域市场时，可以综合评估考虑多数用户选择商品的实际区域、用户的语言偏好和消费习惯、相关法律法规的规定、不同区域竞争约束程度、线上线下融合等因素。"

【案例】

某英文外卖平台滥用市场支配地位案：在该案中，上海市监局认为，考虑到要保证食物口味、食品安全以及配送效率，在线餐饮外送平台在平台设计时就进行了城市锁定，用户使用平台订餐时首先要选择城市，然后才能选择这个城市内的餐厅订餐，不能跨城市消费。相应地，用户需要支付的配送费和合作餐厅商户需要支付的佣金因城市不同而不同。因此，上海市监局将该案的相关地域市场界定为中国上海市。

（二）市场力量评估

《平台经济反垄断指南》在《反垄断法》的基础上，结合平台经济领域的特点，进一步细化了认定平台企业具有市场支配地位时的一般考量因素，具体可见表 8–2。

表 8–2　《平台经济反垄断指南》认定平台企业具有市场支配地位时的一般考量因素

考量因素	具体内容
经营者的市场份额以及相关市场竞争状况	（1）确定平台经济领域经营者市场份额，可以考虑交易金额、交易数量、销售额、活跃用户数、点击量、使用时长或者其他指标在相关市场所占比重，同时考虑该市场份额持续的时间； （2）分析相关市场竞争状况，可以考虑相关平台市场的发展状况、现有竞争者数量和市场份额、平台竞争特点、平台差异程度、规模经济、潜在竞争者情况、创新和技术变化等

续表

考量因素	具体内容
经营者控制市场的能力	可以考虑该经营者控制上下游市场或者其他关联市场的能力，阻碍、影响其他经营者进入相关市场的能力，相关平台经营模式、网络效应，以及影响或者决定价格、流量或者其他交易条件的能力等
经营者的财力和技术条件	可以考虑该经营者的投资者情况、资产规模、资本来源、盈利能力、融资能力、技术创新和应用能力、拥有的知识产权、掌握和处理相关数据的能力，以及该财力和技术条件能够以何种程度促进该经营者业务扩张或者巩固、维持市场地位等
其他经营者对该经营者在交易上的依赖程度	可以考虑其他经营者与该经营者的交易关系、交易量、交易持续时间，锁定效应、用户黏性，以及其他经营者转向其他平台的可能性及转换成本等
其他经营者进入相关市场的难易程度	可以考虑市场准入、平台规模效应、资金投入规模、技术壁垒、用户多栖性、用户转换成本、数据获取的难易程度、用户习惯等

除上述相关法规中明确规定的一般考量因素之外，实务中，衡量平台企业的市场支配地位仍需重点关注如下问题。

1. 数据在认定互联网企业市场支配地位中的作用

目前，反垄断法体系下的相关法律法规并未明确“数据垄断”的概念。此前，《平台经济反垄断指南》的征求意见稿中曾经提出，数据可能成为必需设施。判断数据是否构成必需设施，“需要综合考虑数据对于参与市场竞争是否不可或缺，数据是否存在其他获取渠道，数据开放的技术可行性，及开放数据对占有数据的经营者可能造成的影响等”。但是，随后在《平台经济反垄断指南》正式出台时，该条款又被删除。可见，执法机关对互联网平台的数据问题依然采取审慎监管的态度，数据本身并不构成垄断，经营者是否利用数据获得市场支配地位仍需要依据个案情况进行判断。

在某中文外卖平台“二选一”案中，国家市场监管总局在认定该中文外卖平台具有市场支配地位之时，充分分析了与数据相关的考量因素

（1）控制流量：该中文外卖平台通过制定平台规则、设定算法、人工干预等方式，可以决定平台内经营者及其餐饮外卖商品的搜索排名及平台展示位置，从而控制平台内经营者可获得的流量。

（2）掌握和处理数据：该中文外卖平台通过网络餐饮外卖平台积累了大量的平台内经营者和消费者，拥有海量的交易、支付、用户评价等数据，并基于数据建立了配送安排和调度系统。同时，该中文外卖平台还基于位置的算法系统为用户精准“画像”，提供个性化、针对性服务，并能够监测平台内经营者是否在其他竞争性平台经营。

（3）数据迁移困难：平台内经营者在该中文外卖平台的网络餐饮外卖平台获得了众多消费者用户，积累了大量的交易、支付、用户评价等数据，并依赖这些数据开展经营。用户和数据是平台内经营者在当事人平台积累的重要资源，难以迁移至其他平台。

由此可见，数据在认定互联网企业市场支配地位中发挥着重要作用。尽管如此，需要注意的是，虽然该中文外卖平台“二选一”案的处罚决定从算法和数据的角度全面分析了该中文外卖平台是否具有支配地位，但是该处罚决定也并未表明拥有海量数据本身就构成“数据垄断”。从该中文外卖平台“二选一”案的《行政指导书》也可以看出，国家市场监管总局并不认为数据、算法本身具有竞争问题，而是结合相关的法律规定提出了以下要求：

（1）不得利用技术手段、平台规则和数据、算法等，实施垄断协议和滥用市场支配地位行为，排除、限制市场竞争；

（2）依法为消费者提供全面、真实、准确、及时的交易信息，不得违法收集消费者个人信息和违法实施算法推荐，依法保护消费者个人信息和隐私，维护消费者利益。

与此同时，需要提请企业注意的是，虽然数据本身不构成垄断，但是平台企业仍需在日常运营当中重点关注：（1）其是否在数据、流量、算法、平台规则等方面具有优势，并利用该等优势从事滥用市场支配地位的行为；（2）其是否存在与数据相关的限制竞争的行为。

2. 锁定效应、协同效应、网络效应以及双边市场效应在认定互联网企业市场支配地位中的作用

实务中，在衡量平台经营者的市场地位时，监管机构通常会借助表8–3的“效应”工具。

表 8–3　监管机构在衡量平台经营者的市场地位时常用“效应”工具

“效应”工具	含义
锁定效应	锁定效应，是指一旦形成行为规划就很难改变这种规则的现象，即一旦某种商品的生产销售形成规模之后，由于在市场上拥有绝对的优势，人们在长期的使用过程中会形成固定的消费习惯
网络效应	网络效应，是指一种产品对用户的价值随着采用相同产品或可兼容产品的用户增加而增大。网络的实际市场价值取决于用户之间互动的活跃程度、互动产生的交易以及互联网公司从互动和交易中获得的收益。具备网络效应的典型代表是社交平台
双边市场效应	双边市场效应源于不同类型用户之间正反馈交互所创造的价值。双边市场效应的典型代表是交易平台； 需要注意，双边市场效应和网络效应的显著差别是，双边市场平台上的单边用户群体之间是不能进行互动的。例如，社交平台的每个用户可以任意进行连接互动，但是在交易平台的商家和消费者两类群体中，商家与商家之间、消费者与消费者之间无法通过互动创造价值，而只有商家和消费者之间能够进行交易

2021 年至 2022 年已经受到处罚的四起互联网平台滥用市场支配地位案例，在认定当事人的市场支配地位时，监管机构均利用了上述“效应”工具。

（1）某互联网公司“二选一”案：监管机构认为，其他经营者在交易上高度依赖当事人，当事人平台对平台内经营者具有很强的网络

效应和锁定效应。当事人平台拥有大量消费者用户，且平均消费水平远超其他竞争性平台。同时，当事人的消费者用户黏性很强，跨年度留存率达 98%。因此，当事人对平台内经营者具有很强的跨边网络效应和锁定效应，平台内经营者难以放弃当事人平台上的庞大消费者群体和巨大流量。

（2）某中文外卖平台“二选一”案：监管机构认为，其他经营者在交易上高度依赖当事人，当事人网络餐饮外卖平台对平台内经营者具有很强的网络效应和锁定效应。截至 2020 年年底，当事人网络餐饮外卖平台的消费者日均活跃用户数 2230 万，且用户黏性较强，对平台内经营者形成很强的跨边网络效应和锁定效应，平台内经营者难以放弃当事人平台的庞大消费者群体。

（3）某英文外卖平台“二选一”案：监管机构认为，其他经营者进入相关市场的难度较大，在线餐饮外送平台服务市场的双边网络效应则进一步增加了新经营者进入相关市场的难度。多年的经营使当事人在吸引餐厅商户入驻的能力上具有明显优势，进而又会促使更多用户优先选择当事人经营的平台进行交易。新进入者为了与当事人竞争，除了要投入资金和解决配送服务等技术难题之外，还必须同时吸引足够多的餐厅商户入驻与消费用户使用才能开展经营，从而减少餐厅商户与用户对当事人经营的平台的依赖。基于当事人现有的餐厅商户和用户规模优势，竞争者的进入成本和竞争难度由于网络效应的存在而变得更高。

（4）某学术数据库垄断案：机关机构认为，①当事人具有较强的市场控制能力。当事人掌握大量核心学术资源，对不同边用户能够产生很强的跨边网络效应，不断增强对市场和用户的控制能力。②用户对当事人高度依赖。当事人数据库服务具有很强的跨边网络效应，学术期刊出版单位和高校等用户主要通过当事人数据库服务进行网络出版发行，使用数据库服务的用户主要通过当事人数据库查阅、下载中文学术文献。当事人数据库服务平台汇集了大量用户资源，具有很强的锁定效应。

（三）滥用市场支配行为认定

平台经济领域的新型滥用市场支配地位行为包括以下几个方面。

1.“二选一”：“二选一”是一种排他行为，即在双方交易中，一方要求另一方做出排他性选择，这种交易一般被称为独家交易。从目前的监管态势来看，“二选一”行为（常见的形式为平台要求其平台内经营者只能与其合作）是平台企业的红线。《平台经济反垄断指南》列举了除合同形式以外还可能构成“二选一”行为的场景，包括平台经营者通过屏蔽店铺、搜索降权、流量限制、技术障碍、扣取保证金等惩罚性措施以及补贴、折扣、优惠、流量资源支持等激励性方式强迫平台内用户只能与其进行交易等。

2. 自我优待：自我优待行为是指经营者利用市场力量对自己的产品予以特殊的优惠政策，以进一步提高自身市场地位，近年来众多境外司法辖区的互联网领域反垄断案件，均对自我优待行为进行过论述。我国《禁止滥用市场地位规定（征求意见稿）》对于具有市场支配地位的平台经营者利用数据和算法、技术以及平台规则等，没有正当理由，（1）对自身商品给予优先展示或者排序以及（2）利用平台内经营者的非公开数据，开发自身商品或者辅助自身决策的行为予以禁止。然而，2023 年 3 月 10 日发布的最终版《禁止滥用市场地位规定》删除了征求意见稿中关于禁止平台企业滥用市场支配地位“自我优待”的规定。

3. 屏蔽封禁：常见的屏蔽封禁行为包括对用户在平台上分享其他竞争对手应用软件中的内容设置技术障碍，或者拒绝向第三方开发者或者竞争性平台开放 API 接口等。《平台经济反垄断指南》明确禁止“在平台规则、算法、技术、流量分配等方面设置不合理的限制和障碍，使交易相对人难以开展交易”。

4.“大数据杀熟”：“大数据杀熟”是指经营者通过对消费者数据的收集和分析，判断消费者的个人消费偏好，利用忠诚客户的路径依赖和信息不对称，就同一商品或服务向其索取高于新用户的售价。大型互联网企业通常拥有横跨多个业务领域的生态系统，可以通过多个渠道收集用户个人信息和数据，借助其市场优势通过个性化算法实现“千人千面”的交易条件，进而攫取垄断利润。《平台经济反垄断指南》明确禁止“基于大数据和算法，根据交易相对人的支付能力、消费偏好、使用习惯等，实行差异性交易价格或者其他交易条件”。

5. 最惠国待遇：最惠国待遇在平台经济领域通常是指平台企业要求平台内经营者给予其的交易条件不得低于现在或将来给予其自营渠道或所有平台（包括自营渠道）的交易条件。《平台经济反垄断指南》指出，最惠国待遇条款可能构成纵向垄断协议，也可能构成滥用市场支配地位。在此基础上，最高人民法院在《2024 年反垄断司法解释》为涉及互联网平台采取最惠国待遇条款的垄断民事纠纷按照横向垄断协议进行审查提供了可能性。

实践中，执法机构针对“二选一”行为的调查为重中之重。截至目前，国家及地方执法机构分别对四起涉及互联网平台型企业的滥用市场支配地位行为进行处罚，该等行为均主要涉及在相关市场实施“二选一”的限定交易行为，具体可见表 8–4。

表 8–4　涉及“二选一”行为案例

案件	滥用市场支配地位行为
某互联网公司“二选一”案	（1）口头和书面禁止某些平台内经营者在其他竞争性平台开店和参加其他竞争性平台促销活动； （2）采取多种奖惩措施保障“二选一”要求实施
某英文外卖平台“二选一”案	（1）与所有合作餐厅商户签订含有“排他性送餐权条款”的合作协议； （2）通过微信沟通、制作周报等形式要求未执行“排他性送餐权条款”的合作餐厅商户从竞争对手平台下架； （3）制订实施“独家送餐权计划”
某中文外卖平台“二选一”案	（1）采取多种手段促使平台内经营者签订独家合作协议； （2）通过多种方式系统推进“二选一”行为实施； （3）采取“大数据”监管工具、收取“保证金”等多种措施有效保障“二选一”要求实施

续表

案件	滥用市场支配地位行为
某学术数据库垄断案	（1）通过连续大幅提高服务价格、拆分数据库变相涨价等方式，实施了以不公平的高价销售其数据库服务的行为； （2）通过签订独家合作协议等方式，限定学术期刊出版单位、高校不得向任何第三方授权使用学术期刊、博硕士学位论文等学术文献数据，并采取多种奖惩措施保障独家合作实施

（四）正当理由的特殊性

尽管《平台经济反垄断指南》列举了各类滥用行为可能的合理理由，但从实际案件情况看，反垄断监管机构对认定平台企业实施上述滥用行为是否具有合理理由的标准仍然比较严格。因此，企业法律合规部在评估滥用市场支配行为的风险时，应当对合理理由是否充分进行谨慎的分析和判断。“二选一”案例中的当事方合理理由抗辩情况见表 8–5。

表 8–5　“二选一”案例中的当事方合理理由抗辩

当事方合理理由抗辩	执法机关意见			
	某互联网公司“二选一”案	某中文外卖平台“二选一”案	某英文外卖平台“二选一”案	某学术数据库垄断案
交易相对方自愿参与独家安排	（1）平台内经营者一般商业理性选择与独家安排相悖； （2）平台内经营者因违反合作协议要求而被当事人处罚，证明其并非自愿	（1）当事人谈判过程中主动要求与其独家合作； （2）当事人针对非独家合作经营者在费率和保底佣金、搜索展示、配送范围、起送价格等平台内经营者重大权益等方面设置障碍； （3）多数餐饮经营者处于相对弱势地位，只能执行当事人要求； （4）大量平台内经营	未涉及	当事人凭借市场支配地位，主动签订格式化独家合作协议，要求学术期刊出版单位、高校授权当事人独家使用期刊、博硕士学位论文数据，并以多种手段保障独家合作协议实施

续表

当事方合理理由抗辩	执法机关意见			
	某互联网公司“二选一”案	某中文外卖平台“二选一”案	某英文外卖平台“二选一”案	某学术数据库垄断案
		者被处罚，也证明平台内经营者并非自愿		
独家合作行为并非出于滥用市场支配地位的主观目的	未涉及	未涉及	未涉及	排除、限制竞争的主观意图明显，破坏了公平竞争的市场秩序
给予平台内经营者独特资源作为对价	（1）部分平台内经营者并未因执行当事人口头要求而获得对价；（2）取消对价只是当事人对平台内经营者进行处罚的手段之一	未涉及	未涉及	未涉及
保护针对交易的特定投入所必需	（1）当事人在日常经营和促销期间投入的资金和流量资源是平台自身经营所需的投入，并非为特定平台内经营者进行的投入；（2）当事人采取的激励性措施，可以通过多种方式得到回报，实施“二选一”行为并不是必须选择	未涉及	并非为满足产品安全要求，或为保护针对交易进行的特定投资所必需	未涉及

续表

当事方合理理由抗辩	执法机关意见			
	某互联网公司“二选一”案	某中文外卖平台“二选一”案	某英文外卖平台“二选一”案	某学术数据库垄断案
相关行为系应对市场竞争的正当商业行为	未涉及	（1）网络餐饮外卖平台经营者应当通过技术和商业模式创新，以更优质的服务、更低的收费等吸引餐饮经营者和消费者； （2）当事人获取了不正当竞争优势，损害了公平竞争的市场秩序； （3）调查过程中，当事人未能提供证据证明相关行为促进竞争、提升经济效率	未涉及	从行业合作模式看，除当事人与学术期刊出版单位、高校签订大量独家合作协议外，境内同行业竞争者较少与学术期刊出版单位、高校签订独家合作协议。调查表明，当事人独家合作行为不利于行业规范健康发展，不具有合理性
独家合作未对学术发展产生重大负面影响，近年来该学术数据库独家合作学术期刊的被引用量和下载量均稳步提升，且学术期刊出版单位可以在其自有网站上发布，并未影响期刊论	未涉及	未涉及	未涉及	（1）学术资源具有多栖性，学术期刊出版单位在自有网站上的发布只是众多传播渠道之一，独家合作限制了学术资源的传播渠道，影响了学术期刊获得更多市场机会； （2）独家合作行为影响了学术交流及传播，期刊论文被引用量和下载量在该学术

续表

当事方合理理由抗辩	执法机关意见			
	某互联网公司“二选一”案	某中文外卖平台“二选一”案	某英文外卖平台“二选一”案	某学术数据库垄断案
文的有效传播和交流使用				数据库的提升，并不能说明独家合作行为未产生不利影响，如果不存在独家合作行为，更有利于相关学术期刊广泛传播
知识产权保护	未涉及	未涉及	合作餐厅的餐单翻译均由餐厅自行提供，当事人仅对相关内容进行编排以便于在有关程序或者网页中显示，在极个别情况下会对菜单配料进行补充翻译，当事人提出的理由与事实不符	调查证据和大量诉讼表明，独家合作未产生当事人所声称的保护知识产权的效果，独家合作与保护知识产权并没有必然联系

四、互联网行业的经营者集中问题

国家市场监管总局正在为数字经济时代的经营者集中审查建立一个更为复杂和严苛的监管框架。一方面，国家市场监管总局对未依法申报的执法力度不断加强，被处罚的涉及互联网企业的未依法申报案件仍占据所有未依法申报执法案件的绝大多数；另一方面，为实现对“扼杀式并购”的有效监管，国家市场监管总局拟引入新的申报门槛，使未来未达到常规营业额标准的交易，在满足新的门槛要求的情况下，也可能会触发申报义务。

（一）数字经济领域是未依法申报的重点执法领域

数字经济行业相关的未依法申报处罚案例占目前未依法申报处罚案例的绝大部分，表明了国家市场监管总局解决互联网行业未依法进行经营者集中申报的历史问题的决心。从2014年（中国反垄断执法机构开始对未依法申报进行执法）至2024年6月，国家市场监管总局/前商务部反垄断局共发布了203起未依法申报处罚决定。自2020年年底中央政治局会议提出要强化反垄断和防止资本无序扩张以来，国家市场监管总局在2021年至2022年对过往（尤其是涉及互联网平台）的未依法申报案件进行了集中处理。2021年，国家市场监管总局公布了107起未依法申报处罚决定，这是中国反垄断法实施以来的年度最高数字，在这107起案件中，98起（占比92%）至少涉及一家互联网公司。2022年，国家市场监管总局公布了32起未依法申报处罚决定，其中26起（占比81%）至少涉及一家互联网公司。

虽然自2022年8月新《反垄断法》生效后，国家市场监管总局公布的未依法申报处罚案件减少，但是根据我们的了解，国家市场监管总局对互联网领域的经营者集中和未依法申报案件仍然进行常态化监管，并可能通过约谈等方式持续关注。

需要注意的是，即使企业自身并非互联网平台企业，其也可能因为共同投资人或者被投企业为互联网平台企业而受到“牵连”。据统计，在上述2021年至2022年涉及数字经济领域的124起未依法申报案例中，有30起涉及一个或多个投资者与一家互联网公司共同投资目标公司而受到处罚。国家市场监管总局对在同一交易中获得控制权的所有交易方进行了处罚，因为在交易后获得控制权的每一交易方均具有经营者集中申报义务。

（二）VIE结构互联网平台企业也需要进行经营者集中申报

由于互联网平台企业通常采用“可变利益实体”（variable interest entities，VIE）结构，而VIE结构企业是否需要在中国进行经营者集中申报在此前长期处于灰色地带，因此互联网平台企业的未依法申报问题尤为突出。在上述 2021 年至 2022 年涉及数字经济领域的 124 起未依法申报案例中，有 115 起涉及 VIE 结构互联网平台企业。

VIE 结构是一种“协议控制”结构，即实际控制人不通过股权关系控制运营公司，而通过签订一系列协议的方式，实现对运营公司的经营控制以及财务并表。VIE结构是为了规避外商投资限制所采用的交易结构，因此在法律上的定性不明，处于灰色地带。正因如此，在中国反垄断法的监管与执法中，涉及 VIE 因素交易的反垄断申报一直是实践中的疑难问题。一方面，根据《反垄断法》的规定，“经营者通过合同等方式取得对其他经营者的控制权或者能够对其他经营者施加决定性影响”属于经营者集中的形式之一，而涉及 VIE 结构的交易通常符合这一情形。如果交易本身达到申报标准，似乎并无不进行反垄断申报的理由。中国反垄断执法机构亦从未否定过该类交易应当适用经营者集中申报的规定。另一方面，由于 VIE 架构的合法性在我国一直存在争议，在中国的经营者集中审查制度下，交易方通常难以进行经营者集中申报，这是因为交易方无法向中国经营者集中反垄断审查机构陈述其完全遵守中国法律。

2020 年 12 月，执法机关首次明确 VIE 结构不构成经营者集中审查的障碍。国家市场监管总局对三项未依法申报案件作出处罚决定。国家市场监管总局在就上述案件处罚情况答记者问时明确表示[①]，此次公布的这 3 起案件中均涉及 VIE 情形，是国家市场监管总局首次对涉及 VIE 企业违法实施集中作出行政处罚。国家市场监管总局进一步强调，VIE 不是互联网企业规避经营者集中监管的理由。无论什么类型的企业，无论是被调查的经营者、目标公司还是有关企业的实际控制人存在 VIE，都应当依法进行经营者集中申报，违法实施集中都会受到相应的行政处罚。

① 国家市场监管总局:《市场监管总局反垄断局主要负责人就三起未依法申报案件处罚情况答记者问》，载澎湃在线 2020 年 12 月 14 日，https://m.thepaper.cn/baijiahao_10388337。

目前，VIE结构需要进行经营者集中申报已经在法规层面得以确认。《平台经济反垄断指南》第18条第2款已经明确规定："经营者集中达到国务院规定的申报标准的，经营者应当事先向国务院反垄断执法机构申报，未申报的不得实施集中。涉及协议控制架构的经营者集中，属于经营者集中反垄断审查范围。"

（三）对数字经济领域"扼杀式并购"的监管预计日益增强

"扼杀式并购"是指企业为了终止目标企业创新项目的开发并抢占未来竞争优势而进行的并购活动。由于数字经济领域的业务创新迭代更加频繁，因此相较于其他领域，"扼杀式并购"在数字经济领域更加频发。实践中，某些大型平台企业在收购初创或新兴企业后，利用其平台资源实现团队整合和规则再造，将初创或新兴企业的业务吸收到平台生态，进而强化并延伸自身的市场地位。在数字经济领域，由于初创或新兴企业通常采用免费或低价的模式来获取用户，因此其营业额可能并不能准确代表企业的竞争力，而如果仅以营业额作为申报标准，可能会造成"假阴性错误"，从而产生消除潜在竞争对手、损害未来市场竞争、破坏创新、减少消费者选择权，甚至干扰初创或新兴企业融资环境的可能性。

自2018年以来，国务院《关于经营者集中申报标准的规定》已在现有的经营者集中审查框架下提供了对"未达营业额标准"交易的审查机制，即如果有证据表明该交易已经或可能具有排除、限制竞争的效果，那么即使未达到营业额标准，该交易也应被纳入经营者集中反垄断审查。《平台经济反垄断指南》和2022年《反垄断法》再次强调了对"未达营业额标准"的审查。具体而言，《平台经济反垄断指南》规定，国家市场监管总局将高度关注下述类型的平台经济领域的经营者集中，包括参与集中的一方经营者为初创企业或者新兴平台、参与集中的经营者因采取免费或者低价模式导致营业额较低、相关市场集中度较高、参与竞争者数量较少等，对未达到申报标准但具有或者可能具有排除、限制竞争效果的，国家市场监管总局将依法进行调查处理。2022年《反垄断法》则明确赋予反垄断执法机构对"未达到国务院规定申报标准，但有证据证明其具有或者可能具有排除、限制竞争效果的经营者集中”同样具有调查权，从而可以有效地对“扼杀式并购”进行全周期监控。

此外，《经营者集中审查规定》补充明确，参与集中的经营者“掌握和处理数据的能力”是评估其市场控制力时可以考虑的因素之一。同时，其亦补充了特别适用于数字经济领域经营者集中的救济措施，包括：（1）针对剥离这一结构性救济，明确“数据”也是可以附加剥离义务的无形资产；（2）针对行为性救济，补充了修改平台规则或算法这一特别针对数字经济领域的救济措施。

鉴于数字经济领域的并购交易是监管机构关注和审查的重点对象，建议交易方在交易规划阶段即尽早进行实质性竞争评估，以避免在经营者集中审查过程中出现无法预料的竞争风险贻误交易。

第二节　汽车行业

一、概述

我国反垄断执法机构对汽车行业的集中调查始于 2011 年年底，[①] 此后汽车行业长期受到反垄断监管关注，反垄断合规因此也成为汽车行业经营者合规工作的重点。

在执法层面，截至目前，已公开的汽车行业执法案件数量合计 19 起，其中纵向垄断协议（转售价格维持）相关案件 7 起，横向垄断协议相关案件 12 起（包括对汽车行业协会的处罚），涉案处罚金额合计约 25 亿元人民币，最高罚款比例达到了相关经营者上一年度销售额的 7%。2024 年 2 月，国家市场监管总局公布，近期向五家品牌汽车供应商发出《提醒敦促函》，敦促其就可能涉及的纵向垄断协议风险行为进行整改。汽车行业持续受到反垄断执法关注。

① 2014 年 8 月 6 日，国家发改委召开新闻发布会声明：“对汽车‘及配件’的反垄断调查始于 2011 年底，目的是维护汽车行业市场秩序、保护消费者合法权益。”

在立法层面，2020 年 9 月 18 日，国务院反垄断委员会发布《汽车业反垄断指南》，系统性地梳理了汽车行业的反垄断相关问题，涉及汽车整车和售后市场的横向垄断协议、纵向垄断协议、滥用市场支配地位等问题，有助于提高汽车行业经营者对自身经营合规性以及执法机构监管方向的预期，促进汽车业有序竞争和健康发展，也对其他行业经营者的合规工作具有一定参考意义。

本部分对近年来汽车行业反垄断监管的几个重点问题及合规趋势进行了总结分析。

二、转售价格维持

2014 年至 2016 年，反垄断执法机构集中公布了一系列针对汽车行业经营者的处罚决定，包括 J 汽车企业、H 汽车企业案、某德国汽车企业案、某中日合资汽车企业案、I 轮胎企业案和某中美合资汽车企业案。从公布的处罚决定来看，反垄断执法机构在这一时期集中关注汽车行业中汽车供应商固定经销商转售价格或限定经销商最低转售价格的纵向垄断协议行为，相关垄断行为主要表现为汽车供应商直接与经销商签订含有转售价格维持条款的经销协议，或直接发布涉及转售价格维持要求的商务政策、管理规定、价格表等书面文件，并相应地采取扣减返利等惩罚措施，成立竞争规范小组进行监督、制定考核制度等进行严格的价格管理。总体而言，反垄断执法机构在这一时期针对汽车行业处罚的转售价格维持行为相对来说更加明显和直接，以采取直接的书面协议、通知、政策文件为主，辅以其他措施强化垄断协议的实施。

2016 年之后，反垄断执法机构于 2019 年公布了 1 起涉及汽车行业转售价格维持行为的执法案例，即 B 汽车企业案。此外还针对汽车行业相关经营者展开了多次未予以公开的调查。这一时期汽车经营者的转售价格维持行为相对较为隐蔽，例如 B 汽车企业案中主要通过召开经销商会议、巡店、微信通知、约谈经销商并要求解释等方式固定或限定经销商转售价格，而非直接采取与经销商签订含有维持转售价格条款的经销协议或发布含有维持转售价格内容的商务政策等书面文件的形式进行转售价格管控。相应地，反垄断执法机构对汽车行业的监管也更加精细化：一是适应性地对更加隐蔽的转售价格维持行为开展精细化监管，包括关注达成并实施转售价格维持行为的经销商会议、微信通知、口头要求等各种非书面形式，特别是近年来反垄断执法机构在调查过程中日益关注员工的微信聊天记录、口头沟通等违法行为表现形式，将微信记录作为调查和证明违法行为的重要证据之一；二是监管范围从以新车零售为主到全面关注零配件、售后维修等领域的转售价格维持行为。

表 8–6 展示了转售价格维持执法案例的具体信息。

表 8–6　转售价格维持执法案例

案件名称	当事人	相关垄断行为	处罚决定
J 汽车企业案（2014）[1]	J 公司	与经销商签订含有维持转售价格条款的经销协议，发布含有维持转售价格内容的商务政策；与第三方签订服务协议调研监督经销商对外报价及实际销售价格等，并根据调研结果采取扣减返利、罚款、资源分配冻结，或暂缓配置试驾车等惩罚措施	处 2013 年度相关销售额的 3% 的罚款，计 3168.2 万元
H 汽车企业案（2014）[2]	H 公司	召集经销商签订《武汉地区 Y 公司旗下 A 品牌汽车限价表》《华中小区价格方案保证书》等组织经销商达成并实施整车销售及服务维修价格垄断协议；直接下发《华中区湖北省严格执行 Y 公司旗下 A 品牌汽车标准价格体系通知》、《湖北省服务营销管理规定》、成立竞争秩序规范小组等督促经销商落实价格管理措施	处上一年度相关市场销售额 6% 的罚款，计 2.4858 亿元
某德国汽车企业案（2015）[3]	某德国汽车公司关联企业	通过电话、口头通知或召开经销商会议的形式，对经销商整车最低转售价格进行限定；召开会议制定售后服务价格协议并以邮件下发会议记录，就对经销商转售相关配件的最低价格进行限定；采取检查发票、约谈、要求经销商开展自查并上报自查结果等措施辅助实施	处以上一年度相关市场销售额的 7% 的罚款，计约 3.5 亿元

续表

案件名称	当事人	相关垄断行为	处罚决定
某中日合资汽车企业案（2015）[4]	某中日合资汽车公司	下发商务规定、价格管理办法、考核制度等方式，严格限定广东省内经销商整车销售的网上、电话和营业厅报价以及最终成交价，并于2013年对违反价格管控措施的广州经销商进行处罚	处上一年度相关市场销售额3%的罚款，计1.233亿元
I轮胎企业案（2016）[5]	I公司	与经销商签订含有维持转售价格条款的经销协议；制定并发布卡客车轮胎产品最低价格表，向部分经销商收取市场规范保证金，并发布乘用车轮胎产品市场规范公函	处2014年度相关市场销售额1%的罚款，计217.52万元
某中美合资汽车企业案（2016）[6]	某中美合资汽车公司	发布《关于某车型上海区域价格通知》、《某车型终端市场竞争动态》、价格指导公告等文件，与经销商达成限定向第三人转售商品最低价格的垄断协议；聘请第三方公司进行神秘顾客调研并形成分析报告，根据调查结果对经销商提出控价要求；通过上网了解限价执行情况，制作价格信息监控日报，对违规经销商发布《违规处罚通告》、扣除销售返利、口头要求调价	处上一年度相关销售额4%的罚款，计约2亿元
B汽车企业案（2019）[7]	B公司	召开经销商会议、巡店、微信通知等方式限定经销商整车销售网络报价；召开地区协力会、微信通知等方式限定经销商部分车型整车销售价格。 将统一网络报价作为区域经理考核指标，检查经销商发票并要求经销商对低价进行解释，对低价销售的经销商通过协力会、微信群和电话的方式告知削减其下月相关车型配车	处上一年度销售额2%的罚款，计约8761万元

〔1〕上海市物价局行政处罚决定书，第2520140077号。

〔2〕湖北省物价局行政处罚决定书，鄂价检免〔2014〕1号。

〔3〕江苏省物价局行政处罚决定书，〔2014〕苏价反垄断案2号。

〔4〕广东省发展和改革委员会：《某中日合资汽车企业在广东省实施价格垄断被处罚》，载广东发改委官网2015年9月10日，http://drc.gd.gov.cn/gkmlpt/content/1/1059/post_1059066.html#870。

〔5〕上海市物价局行政处罚决定书，第2520160001号。

〔6〕上海市物价局行政处罚决定书，第2520160027号。

〔7〕江苏省市场监督管理局行政处罚决定书，苏市监反垄断案〔2019〕1号。

三、纵向非价格限制

除转售价格维持之外，汽车行业内纵向非价格限制所带来的潜在反垄断风险同样不容忽视。《汽车业反垄断指南》中就对各类纵向非价格限制行为的风险予以提示。同时，在近期针对汽车行业的一些非公开执法行动中，反垄断执法机构同样对纵向非价格限制的行为予以关注。

（一）地域限制 / 客户限制

首先，根据《汽车业反垄断指南》，如果汽车供应商在相关市场的市场份额低于 30%，某些类型的地域限制或客户限制通常能够符合《反垄断法》第 20 条的规定，可以推定适用《反垄断法》第 20 条被豁免（推定豁免），这些行为包括：（1）约定经销商仅在其营业场所进行销售活动；（2）限制经销商对汽车供应商为另一经销商保留的独占地域或专有客户进行主动销售；（3）限制批发商直接向最终用户进行销售；（4）为避免配件被客户用于生产与汽车供应商相同的产品，限制经销商向该类客户销售配件。

其次，《汽车业反垄断指南》指出，下述三种类型的地域限制和客户限制属于违反《反垄断法》第 18 条的行为，即使汽车供应商在相关市场的市场份额低于 30%，也不能推定适用《反垄断法》第 20 条的豁免规定：（1）限制经销商的被动销售，包括通常被认定为被动销售的网络销售；（2）限制授权经销商之间的交叉供货；（3）限制经销商向最终用户销售汽车维修服务所需配件。

主动跨区销售和被动跨区销售

《汽车业反垄断指南》中明确区分了经销商的主动跨区销售和被动跨区销售。主动跨区销售是指经销商自发地发展跨区客户并相应开展销售活动；被动跨区销售是指经销商未主动向跨区客户发出广告或促销信息，但应个别客户的要求，向该客户交付商品或服务。

《汽车业反垄断指南》指出不具有显著市场力量的汽车业经营者（如市场份额低于30%）限制经销商的主动跨区销售可以推定适用现行《反垄断法》第20条关于豁免的规定，而限制被动跨区销售不能推定适用豁免。也就是说，反垄断执法机构对汽车供应商限制经销商被动跨区销售采取更加严格的态度，汽车供应商应格外注意相关风险，特别是避免在经营过程中变相实施了被动跨区销售的限制行为。例如，如果汽车供应商对经销商的本地上牌率有过高要求（如将较高的本地上牌率作为向经销商发放折扣的入门条件），可能将影响经销商向区域外消费者销售车辆的动力，从而增加限制经销商被动销售的风险。

（二）通过质量担保条款对售后维修服务和配件流通施加间接的纵向限制

根据《汽车业反垄断指南》，对在质量担保范围内的维修保养工作和替换配件，汽车供应商通常要求汽车最终用户到授权维修网点使用原厂配件完成维修保养工作。但是，如果汽车供应商与汽车经销商、汽车维修商达成协议，通过质量担保条款对售后服务和售后配件流通间接施加不合理的纵向限制，则会排斥独立维修商，减少配件供应和经销渠道，最终提高汽车维修保养服务的价格。

上述不合理的纵向限制情形包括但不限于：

1. 汽车供应商以汽车最终用户将不在质量担保范围的维修保养工作全部交由授权维修网络完成，作为汽车供应商履行质量担保责任的条件；

2. 对不在质量担保范围的配件，汽车供应商要求汽车经销商、汽车维修商使用原厂配件作为其履行质量担保责任的条件；

3. 汽车供应商没有正当理由，限制其维修网络对平行进口车提供售后维修保养服务。

（三）有关经销商和维修商销售与服务能力的其他纵向限制

根据《汽车业反垄断指南》，汽车供应商通过协议和商务政策等实施的如表8-7所示的纵向限制，有可能不当限制经销商和维修商的销售与服务能力，如果导致排除、限制竞争效果，提高汽车经销和维修渠道的价格，损害消费者利益，则相关协议和商务政策可能被认定为《反垄断法》所规制的纵向垄断协议。

表 8–7　有关经销商和维修商的其他纵向限制

纵向限制行为	合规解读
汽车供应商向经销商或维修商强制搭售其未订购的汽车、售后配件、精品、耗材、修理工具、检测仪器	汽车供应商在将产品进行组合销售时应尤其注意是否涉及强制搭售未订购产品的情况，例如将畅销车型和非畅销车型作为组合强制销售给经销商就可能会涉及强制搭售未订购汽车的情况
汽车供应商强制经销商或维修商接受不合理的汽车或售后配件销售目标、库存品种和数量	汽车供应商和经销商之间可以通过平等协商约定合同产品的销售目标、库存品种和数量并适时关注经销商对目标的达成情况，供应商应避免单方制定并强制经销商接受不合理的销售目标、库存品种和数量
汽车供应商强制要求经销商承担以汽车供应商名义开展的广告、车展等宣传推广费用，或强制限定经销商自担费用开展广告宣传的特定方式和特定媒体	该等强制性要求有可能限制经销商自主决定推广和营销活动的能力，间接增加经销和售后渠道的成本，最终增加消费者的负担。然而，对经销商提出下列有关宣传推广的要求通常不会提升相关反垄断风险： （1）与经销商约定参与共同推广和营销活动并要求经销商分摊合理费用，或在向经销商报销费用的前提下要求经销商开展宣传推广活动； （2）为确保品牌推广的整体效果，汽车供应商为经销商设置遴选媒体的合理的质量型标准； （3）要求经销商完成不涉及费用支出的宣传推广活动（如在社交媒体发布相关宣传内容）或以此作为对经销商的考核指标
汽车供应商强制要求经销商和维修商只能使用特定有偿设计单位或建筑单位的服务，或强制要求经销商和维修商所需建筑材料、通用设备、信息管理系统和办公设施等只能使用特定品牌、供应商和供应渠道	限定经营场所的设计、办公设施等只能使用特定第三方品牌、供应商和供应渠道对于保证汽车品牌形象而言通常并非必要，可能排除、限制相关市场的竞争，间接增加经销和售后渠道的成本。但是，出于维护品牌形象统一、确保品牌质量、知识产权保护等目的，汽车供应商一般可以对经销商和维修商经营场所的设计、装饰、办公设施等约定或规定质量型标准，或就供应商人选等向经销商提供推荐列表。但同时，汽车供应商仍应关注该等安排是否会显著增加经销商的成本（例如，推荐供应商的价格是否高于市场中同类产品的价格），并应最终给予经销商就品牌选择的自主决定权

续表

纵向限制行为	合规解读
汽车供应商限制经销商经营其他供应商的商品	汽车供应商可以出于防止竞争对手“搭便车”、防止公司保密信息泄露等理由限制经销商代理其他供应商的商品，或限制经销商在经营场所销售其他企业或品牌商品（可以要求为本企业品牌汽车设立单独展区）。但是，如果汽车供应商该等要求导致市场中新进入的或原来的竞争者无法找到可替代的良好流通渠道，使经销商承担合同产品的排他购买义务，则会带来排除、限制相关市场竞争的效果
汽车供应商因经销商或维修商从事促进竞争的行为而拒绝供货或提前解除经销协议	当经销商或维修商从事了促进竞争的行为，如拒绝执行汽车供应商设置的最低转售价、从汽车供应商以外的渠道购进原厂配件和同质配件用于售后维修等，汽车供应商不得拒绝向经销商供货或提前解除经销协议

四、单一汽车品牌：汽车售后市场的特殊滥用问题

汽车行业常年都处于较为激烈的竞争状态，特别是在整车销售领域，无论是汽车生产企业，还是汽车经销企业，单一企业的市场份额并不大，通常难以被认定为具有市场支配地位。然而，在汽车销售市场面临激烈竞争的同时，汽车供应商在该品牌汽车售后市场却有可能被认定为具有市场支配地位。这是因为，汽车售后市场存在不兼容性和锁定效应，消费者购买特定品牌汽车后，需要通过采用同一品牌和车型的零配件以及相应的维修技术。这可能导致消费者会对特定品牌的零部件和维修技术产生较强依赖性，即便在维修保养面临不合理交易条件时，可能也难以轻易地转换品牌。因此，在整车销售市场上与其他品牌汽车激烈竞争的汽车供应商可能会在售后市场具有较强的优势，并利用该等优势实施特定的滥用行为。

除了《反垄断法》下所禁止的滥用市场支配地位行为之外，《汽车业反垄断指南》中列举了汽车售后市场可能涉及的特定滥用行为。

（一）双标件的生产

双标件旨在提高消费者和维修商辨识同质配件的能力，促进汽车售后市场有效竞争。除根据代工协议生产的配件外，如果汽车制造商被认定为在其品牌汽车售后市场上具有市场支配地位，则在没有正当理由的情况下，不应限制初装汽车配件的供应商生产“双标件”，即汽车制造商不应禁止为其提供初装零部件的配件供应商达成约定，禁止后者在相关汽车初装零部件上加贴自有商标、标识和零件代码。

（二）售后配件的供应与流通

与上述双标件的情况类似，《汽车业反垄断指南》指出，在汽车售后市场具有市场支配地位的汽车供应商没有正当理由，不应限制售后配件的供应与流通，包括：（1）限制经销商和维修商外采售后配件，即限制经销商和维修商购买同质配件或从其他渠道购买原厂配件（包括平行进口配件）；（2）限制配件供应商、经销商和维修商外销售后配件，包括要求配件返厂、限制经销商和维修商内部的交叉供应、限制经销商和维修商向最终用户销售汽车维修服务所需配件等。

尽管汽车售后配件的排他供应可能有助于防止“搭便车”，保证售后服务的效率和质量，但是，售后配件排他供应有可能会削弱售后配件市场的竞争，导致高价或限制消费者选择的问题，因此，《汽车业反垄断指南》对该等行为的竞争影响予以关注。

（三）维修技术信息、测试仪器和维修工具的可获得性

汽车售后维修通常需要由具备相应资质的技工基于特定品牌汽车的技术信息而完成。汽车供应商通常是其品牌汽车全部维修技术信息的唯一供应源。汽车售后市场有效竞争需要保障售后维修技术信息的可获得性，同时保障测试仪器和维修工具的可获得性。因此，《汽车业反垄断指南》提出，在其品牌汽车

售后市场上具有支配地位的汽车供应商无正当理由，不应限制维修技术信息、测试仪器和维修工具的可获得性，包括：（1）限制维修商获取特定品牌汽车维修技术信息的权利和渠道；（2）与修理工具、检测仪器或其他设备供应商之间达成约定，限制此类供应商向经销商和维修商销售有关修理工具、检测仪器或其他设备。

五、代理销售模式：涉及转售价格限制问题

汽车销售的传统模式普遍为授权经销商模式，即汽车生产企业通过与汽车经销商签订经销合同，授权汽车经销商按照汽车供应商要求，在授权区域内从事该品牌的汽车销售和售后服务。但近年来，国内外越来越多的汽车品牌开始探索代理模式。在该等模式下，一方面，汽车供应商掌握更多的销售主动权，能够直接决定汽车的终端零售价格，实现汽车零售价格的完全透明和统一，减少低效的品牌内恶性价格竞争；另一方面，代理模式的推出也能够减轻经销商在财务、库存等方面的负担，使其更加专注于提升客户服务。

但需注意的是，在汽车供应商将原有经销商网络转换为代理商模式的过程中，如汽车供应商以代理之名行经销之实，则依然可能触发转售价格维持等方面的反垄断风险。例如，欧洲汽车经销商协会（CECRA）就曾表示，如果汽车供应商的经销模式转换为“非真正意义上的”代理模式，在该等模式下对汽车零售价格的固定依然存在违反欧盟反垄断法的可能性。

为确保代理模式的真正转换，汽车供应商需重点考虑以下问题。

（一）汽车供应商与代理商之间成本/风险分配以及相关合同关系的处理

为实现真正意义上的代理模式，与销售活动相关的全部或大部分成本与风险应该由汽车供应商承担，但汽车供应商要求代理商承担与代理服务有关的有限成本与风险一般存在合理性。就合同关系而言，汽车供应商作为实际销售方，

应与最终客户直接订立销售协议。此外，就代理模式下销售的汽车，汽车供应商与经销商之间也应另行签署代理协议。

（二）代理商的报酬以及考核

在经销模式下，汽车经销商通常赚取的是从汽车供应商采购汽车和向市场销售汽车之间的差价。而在中国法项下，对于达成代理关系并没有关于代理人利润空间的要求。但为主张真正意义上的代理模式（代理商仅就代理服务承担有限成本和风险），汽车供应商一般需确保给予代理商的报酬（一般以“服务费”、“佣金”或“代理费”的形式设定）足够覆盖代理商所付出的成本并确保其合理盈利。

就代理商的考核而言，汽车供应商可以在保证代理商的基本报酬足够支付其相关成本支出的前提下，基于对代理商的考核情况发放额外的可变报酬。但需注意的是，应避免相关考核指标的设置使代理商与传统经销商在角色、职能方面的混淆。

（三）销售模式转换的过渡期安排

经销商转换为代理商并非一蹴而就。如经销商集团的体量较为庞大，完成整个销售模式的转换则可能需耗费较长时间。在转换过渡期内，汽车供应商需充分考虑如何合理安排不同经销商的转换时点，代理与经销模式并存时期如何对经销 / 代理商进行分类管理，从而避免过渡期内的反垄断相关风险。

（四）代理和经销共存模式的探索

相比将所有经销商转换为代理商，有时汽车供应商会尝试代理和经销共存的汽车销售模式。例如，采用代理模式开展新能源汽车的销售，并同时以传统经销模式开展燃油车的销售。在该等代理和经销模式共存的情形下，汽车供应商应警惕其与经销商之间交换竞争性敏感信息或进一步达成协同价格、划分客户等横向垄断协议的风险，还应注意避免对经销以及代理业务的合并考核等管理方式带来的经销商 / 代理商身份混同问题。

第三节　医药行业

一、概述

《反垄断法》实施以来，反垄断执法机构持续强化对民生保障等重点领域的执法。医药行业作为关涉国计民生的重要行业，一直是反垄断执法的热点和重点之一。自 2008 年 8 月 1 日《反垄断法》实施以来至 2023 年 1 月 16 日，反垄断执法机构共查办医药领域垄断协议案件 12 件（约占垄断协议案件总数的 5%），罚没金额约 10 亿元；共查处医药领域滥用市场支配地位案件 16 件（约占滥用市场支配地位案件总数的 17%），罚没金额合计约 6.33 亿元。[①] 强有力的执法和高效能的监管显示出反垄断执法机构重拳治理医药领域垄断问题的决心。

另外，在政策制定方面，为加强药品领域反垄断监管，维护药品领域市场公平竞争，国务院反垄断反不正当竞争委员会于 2025 年发布了《药品反垄断指南》。《药品反垄断指南》主要明确了药品相关市场界定及市场支配地位认定的基本原则，列举了药品领域垄断协议及滥用市场支配地位的不同表现形式。

二、药品领域滥用市场支配地位问题

滥用市场支配地位，是指在相关市场内具有市场支配地位的经营者滥用

① 2008 年 8 月 1 日至 2022 年 7 月 30 日的数据为国家市场监管总局公布的文章中统计的官方数据："……14 年来共查办：（1）垄断协议案件 218 件，罚没金额约 62.66 亿元，其中医药领域垄断协议案件 11 件、罚没金额约 10 亿元；（2）滥用市场支配地位案件 91 件，罚没金额约 292.37 亿元，其中医药领域滥用市场支配地位案件 14 件、罚没金额合计 4.72 亿元。"载国家市场监管总局官网，https://www.samr.gov.cn/fldys/sjdt/gzdt/202207/t20220730_349032.html。2022 年 7 月 30 日以后的案件为根据国家市场监管总局公布的行政处罚案件补充的数据，载国家市场监管总局官网，https://www.samr.gov.cn/fldes/tzgg/xzcf/。

该等市场地位，对市场中的其他主体进行限制以排除、限制市场竞争的行为。市场支配地位一般指在相关市场内具有能够控制商品价格、数量或者其他交易条件，或者能够阻碍、影响其他经营者进入相关市场能力的市场地位。常见的滥用市场支配地位行为包括以不公平高价销售、以不公平低价购买、低于成本价销售、拒绝交易、限定交易、搭售或附加其他不合理的交易条件、差别待遇等。

原料药行业市场结构相对集中，部分原料药产品可能只有一家供应企业，并且由于原料药市场界定比较狭窄，因此原料药生产厂商很容易被认定具有市场支配地位，从而带来较高的滥用市场支配地位问题方面的风险。从执法实践看，原料药领域常见的滥用市场支配地位行为大多表现为以不公平高价销售、附加不合理交易条件和拒绝交易等类型。

【案例】

2020 年，国家市场监管总局对三家葡萄糖酸钙原料药企业滥用市场支配地位以不公平的高价销售商品、附加不合理交易条件（以下简称三家葡萄糖酸钙原料药企业案，国市监处〔2020〕8 号）罚没共计 3.255 亿元；

2021 年，国家市场监管总局对某原料药公司滥用市场支配地位拒绝交易（国市监处〔2021〕1 号）罚款 1.007 亿元人民币。

（一）药品领域如何认定市场支配地位

认定市场支配地位通常需要首先界定相关产品市场和相关地域市场的范围。《药品反垄断指南》明确了原料药相关市场界定的基本原则，具体可见表 8-8。

表 8–8　原料药相关市场界定原则

市场界定	一般情况
相关产品市场	1. 一种原料药一般构成单独的相关商品市场，视具体情况甚至可能进一步细分； 2. 如不同品种的原料药之间具有替代关系，可视具体情况认定多个品种原料药构成同一相关商品市场； 3. 药品供应链涵盖研发、生产、经营等环节，根据个案情形，可以结合经营者所处环节界定相关商品市场
相关地域市场	1. 生产、经营药品的相关地域市场一般界定为中国境内市场； 2. 根据个案情况，在涉及药品研发创新业务时，相关地域市场可能界定为全球市场；在涉及药品零售、配送等环节时，相关地域市场可能界定为中国境内的一定地域范围

界定相关市场后，需要评估药品企业的市场份额、控制上下游市场的能力等多种因素以判断药品企业是否具有市场支配地位。根据《药品反垄断指南》，分析药品经营者是否具有市场支配地位，首先应依据《反垄断法》第 23 条、第 24 条规定的各种因素和情形进行分析。国家市场监管总局可以结合药品领域特点，考虑药品经营者拥有专利等知识产权情况、控制药品供应链情况、监管法律法规和政策影响、交易相对人的制衡能力等因素。

由于原料药对生产化学药制剂具有特殊作用，一种原料药通常被界定为单独的相关商品市场，这样的界定方法很可能导致一家原料药企业在该具体的原料药市场具有很高的市场份额。

【案例】

在某原料药公司滥用市场支配地位拒绝交易案中，相关市场被界定为中国巴曲酶原料药销售市场。而该原料公司与全球巴曲酶原料药的唯一生产商签订《合作及供货协议》后，取得了中国境内巴曲酶原料药的全部货源，成为中国市场上唯一可以销售巴曲酶原料药的公司，在中国巴曲酶原料药销售市场的市场份额为 100%，推定具有市场支配地位。

（二）药品领域滥用行为的一般表现形式

根据《药品反垄断指南》及执法实践，药品领域常见的滥用市场支配地位行为包括以不公平高价销售、拒绝交易、限定交易、搭售或附加不合理交易条件、差别待遇等。

1. 以不公平高价销售。反垄断执法机构在分析药品经营者的行为是否构成以不公平高价销售的滥用市场支配地位行为时通常会考虑的因素包括：

（1）销售价格明显高于其他经营者在相同或者相似市场条件下销售同种药品或者可比较药品的价格；

（2）销售价格明显高于同一经营者在其他相同或者相似市场条件下，不同区域销售药品或可比较药品的价格；

（3）药品的销售价格明显高于同一经营者在相同或者相似市场条件下，不同时期销售同种药品或者可比较药品的价格；

（4）在成本基本稳定的情况下，超过正常幅度提高药品销售价格；

（5）在成本增长的情况下，销售药品的提价幅度明显高于成本增长速度；

（6）通过虚假交易、层层加价等方式，不当推高药品销售价格。

在三家葡萄糖酸钙原料药企业案中，国家市场监管总局基于以下因素认定葡萄糖酸钙原料药销售企业的销售价格明显不公平

首先，与购进成本相比，涉案企业的销售价格为成本价的 9.5 倍至 27.3 倍；

其次，与 2014 年的历史价格相比，涉案企业在 2017 年的销售价格上涨高达 19 倍至 54.6 倍；

最后，涉案企业在企业内部流转过票，层层加价，价格上涨高达 7.6 倍。

2. 拒绝交易。反垄断执法机构在分析药品经营者的行为是否构成拒绝交易的滥用市场支配地位行为时，通常会考虑药品经营者是否没有正当理由：

（1）以缩减药品生产规模、减少药品供货数量等方式，实质性削减与交易相对人的现有交易数量；

（2）以延迟药品供货、停止药品生产等方式，拖延、中断与交易相对人的现有交易；

（3）拒绝与交易相对人进行新的交易；

（4）以虚假自用等方式拒绝与交易相对人进行交易；

（5）以设置高额保证金或者其他严重损害交易相对人利益的限制性条件等方式，变相拒绝与交易相对人进行交易。

在某原料药公司滥用市场支配地位拒绝交易案中，国家市场监管总局基于以下因素认定该原料药公司没有正当理由，拒绝与交易相对人进行交易：

（1）下游制剂企业曾多次通过邮件、信函、口头等形式向该原料药公司进行询价，希望购买巴曲酶原料药，该原料药公司却以诸多理由，始终不予报价；

（2）该原料药公司与下游制剂企业面谈时提出希望收购其股权，将供应巴曲酶原料药作为股权谈判的一部分，不单独销售，此后也一直未向下游制剂企业报价或供应巴曲酶原料药，导致下游制剂企业停产，巴曲酶注射液不能稳定供应。

3. 限定交易。反垄断执法机构在分析药品经营者的行为是否构成以限定交易的滥用市场支配地位行为时，通常会考虑原料药经营者是否没有正当理由限定交易相对人：

（1）限定交易相对人只能向其购买或者销售药品，不得与其他经营者进行交易；

（2）限定交易相对人只能向其指定的经营者购买或者销售药品；

（3）限定交易相对人不得与特定经营者进行交易。

反垄断执法机构在多起药品领域的反垄断案件中，被处罚的药品企业同时存在限定交易的行为。在这些案件中，药品企业限定交易相对人仅能从特定经营者处购买药品的行为通常被认为是达成违法目的的手段（如提高销售价格获取垄断利润等）。

【案例】

在某苯酚原料药公司滥用市场支配地位以不公平的高价销售商品案（豫市监处字〔2021〕1号）中，某苯酚原料药公司要求下游制剂生产企业和医院从指定的医药公司购买，并通过这种方式逐步提高苯酚原料药的市场销售价格，从中获取不当垄断利润。

4. 搭售。反垄断执法机构在分析药品经营者的行为是否构成搭售的滥用市场支配地位行为时，通常会考虑经营者在销售药品时是否没有正当理由要求搭售其他药品、药用辅料、包材、医疗器械、其他商品等。

案例评述 8-3-1　两家扑尔敏原料药企业案（2018）

在两家扑尔敏原料药企业滥用市场支配地位以不公平高价销售商品、拒绝交易、搭售案（国市监处〔2018〕21号、22号）中，两家扑尔敏原料药企业要求下游经营者在采购扑尔敏原料药时必须购买或更大批量购买当事人的淀粉胶囊、药用蔗糖等药用辅料，否则不供应扑尔敏原料药。

（1）产品关系：搭售的淀粉胶囊、药用蔗糖等药用辅料与扑尔敏原料药在产品属性、主要用途等方面无直接关系，属于不同的商品；

（2）行业惯例：下游经营者通常根据需求分别采购，市场上不同经营主体分别单独供应扑尔敏原料药和相关药用辅料。

基于此，国家市场监管总局认定该搭售行为违背交易惯例、消费习惯。由于两家扑尔敏原料药企业的搭售行为，下游相关药品生产厂商采购扑尔敏原料药时不得不同时采购当事人的空心胶囊、蔗糖等药用辅料，下游相关药品生产厂商的选择权被剥夺。

5. 附加不合理交易条件。反垄断执法机构在分析药品经营者的行为是否构成附加不合理交易条件的滥用市场支配地位行为时，通常会考虑的因素包括以下几个方面：

（1）对药品采购数量附加不合理的限制；

（2）对药品销售对象、地域、价格、数量等附加不合理的限制；

（3）要求交易相对人交纳不合理的保证金，或者在药品价款之外附加其他不合理费用；

（4）对药品销售的合同期限、支付方式、运输及交付方式等附加不合理的限制；

（5）提供原料药的药品经营者，要求获取交易相对人生产药品的全部或者部分销售权，或者要求交易相对人提供药品销售返利；

（6）附加与交易标的无关的其他不合理交易条件。

【案例】

在三家葡萄糖酸钙原料药企业案中，葡萄糖酸钙原料药企业强制要求制剂生产企业将生产出的葡萄糖酸钙注射液回购给当事人，或者作为当事人的代工厂，按照其指令销售葡萄糖酸钙注射液，否则不供应注射用葡萄糖酸钙原料药。当事人是中国市场上唯一能够稳定供应注射用葡萄糖酸钙原料药的经营者，如果不接受其提出的要求，制剂生产企业就采购不到注射用葡萄糖酸钙原料药，导致停产断货，无法根据中标要求正常供应葡萄糖酸钙注射液，可能会被招采平台纳入“黑名单”，给企业的商誉和品牌造成严重不良影响。因此，葡萄糖酸钙注射液生产企业不得不接受该等不合理要求。

6. 差别待遇。反垄断执法机构在分析药品经营者的行为是否构成差别待遇的滥用市场支配地位行为时，通常会考虑药品经营者是否没有正当理由，对条件实质相同的交易相对人实施如下不同的交易条件：（1）药品的交易价格或者给予的折扣明显不同；（2）药品的数量、品种、等级等明显不同；（3）药品交易的付款方式、交付方式等其他影响交易相对人参与市场竞争的条件明显不同。

反垄断执法机构截至 2023 年尚未公布药品领域差别待遇的案件。

（三）药品领域滥用行为的竞争损害

药品领域企业滥用市场支配地位的行为一般可能产生排除、限制市场竞争，推高原料药及相关药品市场价格，影响药品正常供应，损害交易相对人合法权益和消费者利益，造成国家医保基金浪费等后果。

【案例】

在某原料药公司案中，该原料药公司通过拒绝供应原料药的方式迫使下游制剂企业向其出售股权、退出市场，从而使该原料药公司成为中国巴曲酶注射液的独家生产商，其拒绝交易行为排除了中国巴曲酶注射液市场的竞争。巴曲酶注射液主要用于突发性耳聋、振动病、急性脑梗死、血栓闭塞性脉管炎、深部静脉炎、肺栓塞等疾病的治疗，具有降低血浆纤维蛋白原浓度的作用，不可被其他药物完全替代，发生断供后影响相关疾病的治疗，该原料药公司拒绝交易的行为严重损害消费者利益。在葡萄糖酸钙原料药垄断案中，葡萄糖酸钙原料药企业的行为排除、限制了市场的竞争，损害了葡萄糖酸钙注射液生产企业的利益，推高了葡萄糖酸钙注射液的市场价格，增加了国家医保支出，损害了患者的利益。

三、药品领域横向垄断协议问题

如本书第三章所述，横向垄断协议是指具有竞争关系的经营者达成固定或变更商品价格，限制产量，分割市场，限制购买新技术、新设备，或者限制开发新技术、新产品、联合抵制等垄断协议行为。

原料药领域由于市场相对集中，竞争者数量有限，下游客户对原料药产品价格敏感度相对较低，因此原料药供应商之间更容易达成横向垄断协议。

【案例】

2018年，国家市场监管总局对三家冰醋酸原料药企业达成并实施固定或变更商品价格的横向垄断协议案（以下简称三家冰醋酸原料药企业案，国市监处〔2018〕20号）罚没共计约1300万元；2021年天津市市场监督管理局对三家醋酸氟轻松原料药企业达成并实施固定或变更商品价格、分割市场的横向垄断协议案（以下简称三家醋酸氟轻松原料药企业案，津市监垄处〔2021〕1号、2号、3号）罚没共计约5000万元。

（一）药品领域横向垄断协议的一般表现形式

根据《药品反垄断指南》，药品经营者的下列行为一般会构成横向垄断协议行为。

1.具有竞争关系的药品经营者就固定或者变更药品价格达成下列协议：

（1）固定或者变更药品出厂价、对客户的报价等药品销售价格、采购价格或者价格变动幅度、利润水平或者折扣、手续费等其他费用；

（2）约定采用据以计算药品价格的标准公式、算法、规则等；

（3）限制参与协议的药品经营者的自主定价权，要求联合定价、不得自主降价等；

（4）通过第三方主体（如上下游药品经营者或者信息平台）、行业会议等进行意思联络或者信息沟通，就药品价格协调一致或者作出一致行为；

（5）通过其他方式固定或者变更药品价格。

【案例】

在三家醋酸氟轻松原料药企业案中，其中一家企业多次参与达成并实施划分市场、固定醋酸氟轻松原料药价格的垄断协议，包括与另一家企业通过《关于醋酸氟轻松市场划分及价格调整会谈备忘录》的形式，对醋酸氟轻松原料药市场进行划分，并约定醋酸氟轻松原料价格不得低于9万元/公斤等。

在三家冰醋酸原料药企业案中，2017 年 10 月，一家药用辅料公司分别与三家冰醋酸原料药企业进行电话沟通，交流冰醋酸原料药市场行情、交换产销量信息，提出共同提高冰醋酸原料药价格。三家冰醋酸原料药企业均表示了提高价格的意愿。2017 年 11 月，在中国国际医药中间体包装设备交易会（厦门）期间，该药用辅料公司与其中两家冰醋酸原料药公司进一步讨论了提高冰醋酸原料药价格事宜。2017 年 12 月，第三家冰醋酸原料药公司与该药用辅料公司交流上述内容并对共同涨价表示认可。2018 年 1 月，该药用辅料公司与前两家冰醋酸原料药公司在南昌召开会议进一步商议冰醋酸原料药涨价事宜，随后向台山新宁转达会议内容并商议共同涨价。

2. 具有竞争关系的药品经营者就限制药品的生产数量或者销售数量达成下列协议：

（1）以联合限制产量、固定产量、停止生产等方式限制药品的生产数量，或者限制特定品种、规格药品的生产数量，或者通过给予具有竞争关系的经营者补偿的方式约定其不生产特定药品或者限制特定药品的生产数量等；

（2）以限制投放量等方式限制药品的销售数量，或者限制特定品种、规格药品的销售数量，或者约定具有竞争关系的经营者不对外销售或者限制其销售数量；

（3）通过其他方式限制药品的生产数量或者销售数量。

【案例】

在三家艾司唑仑原料药企业达成并实施固定或变更商品价格、联合抵制的横向垄断协议案（以下简称三家艾司唑仑原料药企业案，发改办价监处罚〔2016〕6 号）中，三家企业通过会议达成每家企业生产的艾司唑仑原料药仅供本公司生产片剂使用，不再对外销售的一致意见。[①]

3. 具有竞争关系的药品经营者就分割销售市场或者原材料采购市场达成下列协议：

（1）分割药品销售地域、市场份额、销售对象、销售收入、销售利润或者销售药品的种类、数量、时间；

（2）分割生产药品的原料、辅料、包装材料、容器等原材料的采购区域、种类、数量、时间或者供应商；

（3）通过其他方式分割药品销售市场或者药品原材料采购市场。

4. 有竞争关系的药品经营者就限制购买新技术、新设备或者限制开发新技术、新药品达成下列协议：

（1）限制购买、租赁、使用生产药品的新技术、新工艺、新设备；

（2）限制投资、研发新的药品品种、剂型、用途或者生产药品的新技术、新工艺、新设备；

（3）通过其他方式限制购买生产药品的新技术、新设备或者限制开发新技术、新药品。

5. 具有竞争关系的药品经营者就联合抵制交易达成下列协议：

（1）通过拖延、中断与特定经营者的交易或者设置限制性条件等，联合拒绝向特定经营者供应或者销售药品；

（2）联合拒绝采购或者销售特定经营者的药品；

（3）联合限定特定经营者不得与其具有竞争关系的药品经营者进行交易；

（4）通过其他方式联合抵制交易。

① 国家发展和改革委员会：《国家发展改革委依法查处艾司唑仑药品垄断协议案》，载国家发展和改革委员会网，http://www.gov.cn/xinwen/2016-07/28/content_5095484.htm。

（二）竞争者之间的协同行为

如本书第三章所述，除了通过上述形式达成垄断协议以外，竞争者之间的其他协同行为也可能被认定为横向垄断协议。其他协同行为是指经营者之间虽未明确订立协议或者决定，但实质上存在协调一致的行为，有关经营者基于独立意思所作出的价格跟随等平行行为除外。

在认定其他协同行为时，反垄断执法机构通常考虑的因素包括以下几个方面：

1. 经营者的市场行为是否具有一致性；
2. 经营者之间是否进行过意思联络或者信息交流；
3. 经营者能否对行为的一致性作出合理解释；
4. 相关市场的市场结构、竞争状况、市场变化等情况。

【案例】

在三家艾司唑仑原料药企业案中，D、E、F 三家艾司唑仑原料药企业在郑州会谈，商议关于艾司唑仑的商业安排，最后达成不再对外销售艾司唑仑原料药和集体涨价的一致意见，虽未就具体价格水平达成确切意见，但 D 公司作出了艾司唑仑片联合涨至 1 毛 / 片的提议，为其他参会企业提供了明确的涨价幅度预期。其中 F 公司参与会议时没有就涨价提议表示明确反对，也没有就这一事实向反垄断执法机构主动报告，其涨价行为与其他具有竞争关系的经营者具有一致性。郑州会议结束后，三家企业一个月内相继下发调价函，调价时间基本一致。在综合分析相关市场结构、参与会议的事实以及后续市场行为的高度一致性等因素后，国家发改委认定 F 公司通过协同行为与另外两家企业达成了横向垄断协议。

（三）药品领域横向垄断协议的竞争损害

横向垄断协议行为通常被认为会产生显著的排除、限制市场竞争的效果，药品领域与其他领域和行业的横向垄断协议在竞争分析方面无显著差别。整体而言，药品领域横向垄断协议可能造成排除、限制相关药品市场的竞争、加重下游制药企业负担、进而损害消费者利益的反竞争后果。

【案例】

在三家冰醋酸原料药企业案中，作为市场上仅有的三家冰醋酸生产企业达成并实施垄断协议后，统一提高了冰醋酸原料药价格，严重破坏了市场竞争秩序。冰醋酸是生产血液透析浓缩液的主要原料药，冰醋酸价格的大幅上涨直接增加了下游生产成本，加重了下游药企成本负担，导致下游药企减产、停产血液透析浓缩液，进而危害了血液透析患者的正常治疗。

四、反向支付协议中的横向垄断协议问题

《2024年反垄断法司法解释》第20条将在医药行业中广泛存在的反向支付协议（reverse payment agreements or pay - for - delay agreements）纳入横向垄断协议的规制框架。反向支付协议是一类主要用于解决药品专利侵权诉讼（包括实际或潜在的诉讼）的协议。专利权利人通过向仿制药制造商支付一定费用，以在一段时间内阻止仿制药制造商对其专利的有效性提出异议，或延缓仿制药制造商进入市场（如不销售仿制药）。反向支付协议可能有促进效率提升的方面，如可以降低双方企业的专利诉讼成本。但其同时也可能造成损害竞争的效果：对于下游产品市场来说，反向支付协议可能延迟竞争者进入，直接损害竞争；对于上游技术市场来说，不当延迟仿制药替代专利药的过程，可能会损害药品领域的持续创新。根据《2024年反垄断法司法解释》，如果原研药权利人约定向仿制药制造商支付的补偿金额过高，则可以推定协议构成横向垄断协议。

《2024年反垄断法司法解释》第20条第1款列举了反向支付协议可以被法院初步认定为构成横向垄断协议的条件

（一）被仿制药专利权利人给予或者承诺给予仿制药申请人明显不合理的金钱或者其他形式的利益补偿；

（二）仿制药申请人承诺不质疑被仿制药专利权的有效性或者延迟进入被仿制药相关市场。

第20条第2款则规定了当事方可通过证明利益补偿的正当性进行抗辩，即若有证据证明上述利益补偿仅为弥补被仿制药专利纠纷解决成本或具有其他正当理由，或者该协议符合《反垄断法》第20条规定，主张其不构成《反垄断法》第17条规定的垄断协议的，可以认定其不构成横向垄断协议。

《药品反垄断指南》也作出了类似规定。根据《药品反垄断指南》，被仿制药专利权人与仿制药申请人之间具有实际或者潜在的竞争关系。被仿制药专利权人无正当理由给予或者承诺给予仿制药申请人直接或者间接的利益补偿，仿制药申请人作出不挑战该被仿制药相关专利权的有效性、延迟进入该被仿制药相关市场或者不在特定地域销售仿制药等不竞争承诺的反向支付协议，可能构成《反垄断法》禁止的垄断协议。

分析反向支付协议是否构成垄断协议，可以考虑包括但不限于以下因素：（1）被仿制药专利权人给予或者承诺给予仿制药申请人的利益补偿是否明显超出被仿制药专利相关纠纷解决成本且无法作出合理解释；（2）协议是否实质延长了被仿制药专利权人的市场独占时间或者阻碍、影响仿制药进入相关市场。

在实践层面，在2022年1月审结的两家医药公司专利纠纷案中，尽管双方当事人在诉讼过程中均未提出任何反垄断主张，但最高人民法院仍然依职权对当事方之间的反向支付协议进行了反垄断法下的审查。

【案例】

2021 年 12 月，最高人民法院针对两家医药公司专利权纠纷案[①]作出裁定，允许当事人撤回上诉。在此裁定中，最高人民法院首次对涉案的专利和解协议是否构成违反反垄断法的“药品专利反向支付协议”进行了考察，并提出了对此类协议进行审查的思路及标准。作为垄断协议的一种可能的表现形式，反向支付协议违法性的根本判断标准仍为是否涉嫌排除、限制竞争。

最高人民法院认为，对此可以适用以下分析思路：首先，判断如仿制药申请人未撤回其无效宣告请求，专利权归于无效的可能性。其次，当判断专利无效的可能性较大时，则专利权人可能涉嫌无正当理由给予仿制药申请人高额利益补偿。此时需要进一步考察竞争损害：（1）反向支付协议是否实质延长了专利权人的市场独占时间；（2）反向支付协议是否实质延缓、排除实际的和潜在的仿制药申请人的市场进入。

考虑到 2021 年中国引入药品专利链接制度，未来原研药和仿制药企业之间的专利侵权纠纷及和解安排将进一步增加。在此背景下，预计未来对专利侵权和解协议的反垄断司法与行政审查也将进一步加强。

五、药品领域的维持转售价格和窜货管理问题

如本书第四章所述，纵向垄断协议是处于不同生产或销售环节的经营者之间达成的排除、限制市场竞争的协议、决定或协同行为。其中，纵向价格垄断协议为经营者与交易相对人达成固定向第三人转售商品的价格或者限定向第三人转售商品的最低价格（以下简称转售价格维持）。

根据执法实践，医药领域的纵向垄断问题常发生于药品经销环节，即药品供应商与药品经销商之间。如本书第四章所述，转售价格维持中的“价格”包括医药行业的招投标价格、经销商到院价格、经销商利润率、药店零售价格等

① 最高人民法院民事裁定书，（2021）最高法知民终 388 号。

价格要素。药品供应商可能通过限制参与招采的下级经销商的投标价格、限制下级经销商销售给医院的价格或者限制药店的零售价格等方式维持转售价格。

基于截至 2023 年的公开处罚决定，反垄断执法机构共查处医疗领域（包括医疗器械）纵向垄断协议案件 6 件，约占纵向垄断协议案件总数的 13%；罚款金额约 9 亿元，约占纵向垄断协议案件罚款总额的 26%。

（一）药品经销环节纵向垄断协议的一般表现形式

药品经销环节的纵向垄断协议通常表现为以下形式：

1. 药品供应商通过书面协议、口头约定、调价函、维价通知等形式固定交易相对人向第三人转售药品的价格水平、价格变动幅度等，或者限定最低价格水平、价格变动幅度等。

【案例】

在 F 医药集团达成并实施维持转售价格的垄断协议案（国市监处〔2021〕29 号）中，该医药集团通过与一级经销商签订《购销协议》、与二级经销商签订《二级分销商三方协议》、与连锁药店及其他零售药店签订战略服务协议、发放调价函或调价通知等方式固定和限定价格，并通过销售员口头通知，直接要求交易相对人按照该医药集团的价格政策制定或者调整药品销售价格。

2. 通过固定或者限定交易相对人利润水平或者折扣、返利、手续费等其他费用间接固定转售药品价格或者限定转售药品的最低价格。

【案例】

在 C 医疗器械企业达成并实施维持转售价格的垄断协议案[①]中，C 公司就平台商转售涉案产品的毛利率达成约定，间接固定了涉案产品的转售价格。C

① 国家发展和改革委员会行政处罚决定书，[2016]8 号。

公司还通过各业务部门的投标管理规定、邮件通知等方式，对经销商的投标价格进行限定和审批。2015 年 12 月，经销商低于限定价格参加某公立医疗机构医用耗材带量采购并入围，C 公司最终要求该经销商撤销了所有入围产品。

实务问答 8-3-1
PRACTICE Q&A

对平台商的价格限制是否构成纵向垄断协议？

如本书第四章所述，在实践中，如医药行业中的平台商构成与传统经销商相区别的“中间商”角色，仅提供配送、交付、收款、开票等服务，则药品供应商有一定空间可以主张其对平台商的价格限制不构成《反垄断法》所禁止的纵向垄断协议。相反，如果仅仅名为平台商、实为经销商，则该等平台商仍然构成独立的转售环节，在这种情况下，药品供应商对平台商的价格限制仍将可能违反《反垄断法》。

案例评述 8-3-2　C 医疗器械企业案（2016）

在C医疗器械企业案中，2015年5月以来C公司引入了平台商模式，调查时，C公司的交易相对人包括平台商和一级经销商。C公司案中的转售环节包括：

(1) C 公司将涉案产品销售给平台商，平台商将涉案产品转售给二级经销商；

(2) C 公司将涉案产品销售给一级经销商，一级经销商将涉案产品转售给二级经销商或终端。

就 C 公司对平台商的销售而言，C 公司与平台商协商后，就平台商转售涉案产品的毛利率达成约定，间接固定了涉案产品的转售价格。在该案中，国家发改委认定 C 公司对平台商的价格限制构成固定向第三人转售价格、限定向第三人转售最低价格的垄断协议。

3. 药品经营者实施固定转售价格或者限定最低转售价格行为，可能通过减少返利或者折扣、收取违约金或者保证金、拒绝供货、解除协议等惩罚措施，或者以给予返利或者折扣、优先供货、提供支持等奖励措施，强制或者变相强制交易相对人进行转售价格限定，或者通过检查交易相对人销售记录和发票、聘请第三方或者借助数据和算法等手段对转售价格进行监督监测。

【案例】

在F医药企业案中，F医药集团制定精细的绩效考核制度和监督机制，激励各级销售人员和各级经销商严格执行固定和限定价格政策，并在与各级经销商签订各类协议时规定，一旦经销商有乱价、窜货等行为，将会受到扣发奖金、停止报销费用、断货等惩罚。F医药集团发布的部分调价函中也包含威胁断货、取消经销商资质等内容。

在某医疗器械公司达成并实施维持转售价格的垄断协议案（京市监垄罚〔2022〕06003号）中，该医疗器械公司通过监控经销商销售价格强化垄断协议的实施，包括要求经销商以电子表格的形式向其报送产品销售价格信息；强制要求在经销商销售系统中安装软件（DDI系统），用途包含搜集、监控经销商的销售价格。

（二）药品经销环节纵向垄断协议的竞争损害

通常情形下，单个药品经营者实施纵向垄断协议会限制品牌内竞争，损害下游客户利益。如果相关市场上多个甚至全部经营者均达成、实施相似纵向垄断协议，这可能会实质性削弱药品市场的竞争，使相关药品的价格明显高于竞争水平，损害下游客户利益和社会公共利益。

【案例】

F医药公司是国内医药生产龙头企业，经销商对F医药集团重点产品具有一定依赖性，对其固定和限定价格行为的议价能力不足，F 医药集团的区域限制等措施进一步加强了其协议条款的强制性和惩罚性，使经销商只能遵守其产品价格要求，严重排除、限制了竞争。其行为显著提高了相关药品价格，严重增加患者负担，损害了消费者合法权益和社会公共利益。

第四节　金融及私募投资领域

一、概述

金融行业作为国家经济的命脉，关系到国家和社会的稳定发展。金融市场的运行和竞争性也会影响国家经济的发展。近两年来，随着国家“加强对资本的有效监管”[①]政策的持续落实以及金融行业反垄断监管规定的不断出台，金融行业正日益成为反垄断执法的一个重点领域。同时，中国人民银行（以下简称央行）、国家金融监督管理总局（以下简称金融监管总局）、中国证券监督管理委员会（以下简称证监会）等金融行业监管机构就金融领域反垄断整治的频频发声，也进一步提高了对金融行业涉嫌垄断问题的关注度。

二、金融领域垄断协议问题

《反垄断法》禁止具有竞争关系的经营者达成限制市场竞争的横向垄断协议，这一规定同样适用于金融领域。

我国各类型的金融机构在主管部门的监管之下，成立了各自全国性和地方性的行业协会，如保险业协会、证券业协会等。这些行业协会一方面对规范金融市场服务行为、维护市场公平竞争起到了积极作用；但另一方面也可能成为金融反垄断的“高危区”。根据过往的执法实践，反垄断执法机构往往重点关

① 新华社：《中央经济工作会议举行，习近平李克强作重要讲话》，载中央人民政府网，http://www.gov.cn/xinwen/2021-12/10/content_5659796.htm。

注金融机构行业协会是否会协调成员单位对相关费率、佣金进行价格固定或进行分割市场的行为，以实现限制竞争的目的。目前的案例较多见于保险行业及证券行业。

（一）保险行业协会相关的反垄断执法情况

在金融反垄断执法案例中，保险行业所受的调查和处罚占比尤为显著。而保险业反垄断案例绝大多数都是由保险行业协会组织实施，主要违法行为系固定或者变更商品价格、分割市场。

例如，新疆某行业协会曾在其发布的《新疆保险行业道路客运承运人责任保险自律公约》中约定了涉嫌价格垄断的“费率规章”。2012 年，国家发改委依法调查了新疆某行业协会组织全疆 15 家财险公司签订并实施道路客运承运人责任保险自律公约、固定费率水平的横向价格垄断协议案，最终对其中 6 家机构罚款 651.14 万元。[①]2013 年，国家发改委相继联合国家工商总局、各地物价局对湖南省郴州市、常德市、张家界市、永州市、娄底市等地方保险行业协会进行了查处。[②]2014 年，浙江某行业协会的数家保险公司因固定保险费率折扣幅度被国家发改委处罚。[③]2016 年，湖北某行业协会因涉嫌组织本行业经营者签署垄断协议行为被湖北省工商局处罚，该案涉及多家保险公司，最终被处罚的保险公司多达 22 家。[④]

根据处罚公告，上述保险行业协会利用其组织能力、影响力和优势资源，撮合会员单位签署相关的费率公约或规章（如约定新车商业车险保险系数、限

① 法制网：《新疆查处首例价格垄断案 新疆某行业协会被罚》，载新浪网，http://news.sina.com.cn/c/2013-07-03/161327567040.shtml。

② 法制网：《多地保险业协会遭反垄断处罚 业内呼吁豁免权》，载新浪财经网，http://finance.sina.com.cn/china/20131122/070817405424.shtml。

③ 国家发展和改革委员会：《发展改革委：浙江保险行业违反〈反垄断法〉》，载中央政府门户网，http://www.gov.cn/xinwen/2014-09/02/content_2744206.htm。

④ 中国网：《湖北某行业协会组织保险公司垄断新车保险业务遭处罚》，载新浪财经网，https://finance.sina.cn/2016-08-16/detail-ifxuxhas2079473.d.html。

制新车保费费率折扣和优惠，以及商定统一的商业车险代理手续费），或合谋划分当地相关市场（如规定新车保险业务必须集中在某新车保险服务中心办理，并划分各保险公司在该市新车保险业务中的市场份额），从而形成横向垄断协议。

（二）证券期货行业协会相关的反垄断执法情况

近年来，反垄断执法机关也开始关注证券期货行业协会。在相关案例中，反垄断执法机关主要关注证券期货行业协会对证券经纪业务的佣金进行价格固定。例如，2014 年国家发改委对陕西某行业协会固定佣金的行为进行调查。[①] 虽然本次调查结果最终未进行公示，但因国家发改委的此次调查，证券行业取消了固定佣金费率的联盟。[②] 此前，湖北省反垄断执法部门曾查处了武汉某行业协会统一上调交易佣金案。[③]

（三）金融机构费率、佣金的定价要求

总体来说，各金融机构拥有较为自主的定价权。除了商业银行服务费用由政府定价、政府指导价外，中国法律法规对其他金融机构并未发布指导价，但要求收费应当合理。在此前提下，上述保险业协会、证券基金业协会利用其影响力，组织本行业各市场参与者进行价格固定的行为，将直接构成《反垄断法》所禁止的具有竞争关系的经营者之间达成横向垄断协议，从而被执法机关进行调查和处罚。因此，金融机构在参与行业协会的沟通时，需要甄别行业协会所组织的讨论和提出的议题是否含有涉及违反《反垄断法》的内容并于事前、事中及事后采取相关风险防范措施。

---

① 央广网：《陕西证券业涉嫌违反〈反垄断法〉传监管机构参与其中》，载央广网财经，http://finance.cnr.cn/gundong/201409/t20140904_516380653.shtml。

② 姚婷：《反垄断法与证券行业规制法协调——以证券交易佣金反垄断审查为例》，载《竞争法律与政策评论》（2015 年），第 121~145 页。

③ 中国新闻网：《中国反价格垄断获突破性进展 发改委续加强执法》，载搜狐网，http://news.sohu.com/20111223/n330073521.shtml。

三、金融领域滥用市场支配地位问题

（一）金融行业的滥用市场支配行为受制于多部门规制

金融行业的反垄断合规监管呈现明显的“多头监管”特点。金融行业是典型的“强监管”行业，涉及“一行一局一会”（央行、金融监管总局、证监会）多个行业监管部门（见图 8–1）。

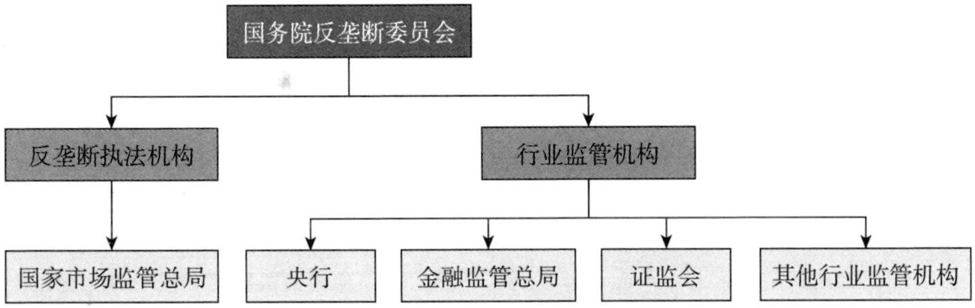

图 8–1　金融行业反垄断合规监管部门

在反垄断执法微观层面，“一行一局一会”尽管不直接承担反垄断执法职权，但是通常能够通过部门间征求意见等方式参与到个案（特别是重大案件）执法过程中，甚至在个别领域，还可以商请或建议反垄断执法机构启动相关执法程序或采取约谈等预警措施。

（二）金融行业的相关市场界定非常细化，增加了被认定具有支配地位的风险

相关市场界定是判断经营者是否具有市场支配地位及存在滥用违法行为的逻辑起点。实践中，反垄断执法机构界定的相关市场的范围能够在很大程度上影响认定经营者是否具有市场支配地位——一般来说，相关市场的范围越小，经营者被认定具有市场支配地位的可能性越大。

就金融行业而言，尽管我国金融领域总体上“竞争程度很高”[①]，但是在某些细分业务领域，由于牌照监管、政府监管支持职能下放、规模经济、技术和数据优势等原因，经营者数量可能相对有限、竞争并不充分。一旦某些细分业务领域被反垄断执法机构认定为单独的相关市场，相关的金融机构则很可能会被认定具有市场支配地位，从而大大增加了相关行为被认定为滥用市场支配行为的风险。表 8-9 展示了可能被认定为单独的相关市场的细分领域。

表 8-9　可能被认定为单独的相关市场的细分领域

领域	内容
政策性金融业务领域	政策性金融是指为了实现产业政策等特定政策目标而采取的金融手段，即为了培养特定的战略性产业，在利率等方面予以优惠，并有选择地提供资金，例如针对特定地区的中小微企业发展扶持贷款、“金融扶贫富民工程”等。 对于参与政策性金融项目的金融机构（如银行）而言，其政策性金融业务与非政策性金融业务之间通常不具有替代性，很可能被认为属于单独的相关市场。在此情况下，如果参加项目的金融机构的数量较少，相关金融机构则很可能会被认定具有市场支配地位。例如，在内蒙古自治区工商行政管理局查处的 1 起针对涉嫌滥用行为的案件[1]中，内蒙古某银行自 2013 年 11 月开始至 2015 年 12 月是内蒙古自治区唯一一家开展“金融扶贫富民工程”贷款的金融机构，因此该银行被认定在“内蒙古自治区‘金融扶贫富民工程’贷款业务市场”具有支配地位
适用专门牌照管理的金融业务领域	从反垄断角度来看，适用专门牌照管理的金融业务与其他金融业务之间通常不具有供给方面的替代性，在执法实践中通常会被界定为单独的相关市场。而牌照管理也直接决定了市场上能够提供相关金融业务的经营者的数量。如果牌照稀缺（例如，货币经纪业务和个人征信业务，截至目前，市场上仅有 6 家持有相应牌照能够提供货币经纪服务的货币经纪公司[2]和 3 家经批准设立的经营个人征信业务的征信机构[3]），有限数量的经营者则很可能（单独或共同）被认为具有市场支配地位

① 新华社：《依法依规守正创新 营造更好的金融环境——访中国人民银行党委书记、银保监会主席郭树清》，载中央人民政府网，http://www.gov.cn/xinwen/2021-10/19/content_5643700.htm。

续表

领域	内容
金融基础设施领域	金融基础设施是指为各类金融活动提供基础性公共服务的系统及制度安排，主要包括金融资产登记托管系统、清算结算系统、交易设施、交易报告库、重要支付系统、基础征信系统等六类[4]。在反垄断的语境下，具有“金融基础设施”意义的金融系统的范围可能会更广。在实践中，金融基础设施的运营机构既可能是政府部门，也可能是承担经营风险的金融机构（如中央结算公司、上海清算所等），后者运营金融基础设施的行为则受《反垄断法》规制。 在传统行业，基础设施（主要为供水、供电、供气、有线电视等公用事业）往往具有“自然垄断”的特征，即在特定区域内，一般没有替代性设施，而新建额外设施又存在极高的投入成本或资质壁垒（如实行专营的行业）。因此，在反垄断执法中，特定基础设施本身通常就会构成单独的相关市场，相关运营者相应也就具有市场支配地位。类似地，运营金融基础设施的金融机构有较大可能会被认定为在特定金融系统市场具有市场支配地位。 此外，如果该等金融机构还一并提供特定金融系统的下游衍生或附属产品或服务，则其在上游的支配地位很可能也会传导或延续至下游市场

〔1〕国家市场监管总局竞争执法公告，2018 年 9 号。

〔2〕资本邦：《第六张牌照！首家外商独资货币经纪公司正式开业》，载金融界 2021 年 7 月 18 日，https://baijiahao.baidu.com/s?id=1705607828166451116&wfr=spider&for=pc。

〔3〕第一财经：《第三章个人征信牌照呼之欲出》，载第一财经网 2021 年 11 月 26 日，https://www.yicai.com/news/101241930.html。

〔4〕中国人民银行：《人民银行、发展改革委等六部门联合印发〈统筹监管金融基础设施工作方案〉》，载人民银行网，http://www.gov.cn/xinwen/2020-03/06/content_5487618.htm。

此外，上述细分领域（特别是金融基础设施领域）的下游衍生或附属产品或服务，例如金融机构提供金融服务过程中产生的金融数据、基于金融基础设施运营 / 金融系统的接口开发的配套软件或提供的服务等，也可能涉及滥用市场支配地位的问题，值得重点关注。就相关市场界定而言，该等衍生或附属产品或服务也可能被单独界定相关市场。例如，在四川省工商行政管理局查处的 1 起滥用行为案件中，某金融软件公司作为某市社会保险管理信息系统的设计和开发商，在向该市相关政府部门交付社会保险管理信息系统后，继续开发了配套于该系统、供定点药店和定点医疗机构使用的医保支付软件；在调查中，该金融软件公司最终被认定具有该市医保支付软件市场的支配地位。[①]

（三）金融消费者权益保护政策的强化，提升针对剥削性滥用行为的反垄断合规风险

剥削性滥用行为通常是指具有市场支配地位的经营者利用其市场力量，通过行使不公平定价、附加显著不合理的交易条件、实施显失公平的差别待遇等方式从交易相对人处获取其在正常和有效竞争情形下无法获得的利益的行为。[②]根据目前的执法实践，在考察针对消费者的剥削性滥用行为的竞争损害效果时，主要考察行为对消费者利益的显著损害。

例如，在南京某公司滥用市场支配地位案（沪市监反垄处〔2021〕3220190101511号）中，上海市监局即强调当事人滥用市场支配地位，排除、限制市场竞争的行为“损害了制剂生产企业和患者的合法权益”，强调其不公平高价“导致患者用药成本提高，损害了患者的切身利益”。类似地，在商丘市某公司滥用市场支配地位案（豫市监处字〔2021〕1号）中，河南省市场监督管理局强调当事人滥用市场支配地位损害了消费者的利益，“当事人控制国内苯酚原料药销售市场后，苯酚原料药的市场价格上涨幅度明显。苯酚原料药价格助推苯酚制剂成本上涨，通过药品流通以各种方式最终转嫁给购买成品药的消费者，增加了消费者负担”。

就金融行业而言，消费者权益保护是金融监管的核心内容之一。因此，金融行业的剥削性滥用行为预计也将成为未来金融行业反垄断监管的重心。

在传统金融领域，剥削性滥用行为通常表现为：

1. 过高定价：如收取过高金融服务费、手续费等；

2. 搭售非必要的金融 / 配套产品：如在贷款项目中搭售保险等；

3. 附加不合理的交易条件：如对服务期限、保证金等方面提出不合理要

---

① 四川省工商行政管理局行政处罚决定书，川工商处字〔2017〕7001号。

② 孟雁北：《反垄断法规制平台剥削性滥用的争议与抉择》，载《中外法学》2022年第2期。

求等。

【案例】

某银行内蒙古分行自 2013 年 11 月开始至 2015 年 12 月是内蒙古自治区唯一一家开展“金融扶贫富民工程”贷款的金融机构，该银行的分支机构在开展“金融扶贫富民工程”贷款时，要求贷款农牧户必须购买人身意外伤害保险，否则不予发放贷款。经调查，反垄断执法机构认为该银行涉嫌具有“内蒙古自治区‘金融扶贫富民工程’贷款业务市场”的支配地位，上述该行为涉嫌滥用市场支配地位，对“金融扶贫富民工程”贷款市场竞争秩序产生了不良影响。

此外，随着反垄断规则的进一步发展，金融行业存在的差别待遇问题也引起了更多关注。近年实践中，境外反垄断执法部门对具有市场支配地位的金融服务主体对消费者实行差别待遇的行为已开展了相关执法行动，包括某两家国际信用卡组织因向使用域外发行的银行卡在欧洲经济区内付款的消费者收取区域间转换费而被欧盟委员会调查。

而在互联网金融和“互联网 +”金融领域，剥削性滥用市场支配地位行为可能更加隐蔽，具体包括以下几个方面：

1. 更隐秘的“技术”搭售：如在平台服务中隐藏金融服务、诱导消费者过度消费等；

2. 更新型的附加不合理交易条件：如要求金融消费者同意收集超出必要范围的其个人信息等；

3. “大数据杀熟”：基于金融消费者的个人信息实施差别化待遇。

对于互联网金融服务和“互联网 +”金融，还需要特别注意的是，在加强反垄断执法的大趋势下，即使相关经营者虽未达到市场支配地位，但如其具有显著技术优势，其涉嫌滥用市场支配行为也可能受到执法关注。

（四）互联互通政策背景下“封闭场景”行为的反垄断合规风险增加

“封闭场景”是当前互联网平台领域反垄断讨论中的热点之一。通过“封闭场景”的策略，具有市场支配地位或相当市场力量的经营者能够长久维持其市场力量，或将市场力量拓展至与既有市场相邻的市场。

结合我们的实际经验和其他司法辖区的案例，我们认为，“封闭场景”策略主要涉及搭售、限定交易 /“二选一”、拒绝交易三类滥用行为。

1. 搭售

搭售更常见于“互联网 +”金融业态下大型互联网平台进入并拓展其金融业务的过程。具体而言，大型互联网平台在提供某类平台服务的同时，可能通过直接（如唯一选项、技术绑定等）或间接（如补贴、限制兼容性或劣后推荐等）的方式向平台用户或平台内经营者推广其自有的金融服务或类金融服务。借助该种策略，互联网平台往往能够在相关金融业务领域很快获得较大的份额，出现“赢者通吃”式垄断。[①] 对于这种情况，如果互联网平台在其平台服务所在的相关市场具有市场支配地位或相当市场力量，则很可能构成滥用市场支配行为。

2. 限定交易 /“二选一”

限定交易更常见于已在金融服务领域取得一定市场力量的互联网平台或金融机构继续拓展其业务的过程（如线上向线下拓展的过程）。与搭售相比，互联网平台就其金融服务所实施的限定交易行为涉及的范围往往在平台用户和平台内经营者之外，意在将更多“生态”之外的场景和经营者纳入“生态”之内，以实现业务的不断扩张。在表现形式上，限定交易或“二选一”通常伴随着惩罚或者封锁措施，即不遵守限定交易或“二选一”要求的经营者将失去保持以原有条件使用其金融服务的机会；此外，在某些表面上“共赢”的商业合作中，

① 易纲：《大型金融科技公司“赢者通吃”可能引发市场垄断》，载中国银行保险报网，http://xw.cbimc.cn/2021-09/19/content_410139.htm。

也可能存在具有限定交易效果的安排，比如通过激励措施（如返利和补贴措施）来“锁定”交易相对人。

在执法日益加强的大趋势下，“二选一”是目前执法政策重点关注的滥用行为之一。金融企业也应当关注此方面的风险。

3. 拒绝交易

拒绝交易通常和前述的搭售行为相关。平台经营者通过唯一选项、技术绑定、限制兼容性等方式“搭售”其自有金融业务，这同时可能也是拒绝竞争对手的金融产品/服务接入其平台或使用平台的相关软件特征（software features）、拒绝向消费者提供完整产品和服务的“拒绝交易”行为。

在中国的反垄断规定和执法、司法实践中，针对拒绝交易行为的规定大多集中于不再继续新的交易、削减或中断现有交易等情形。此类拒绝交易的情形在当前的执法形势下仍有较大反垄断风险。但是，如果没有先前或现有交易，具有市场支配地位的经营者是否都必须承担“开放”交易的义务，执法和司法中均未有确切结论——在现有规定下，仅在控制必需设施的情况下，具有市场支配的经营者才负有与交易相对人以合理条件进行交易的义务，拒绝“开放”的行为才会构成拒绝交易。因此，对于尚不构成必需设施的互联网平台，其是否就其涉足的金融业务领域有“绝对”的开放义务，目前尚待进一步澄清。但中国相关监管部门对于打通互联网平台间壁垒、实现互联互通的指导意见是明确的——《网络反不正当竞争暂行规定》要求经营者不得利用技术手段，通过限流、屏蔽、搜索降权、商品下架等方式，干扰其他经营者之间的正常交易，妨碍、破坏其他经营者合法提供的网络产品或者服务的正常运行；工信部也自2021年7月启动重点整治屏蔽网址链接工作，并在2021年9月9日召开的行政指导会上，限期要求各平台按标准解除相互间网址链接屏蔽，不得对特定产品或服务网址附加额外操作步骤。在此监管推动下，几家大型互联网平台已相继发布声明进一步放开对外部链接的访问。

四、金融领域经营者集中问题

准确地判断一项交易是否触发经营者集中申报，是经营者集中申报合规的最重要内容。虽然金融行业的经营者集中是否触发申报义务的基本规则与其他行业并没有重大差别，但是其确实存在一些特殊的规则和不同的实践。我们在总结了金融行业经营者集中申报中最常见的一些问题，以供参考。

（一）营业额计算问题

1. 金融业经营者的营业额的特殊计算方法

金融业经营者集中的营业额门槛与其他行业一致，但是对于具有“金融机构”资质的企业，其营业额的计算方法可以适用《金融业经营者集中申报营业额计算办法》（2009 年）（以下简称《计算办法》）规定的特殊规则。

《计算办法》规定，对于适用该办法的金融业经营者，为判断其是否满足中国经营者集中申报的营业额标准，仅需考察其营业额的 10%，而结合《计算办法》所罗列的营业额要素（见表 8-10），通常理解《计算办法》所述“营业额”实为金融机构基于经中国监管机构许可的业务范围内业务而产生的业务收入。也就是说，对于可以适用《计算办法》的企业而言，为判断其是否触发经营者集中申报门槛的营业额，其实远低于企业实际的营业额，因此这些企业更不容易触发经营者集中申报。但是并不是大众通常理解的所有金融行业的企业都可以适用这一特殊计算方法，《计算办法》的具体适用需要注意以下几点。

（1）“金融业经营者”的定义：《计算办法》规定，此办法适用于“银行业金融机构、证券公司、期货公司、基金管理公司和保险公司等金融业经营者”。《计算办法》亦明确，对金融资产管理公司、信托公司、财务公司、金融租赁公司、汽车金融公司、货币经纪公司以及经银行业监督管理机构批准设立的其他金融机构的营业额计算办法，适用该办法对银行业金融机构的规定。

前述规定在五类明确列出的金融机构之外，尚有“等”字对金融业务经营者的范围进行扩大，为其他金融业经营者适用该办法留有空间。但除上段所述对某些机构可以适用银行业金融机构规定的指引外，对于其他金融业经营者的范围目前尚无进一步的法规指引。根据我们的经验，只有持有“一行一局一会”（包括央行、金融监管总局以及证监会）颁发的牌照的金融机构才可能适用这种特殊的营业额计算方式。持有由其他金融监管机构如中国证券投资基金业协会、地方金融办公室等颁发的牌照的实体可能无法适用该规定的营业额计算方式。经其他司法辖区的金融监管机构许可的海外实体也同样无法适用该规定。即便如此，在“一行一局一会”中，《计算办法》中仅明确规定了“经银行业监督管理机构批准设立的其他金融机构”可以适用该办法，但并未明确其他未在《计算办法》中明确列出的，由央行、金融监管总局及证监会批准设立的金融机构或保险类机构是否也可以适用该办法。而在实践中，未经《计算办法》明确列出的金融业经营者，即使持有“一行一局一会”颁发的牌照，其是否可以适用《计算办法》的特殊规则，亦需根据其业务性质以及《计算办法》中的计算方式是否具有适用性而进行个案判断。

（2）《计算办法》规定的营业额范围：类似地，根据我们的经验，对于《计算办法》界定的金融机构，只有经央行、金融监管总局或证监会许可的中国境内业务（该等业务应属于其金融牌照中明确规定的业务范围）所产生的收入才可以适用《计算办法》规定的10%计算规则。也就是说，《计算办法》并不适用于许可业务范围之外的业务产生的营业额。需要注意的是，根据《关于经营者集中申报的指导意见》（2018年修订）与《经营者集中审查规定》，参与集中的单个经营者的营业额应当为该经营者以及申报时与该经营者存在直接或者间接控制关系的所有经营者的营业额总和。这意味着，对参与集中的特定金融机构而言，其子公司的营业额也需一并纳入计算。而参照《计算办法》规定的适用规则，仅在该子公司本身属于可以适用《计算办法》的金融业经营者的情况下，方可适用10%的营业额计算标准（见表8-10）。

（3）具体计算方法：根据《计算办法》，各类金融机构的营业额＝（营业额要素累加－营业税金及附加）×10%。

表 8-10　不同类别金融机构的营业额要素

金融机构类型	营业额要素
银行业金融机构[1]	（1）利息净收入； （2）手续费及佣金净收入； （3）投资收益（如从不具有控制权的实体处获得的分红）； （4）公允价值变动收益； （5）汇兑收益； （6）其他业务收入
证券公司	（1）手续费及佣金净收入（包括经纪业务、资产管理业务、承销与保荐业务和财务顾问业务等）； （2）利息净收入； （3）投资收益； （4）汇兑收益； （5）其他业务收入
期货公司	（1）手续费及佣金净收入； （2）银行存款利息净收入
（公募）基金管理公司	（1）管理费收入； （2）手续费收入
保险公司	（1）原保险合同保费收入； （2）分入保费—分出保费

〔1〕银行业金融机构的营业额要素同时适用于下述金融机构：金融资产管理公司、信托公司、财务公司、金融租赁公司、汽车金融公司、货币经纪公司以及经中国人民银行和国家金融监督管理总局批准设立的其他金融机构。

由于各类金融机构在中国的业务活动不尽相同，《计算办法》的适用可能会遇到一些比较复杂的情况。例如，如何在金融机构的各类主副业收入中，确定属于“基于经中国监管机构许可的业务范围内业务而产生”的部分？就期货公司、基金管理公司而言，由于《计算办法》所罗列的营业额要素较为明确，因此执行过程中面临的争议相对较少；但对银行业机构、证券公司而言，由于《计算办法》规定了“其他业务收入”这一兜底条款，因此不确定性更大。另外，由于金融机构的收入计算可能涉及复杂的金融产品（如衍生品等），其收入需要会计师根据相应的特殊规则予以确认。此外，如参与集中的经营者（或纳入其营业额计算范畴的关联方）涉及境外机构实体，统计中国境外实体为中国境内客户提供服务所产生的营业额可能需要较大的工作量。因此，营业额的计算过程可能会非常耗时，金融企业应当为准备营业额数据预留出充足的时间。

2.“中国境内营业额”不能简单以分支机构所在地确认地理所属

“中国境内营业额”是指向中国境内（不含港澳台地区）的客户销售商品或者提供服务所产生的收入，不包括向中国境外出口产品或者向位于中国境外的客户提供服务的收入。因此对于金融行业而言，中国境内营业额包括中国境内实体和中国境外实体向位于中国的客户提供服务所产生的营业额。这与欧盟所采用的基于分支机构所在地的地理划分方式有所不同。如果位于中国境外的实体向位于中国境内的客户提供金融服务，那么这些服务所产生的营业额也应被视为中国境内营业额。但是，如果境内实体向位于中国境外的客户提供金融服务，那么这部分营业额则不属于中国境内营业额。

3. 私募股权基金的营业额

私募基金由于不是“一行一局一会”批准的金融机构，并不能适用前述的“金融业经营者”的特殊营业额计算方法，因此私募基金营业额的计算应当适用于其他行业同样的规则。然而由于私募基金不同于传统行业，对于其营业额应当包含哪些实体范围的哪些收入，很多私募基金都存在疑问。

应当包括的实体范围：与欧盟相似，为了判断是否达到经营者集中的营业额门槛，单个经营者的营业额应当考虑集团合并的总营业额。对于私募股权基金而言，考察其“集团”层面的所有营业额或许有悖于我们日常的理解。根据普遍适用的“集团”范围的规则可以类推得知，基金的集团营业额应当包括以下营业额：（1）基金自身；（2）该基金直接或者间接控制的实体（如其控制的被投企业）；（3）直接或者间接控制该基金的实体（最终控制人，通常为基金的普通合伙人）；（4）基金最终控制人直接或者间接控制的实体（包括其他基金以及通过其他基金控制的被投企业）。具体举例如图 8–2 所示，为经营者集中申报目的计算的基金营业额，即集团层面的营业额，应该包含下列所有经营者所产生的营业额。

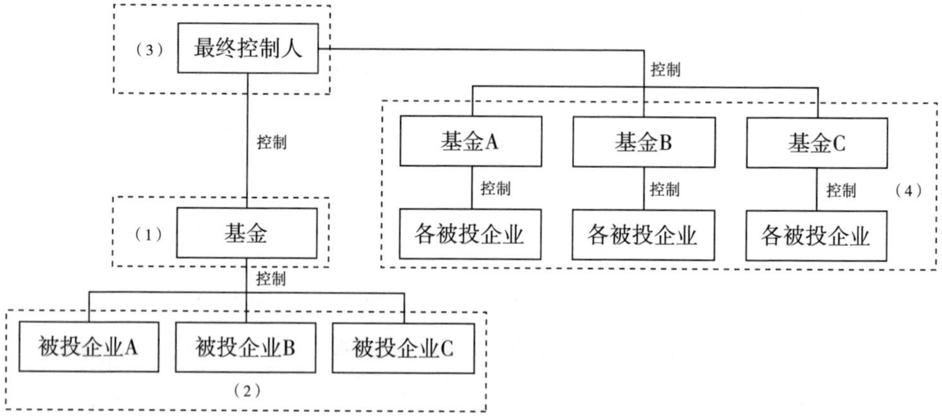

图 8-2　集团层面营业额应当包含的范围

被基金控制的被投企业无论是否从事与所涉交易相关行业的业务，都应当纳入计算范围。如果基金的最终控制人是自然人，那么任何由该自然人直接或者间接控制的公司产生的营业额都应包括在内。

应当纳入的收入类型：基金自身的营业额一般包括管理费收入和佣金收入。而被基金控制的被投企业的营业额，则不论是否与所涉交易相关都应计入。

（二）金融机构所从事交易中的经营者集中申报义务触发问题

金融机构从事的一些交易，在符合一定条件下，也可能触发经营者集中申报的义务。

1. 债权交易

银行贷款是最常见的债权交易类型之一，银行可能很少会考虑到发放贷款本身需要进行经营者集中申报。但是，为了确保贷款人的偿付能力，贷款协议中的保护性权利事项一定程度上会涉及贷款人的经营状况。常规的保护性权利事项一般不会触发经营者集中申报义务，但是如果贷款安排所附带的保护性权利足以构成对借款企业“关键事项”的否决权，那么这种贷款就可能构成“通过合同方式取得控制权”，并因此触发经营者集中申报义务。通常“关键事项”包括年度预算、业务计划、高管任免等。

在获取企业的可转换债券（convertible bond）或者股份认购权证（share warrant）时，如果仅获得一些保护性权利事项，一般不会触发经营者集中申报。但如果通过获取这些债权而获得对前述“关键事项”的否决权，也可能被认为取得了对企业的控制权，从而可能触发经营者集中申报的义务。

2. 基金设立

基金的设立也可能触发经营者集中申报义务。如果新设立的基金由两个或两个以上的实体共同控制，并且拥有共同控制权的实体的营业额达到了申报标准，则该基金设立就应当进行经营者集中申报。

多数情况下，基金一般由一家普通合伙人（GP）及其关联实体的基金管理公司负责管理，基金由 GP 单独控制。这种被单一母公司单独控制的基金的设立，不会触发反垄断申报义务。然而，其他一些非单独控制的基金的设立则可能会触发申报义务，例如：

（1）由 Co-GP 结构控制。部分基金可能会选用双 GP 或者多 GP 的结构（Co-GP）。比如，两个或者两个以上的公司担任基金的 Co-GP，且 Co-GP 均具有对基金战略性事项的否决权。

（2）GP 本身被共同控制。两个或多个的发起人共同设立一家共同控制的合营企业，并由该合营企业作为新设基金的 GP。

（3）GP 与 LP 共同控制基金。基金的有限合伙人（LP）通常不参与基金的运营和管理，而仅要求获得特定“保护性权利”，例如知情权、投资决策委员会的观察员席位或者对基金日常事务的否决权。只要 LP 对基金参与的特定投资项目不具有否决权，这些保护性权利就通常不会构成《反垄断法》下规定的“控制权”。然而，部分 LP 会要求获得“保护性权利”之外的额外权利，这些权利则可能导致其取得共同控制权。例如，在单一 LP 或某一 LP 持有大量份额或者政府投资基金中，LP 可能要求在投资委员会中拥有投票权席位以及对特定投资的否决权，这就形成了与 GP 的共同控制。在这种情况下，LP 可能被视为与 GP 对基金进行共同控制。

（4）多个投资基金共同设立财团。在某些交易中，多个基金可能会组成一个财团（consortium）并通过财团实体进行投资。在这种情况下，如果多个投资基金可能会在财团的层面上形成共同控制，从而可能触发经营者集中申报义务。

3. 少数股权投资

金融机构的股权投资交易中不乏权益性或少数股权投资。在中国，少数股权投资并不能当然豁免经营者集中申报义务。相反，投资者应当仔细审查并谨慎判断其通过少数股权投资取得的公司治理权利是否会构成中国《反垄断法》下的“控制权”。例如，如果通过少数股权投资仍然取得了有关年度预算、商业计划、高级管理人员任命等“关键事项”的否决权，那么即使其收购的股权比例很低，该投资者也可能被视为取得控制权，从而触发经营者集中申报义务。我们在一些最近申报案例中看到，一些金融行业企业对其收购股权的比例低于 15% 的交易也进行了申报。[①]

欧盟对金融机构为自身账户或者他人账户进行的证券交易提供了豁免。在这种豁免制度下，如果金融机构不长期持有证券，也不行使其证券上的投票权，那么金融机构的单纯交易行为就不会触发反垄断申报义务。但是，中国的反垄断法律法规并未提供此种豁免。因此，公司不应简单地预设证券交易活动在中国一定不会触发反垄断申报义务。虽然如此，截至目前，还没有金融机构仅仅因为短期证券交易活动而受到未依法申报的处罚。

---

① 例如：（1）A 公司收购 B 公司股权案（2022），A 公司收购 B 公司 15.8% 的股份，并与其他股东共同控制 B 公司；（2）C 公司收购 D 公司股权案（2021），C 公司通过认购 D 公司新增注册资本，取得其 14.29% 的股份。

4. 金融行业监管申报和经营者集中申报的先后顺序问题

金融行业的经营者集中通常会同步触发金融监管领域的审批程序。由于目前监管规定未明确二者的先后顺序，因此就同时触发经营者集中申报和金融监管审批程序的交易而言，交易方可选择同步进行经营者集中申报程序和金融行业监管机构审批程序（但需注意在该等程序各自适用的时点）。尽管如此，实践中，金融监管审批与反垄断审批均需与相应的审批主管机关进行立案前的沟通，并且在申报被正式受理前可能有预审查和材料补正的环节，因此交易方可能会基于事先进行的金融监管分析和反垄断审查风险分析，根据实际情况决定是否先行进行金融监管或反垄断的预沟通或申报。

第五节　知识产权领域

一、关注知识产权领域的反垄断问题的必要性

（一）知识产权的独占性与反垄断法的促进竞争、鼓励开放的立法目标之间存在天然张力

知识产权制度作为对智力创造成果给予权利保护的制度，意在对发明人的发明或创造予以认可，通过给予发明人经济利益来激发创新。一方面，知识产权制度需要给予发明人一定时期或者一定合理限度内的独占性权利，以鼓励发明创新；另一方面，如果发明权利人超过合理限度行使知识产权，则可能阻碍智力成果所能带给社会的公共利益。反垄断法会将发明权利人超出合理限度行使知识产权认定为滥用知识产权排除、限制竞争的行为加以规制，从而实现创新者的利益和广大公众的利益之间的平衡。

（二）各司法辖区均积极参与到知识产权的反垄断法公共执行中

某软件公司曾因其操作系统与软件的搭售问题在美国、欧盟和中国等司法辖区遭受调查。在对产业有重大影响的标准必要专利领域，各司法辖区的执法

连锁反应则更加明显。例如，某芯片公司因涉嫌滥用市场支配地位从事不公平高价和搭售等行为曾先后在韩国、中国、美国及欧盟等司法辖区受到反垄断机构发起的多项反垄断调查。就中国执法情况而言，近年来，无线通信技术、医药、化工制造业等知识产权密集行业均逐步成为反垄断执法的重点。

（三）涉及知识产权的反垄断民事诉讼跨司法辖区联动特征日益凸显

在全球科技争锋愈演愈烈的今天，知识产权也已成为各国企业科技竞争的主战场。虽然知识产权具有地域性，但随着企业供应链、销售链在多个国家进行分布，知识产权权利在多个国家进行布局，跨国企业之间的知识产权诉争已经不仅限于单一司法辖区或单一形式。[①]作为科技竞争力的体现，知识产权也成了大国竞争的风暴眼，包括中国在内的世界主要司法辖区都在积极争取这一领域的司法主权。涉及知识产权的民事诉讼中也越来越多触及反垄断问题。[②]

---

① 例如，通信领域的中美两家公司之间的纷争，始于 2017 年该美国公司在美国伊利诺伊州联邦地区法院起诉该中国公司侵犯商业秘密。而后二者互有攻防，在德国的杜塞尔多夫、曼海姆地区，美国的俄亥俄州、新泽西州，英格兰，澳大利亚以及中国的广州和北京等地提起数项专利侵权以及滥用市场支配地位诉讼，“战火”遍布四大洲。参见知产力：《扶朕起来，朕“还能打”》，载网易 2018 年 9 月 10 日，https://www.163.com/dy/article/DRC6LKGF051187VR.html。

② 2017 年英国高等法院在美国的一家 NPE 与某通信技术公司的专利权诉讼中，首次裁定了全球范围内的 FRAND 费率，打破了标准必要专利许可费率裁决中国际司法礼让的惯例。参见 BAILII，*Unwired Planet International Ltd. v. Huawei Technologies Co. Ltd. & Anor* [2017] *EWHC* 711 (*Pat*)，载 http://www.bailii.org/ew/cases/EWHC/Patents/2017/711.html。

2020 年 8 月中国最高人民法院在某通信技术公司与另一家 NPE 的诉争中首次发布了知识产权领域跨国禁诉令，禁止该 NPE 在中国法院审结前执行德国杜赛尔多夫法院所作裁定。参见最高人民法院民事裁定书，（2019）最高法知民终 732、733、734 号之一。

此外，在某无线通信公司诉某 NPE 专利及滥用市场支配地位纠纷案［最高人民法院民事裁定书，（2020）最高法知民辖终 392 号］以及两家移动通信设备公司滥用市场支配地位纠纷案［最高人民法院民事裁定书，（2019）最高法知民辖终 32 号］中，中国法院同样积极确认了管辖权。

2021 年 1 月商务部发布《阻断外国法律与措施不当域外适用办法》，规定“经评估，确认有关外国法律与措施存在不当域外适用情形的，可以决定由国务院商务主管部门发布不得承认、不得执行、不得遵守有关外国法律与措施的禁令”，将这一争夺推向又一次高潮。参见商务部：《商务部令 2021 年第 1 号 阻断外国法律与措施不当域外适用办法》，载商务部官网，http://www.mofcom.gov.cn/article/i/jyjl/j/202101/20210103030326.shtml。

二、知识产权领域反垄断立法与案例概览

（一）立法概览

在法律层面上，我国《反垄断法》和《专利法》对知识产权的反垄断问题进行了原则性的规定。《反垄断法》第 68 条规定："经营者依照有关知识产权的法律、行政法规规定行使知识产权的行为，不适用本法；但是，经营者滥用知识产权，排除、限制竞争的行为，适用本法。"与此相呼应地，《专利法》（2020 年修正）第 53 条规定了专利权人滥用知识产权可作为强制许可的法定理由之一。①

为增加《反垄断法》有关滥用知识产权的规定的可操作性，原国家工商管理总局于 2015 年出台了《关于禁止滥用知识产权排除、限制竞争行为的规定》，后该规章在国务院反垄断执法机关改革后被国家市场监管总局《关于禁止滥用知识产权排除、限制竞争行为的规定》（2020 年修订）（以下简称 2020 年《规定》）所修改。2020 年《规定》为分析知识产权领域的垄断问题提供了基础的框架指引，并首次明确了"必需设施""安全港"等概念在知识产权反垄断领域的适用。而国务院反垄断委员会的《知识产权反垄断指南》相较于 2020 年《规定》而言，为分析知识产权领域的各类协议和单边行为提供了更为详细的指引，特别是提出了评估知识产权垄断行为的分析行为特征性质、确定相关市场、评估不利竞争因素和评估有利竞争因素的四步分析框架。2023 年 8 月 1 日，国家市场监管总局制定的《禁止滥用知识产权排除、限制竞争行为规定》（以下简称 2023 年《规定》）正式生效，成为目前规制知识产权领域排除、限制竞争行为的主要法律依据之一。

① 《中华人民共和国专利法》（2020 年修正）第 53 条规定："有下列情形之一的，国务院专利行政部门根据具备实施条件的单位或者个人的申请，可以给予实施发明专利或者实用新型专利的强制许可：（一）专利权人自专利权被授予之日起满三年，且自提出专利申请之日起满四年，无正当理由未充分实施其专利的；（二）专利权人行使专利权的行为被依法认定为垄断行为，为消除或者减少该行为对竞争产生的不利影响的。"

总体来看，《知识产权反垄断指南》已经在法律法规层面对于知识产权经营活动应当遵循和关注的反垄断问题进行了规定。但是，考虑到知识产权领域反垄断问题的复杂性，相关法律法规在实践中如何适用以及实施，仍需结合反垄断执法机关和司法机构在具体案例中的认定作进一步分析。

（二）案件概览

在执法案件方面，我国有关知识产权的代表性执法案件目前集中在通信领域、科技领域等。

2013 年 6 月，国家发改委根据举报对某通信技术公司启动了反垄断调查，并认定该公司构成了一系列滥用市场支配地位的行为。后该案因该通信技术公司积极配合调查，并提出了整改措施，被国家发改委中止调查。①

2015 年 2 月，国家发改委就某芯片公司滥用其在无线标准必要专利许可市场以及基带芯片市场的市场支配地位，实施了不公平高价、搭售以及附加不合理条件的行为为由，对该公司处以了 60.88 亿元人民币的罚款。②

2019 年 4 月 14 日，某总部位于瑞典的电信设备商证实，由于相关企业对其在中国知识产权许可业务的投诉，国家市场监管总局启动了对其相关许可业务的调查。这是中国反垄断执法机关自 2015 年的某芯片公司行政调查案之后在知识产权许可市场发起的又一次反垄断调查。③

此外，国家工商总局也曾因操作系统和办公软件的搭售等问题对某软件公司进行立案调查。④

在司法案件方面，目前的知识产权反垄断争议多集中在工业专利领域和娱

① 国家发展和改革委员会：《发展改革委对美国某通信技术公司涉嫌价格垄断案中止调查》，载中央政府门户网，http://www.gov.cn/xinwen/2014-05/22/content_2684822.htm。

② 国家发展和改革委员会行政处罚决定书，发改办价监处罚〔2015〕1 号。

③ 周玲：《某电信设备商称将配合市场监管总局调查：知识产权许可业务被投诉》，载澎湃新闻 2019 年 4 月 14 日，https://www.thepaper.cn/newsDetail_forward_3295374。

④ 新华社：《从某软件公司事件看中国反垄断与“国际接轨”》，载新华社，http://www.gov.cn/xinwen/2014-07/31/content_2727966.htm。

乐产业著作权领域等。除了知识产权长期以来面临的滥用争议以外，近期司法案例同样开始关注垄断协议行为。

在2013年10月作出判决的两家通信技术公司滥用市场支配地位纠纷案[①]中，广东高院认定被告从事了不公平高价及搭售的滥用行为。

在著作权领域，多家KTV经营者诉某著作权集体管理组织案[②]对著作权集体管理人的市场地位以及许可行为的合法性进行了讨论。法院认定了该组织在KTV音像制品许可市场具有市场支配地位，但同时也认可了该组织的许可行为具有正当理由。

对于垄断协议案件，最高人民法院在两家医药公司专利权纠纷案[③]中首次对二者签订的药品知识产权反向支付协议的反垄断法违法性进行形式审查。在两家变压器开关企业关于专利和解协议的纠纷[④]中，法院认定二者签订的专利和解协议因实质上涉及约定产量和划分客户，因此构成违反反垄断法的横向垄断协议而无效。

三、知识产权领域滥用市场支配地位问题

由于知识产权所特有的专属性或称“垄断性”，实践中权利人多会在知识产权许可过程中对被许可人施加相关限制，因此知识产权领域滥用市场支配地位行为多会引发关注。

知识产权领域的滥用市场支配地位分析思路与一般的滥用市场支配地位案件一脉相承，但知识产权的专属性特征对界定相关市场范围的宽窄存在影响。一旦单个知识产权被认定为单独市场，知识产权人将面临更高的反垄断合规义务。此外，知识产权许可行为涉及较为复杂的行业惯例和特殊的商业模式，判断许可行为是否构成滥用需结合知识产权行业特有情况具体分析。

① 广东省高级人民法院民事判决书，（2013）粤高法民三终字第306号。

② 云南省昆明市中级人民法院民事判决书，（2017）云01民初1782号；最高人民法院民事判决书，（2020）最高法知民终1452号等。

③ 最高人民法院民事裁定书，（2021）最高法知民终388号。

④ 最高人民法院民事判决书，（2021）最高法知民终1298号。

（一）市场支配地位认定

首先需要明确的是，拥有知识产权并不等于必然拥有市场支配地位。《知识产权反垄断指南》在第 2 条“分析原则”中即明确，“不因经营者拥有知识产权而推定其在相关市场具有市场支配地位”。在知识产权领域，评估和认定经营者是否具有市场支配地位，同样遵循《反垄断法》一般性的认定或者推定市场支配地位的因素和情形。而在此基础上，针对知识产权的特点，还应具体考虑：（1）交易相对人转向替代技术或者商品的可能性及成本；（2）下游市场对利用知识产权所提供的商品的依赖程度；（3）交易相对人对经营者的制衡能力。

实务问答 8-5-1
PRACTICE Q&A

拥有知识产权将如何影响权利人的市场支配地位认定？

1. 相关市场界定口径影响经营者的市场份额和市场支配地位评估：如果知识产权本身的创新性很强，或被纳入技术标准而鲜有替代性的技术（如通信领域的标准必要专利），则该等知识产权（或相关的商品服务）可能被界定为更窄的相关市场，从而使权利人被认定具有很高甚至 100% 的市场份额，进而被推定具有市场支配地位。例如，在某芯片公司行政调查案[①]和两家通信技术公司滥用市场支配地位纠纷案[②]中，主管机关均因为涉案标准必要专利缺乏供给和需求替代性，而认定该案中每一个无线标准必要专利许可市场，均构成一个独立的相关市场。

2. 拥有知识产权的数量也可能影响市场支配地位评估：如著作权集体管理人可能会因为管理大量著作权而具有优势地位。在某著作权集体管理组织滥用纠纷案中，[③]法院认为，该组织管理着超过 11 万首类电影作品和

① 国家发展和改革委员会行政处罚决定书，发改办价监处罚〔2015〕1 号。
② 广东省高级人民法院民事判决书，（2013）粤高法民三终字第 306 号。
③ 最高人民法院民事判决书，（2020）最高法知民终 1452 号。

音像制品，远超其他小权利人可以拥有或管理的作品数，这使其他小权利人很难进入市场与之开展实质性竞争。加之著作权集体管理组织的成立存在政策壁垒，[①] 使排斥其他竞争者的市场力量更加显著。因此法院认定该著作权集体管理组织在类电影作品或音像制品在 KTV 经营中的许可使用市场具有市场支配地位。

3. 拥有知识产权可能佐证经营者的财力和技术条件：某些领域如无线通信、医药等领域的技术研发投资巨大，风险高而回报期长，能够在这些领域获得有价值的知识产权本身就可以佐证权利人拥有强大的财力和技术条件，从而在市场支配地位分析的过程中被认为具有更强的市场力量。

（二）滥用行为认定

反垄断法并非禁止仅仅为实施知识产权所作出的努力。经营者利用知识产权的行为与知识产权的专有权所保护的核心价值越贴近，反垄断法的适用就应当越谨慎。如知识产权人选择其许可对象，以及为自己的知识产权定价的行为都是知识产权人的核心权利，因此在评估经营者行为是否构成拒绝交易以及不公平高价时，世界主要司法辖区均采取较为谨慎的态度。相较而言，经营者进行搭售、附加不合理条件等行为，试图将其在拥有知识产权产品的主市场上的市场力量向其他次级市场或相邻市场进行传导时，其不法性就相对更加明显。

1. 不公平高价

知识产权机制的核心就在于通过法律赋予权利人在一定期限之内对知识产权的专有权的确认和保护，来鼓励知识产品的生产、传播和利用。而在权利保护期内，允许权利人收取高于竞争水平的价格，以报偿其为知识产权的开发所付出的成本，并继续激励创新的产生，正是一种知识产权机制的功能体现。

基于此，《知识产权反垄断指南》特别提出可以考虑：（1）经营者收取的

① 《著作权集体管理条例》第 7 条第 2 款第 2 项规定，著作权集体管理组织的成立条件之一是不与已经依法登记的著作权集体管理组织的业务范围交叉、重合。

费用是否超出了知识产权的覆盖范围；（2）“一揽子”许可是否就过期或无效的知识产权收取许可费等。这些考量因素的核心都是考察经营者是否仅在为自己有效的知识产权收取报偿，而非以知识产权为名攫取不当利益。

实务问答 8-5-2
PRACTICE Q&A

实践中何种行为会有被认定为构成不公平高价的较高风险？

从中国的执法与司法实践来看，中国的主管机关在实践中不仅关注经营者收取的知识产权许可费是否仅为有效知识产权的合理对价，同时也关注知识产权许可谈判过程中经营者是否使用过强迫的手段和方式。以下行为具有被认定为实施不公平高价的较高风险：（1）将标准必要专利和非标准必要专利强制进行“一揽子”许可；（2）对过期专利收取许可费；（3）要求被许可人进行免费的反向许可；（4）使用禁令救济等手段逼迫被许可人接受专利许可价格。

【案例】

在某芯片公司行政调查案①中，国家发改委认定该公司通过以下方式实施了不公平高价的行为：（1）对过期专利进行打包收费，未能证明新增专利价值相当，未能给予被许可人公平协商的机会；（2）独占性回授，要求被许可人免费反向许可；（3）标准必要专利与非标准必要专利“一揽子”许可，以整机批发净售价作为许可费基础。

在两家通信技术公司滥用市场支配地位纠纷案②中，广东省高院认定被告公司要求原告公司提供专利的免费反向许可构成了不公平高价行为。并且其在美国提起必要专利禁令之诉以威胁强迫原告公司接受过高的专利许可条件，逼迫原告公司就必要专利之外因素支付相应对价，也是不公平高价的辅助手段，不具有正当性。

① 国家发展和改革委员会行政处罚决定书，发改办价监处罚〔2015〕1号。
② 广东省高级人民法院民事判决书，（2013）粤高法民三终字第306号。

2. 拒绝交易（拒绝许可知识产权）

知识产权领域的拒绝交易，往往以拒绝许可知识产权的形式存在。一般来讲，拒绝许可知识产权和许可知识产权一样，都是经营者行使自己的权利的方式之一。因此，拒绝许可知识产权构成反垄断法上拒绝交易的认定标准更为苛刻。如 2023 年《规定》中所明确的，认定拒绝许可知识产权是否构成排除、限制竞争的滥用市场支配地位行为，需要同时考虑该知识产权是否为其他经营者参与相关市场的竞争所必需；拒绝许可行为对市场竞争、创新、消费者利益或社会公共利益的影响；许可该知识产权是否会对权利人造成不合理损害。而《知识产权反垄断指南》也明确，在一般情况下，经营者不承担与竞争对手或交易相对人进行交易的义务。这表明，即便知识产权人已经具备了市场支配地位，其拒绝许可知识产权的行为想要构成拒绝交易，门槛也更高。

【案例】

在通信领域中美两家公司滥用市场支配地位案[①]中，原告主张被告拒绝开放 API 端口的行为构成拒绝交易。法院认定本案不构成拒绝交易，因为在案证据不能证明 API 端口互联方式已直接用于不同厂家设备在各地铁线路之间的直接互联互通，即未造成反竞争效果；且在技术上还存在其他替代方案，被告的拒绝行为存在正当理由。

3. 搭售

涉及知识产权的搭售，是指以交易相对方接受其他知识产权的许可、转让或接受其他商品作为交易相对方所需的知识产权许可、转让的条件。如果经营者想通过搭售行为将其在拥有知识产权的主市场上的市场力量向相邻或次级市场上进行传导，此种行为就由于偏离了保护知识产权的目的，而具有更加明显的违法性，除非经营者能够证明这种搭售具有提供必要的效率、是为实现知识产权功能所必须等正当理由。

① 北京知识产权法院民事判决书，（2017）京 73 民初 1671 号。

实务问答 8-5-3
PRACTICE Q&A

实践中何种行为会有被认定为构成搭售的较高风险？

将非标准必要专利与标准必要专利进行捆绑许可，是知识产权领域比较常见的高风险搭售行为。

如在某芯片公司行政调查案[①]以及某通信技术公司行政调查案[②]中，执法机关均认定当事人没有正当理由将非无线标准必要专利与无线标准必要专利进行捆绑许可的行为构成了反垄断法所禁止的搭售。在两家通信技术公司滥用市场支配地位纠纷案[③]中，广东省高级人民法院指出，由于知识产品通过搭售和捆绑的销售边际成本更低，“一揽子”许可可以改善效率，因此“一揽子”许可未必是垄断的行为；但若该“一揽子”许可是强迫性的，违反公平贸易原则且缺乏正当理由的，则应受到反垄断法的规制。法院判定被告将标准必要专利与其他专利捆绑构成滥用。

4. 附加不合理条件及限定交易

在知识产权领域附加不合理条件可以表现为如表8-11所示的几种行为方式。

表 8-11　知识产权领域附加不合理条件

针对自有专利	针对被许可人专利	其他
（1）对无效或失效专利主张权利； （2）对被授权方施加不质疑专利有效性的限制	（1）要求进行独占性或排他性回授； （2）附加不合理的交叉许可要求	（1）限制交易相对人的其他知识产权相关活动； （2）限制交易相对人的交易对象和交易条件等

① 国家发展和改革委员会行政处罚决定书，发改办价监处罚〔2015〕1号。

② 国家发展和改革委员会：《发展改革委对美国某通信技术公司涉嫌价格垄断案中止调查》，载中央政府门户网，http://www.gov.cn/xinwen/2014-05/22/content_2684822.htm。

③ 广东省高级人民法院民事判决书，（2013）粤高法民三终字第306号。

如在某芯片公司行政调查案[1]中，该芯片公司曾以被许可人签订和不挑战专利许可协议作为被许可人获得其基带芯片的条件，该行为被国家发改委认定为构成附加不合理交易条件。

四、知识产权领域的垄断协议问题

通过协议将知识产权对外授权，是权利人利用其知识产权的常用手段。相对于一般的垄断协议来讲，知识产权领域垄断协议的分析更具复杂性，更需要从形式与内容上谨慎评判该种协议促进创新、提高效率的效果及其排除、限制竞争的效果。

（一）涉及知识产权的横向垄断协议

在知识产权许可的过程中当事人之间常见的关系为纵向关系，但在某些情况下，经营者之间签订的知识产权相关协议也会涉及横向限制。这种横向限制一般可以分为两类。

第一类，经营者之间假借“知识产权许可”“知识产权和解”协议等为名，而实际利用该协议约定了明显超过保护和利用知识产权必要限度的限制条款，如固定价格、划分市场、联合抵制交易等。这种有着典型的反垄断法违法性的横向协议，其实本质与知识产权关联不大，只是借用知识产权相关协议的外表达成垄断的目的与效果，因此被认定为违法的风险较高。

【案例】

在两家变压器开关企业垄断协议纠纷上诉案[2]中，最高人民法院认定，两家公司在无载分接开关市场上存在竞争关系。二者签订的专利调解协议具有垄断协议的外表：（1）协议约定两家公司各自在国内外市场可以销售的无载分接开关的类别具有分割销售市场的内容；（2）协议存在限制一方公司生产产品数量、

① 国家发展和改革委员会行政处罚决定书，发改办价监处罚〔2015〕1号。

② 最高人民法院民事判决书，（2021）最高法知民终1298号。

销售数量的内容；（3）协议约定部分产品一方公司仅能委托另一方公司生产，并固定两家公司之间的供货价以及一方公司在海外市场的供货价的内容，具有固定商品价格的较大可能。事实上，双方协议签署后确实导致了相关产品价格的上涨。因此，法院最终认定，该调解协议由于违反反垄断法，具有排除、限制竞争效果而归于无效。

第二类，横向限制是在知识产权的开发、许可、利用过程中当事人之间达成的某种与知识产权密切相关的限制性条款，如交叉许可、联合研发等，其可能有促进竞争的一面，也有不利于竞争的一面，其最终是否构成违反反垄断法的横向协议则需要在个案中进行合理性分析。

（二）涉及知识产权的纵向垄断协议

与一般的垄断协议相类似，知识产权领域的纵向协议相较于横向协议而言往往具有更为明显的提高效率等作用，因而违法性一般更低。目前，中国的执法与司法实践均未将涉及知识产权的纵向限制作为一种独立的垄断协议行为进行处罚，更多是在滥用市场支配地位案件中将其视为滥用手段的一种。我们提供以下初步分析供企业参考。

1. 知识产权授权协议中的纵向价格限制问题

在实践中知识产权许可协议约定纵向价格限制的情况可以大致分为两种。

第一种为权利人向交易相对人出售带有知识产权的产品，并同时约定交易相对人对该产品的转售价格。在此种情况下，该限制价格的约定被认定为违反反垄断法的纵向价格协议的风险则较高，可参照适用一般的纵向垄断协议分析。值得指出的是，针对带有知识产权的产品，当权利人将其产品首次出售后，产品上的知识产权就已用尽，权利人并不能基于产品含有的知识产权而限定产品的转售价格。

第二种为专利权人本身并不生产产品，仅是通过许可他人实施自己的知识产权获益。在这种情况下，权利人限制被许可人销售知识产权产品的价格。虽然知识产权许可不同于产品的销售，因此从字面理解并不存在限制“转售”价格的问题。但此种协议同样限制了下游经营者对其出售的产品和服务的自由定价权，不当延伸了知识产权人的权利范围，因此具有类似的违法性。

2. 不质疑条款

所谓不质疑条款，是指在知识产权许可相关的协议中，许可人要求被许可人不得对其知识产权有效性提出异议的一类条款。一般而言，允许被许可人质疑知识产权的有效性，可以达到清除无效的知识产权，节约社会成本，降低市场技术壁垒，促进竞争与创新的效果。另外，不质疑条款的存在有助于降低知识产权人的许可风险，从而促进其创新。因此，分析此类协议的违法性需要在保护权利人从而促进其创新的公共利益，与消除使无效知识产权降低市场壁垒的公共利益之间寻找平衡。

在实践中，可以对以下因素进行具体考量。

（1）被许可知识产权的不可替代性。如果相关知识产权缺乏替代，当被许可人质疑知识产权效力可能会面临被终止许可时，应更注重保护被许可人的质疑自由。

（2）许可的方式。例如，如果在独占或排他许可时，被许可人是权利人的唯一许可费收入来源，权利人对被许可人存在依赖时，应更多考虑保护专利权人的创新动力。

（3）知识产权的类型。如技术秘密等非公开的知识产权，则一旦向被许可人公开，权利人就相对丧失了对被许可人的制约。此种情况下限制被许可人质疑的能力有助于平衡双方的交易地位。

（4）权利人和被许可人的市场力量，知识产权许可是否有偿等。

3. 排他、独占性回授

一般来讲，非独占、非排他的知识产权回授约定很少具有反竞争的效果。

约定知识产权回授，可以达到使双方共同承担技术风险，补偿许可方对进一步研发所作投入的效果，从而促进对知识产权的投资和运用。但如果此类回授是独占或排他的，则代表由被许可人开发的革新技术只能由许可人或其指定的第三方利用（排他性回授的情况下被许可人也可以对其改进的知识产权进行利用），有可能对被许可方构成不合理的限制，增强许可人的市场力量、抑制技术的传播和创新的产生。

在实践中，独占和排他性回授也是拥有市场支配地位的专利权人滥用市场支配地位的常见手段。如在某芯片公司行政调查案[①]中，要求被许可人进行专利免费、独占性回授就被认为是施加不公平高价的手段之一。

4. 其他纵向限制

《知识产权反垄断指南》还规定了其他未能被典型纵向协议行为涵盖的限制类型，其他非典型纵向限制如限制知识产权的使用领域、限制经营者利用知识产权提供的商品数量等，一般会因具有商业合理性，能够提高效率并促进知识产权的实施而具有促进竞争效果。此类纵向限制的反竞争违法性，还需从限制的具体内容、程度、实施方式，以及利用知识产权提供的商品的特点等方面入手，进行综合评估。

5. 安全港规则在知识产权相关协议中的应用

在《反垄断法》修正之前，安全港规则并未在其中明确规定，而是交由配套法律规范文件进行规定，如知识产权领域协议适用的安全港规则便规定在《知识产权反垄断指南》中。其中《知识产权反垄断指南》规定，对于不构成《反垄断法》（2008 年）第 13 条第 1 款以及第 14 条[②]已经明确禁止类型的协议，达到以下条件之一的，可以适用安全港规则：对于竞争者之间达成的协议，竞争者在相关市场份额合计不超过 20% 的；对非竞争者之间达成的协议，任一经营者在任一相关市场的市场份额均不超过 30%；对于市场份额难以获得或者市场

① 国家发展和改革委员会行政处罚决定书，发改办价监处罚〔2015〕1 号。

② 即修改后的《反垄断法》第 17 条和第 18 条。

份额不能准确反映经营者市场地位的，需要存在至少 4 个可以以合理成本得到的其他独立控制的具有替代关系的技术。

值得注意的是，随着《反垄断法》及配套法规的修改，适用于知识产权领域协议的安全港规则可能迎来改变。首先，修正后的《反垄断法》第 18 条仅明确在纵向垄断协议领域适用安全港规则，而横向协议适用安全港规则的法律基础存疑。其次，《禁止垄断协议规定》与 2023 年《规定》均删除了其中有关安全港具体标准的相关内容。因此，《知识产权反垄断指南》中对于安全港的规定如何适用、是否需要相应调整衔接等问题还有待验证。

五、与知识产权相关的经营者集中申报问题

（一）单纯收购知识产权能否触发经营者集中申报

根据《反垄断法》第 25 条第 2 项的规定，经营者集中是指“经营者通过取得股权或者资产的方式取得对其他经营者的控制权”。从理论上来讲，知识产权属于重要无形资产的一种，单纯收购知识产权达到对其他经营者取得控制，且经营者营业额达到法定标准的，同样可以触发经营者集中申报。2023 年《规定》第 15 条也明确了这一点。[①] 但根据当前公开可得的信息，中国执法实践中尚未公布由单纯收购知识产权触发申报的案件。

（二）中国竞争执法机关在知识产权密集型行业常见的竞争关注

如果涉及知识产权的安排构成交易的实质部分，则反垄断执法机关在案件审查期间可能会着重关注知识产权。在以往的司法实践中，执法机关曾提出过以下几个维度的竞争关注。

1. 对于包含知识产权的特定产品市场，执法机关会关注专利、专有技术和商业秘密是否会构成新企业进入该市场的门槛。

---

① 《禁止滥用知识产权排除、限制竞争行为规定》第 15 条规定：“涉及知识产权的经营者集中达到国务院规定的申报标准的，经营者应当事先向市场监管总局申报，未申报或者申报后获得批准前不得实施集中。”

2. 当交易方因掌握知识产权而占据市场力量时，执法机关会关注交易方通过集中加强对市场的控制力，提升市场进入壁垒的可能性。

3. 当交易中存在知识产权与产品的纵向关系，执法机关会关注通过知识产权许可将上下游的竞争者置于不利地位，继而引发排除、限制竞争影响的可能性；当知识产权与产品之间存在相邻关系，执法机关会关注不同产品之间的兼容性以及捆绑销售的可能性。

4. 执法机关还会着重关注交易后交易方的创新和研发投资及动力是否会减损，是否会延迟新产品上市或商业化活动。

（三）中国竞争执法机关在知识产权密集型行业常用的救济措施

相较于其他辖区的竞争执法机关，中国的反垄断执法机关在并购审查中更倾向于通过行为救济解决知识产权密集行业的特定竞争关注。相关行为救济措施包括以下几点：

1. 要求交易后业务保持独立；

2. 承诺持续其创新研发活动；

3. 对于标准必要专利，要求作出 FRAND 承诺，并承诺不要求被许可人的反向许可、不进行搭售或捆绑销售以及对标准必要专利的许可价值进行说明等；

4. 对于非标准必要专利，要求继续许可且费率不高于现有水平，以及其他与标准必要专利实质相似的要求等。